旅游社会学

王宁　刘丹萍　马凌　等编著

南开大学出版社
天津

图书在版编目(CIP)数据

旅游社会学 / 王宁等编著. —天津：南开大学出版社，2008.12(2025.7 重印)
ISBN 978-7-310-03062-0

Ⅰ.旅… Ⅱ.王… Ⅲ.旅游社会学—研究 Ⅳ.F590

中国版本图书馆 CIP 数据核字(2008)第 199314 号

版权所有　侵权必究

旅游社会学
LÜYOU SHEHUIXUE

南开大学出版社出版发行
出版人：王　康
地址：天津市南开区卫津路 94 号　邮政编码：300071
营销部电话：(022)23508339　营销部传真：(022)23508542
https://nkup.nankai.edu.cn

天津泰宇印务有限公司印刷　全国各地新华书店经销
2008 年 12 月第 1 版　2025 年 7 月第 7 次印刷
230×170 毫米　16 开本　20.75 印张　380 千字
定价：60.00 元

如遇图书印装质量问题，请与本社营销部联系调换，电话：(022)23508339

本书各章作者分工如下：

第一章 绪论:旅游社会学视野与研究对象,王宁(中山大学社会学系,教授,博士)

第二章 旅游社会学中的主要理论视角,刘录护(中山大学社会学系博士生)

第三章 旅游者角色、群体、分类与分层,余意峰(中山大学旅游学院博士生)

第四章 旅游动机,林清清(中山大学旅游学院博士生)

第五章 旅游体验中的本真性问题,马凌(中山大学旅游学院教师,在职博士生)

第六章 旅游吸引物,马凌

第七章 旅游地形象的社会建构,刘丹萍(华南理工大学旅游学院,博士)

第八章 旅游凝视与主客关系,刘丹萍

第九章 旅游中的性别问题,刘丹萍

第十章 旅游的社会文化影响,左冰(中山大学旅游学院博士生)

目 录

第一章 绪论:旅游社会学视野与研究对象 …………………………… (1)
  第一节 社会学视野下的旅游 ………………………………………… (2)
  第二节 旅游社会学的研究对象 ……………………………………… (8)
  第三节 本书的风格与结构 ………………………………………… (16)
  参考文献 ……………………………………………………………… (19)

第二章 旅游社会学的主要理论视角 ………………………………… (21)
  第一节 韦伯主义:文化与意义的解读 ……………………………… (24)
  第二节 涂尔干主义:集体意识与整合仪式 ………………………… (29)
  第三节 马克思主义:社会结构、意识形态与阶级冲突 …………… (33)
  第四节 功能主义:社会功能与社会整合 …………………………… (37)
  第五节 符号互动论:意义与互动 …………………………………… (43)
  第六节 社会现象学:自然化世界 …………………………………… (50)
  第七节 世界系统理论:边缘与核心 ………………………………… (55)
  小结 …………………………………………………………………… (59)
  进一步阅读 …………………………………………………………… (59)
  参考文献 ……………………………………………………………… (60)

第三章 旅游者角色、群体、分类与分层 …………………………… (63)
  第一节 旅游者角色与分类 ………………………………………… (63)
  第二节 旅游者分类与旅游市场分割 ……………………………… (78)
  第三节 旅游者与社会分层 ………………………………………… (81)
  第四节 背包客与另类旅游 ………………………………………… (86)
  第五节 旅游者虚拟社区 …………………………………………… (91)
  进一步阅读 …………………………………………………………… (98)
  思考题 ………………………………………………………………… (98)
  参考文献 ……………………………………………………………… (98)

第四章 旅游动机 ……………………………………………………… (107)
  第一节 旅游动机在不同历史阶段的发展 ………………………… (107)

		第二节　旅游动机研究的理论框架 …………………………………(118)
		第三节　旅游动机的实证研究 ……………………………………(130)
		进一步阅读 …………………………………………………………(136)
		思考题 ………………………………………………………………(136)
		参考文献 ……………………………………………………………(137)

第五章　旅游体验中的本真性问题 ………………………………………(143)
		第一节　现代旅游中本真性问题的缘起 …………………………(143)
		第二节　西方旅游研究中的本真性概念 …………………………(144)
		第三节　"本真性"理论在西方旅游研究中的应用 ………………(150)
		进一步阅读 …………………………………………………………(158)
		思考题 ………………………………………………………………(158)
		参考文献 ……………………………………………………………(158)

第六章　旅游吸引物 ………………………………………………………(162)
		第一节　旅游吸引物的概念及内涵 ………………………………(162)
		第二节　旅游吸引物的属性和价值 ………………………………(164)
		第三节　旅游吸引物的社会建构 …………………………………(166)
		第四节　社会变迁与旅游吸引物 …………………………………(170)
		进一步阅读 …………………………………………………………(176)
		思考题 ………………………………………………………………(176)
		参考文献 ……………………………………………………………(176)

第七章　旅游地形象的社会建构 …………………………………………(178)
		第一节　旅游地形象的塑造与表征 ………………………………(178)
		第二节　案例分析：旅游地的空间生产与形象建构 ……………(186)
		进一步阅读 …………………………………………………………(201)
		思考题 ………………………………………………………………(201)
		参考文献 ……………………………………………………………(201)

第八章　主客关系与旅游凝视 ……………………………………………(205)
		第一节　陌生人 ……………………………………………………(205)
		第二节　主人社会的感知与态度 …………………………………(206)
		第三节　旅游凝视 …………………………………………………(209)
		第四节　照相机镜头下的主客关系 ………………………………(215)
		进一步阅读 …………………………………………………………(221)
		思考题 ………………………………………………………………(221)
		参考文献 ……………………………………………………………(221)

第九章　旅游现象中的性别问题 (226)
第一节　社会学的性别理论 (226)
第二节　社会学视角下的旅游现象性别框架 (231)
第三节　性别化的旅游者 (235)
第四节　旅游系统里的性别不平等 (243)
进一步阅读 (265)
思考题 (265)
参考文献 (265)

第十章　旅游的社会文化影响 (270)
第一节　旅游与目的地社会变迁 (270)
第二节　旅游与目的地文化变迁 (278)
第三节　旅游、迁移与身份认同 (292)
第四节　旅游与社会排斥 (298)
第五节　旅游增权与目的地可持续发展 (303)
第六节　旅游发展的社会、文化后果概览 (310)
进一步阅读 (312)
思考题 (312)
参考文献 (313)

后记 (324)

第一章 绪论：旅游社会学视野与研究对象

在绝大多数人看来，旅游学是一门实用性、操作性很强的学科，因此，从事旅游研究的学者，大多将注意力放在实用性和操作性的环节上，而较少关注旅游所涉及的基础性问题。这样做有其好处。它使得旅游研究的成果可以直接用来指导行业的实践。但这样做也有其负面后果。旅游研究的实用取向，常常使学者们陷入了工具主义，忽略了旅游发展的根本宗旨和终极意义所在，忽略了旅游与社会环境之间的和谐关系。这种忽略反而最终使其运用价值受到限制。其实，知识之"用"，涉及非常复杂的情况。以政策为例，在表面上看来是有用的，可能在实质上是有害的（如：国家免检政策）；在短期内是有用的，但在长期来看却是有害的（如：GDP 导向的政绩评价标准）；在局部来看是有用的，但在整体上却是有害的（如：城市土地财政政策）。显然，即便是旅游学这样的实用性学科，也不能缺乏基础社会科学作为其学术支撑。而社会学正是一门基础社会科学分支学科之一。

从学术发展的角度看，基础性学科更侧重研究基本的、根本的和一般性的问题。应用学科则往往从基础学科借鉴研究成果，以生产可运用到实际行业中去的实用知识。因此，基础学科和应用学科似乎形成了学科分工与合作。这种学术分工却导致了两种不同的思维风格。

一般来说，应用学科由于强调知识的实用性，因此，要求概念具有高度的确定性和精确性，换言之，对思维过程中的不确定性和模糊性的容忍度很低。这样的思维风格的优势在于，研究成果具有高度的实用性和可操作性。但这种思维风格也带来一些负面后果。由于对概念的不确定性的容忍度低，这种思维风格逐渐导致学者失去想象力。而想象力却是学术原创力或学科范式突破的必要条件。学科知识的创造与发展，离不开想象力。

与应用学科不同，基础学科由于以探测人类社会的终极知识为己任，因此，这种研究必须高度依赖研究人员的想象力。而学术想象力本质上就具有不确定的成分，因此它与不确定性具有某种不解之缘。显然，对比应用性学科，基础学科更能容忍一定程度的概念与知识的不确定性，并通过学术争辩逐步消除这种不确定性。恰恰由于其学术想象力及其对不确定性的容忍,基础学科可以源源不断地提出新概念、新原理,从而推动应用性学科的发展。

社会学是一门基础学科,十分强调想象力的重要,但它同时也具有很强的应用价值。就旅游业来说,它的可持续发展的必要性,越来越对基础学科提出要求,越来越要求学者们穷极事物背后的终极原理,而不囿于表面、短期或局部的知识有用性。而要穷尽事物背后的终极原理,就不能仅仅局限于实用的层次,而必须超越这一层次,以达到穷尽罗格斯(logos)的目的。为此,社会学必须借助其想象力优势,发掘旅游现象背后的一些更深层次的东西。

本书就是这样一种尝试。

第一节 社会学视野下的旅游

伴随着中国 30 年改革开放的步伐,中国旅游业也经历了快速的发展。旅游已经成为中国许多居民、尤其是城市居民的一种不可替代的休闲活动,一种花费不菲、但却被认为"值得"的快乐支出,一句话,对许多人来说,旅游成了他们的"必需"。这种情况,在改革开放以前的计划经济时代是不可想象的。这不仅是因为收入的约束,也不仅是因为政策的限制,而且也是因为当时盛行的生产主义的意识形态及其大众观念。从生产主义的角度看,旅游是一种非产出性、非生产性活动,一种奢侈与浪费,甚至是一种"资产阶级的贪图享乐"的活动。时至今日,几乎没有人对旅游的"值得与否"产生怀疑。旅游需求被人们"自然而然化"、"理所当然化"了。一旦旅游成为一种自然而然、理所当然的需求,它就成为不可逆转的社会力量。这种力量体现为一个国家的国民出游率,包括毛出游率与净出游率。正是在国民出游率上,体现出不同发展程度的国家在旅游上的区别。一个国家越是发达,其国民出游率就越高。出游率不同于个体的出游,它是一个宏观事实,构成社会学家涂尔干所说的"社会事实"。其特点是:它具有客观性、外在性(存在于个体之外)、不可抗拒性(不可逆转)。那么,旅游作为一种社会事实是如何产生的?它具有怎么样的规律?我们应该如何来理解旅游这一社会事实?

在我们有关旅游的学术讨论中,旅游常常被看作是一种天然的、自发的、一种以生理需要或心理需要所驱动的活动。这种对旅游的理解固然不错,但却可能过于简单。之所以简单,是因为这种理解仅仅停留在旅游的潜在的可能性上,而没有说明旅游的现实性。以好奇心为例,或许人们都具有探视景观的好奇心,但并不是所有的人都能、或都愿意去满足这种好奇心,而且好奇心会随着年龄的增长而钝化。这说明,好奇心只是旅游的一种潜在动机,而由潜在到现实是有条件的。可见,从生理或心理的角度来解释旅游,常常是对潜在状态的旅游动机的解释,而不是对现实状态的旅游动机的解释。要对现实的旅游进行解释,就必须了解好奇心如何从潜在动机变成现实动机。既然这个转变是有条件的,那么,要了解现实的旅游,就必须了解促成旅游得以实现的各种条件。

为什么旅游的潜在动机不等于现实动机呢?原因之一在于旅游的潜在动机受到许多条件的约束。而旅游作为一种大众现象之所以在当代出现,正是由于现代社会解除了套在潜在旅游动机上的各种约束条件(constraining conditions),并同时提供了使这些潜在动机得以实现出来的"促使"条件(enabling conditions),旅游才能成为一种大众现象,成为一个国家高比例的国民出游率,从而成为现代社会不可忽视的总体性事实(total fact)。

在这些约束条件中,毋庸置疑,收入水平是最为关键的条件之一。正如马克思在《巴黎手稿》中所说:"如果我没有钱去旅行,我就没有需要,即:没有真实的、实现出来的需要去旅行"(Marx,1977:124)。但停留于对旅游动机的经济学的解释,不免给人老生常谈之感,因为连小孩都知道经济条件的重要性。经济条件是旅游的必要前提或约束条件。尽管一个国家的国民的出游率必然与该国的经济发展水平相联系,但经济条件不是旅游的唯一约束条件。例如,中东石油国家的经济条件十分优越,但石油国家的出游率大大低于欧美等发达国家。这说明,旅游作为社会事实的形成,还依赖于其他条件。

在这些条件中,常常被学者所忽视的就是社会结构条件与文化条件。如果说,发达国家的发达经济与国民的高收入解除了套在旅游动机上的经济约束条件,其发达、快捷、便利的交通基础设施与交通通信服务解除了套在旅游动机上的出行约束条件,那么,发达国家居民的日常生活节奏体验(如:程式化日程节奏,工作压力等),则构成了旅游者出行的推动条件。正如 Iso-Ahola(1983)所说,旅游者既在逃避日常生活中的某种东西,又在异地寻求某种东西,即某种日常生活中所难以体验到的东西。旅游者的"逃避"与"追求"动机,正是现代性所带来的缺失所造成的。但旅游之所以可能,同样是由于现代性所促成的。因此,现代性是令人好恶交织的。而旅游正是有关现代性的好恶交织的反映(Wang,2000)。旅游是一面镜子,透过它,人们重新审视自己与日常生活的关系,审视自己与现代性的关系。而每一次对现代性的不满,都可以通过出行而得到暂时克服。体验自然界的浪漫风情,弥补了现代社会环境"去自然化"的后果,但人们终归不愿意长久地停留在自然界。因此,这种短暂的与自然的零距离接触,可以消除人们在日常生活中所积累起来的对工业化、城市化环境的不满。旅游因此成为一种社会再适应的活动。每一次出行,其实是为了更好地归来,并更好地整合到所居住的社会环境中去。

现代性不但形成了人们出游的推力,而且从制度上提供了人们出游的条件。例如,带薪度假制度就是在19世纪后期西方社会所逐步形成的制度。以英国为例,带薪度假制度发源于1871年的"银行假日法案"。但这个时期的带薪度假主要还是中产阶级的特权,工人阶级并没有享受这一权利。的确,由于带薪度假导致工人实质工资的提高,雇主们并不情愿赋予工人这一权利。直到20世纪30年代,工人阶级的带薪度假才逐步得以推行。但工人阶级的带薪度假实践的普遍实行,是在第二次世界大战以后。事实上,二战以后,所有工业化国家都颁布了带薪度假的法案,带薪度假得以制度化。这一制度为人们出游提供了时间上的保证,并促使旅游文化与度假权利意识的形成。旅游与度假从"奢侈"变成了人们的"必需",变成了一种社会权利。不能参与旅游与度假,则被人们认为是一种社会剥夺。可以说,带薪度假制度是促成大众旅游的最重要的条件之一。

尽管中产阶级与工人阶级在出游动机上存在阶层的差异,它们之间也有许多相同之处。这种动机的相似性来源于现代性的结构性矛盾。现代性把人们带入一种不同于传统社会的秩序中,它极大地提高了劳动生产率,创造了商品与财富奇迹,但它同时也把人们引入了一种前所未有的压力与意义危机之中。而旅游的出现,正是化解现代的结构性矛盾的一种制度性手段。这种从旅游对社会所具有的功能来探讨旅游现象的角度,就是社会学中的功能主义视角。它最早在麦肯耐尔的《旅游者》一书中得到体现。在他看来,旅游是一种现代社会中的居民到异地他乡寻求现代性中所缺失的本真性的活动,是一种类似于宗教的准朝圣活动,这种活动使得旅游者体验到某种神圣的意义,从而对现代社会发挥一种补偿的作用(MacCannell,1976)。格雷本指出,旅游类似于宗教,是一种周期性地赋予生活与世界以意义的制度(Graburn,1989)。克里朋多夫也认为,旅游与度假既是一种现代精神治疗,也是一种现代"充电器",它为在工业社会中耗尽能量的人们进行生理与精神的"充电"(Krippendorf,1987)。许多社会心理学关于旅游动机的解释,其实也可以看作是一种功能主义(如:Iso-Ahola,1983),不过,社会心理学所说的功能是对个体所具有的功能,而不是对社会所具有的功能。社会学所说的功能是对社会整体的功能,尤其是对现存秩序的功能。如果说麦肯耐尔从正面的角度肯定了旅游对社会所具有的功能,那么,van den Abbeele(1980)则从负面的角度分析了旅游对社会的功能,在他看来,旅游类似于马克思所说的宗教。正如马克思说的"宗教是人民的鸦片",旅游也是当代社会人民的鸦片,因为人们通过旅游,忘却了现代社会的阶级不平等、压迫与异化。这种观点与霍克海默尔与阿多诺在《启蒙辩证法》中所持的有关"文化工业"的观点,有异曲同工之妙。

功能主义对旅游现象的解释显然是有局限性的。它只能从功能的角度说明旅游的发生,但在事实上,旅游者的旅游活动,常常出于他们对旅游活动与旅游客体所赋予的意义。他们正是根据这种意义来参与旅游活动。而不同的人所赋予某种既定的旅游及其客体的意义是不同的,因此,不同的人对该旅游活动的热衷程度是不一样的。人们之所以参与这种而非那种旅游活动,是因为人们赋予旅游及其客体以不同的意义。这种视角,就是符号互动论的视角。从符号互动论的角度看,人的行动动机不是天生的、自然而然的,而是在文化与社会中建构出来的。根据布鲁默的观点,人们是根据所赋予自身行动及其环境的意义而采取相应的行动的,这种意义则在互动中形成并在互动中得到改变。同样道理,人们根据其所赋予的旅游活动及其环境的意义而参与旅游活动,这些意义则来源于人与人之间的互动。从符号互动论的角度看,旅游成为大众现象,主要不是因为它的功能,而是因为社会话语系统赋予它以神圣的价值(如:社会权利)。在某种程度上,旅游动机是社会建构出来的产物。旅游者不过是社会话语所塑造出来的旅游信仰的实践者。如果说旅游是一种神圣化的活动,那么,从符号互动论角度看,这是因为这种活动被赋予强烈的情感意义。

　　旅游不但是旅游者的体验行动,而且是旅游消费者和旅游供给者之间的交换活动。这种交换在两个层次上展开。第一,它在个体或微观层次上展开。第二,它在宏观层次上展开。社会学更关注后者。宏观层次的交换涉及现代化程度不同的国家与国家、地区与地区之间的交换。这种交换在其功能上,是游客输出国或输出地区的财富借助旅游消费向旅游接待国或接待地区的溢出。但这种交换未必是对等的。越是经济发达的国家与地区,旅游业在国民产值中的比重相对越小,而许多发展中国家与地区的经济发展则常常比发达国家或地区更依赖旅游业。在此意义上,旅游反映了全球系统中国家与国家、地区与地区之间的不平等格局。用腾纳与亚斯的话说,旅游反映了核心国与边缘国之间不平等的交换关系(Turner and Ash 1975)。出于对核心国财富溢出的渴望,处于边缘地区的旅游接待国或地区往往会尽力在旅游形象的塑造与旅游产品的供给上迎合核心国或核心地区游客的要求和偏好。这种迎合过程,未尝不是一种新形式的殖民主义(Nash 1989)。在旅游营销中,发展中国家旅游目的地形象常常被扭曲化、刻板化。这种刻板形象是为了迎合发达国家或地区的游客偏好而塑造出来的。例如,在旅游促销小册子中,非洲国家的贫困常常被浪漫化为一种迎合西方游客所渴望体验的"本真性"。从西方游客的立场看,发展中国家的旅游目的地的现代化过程是"负面"现象。相反,这些地方越是显得原始、自然,甚至落后,就越迎合了西方游客对这些目的地本真性的刻板印象。于是,在发达国家或地区游客对发展中国家旅游目的地的期待中,发展中国家的文化保存的重要性优先于现代化的重要性。在一些发展中国家或地区,对发达国家或地区游客市场的依赖性,使核心国(或地区)与边缘国(或地区)的不平等关系得以固化。

尽管如此,旅游并非只导致旅游消费者与旅游供给者之间的冲突,它也可能促进社会的整合以及各种文化之间的沟通。法国社会学家涂尔干在《宗教生活的基本原理》一书中认为,每一个社会都会有神圣与世俗的划分。如果说人们对待世俗事物采取功利的态度,那么,人们对待神圣事物则采取肃然起敬的态度。在传统社会,没有神圣世界的支撑,人们就难以忍受世俗世界的艰苦。在现代社会,尽管宗教衰弱了,人们依然需要神圣的东西作为他们的信仰和崇拜的对象。例如,祖国、民族认同、自然奇迹、文明、遗产、爱、人权等等,均被神圣化了。在某种意义上,旅游也是人们对神圣之物的尊崇与朝拜活动。这种神圣之物,就是旅游吸引物。人们对旅游吸引物的观赏活动,就是对神圣之物所举行的一种尊敬仪式。由于神圣之物承载了社会的神圣价值,因此,旅游活动也是对神圣价值的一种接受、肯定和强化活动。通过旅游活动,人们重温了社会所尊崇的价值,体验了神圣之物的魅力,从而使神圣世界得以不断延续下去。由于许多神圣之物通常存在于"他处",因此,旅游活动有利于超越地方性视阈的束缚,扩大人们的视野,在一定程度上增强人们对他者的尊敬,促进不同地方、不同国家之间人们的相互沟通与理解。在此意义上,跨境旅游乃是一种文化沟通过程,一种"对话"活动,一种对不同文化的接受与肯定仪式。尽管走马观花式的旅游并不能完全消除某些文化偏见,但相互走动总比相互不走动更能凭借直接观察消除一些文化误解。

与神圣世界相对的是世俗世界。世俗世界是令人好恶交织的。一方面,世俗世界中的经济生活构成我们的物质基础。离开这个基础,个人生活与社会生活都不能正常进行。可以说,世俗生活给了我们许多快乐。另一方面,世俗世界充满各种约束、失意与挫折。沉重的工作与生活压力、快节奏的生活步伐、单调的日常生活程式、嘈杂、拥挤与被污染的日常生活环境,都导致我们寻求解脱的冲动。长期沉浸在这样的日常生活环境,必然导致生活意义的逐步稀释。在此意义上,旅游是一种通过与日常生活拉开距离、从而重新赋予日常生活以肯定意义的活动。齐美尔在《货币哲学》中认为,距离产生美。旅游正是一种与距离有关的活动。一方面,旅游通过寻求与日常生活存在一定距离的旅游吸引物,来体验日常生活中所感受不到的新鲜感、变化感、奇异感、美感。旅游是在短暂时期内对美好事物的密集或高强度体验,来为旅游者展开神圣世界的魅力。另一方面,旅游与日常生活拉开距离,并通过这种短暂的距离化活动来重新肯定日常生活的意义。通过出游,人们与家产生了距离,从而才体验到家的重要和可爱。同样道理,通过出游,人们与日常生活拉开了距离,从而才觉得日常生活是亲切的,是我们安全的"心理基地"。因此,尽管旅游是一种距离化活动,这种距离必须是适度的,就是说,当我们远离家乡的时候,我们希望有一些我们日常所熟悉的东西作为我们出游的"心理基地",例如,我们希望所看到的旅游景观与自己的日常生活环境拉开距离,但我们常常希望在出游途中品尝熟悉的饮食。因此,出游活动实质上是离不开家的因素的(如:餐饮与酒店)。正如汉勒兹所说的,对西欧游客来说,旅游目的地是"家"加上旅游吸引物:"西班牙是家加上阳光,印度是家加上仆人,非洲是家加上大象与狮子。"(Hannerz,1990:241) 的确,我们在观看另外一种生活方式(文化)时,我们总不忘携带我们自己的生活方式(如:饮食偏好)。可见,通过与日常生活拉开距离,日常生活的重要性便变得明显起来。正是在这个意义上,旅游使人可以重新接纳已经使人有几分厌倦的日常生活及其环境。

旅游市场的兴起,使旅游目的地国家与地方获得了发展旅游业的机会,并根据现实与潜在旅游者的需求而供给旅游产品。旅游供给的过程,乃是供应方根据旅游者偏好而提供可控的旅游体验的过程。就基础设施不发达的旅游目的地来说,这一供给过程至少涉及两个方面:第一、基础与配套设施(星级酒店、道路、桥梁、机场、电力设施、自来水设施、医疗卫生设施等)的建设与改善;第二、旅游吸引物建设与保护。前者导致目的地基础设施的完善,是旅游诱导的现代化进程。后者则构成目的地的吸引力所在。但是,目的地所面临的一个普遍问题,是旅游商业化与旅游体验本真性的矛盾。一定的商业服务是旅游目的地所必不可少的。但旅游目的地常常被过度商业化,从而导致旅游体验质量(如:本真性)受到负面影响。因此,旅游开发涉及一个悖论:旅游商业化是促进当地经济发展的一个因素,但旅游过度商业化却可能导致旅游体验质量的下降,从而导致该目的地的旅游吸引力下降,旅游经济发展缺乏可持续性。为了使当地旅游资源得到可持续利用,当地管理机构往往倾向于在旅游供给者(或投资者)立场与旅游消费者立场之间取得平衡。因此,旅游发展至少涉及四方矛盾:管理部门、投资商与涉及旅游供给的当地居民、不涉及旅游供给的当地居民、旅游者。

就中国来说,在旅游体验的供给上,旅游市场化往往导致市场失灵,即:旅游过度商业化导致旅游体验质量下降。为此,政府管理部门的调节显得尤其重要,它是促使旅游可持续发展的重要保障。但是,在现行官员考核标准以 GDP 为导向的条件下,地方政府在旅游发展中也出现失灵,即政府失灵。就是说,地方政府官员、尤其是对旅游业依赖程度较重的地方政府官员,为了提升地方 GDP,往往倾向于对旅游资源的过度开发和过度商业化。旅游的可持续发展问题,则因官员任期问题而被忽略(留给后任者处理)。因此,为了避免旅游发展中市场与政府的双重失灵,有必要借助非政府组织(NGO)、非营利组织(NPO)以及大众媒体的作用。

市场与政府的双重失灵,源于对旅游资源的工具理性态度。与此相对的另一种态度则是价值理性态度。工具理性常常是短期主义的,为了某个短期目的(如:GDP之于地方政府、利润之于投资者)而不惜竭泽而渔。例如,许多旅游目的地的商业设施的过度开发,往往对旅游吸引物本身造成致命破坏。价值理性则常是奉行长期主义的。从这种立场出发,旅游资源、尤其是文化与自然资源具有保存价值,不应为了GDP或投资回报而"透支"、甚至破坏这些资源。在遏制旅游开发中工具理性的泛滥,在西方,与旅游有关的社会运动应运而生。就中国来说,旅游开发中的"双重失灵"现象比较严重,由于政府的限制,公民社会尚未得到充分发育,旅游开发中的压力团体与社会运动滞后,导致旅游开发中许多触目惊心的破坏性开发,旅游商业化过度,旅游体验质量下降,旅游发展难于可持续。这一结果对当地居民与游客,都是不利的。

旅游业对旅游目的地所造成的经济、社会、文化与生态后果,不能脱离旅游目的地治理(governance)模式来看。不同的治理模式,决定了旅游的这些后果也是不同的。因此,我们不能泛泛停留于一般的"旅游后果"讨论,因为旅游后果的性质取决于治理模式。旅游业的发展嵌入于当地的制度环境中。因此,制度环境不同,旅游业所造成的后果也常常不同。此外,旅游对目的地的社会文化影响状况也不同脱离当地文化的韧性以及当地居民的本地认同感的强度。

第二节 旅游社会学的研究对象

在研究对象问题上,旅游社会学不同于其他学科的地方,主要不在于研究的界限或范围是什么,而在于从什么角度去研究。一般来说,角度不同,从旅游现象中发现的研究对象也不同。因此,旅游所包括的几乎所有方面,都可以从社会学角度加以研究,只不过其研究的侧重点与其他学科不同罢了。

下面让我们分别来看看社会学在旅游现象的几个主要方面能够研究什么。Cohen认为,旅游社会学有四个主要研究领域:旅游者、游客与当地人的关系、旅游系统的结构与功能、旅游的后果(Cohen,1984)。时至今日,旅游社会学又形成了一些新的研究领域。通常来说,旅游作为一个系统,包括不同的子系统:动机与体验系统、吸引物系统、支持系统、话语系统、关系系统。这些子系统均构成旅游社会学研究对象。

一、动机与体验系统

在传统的学科分工中,动机与体验主要属于心理学研究的对象。心理学包括个体心理学与社会心理学。个体心理学从个体角度来研究旅游动机与体验,对旅游动机与体验的形成及其一般构成做了深入分析。但这个角度往往把旅游动机看作是非历史性、非社会性的。因此,个体心理学往往忽略了旅游动机与体验所嵌入其中的约束条件与环境的影响。社会心理学从社会影响的角度来理解个体旅游动机与体验的形成,弥补了个体心理学的不足。但社会心理学对旅游动机与体验的研究同样缺乏历史的视角。

社会学对旅游动机与体验的研究有两个角度。一个是发生学角度,即从社会学变量或常量探讨旅游动机与体验产生与形成的原因与条件,尤其是结构性条件。例如,丹恩认为,现代社会中的"失范"(anomie)是导致旅游动机形成的一个重要原因(Dann 1977)。麦肯耐尔则认为,旅游的本质在于寻求本真性,而导致该动机的社会学原因在于现代社会中本真性的缺失(MacCannell,1973,1976)。王宁认为,旅游是现代人对于现代性的好恶交织的反映(Wang,2000)。从社会学角度看,旅游是一种历史性现象,而不是普遍现象。之所以如此,是因为以快乐为目的的、较高的国民出游率作为"社会事实",是在现代社会中产生的。如果说个人的生理与心理需要是一种潜在动机,那么,它由潜在到现实的转变,取决于现代化的发展状况。

社会学对旅游动机与体验进行研究的另外一个角度是功能学视角。旅游动机与体验是整个社会运行系统中的一个要素。这就是说,社会学把旅游动机与体验看作一个功能子系统,对社会系统整体良性运行发挥了"润滑剂"的作用。在现代社会,尽管社会系统复杂,由于分工的缘故,个人的活动却是程式化(routinization)的、相对单一的,人们在日常生活中保持按部就班的节奏。社会系统良性运行的微观基础正是日常生活中的程式(routines)。程式化的日常生活增加了行为的可预期性,减少了不确定性和相应的对不确定性的焦虑感,增强了社会活动的合作。用吉登斯的话说,程式构成了人们的"本体保障"(Giddens 1984)。但程式化日常生活也有其负面后果,即:单调感、感知钝化、压抑感或无意义感的产生。旅游动机产生于对暂时解脱这种日常程式所带来的负面体验的需要。通过出游,人们与日常程式拉开了距离,既暂时忘却日常程式的负面体验,又在异地体验不同寻常的环境与节奏。旅游体验既是日常程式体验的更换,也是日常程式体验的补偿。日常程式体验之所以变得可以令人容忍,正是因为这种补偿体验或对比体验的存在。通过旅游体验,与超常的旅游吸引物接触,人们得到"精神充电"(Krippendorf,1987),从而得以顺利回归日常程式化生活。这种从日常程式体验到旅游体验,然后再回归日常程式体验的过程,可以叫做"体验循环"。在当代社会,社会系统的正常运行,越来越离不开"体验循环"的作用。由此可见,表面看来,旅游是一种细小、琐碎的活动,其实旅游对社会良性运行发挥了重要功能。

但旅游的功能在本质上是保守的,而不是革命性的(van den Abbeele,1980)。它的功能在于维持现状,而不是变革社会。它教人们去尊敬和接受现实,而不是教人们去改变现实(MacCannell,1976)。

此外,旅游的功能还在于自我认同与社会认同的维持、强化或修正。自我认同与社会认同是一种通过个人对自我定位和社会归类的肯定和接受而将个人整合到社会系统中的一种机制。自我认同与社会认同是在社会化过程中逐步形成的。但是,在日常生活中,人们常常有可能发生认同危机。旅游正是出于克服这种认同危机的需要。通过体验不同生活方式或生活环境,把自己的生活方式及其环境与其他生活方式及其环境进行比较,人们得以摆脱认同危机,强化自我认同与社会认同。在旅游中,与"他者"的互动或把"他者"作为一种观照,有助于自我认同与社会认同的维持、强化或修正。而旅游正是一种与"他者"互动的过程。"我是谁"或"我们是谁"是在通过观照"他们是谁"的基础上而得到印证或改变的。

二、吸引物系统

如果说程式化的日常生活节奏及其环境是旅游的"推力",那么,吸引物系统则是旅游的"拉力"。旅游吸引物构成旅游的核心,没有旅游吸引物,实质上就没有旅游。在传统的学科分工中,旅游吸引物主要属于旅游地理学研究的对象。从地理学角度看,旅游吸引物往往是既定的、普遍的,其吸引力是吸引物自身所固有的。与此不同,在社会学视野中,旅游吸引物是社会建构的产物,其吸引力会随着旅游者的趣味的变化而变化。

在任何社会,都形成一个超越现实世界的理想化世界。例如,陶渊明所说的"桃花源",就是这样的世界。理想化世界往往不存在于身边世界中,但却是现实世界的补充,是给予现实世界中的人们的一种精神安慰。理想化世界有两种类型:一类是人们想象出来的虚幻世界,如陶渊明的"桃花源";另一类是被理想化的异地世界。例如,随着西方浪漫主义"异国情调"的兴起,东方或南方世界被看作是一个理想化世界。在探险家库克船长的日记中,塔希提就被描绘成一个人间天堂,一个摆脱了西方社会所面临的各种约束的、充满极乐的世界。

很显然,存在于异地的理想化世界是被建构出来的。人们是根据对现实世界的缺憾,来建构一个克服了现实世界的不足、摆脱了现实世界的约束与苦难的理想化世界。因此,这种对异地理想化世界的想象,脱离了实际,是对异地世界的真相的扭曲。人们之所以把异地世界理想化,其实表达的是对身边世界的不满。因此,人们把异地世界理想化,不过是对身边世界的一种温和的批评。

旅游吸引物正是源于人们对异地世界理想化的过程。旅游吸引物一般有以下几个特点:第一,它存在于其他地方,与人们的居住地存在一定距离。第二,它与人们身边世界中的物体或事物具有不同的视觉外表或感性特征(如:对山地居民来说,大海具有不同于山区的视觉外表)。第三,它的一些特征或特质是人们从身边世界难以获得的,因此,吸引物的特征与身边世界的特征往往构成对比,而前者往往构成后者的补偿(如:自然界的特征是城市所缺乏的,并构成城市的补偿;乡村少数民族的纯朴是城市居民所缺乏的,并构成城市居民的补偿)。

可见,旅游吸引物之所以具有吸引力,一个重要的原因在于它对人们的身边世界的不足与缺憾具有某种补偿功能。人们正是根据对身边世界的不满,而对异地世界中那些具有补偿身边世界不足的客体、事物或特征加以理想化。山村居民难以理解,城里居民不惜花钱、长途跋涉,为的就是看一看他们所认为的"没啥看头"的荒原。海岛居民同样不能理解,城里人一到海滩,表现得就像小孩一样。可见,同样的世界,从当地居民的角度和从游客的角度来看,具有不同的意义。因此,旅游吸引物其实就是人们根据身边世界的缺憾而建构出来的。它是理想化价值的化身和载体,并构成身边世界之缺憾的一种补偿。

三、支持系统

旅游支持系统包括两个部分:旅游服务系统和基础设施系统。

旅游服务系统包括旅行社、酒店、餐饮、旅游交通、纪念品商店、摄影、导游与解说、旅游信息中心、外币兑换、紧急救治等等。该系统主要属于管理学和经济学研究的对象,前者如服务质量管理,后者如服务经济学。社会学则从劳动社会学角度,对旅游服务系统中的职业与劳动进行研究(如:Urry,1990)。

从社会学角度看,旅游服务质量问题,不但是一个管理问题,而且是一个文化问题。旅游业属于高密度人际互动服务,即服务员与顾客面对面接触的频率高。因此,旅游服务业属于人际服务。人际服务包含几个方面的矛盾。第一,消费者往往要求服务质量标准化、可预期,从而使支付的费用价有所值,但人际服务的特点恰恰是难以充分标准化,不确定成分较多,从而导致消费者抱怨的机会增加,服务员与顾客容易发生冲突。第二,与此相联系,服务员难免产生"伺候"人的感觉,但职业角色要求他们抑制自己的情感,尽量顺从顾客的要求,使得职业角色的内心冲突加大,职业声望不高,职业吸引力下降。第三,人际服务业中的质量管理要求与服务劳动者的职业履历前景也产生了矛盾。由于收入相对较低、职业履历前景有限,使得从业服务人员的流失率、"跳槽"率都很高,这反过来加大了质量保证的难度。

上述这些矛盾几乎在所有国家都存在,但不同国家的人际服务质量却大不相同。之所以如此,管理水平是其中一个因素,但更深层次原因是文化因素。就西方社会来说,存在一个历史悠久的服务文化,该文化可以溯源于中世纪教会对旅行者所提供的免费食宿服务。到早期资本主义阶段，西方社会产生了大量为宫廷贵族进行各种服务的行业。随着资本主义的发展，服务业成为一种以服务为手段、以利润为目的，并彻底摆脱人身依附的行业。在此基础上，资本主义的服务文化得以形成。人际服务"去人格化"了，再也不是人格低下的行业了，尽管在职业声望体系中，其声望体系并不高。

与服务文化相联系，是人际服务业中职业道德的兴起。与普通道德不同，职业道德是与市场经济相联系的，是行业从业人员共同接受、默认、遵守并据此对自己的职业行为进行约束的准则和规范（如：商人、医生、教师、警察等）。如果说在职业声望体系中，各种职业的声誉和地位是不同的，那么，各自的职业满意感也是不同的。但是，在旅游行业中，由于职业道德的约束，从业人员不会将这种不满反映在职业行为上（如：降低服务质量、欺诈顾客），而是通过其他途径来反映这种不满（如：罢工、辞职或与政府谈判）。职业道德是市民社会的结果，即行业自律的产物。而市民社会则是在摆脱了专制国家的统治以后才得以壮大的。

中国旅游业中所存在的服务质量问题，其实是中国的服务文化与职业道德还不发达的产物。一方面，服务文化的链条中断。中国原本存在服务文化，但在工商业的社会主义改造完成以后，中国实行就业终身保障的制度（即"铁饭碗"制度）。这种制度给员工灌输"劳动人民当家作主"、"劳动人民是社会主义主人翁"的意识形态。与此相联系，人际服务部门的服务人员常常将服务行为与"伺候人"联系起来，把服务劳动看成低人一等的工作，从而不愿意尽心尽力。"铁饭碗"则保护了这种服务劳动中的懒惰。实行市场化改革以来，尽管"铁饭碗"已经打破，服务质量得到很大提高，但在整体上，服务文化却没有达到市场经济所要求的水平。另一方面，职业道德的发育环境中断。在计划经济（即"再分配经济"）时期，国家消除了市场，把社会所有资源垄断在国家手里，中国成为全能主义社会，市民社会被国家吞并。在此条件下，思想政治工作替代了职业道德的培育，职业道德问题被思想政治问题所取代，使行业自律的职业道德失去了自生自长的"社会土壤"。随着计划经济转向市场经济，长期以来的职业道德缺失必然在服务质量问题上反映出来。随着市场经济的不断完善，也随着中国经济不断与国际接轨，职业道德逐步回归，成为行业自律的行为规范。职业道德只有成为行业的自觉需求，职业道德才能真正得到贯彻。如果职业道德变成行政部门自上而下的"压"下去的行政规定，那么职业道德就变了味，因为它不是行业从业人员的发自内心的道德，而是外在的"道德"。除了文化问题外，服务质量也与制度问题和管理问题密切相关。这些问题同样可以从社会学角度展开研究。

除了服务系统外，旅游支持系统还包括基础设施。基础设施系统是政府与开发商为了旅游目的地旅游业的正常运转而供给（或投资）的道路、桥梁、码头、机场、停车场、电力、自来水、住宿、商店等交通与生活设施。这一系统主要属于经济学、管理学与地理学研究的对象。社会学也对它进行研究,其研究角度主要是发展社会学。发展社会学主要研究农业社会向工业社会转型的社会变迁过程,特别是研究第三世界国家的发展过程。由于第三世界国家旅游目的地缺乏资金,常常需要借助外部资本来进行基础设施的投资,同时也需要借助游客输出国的服务机构进行组织和送来游客,这就导致这些目的地旅游发展中的效益漏损,旅游发展的经济效益的很大部分被外部资本所赚走。但离开了外部资本,这些目的地却无力独自开发旅游业。旅游业对外部资本的依赖,导致这些目的地被纳入全球"旅行资本主义",成为外部资本增值的一个环节。

四、话语系统

话语系统在旅游系统中扮演着十分重要、但却常常被忽视的作用(Dann 1996)。话语(discourse)是一个人文、社会科学概念,它指某种体系化的论述与语言,如:医学话语、科学话语等。福科认为,话语不仅仅是对外部世界的描述,而且是一种社会权力现象。例如,20世纪关于性与疯狂的医学话语深刻地改变了社会对待性与疯狂的方式。可以说,社会现象是通过话语而建构的(Foucault,1972)。正因为话语是一种权力,因此,任何时代都存在着对话语权的争夺。旅游话语同样对旅游发挥重要的建构作用,因此,最近十余年来旅游话语在旅游中的作用越来越引起旅游社会学者的重视(Dann,1996;Wang,2000,ch.8)。

旅游中的话语包括图片、文本(texts)、音像、口头语言等,通常以旅游宣传册与宣传片、旅游广告、旅游指南、游记、大众媒体(报纸、电视等)上旅游专栏文章、旅游专题节目、旅游散文、旅游评论、旅游地图、旅游解说、旅游标示、旅游博客等方式而存在。它分几类:商业性旅游话语(如:旅游广告与宣传)、消费性旅游话语(如:电视上的旅游专题节目、旅游指南、旅游地图)、专业性旅游话语(如:专家所做的旅游规划文本、专家对旅游地、景点与旅途注意事项等旅游知识的阐述)、独立性旅游话语(如:游客或知识精英以独立身份在大众媒体、网络或博客上发表的游记以及有关旅游经历的图片)。在这些话语体系中,独立性旅游话语由于超脱了旅游目的地利益相关者群体的立场局限,对读者来说比较具有可信度,因此影响比较大,但其受众人数相对较少。相比之下,商业性旅游话语具有最多的受众(最广的覆盖面),但由于与旅游目的地发生利益关联,有"王婆卖瓜"之嫌,因此信誉度较低(Gartner,1993)。

话语系统在旅游中的作用包括以下几点。

第一,旅游话语对旅游动机起着建构作用。从生理学或心理学角度看,人们具有潜在的旅游动机,但从潜在的动机变成现实的动机,旅游话语起着重要的形塑(shaping)作用。旅游话语使处于潜意识状态的旅游动机上升到意识层面。更重要的是,旅游话语的作用在于使具有潜在动机的人觉得,旅游是一种"必需",不去从事某种旅游活动,将是人生的一种遗憾与损失。旅游话语不断地在潜在的游客身上创造某种缺憾感(如:"不到长城非好汉"),从而唤起他们参与旅游活动的兴致。

第二,旅游话语对旅游趣味起着建构作用。旅游活动不但是有关"是否要去旅游"的问题,而且是"从事怎么样的旅游活动"的问题。旅游话语对后者起着重要的形塑作用。从西方旅游历史看,不同时代有不同的旅游话语,从而导致不同的旅游需求类型。始于17世纪的教育话语直接影响了大游学时代的旅游趣味与时尚(英国贵族子弟到欧洲大陆文艺复兴发源地游学)。18世纪后期的健康话语,即矿泉水和海水有益身体健康的医学话语,促动了英格兰的矿泉浴旅游与海水浴旅游的兴起与流行。19世纪的浪漫主义话语(如:华兹华斯的诗歌)掀起了自然旅游热(Squire,1988)。与此同时,戒酒与理性休闲话语直接引发托马斯·库克发明了包团旅游,其初始用意在于帮助工人用理性的娱乐,而不是借助酗酒,来摆脱工业化进程中工作程式的单调沉闷(Wang,2000,ch.8)。20世纪后期的本真性话语,则推动了背包旅游的盛行。

第三,旅游话语对旅游吸引物起着建构作用。旅游话语在形塑旅游动机和趣味的同时,也对旅游吸引物发挥着建构作用。吸引旅游者前往旅游吸引物的,主要不是吸引物本身,而是人们有关吸引物的形象。而旅游吸引物的形象则是被建构出来的。吸引物形象与吸引物本身既有一致之处,也有不一致的地方,造成不一致的原因,正是旅游话语的建构作用。旅游话语充当了一个"过滤器",将吸引物那些迎合游客要求的特点加以突出和渲染,而将该吸引物那些引起游客反感的特点加以掩饰或淡化处理。这个过程,就是旅游吸引物的理想化过程。旅游话语就是一种将旅游吸引物加以理想化的机制。

第四,旅游话语对旅游体验起着建构作用。旅游话语对人们的观看方式(ways of seeing,Berger,1972)或感知方式产生直接影响,从而对人们的旅游体验发挥建构作用。旅游话语告诉人们在旅游目的地应该体验什么、不该错过什么以及如何体验。它预先给游客一个定框(framing),使游客按照这种定框来对旅游目的地进行过滤和聚焦,从而按照预设的视角进行感知和体验。因此,旅游话语以某种隐蔽方式对游客的旅游体验起着控制作用。旅游者结束旅游行程后,往往会加入到既定的旅游话语的再生产过程中去,就是说,他们用自己的亲身旅游经历来验证、完善或修改既定的旅游话语。

第五,旅游话语对旅游者群体的分化起着建构作用。20世纪末期,旅游市场日益分化,人们的旅游兴趣越来越多元化和个性化。旅游话语在旅游群体的分化中也起着重要的建构作用。人们与某种既定的话语接触久了,其动机与思维就必定受到该话语的渗透与影响,并与该话语形成一致。旅游者之所以分化,是因为他们分属于不同的"话语圈"。随着大众媒体(同质化话语)向多元的小众媒体、尤其是网络互动媒体(异质化话语)的转变,话语体系发生分化,人们越来越归属于一个小众话语圈,其动机、趣味与体验模式越来与在该话语圈内趋向一致,而与其他话语圈趋于不同或分化。

社会学除了研究话语系统对旅游动机、趣味和体验的建构作用,还可以研究旅游话语系统本身的运作机制以及旅游话语系统形成、演变的规律。社会结构、意识形态、文化思潮、时尚等等,都会对旅游话语类型产生某种影响。

五、关系系统

旅游中的关系系统是旅游社会学与人类学长期以来所关注的问题。除了上面所说的旅游业服务人员与游客的关系,它还包括游客输出国与接待国的关系(Turner and Ash,1975)、游客与东道主的关系(Smith,1977,1989)、游客与游客的关系(Lett,1983)、旅游目的地各利益相关者群体关系(Sofield,2003),等等。从关系的类型看,旅游中的关系可以分为权力关系、利益关系、功能关系、情感关系等。从关系的形式看,关系可以分为交换关系、冲突关系、合作关系、依赖关系、共同在场(co-presence)关系等。所有关系都涉及结成关系的各方之间的互动。依据关系方的互动频率或情感强度还可将关系分为强关系和弱关系两类(Grannovetter,1985)。

在旅游所涉及的关系中,权力关系最为重要。在这里,所谓权力,指的是在结成关系的双方中,一方具有使另一方服从自己意愿的能力。权力有不同来源,包括强力(如:借助武力而胁迫别人服从自己的意志)、制度性位置(如:经合法途径任命的国家干部)、资源(金钱或资产、公司产权、知识产权或专业技能)、情感(如:被爱者对施爱者具有权力),等等。权力总是关系性的,它存在于关系中,并通过关系体现出来。权力也是相对的,总是相对于他人而言的。除了高压性权力,大部分权力的实质在于功能依赖,就是说,人们越是拥有他人所依赖的资源或功能,就越对他人具有权力。此外,权力还受具体情境的限制。

可以说,旅游中所有关系在某种意义上都是权力关系。例如,游客输出国与游客接待国就是一种权力关系。前者由于握有后者所依赖的资源(游客),因此对后者具有权力。这种权力不平等关系造成了前者对后者具有更大的影响力,并常常可以使后者在某种范围内服从自己的意志。同样道理,游客与东道主的关系也是一种权力关系。旅游目的地各利益群体的关系也是权力关系。例如,政府、旅游投资商和当地居民之间就结成了权力关系。在这种权力关系中,政府和投资商是强势的一方,而当地居民则是弱势的一方。

　　旅游中的权力同时也是交换关系。例如,东道主与游客之间尽管在权力关系中处于不平等地位,但并不意味着一方对另一方有绝对权力。相反,二者均对对方有权力,只不过各自的权力不对等罢了。正是因为双方对对方都有权力,因此,双方的交换才有可能发生。但正因为双方的权力是不对等的,因此,双方的交换也是不对等的。

　　权力关系必然影响利益关系。因为权力拥有者总会利用权力来为自己谋利。例如,在利益相关者群体的关系中,强势的一方必然在旅游开发中得到更多利益,而弱势一方的利益常常会遭受损失。在中国的旅游发展中,当政府只顾政绩需要、并借助权力来满足自己的"部门私利"的时候,这种旅游发展就有可能牺牲一些弱势群体的利益(如:拆迁问题、开发性破坏)。

　　权力关系也可能影响人们之间的合作意愿。当权力关系损害了某一方的利益时,后者必然会采取某种抵制或反抗措施,从而导致旅游发展受到负面影响。因此,当旅游发展中一部分群体的得利是以其他人的利益损失为代价的,那么,这种旅游发展必然加剧社会冲突,利益受损群体的合作意愿降低,并必然通过各种方式来阻碍或破坏旅游业的发展,或力图将其发展道路纳入到有利于自己的方向上去。

　　因此,所谓旅游的可持续发展的问题,实质上是一个各利益相关者群体的利益均衡的问题,而要达到利益均衡,必须使得权力关系中各方的权力取得均衡。权力不受约束,或权力关系失去均衡,必然导致强势群体损害弱势群体利益,后者必然用"弱者的武器"进行抵抗,从而使双方最终落入"双输"的局面。可见,从社会学所提倡的关系系统的角度入手,可以对旅游的可持续发展做出更深入的研究。

　　旅游社会学的研究对象远不止上述几个领域。只要发挥想象力,我们将可以找到更多研究领域。事实上,研究问题比研究对象更重要。所以,对旅游社会学来说,关键不在于事先严格地确定研究对象,而在于从社会学角度提出研究问题。而学术研究问题,总是建构的产物。研究问题的建构,则常常取决于学术素养和学术想象力。因此,从事旅游社会学的研究者,着实应当在理论素养上多下功夫。

第三节　本书的风格与结构

　　本书采纳西方教科书的写法,即对旅游社会学研究的文献进行汇总、综述、分析与评价,让读者了解旅游社会学的研究动态。尽管国内所能得到的文献十分有限,我们还是想方设法通过各种途径收集文献资料,以尽量使我们的综述显得全面。此外,除了概述西方(以及国内)旅游社会学的研究进展,本书也表述了我们自己的研究成果。在一些问题上,本书作者形成了自己独特的观点,并在本书中得到详尽阐述。

在写法上,我们力求做到所引用的观点,都能标明出处。这样,通过阅读本书,读者可以了解每个观点的原始出处,从而了解各种理论的发展进程及来龙去脉。我们相信,本书所列出的参考文献,对于那些想进一步从事旅游社会学研究的读者来说,提供了有用的信息。此外,为了促使学生思考,本书从第三章起每一章都提出了思考题。由于是集体创作的缘故,本书在文风上显得不太一致,因为每个作者都有自己的风格。此外,每章的篇幅大小也不同。尽管如此,在力求客观地对文献进行综述这一点上,大家是一致的。

在写作过程中,我们所遇到的一个困难是,如何判定研究文献是否属于旅游社会学文献。我们所读到的文献可以分为两类。一类是有明确的学科标示的文献,也就是说,或者作者的身份是大学的社会学系(如:Dean MacCannell, Eric Cohen John Urry),或者作者明确表明其研究属于社会学研究(如:Graham Dann)。另外一类则没有这种学科标示,但其研究成果具有社会学的学科性质。把前一类文献归入旅游社会学领域,显然没有任何疑义。但如何把后一类文献归入旅游社会学领域,有时却难以把握。我们的选择标准是,只要这些文献谈到旅游社会学所关心的问题,或者其研究带有社会学的视野,都可以包括进来。我们对它们的综述与评价,则是放在社会学的框架下进行的。

本书共分10章。

第一章(本章)从总体上简略论述社会学视野下的旅游现象,并对旅游社会学的研究对象进行简要分析。

第二章对西方社会学的七种主要的理论流派进行了介绍。这些理论流派为我们审视旅游现象提供了理论视野。这些理论视野都可以运用到旅游研究中。许多学者,包括 MacCannell, Cohen, Turner and Ash, Urry 等人,运用社会学理论视角对旅游进行研究,做出了突出贡献。对于非社会学专业出身的研究者来说,本章内容是一个很好的社会学理论入门和导引。

第三章讨论旅游者角色、群体及其旅游者分类和分层。对社会成员的角色进行分析,并对其进行分类,是社会学的一个传统的研究领域。同样道理,对旅游者进行角色分析,并对其加以分类,也是旅游社会学的基本研究对象之一。旅游社会学家 Cohen 早期对旅游者的分类,对整个旅游学的研究,都产生了深刻的影响。本章还对背包客等另类旅游以及新兴的虚拟旅游社区问题进行了评论。

第四章分析旅游者动机。社会学与心理学都对旅游动机进行分析,但分析的角度不同。心理学更侧重于个体与群体的角度,而社会学更侧重于动机背后的动力机制,尤其是社会的结构性条件,包括促使条件和约束条件。尽管社会学和心理学的视野不同,但二者却有共同的对话平台,因此,为了引入社会学视野,本章不能不讨论心理学有关旅游动机的研究文献。社会学正是在心理学文献基础上,进一步引入结构分析的视角,也就是说,把主观的动机同客观的社会结构条件联系起来,并用后者来解释前者。

第五章探讨旅游社会学的一个传统的、至今依然盛行不衰的热门研究课题,即旅游中的本真性问题。本章梳理了自珀尔斯汀、麦肯耐尔以来的主要相关研究文献,对本真性这一经典研究问题的来龙去脉做了清晰的介绍和细致的分析,并对本真性在旅游发展中的运用及其所遇到的矛盾进行了独到的评论。我们相信,通过阅读本章,读者可以了解本真性问题何以会引起西方学者的高度重视,本真性缘何是一个重要问题。作者所提供的社会学视野,正是解开这一谜团的关键所在。

第六章剖析旅游吸引物的社会建构问题。旅游吸引物历来为旅游地理学所重视,并被视为地理学理所当然的研究对象,所以少有其他学科涉猎这一研究领域。长期以来,人们往往强调旅游吸引物的客观属性和绝对价值,至于旅游吸引物的符号属性和相对价值,则或多或少被忽略了。本章的独特之处在于从社会学角度,结合社会变迁的背景来探讨旅游吸引物的价值建构过程。本章在文献回顾的基础上,从社会学立场分析了旅游吸引物的符号意义和符号价值,并从动态的角度探讨了符号意义和价值的社会建构过程。这一视角将对旅游吸引物的开发和评估提供非常有益的启示。

第七章分析旅游目的地形象的社会建构问题。人们常常是事先有了有关某一目的地的形象,然后才选择去该地旅游。因此,在某种意义上,形象直接影响了旅游者的目的地选择。正因为形象对旅游目的地营销如此重要,它才引起了旅游研究者长达几十年的研究。但大部分有关旅游目的地的研究都着眼于目的地营销的角度,而较少从社会学角度展开。本章从社会学角度出发,饶有趣味地对旅游目的地形象的社会建构过程进行了深入分析。

第八章讨论了游客与旅游目的地东道主的关系。这个领域最先由人类学家提出,并长期从事研究。它也引起了社会学家的兴趣和重视。本章的重点在于从福科所提出的"凝视"的角度出发,对旅游凝视所引起的主客关系的复杂情境进行了深入细致的分析和评论。本章的另外一个要点在于从"旅游凝视"的角度出发,对摄影进行了社会学的讨论。

第九章探讨了鲜为我国旅游学界重视的领域,即旅游中的性别问题与性别关系。两性(gender)社会学是国外新兴的比较热门社会学研究领域,它也被拓展到旅游研究领域。从性别角度来审视研究领域,给我们洞开一天之感。通过作者的文献综述可以看到,原来在社会所存在的性别不平等现象,也延伸到旅游领域。本章对国外学者有关旅游领域中的两性不平等现象的研究,一一做了评述。

第十章所讨论的旅游的社会、文化影响问题,是旅游社会学传统的研究对象之一,并依然是今日旅游社会学的热门研究课题。在旅游社会学领域,关于旅游的社会、文化影响问题的研究,持续了三四十年,其中有重要成果,也有经验教训。随着研究的不断深入,学者们一直在对自己的研究进行反思,研究成果也不断精致化,因此可以说,旅游的社会、文化影响研究是旅游社会学领域最成熟的领域之一。本章对这一领域的重要相关文献进行了全面的综述和独到的分析。本章文献丰富,内容翔实,有助于读者快捷地了解这一领域相关研究问题的来龙去脉和最新动态。

参考文献

Berger, J. (1972) Ways of Seeing. London: British Broadcasting Corporation and Penguin Books.

Cohen, E. (1984) The Sociology of Tourism: Approaches, Issues, and Findings. Annual Review of Sociology 10: 373~392.

Dann, G. M. S. (1977) Anomie, Ego-enhancement and Tourism. Annals of Tourism Research 4: 184~194.

Dann, G. M. S. (1996) The Language of Tourism: A Sociolinguistic Perspective. Wallingford: CAB International.

Foucault, M. (1972) The Archeology of Knowledge. London: Tavistock.

Gartner, W. C. (1993) Image Formation Process. Journal of Travel and Tourism Marketing 2 (2/3): 191~215.

Giddens, A. (1984) The Constitution of Society: Outline of the Theory of Structuration. Cambridge: Polity Press.

Graburn, N. H. H. (1989) Tourism: the Sacred Journey, in Hosts and Guests: the Anthropology of Tourism (2nd ed.), V. Smith, ed., pp. 21~36. Philadelphia: University of Pennsylvania Press.

Grannovetter, M. (1985) Economic Action and Social Structure: the Problem of Embeddedness. American Journal of Sociology 91 (3): 481~510.

Hannerz, U. (1990) Cosmopolitans and Locals in World Culture. Theory, Culture & Society 7: 237~251.

Iso-Ahola, S. E. (1983) Toward a Social Psychology of Recreational Travel. Leisure Studies 2: 45~56.

Krippendorf, J. (1987) The Holiday Maker: Understanding the Impact of Leisure and Travel. Trans. by Vera Andrassy. London: Heinemann.

Lett, J. W. (1983) Ludic and Liminoid Aspects of Charter Yacht Tourism in the Caribbean. Annals of Tourism Research 10 (1): 35~56.

MacCannell, D. (1973) Staged Authenticity: Arrangements of Social Space in Tourist Settings. American Journal of Sociology 79 (3): 589~603.

MacCannell, D. (1976) The Tourist: a New Theory of the Leisure Class. New York: Schocken.

Marx, K. (1977) Economic and Philosophic Manuscripts of 1844. London: Lawrence & Wishart.

Nash, D. (1989) Tourism as a Form of Imperialism, in Hosts and Guests: the Anthropology of Tourism (2nd ed.), V. Smith, ed., pp. 37~52. Philadelphia: University of Pennsylvania Press.

Smith, V. L. (ed.) (1977) Hosts and Guests: the Anthropology of Tourism. Philadelphia: University of Pennsylvania Press.

Smith, V. L. (ed.) (1989) Hosts and Guests: the Anthropology of Tourism (2nd ed.). Philadelphia: University of Pennsylvania Press.

Sofield T. H. B. (2003) Empowerment for Sustainable Tourism Development. New York: Pergamon.

Squire, S. J. (1988) Wordsworth and Lake District Tourism: Romantic Reshaping of Landscape. The Canadian Geographer 32 (3): 237~247.

Turner, L. and Ash, J. (1975) The Golden Hordes: International Tourism and the Pleasure Periphery. London: Constable.

Urry, J. (1990) The Tourist Gaze: Leisure and Travel in Contempoary Societies. London: Sage.

van den Abbeele, G. (1980) Sightseers: the Tourist as Theorist. Diacritics 10: 2~14.

Wang, Ning (2000) Tourism and Modernity: A Sociological Analysis. Oxford: Pergamon.

第二章 旅游社会学的主要理论视角

旅游社会学作为社会学具体研究领域的一个分支,以社会学的视角研究旅游现象。社会学中所形成的主流理论自然也构成了旅游社会学的主要理论视角,并随着旅游社会学的研究发展,延伸出与各种社会学理论相应的旅游社会学理论。

近代欧洲资本主义的诞生,带来了欧洲社会在诸多方面的巨大变迁;在政治领域,民族主义国家兴起,与家族国家、家族政治相分离,并伴随着民主化的不断推进;在经济领域,工业兴起,与农业相分离,并不断发展;在社会领域,市民社会兴起,与国家相分离,并不断强大等。这种巨大的社会变迁带来了社会秩序的动荡与各种社会群体的激烈冲突。作为与资本主义同时产生的社会学则是对这种社会现实的知识回应,社会学创始人孔德(Auguste Comte)把秩序与变迁作为社会学的研究主题,并借鉴这一时期自然科学所取得的巨大成就,将社会学的研究方法规定在实证主义的方向上,试图用科学的方法来研究人类社会。孔德这种把人类社会等同于自然社会学的做法一开始就给社会学的发展带来了巨大的潜在冲突,因为人类社会注定具有不同于自然界的特性,而后来社会学理论发展的核心也正是围绕着对这一假设的接受与拒绝而分化成纷繁复杂的各种流派的,并从社会学的古典阶段,途径现代阶段,一直延续到当代。

在社会学的古典阶段,孔德和斯宾塞(H. Spencer)主要是借鉴自然科学的分析工具,把社会类比为生物有机体,来研究社会,因而缺乏实质性的分析进展。真正完成这一步的则是马克思。马克思(Karl Marx)分析了资本主义社会的阶级结构,并把这种阶级结构从经济基础推进到上层建筑的政治和意识形态领域,继而突出了资本主义社会的阶级冲突。马克思的历史唯物主义把人类社会自然化为不依赖于人的意识而存在的客观实在,并在自己的社会结构分析中,不自觉地贯穿着科学的客观主义立场。之后,这一观点遭到了马克斯·韦伯(Max Weber)的拒绝和批判。韦伯认为,人类历史的发展是偶然的,取决于多种影响历史发展的各种因素的对比,不具有一个必然的规律;如果在资本主义的产生中,不是像新教伦理这样的因素产生了主要的影响,那么,它今天也许是其他的什么主义,而不是资本主义了。与韦伯同时的涂尔干继续坚持社会结构的客观分析,主张社会事实只能用社会事实来解释。在古典社会学中，齐美尔(Georg Simmel)、滕尼斯(Ferdinand Toennies)、帕累托(Pareto)、桑巴特(Werner Sombart)也从不同的角度对社会学的发展做出了重要的贡献。

始于二战以后的社会学现代阶段，首先是帕森斯(Talcott Parsons)对古典社会学的理论进行了诸多的综合，建立了宏大而保守的结构功能理论，强调了社会结构的均衡与秩序，反映了二战后资本主义社会的繁荣、稳定状况。之后，随着资本主义二战后繁荣时期的结束，西方社会在60、70年代出现了诸多的社会问题，如种族冲突，反越战，女权主义等。作为这种社会现实的反映，社会学理论也开始出现理论多元分化的局面，如：科塞(Lewis Coser)和达伦多夫(Ralf Dahrendorf)的冲突论、布鲁默(Herbert Blumer)的符号互动论、霍曼斯(George Homans)和布劳(Peter Blau)的交换论，科尔曼(James S. Coleman)的理性选择理论，舒兹(Alfred Schutz)的社会现象学，加芬克尔(H. Garfinkel)的常人方法论、法兰克福的批判理论以及探讨社会变迁的现代化理论等。

随着对现代社会的诸多反思和现代性的拒绝，后现代主义兴起，以德里达(Jacques Derrida)为代表的后现代理论对古典和现代的理论进行了全面的解构。德里达认为所有的社会理论只是一个写作者自己建构的文本(Text)，要想对社会历史进行全面而准确的理解，首先就要对这些文本进行解构。于是在这种全面解构的背景下，后现代开始出现理论的"去中心化"和对普遍性的拒斥，并高扬价值的多元化。然而这种否定一切的解构主义不可能给出现代性的解决方案，并最终走向了虚无。

80年代以后的当代社会学理论，在对古典和现代社会学进行综合借鉴的基础上，批判了后现代主义，继续捍卫现代主义，并开始了新一轮社会学理论的综合。于是吉登斯(Anthony Giddens)的结构化理论、哈贝马斯(Juergen Habermas)的沟通行动理论、布迪厄(Pierre Bourdieu)的理论都从不同角度进行了结构和建构的综合，继续对现代性的问题进行尝试性的解决。

旅游是一种历史悠久的社会现象，但是由于人类社会技术、交通和经济等社会条件的限制，旅游活动只到20世纪才逐渐变为一个大众性的活动，二战后才变得日益活跃。从19世纪开始已经有了有关旅游的研究，其中也不乏旅游社会学的零散思想，伴随着50~60年代大众旅游的普及，旅游社会学在70年才开始真正的兴起，并于1972年以一个社会学分支学科的明确身份开始出现(Cohen E.，1972)。

虽然有关旅游的定义众说纷纭(郑本法，1999)，但是旅游社会学则和其他的分支社会学一样，是以社会学的视角来研究旅游现象的。由于旅游社会学学科本身的不成熟，有关旅游社会学的研究对象与研究内容上，也存在着各种说法，

Cohen 认为旅游社会学是对旅游促进社会文化变迁做情景化的审视,因而应该把旅游和其他文化因素综合起来加以研究(Cohen E.,1979)。与此相应,Cohen E. 把旅游社会学的主要研究领域定为以下四个:(1)旅游者;(2)旅游者与当地居民的关系;(3)旅游系统的结构与功能;(4)旅游的后果(也即旅游影响)(Cohen E.,1984)。国内有部分学者认同这种研究取向(申葆嘉,1996),同时,也有部分学者认为旅游研究的框架是旅游现象(余书炜,1997)、旅游活动(王德刚,1997),旅游实践(张凌云,1997)。结合国内与国外有关旅游研究,有学者提出旅游社会学的研究对象是"旅游者的社会行为和社会关系以及由此引起的相关问题的集合",具体的研究对象是旅游者个体和旅游者群体(张进福、肖洪根,2000)。

由于旅游现象本身的特殊性和旅游研究的曲折性,旅游社会学的发展具有明显的阶段性。有学者将旅游社会学分为四个发展阶段:第一个阶段是早期的起源时期("二战"以前),主要是旅游社会学思想在欧洲的零散浮现,而且依附在旅游经济学的思想中;第二个阶段是过渡时期("二战"后至 20 世纪 60 年代),旅游社会学由欧洲转向美国,并开始关注旅游中的社会、文化因素及其影响;第三个阶段是形成和发展时期(20 世纪 70~80 年代),旅游社会学明确产生,并出现很多有巨大影响的著作,旅游社会学的研究兴趣和注意力集中在理论层面的学科基础研究上,旅游社会学获得极大的学科发展;第四个阶段是系统经验研究时期(20 世纪 90 年代至今),旅游社会学从各种地域、内容、研究方法上,对上一时期的理论和零散的研究结论进行系统、大规模的证实,研究成果丰富,旅游社会学的发展也空前繁荣(张进福,2004)。同时,国外学者 Jafari(2001)从旅游研究的发展历程出发,总结出对旅游现象理论认识的 4 个发展平台,即 20 世纪 60 年代的倡议发展平台(Advocacy Platform)、70 年代的谨慎发展平台(Cautionary Platform)、80 年代的调整发展平台(Adaptancy Platform)以及 90 年代以来的基于知识基础上的可持续发展平台(Knowledge based and Sustainable Development Platform),这一思想已经成为有关旅游社会学研究阶段划分中一种影响很大的观点。

旅游社会学的发展时期,同时也是社会学理论流派林立并相互争论的时期,所以诸多社会学的理论视角迅速进入旅游现象的研究,极大地充实了旅游社会学的理论基础。经过一个半世纪发展的社会学理论,学派林立,没有一个统一的理论范式;但是社会学理论的影响日益广泛,几乎各种社会学的理论视角在旅游社会学的理论或是经验研究中都有或多或少的继承。所以,在对旅游社会学的理论视角进行系统概括中,国内外都没有一个确定的体系和框架。这种理论视角是七类(Dann G.,1991)、八类(Apostolopoulos Y.,1996)还是十类(王宁,1999)尚处在争论之中。目前国内学者较多认同 Cohen E 的七种社会学理论视角,这种视角从社会学的古典时期一直跨越到社会学的当代,具体包括韦伯主义、涂尔干主义、马克思主义、功能主义、符号互动论、社会现象学和世界体系理论。由于社会学层出不穷的理论综合和创新,以及旅游社会学理论的不成熟性,旅游社会学的理论视角还会在其不断的发展中进一步丰富。

第一节 韦伯主义:文化与意义的解读

韦伯(1864—1920)是杰出的德国社会学家,也是西方现代社会学的奠基人之一。

一、社会科学研究方法

社会学思想脱胎于哲学,哲学思潮对于社会学思想也就产生着巨大的影响,作为社会学最初奠基者韦伯的思想也概莫能外。韦伯的思想是在对同时代哲学中理性主义和实证主义的批判和继承中,拓展出社会学研究的重要方向和方法。

在法国启蒙运动理想主义的破灭及法国大革命失败以后,人们开始质疑18世纪以来的理性主义,由此对理性主义进行反思的哲学应运而生。于是很多思想家不满理性主义,响应"回到康德(Immanuel Kant)那儿去"的口号,形成新康德主义哲学,并在德国风行一时。康德认为人的独到之处并非肉体,而是精神。他对自然科学和社会科学研究进行了区分,认为适于研究自然的方法不能用来研究人类社会。因为人是文化领域和历史领域中积极的、有目的的自由行动者,人的思想和行为并不遵循自然法则,用移情的方式去揣测单个的历史行动者的动机,这才是唯一适用的研究方法。康德的这种区分对整个德国哲学界影响深远,韦伯的"移情性理解"也显然源于这一传统思想。与此同时,非理性哲学在德国兴起并成为当时德国的主流哲学。以叔本华(Arthar Schopenhauer)、尼采(Friedrieh Nietzsche)、柏格森(Henry Bergson)、弗洛伊德(Sigmund Freud)为代表的现代非理性主义者强调人作为主体的个别性,它作为对理性主义的反思,否定了根据感性材料进行推理判断的能力和用逻辑推导知识的思维形式,韦伯的方法论对个体性的强调正是受此影响。

此时,由于自然科学以及工业革命所取得的巨大成就,自然科学的实证主义方法论基础也成为社会科学发展所借鉴的对象。像社会学的创立者孔德,就认为社会学是类似于自然科学的社会科学,运用自然科学的研究方法研究人类社也是可能的。然而实证主义在英、法等国的巨大影响,却在有着严重哲学思辨传统的德国从来不曾占据社会思潮的主流地位,甚至是遇到批判。狄尔泰(W. Dilthey)认为人类社会和历史是由个体的生命活动构成的,只有通过个人的生活体验和主题移情式理解,才能领悟到作为生命体现的人类文化和历史的真谛。由于认为实证主义有无法克服的机械性和直观性,狄尔泰主张用理解的方法去研究人和人类社会,研究人类的历史事件时要研究隐藏于事件背后的意义。

而韦伯以理解为基础的社会学思想,正是在对各种哲学思潮既继承又批判的过程中形成的,并致力于各种思潮的综合,其核心则是自然主义与人文主义。由于韦伯的研究方法受狄尔泰和新康德主义反自然主义倾向的影响,所以其社会学思想更侧重于人文主义,认为社会世界与自然世界有着巨大区别,社会世界是由人的社会行动组成的,具有行动者对行动所赋予的意义;自然是纯粹客观的世界,而社会世界具有无法摆脱的主体性。因此,由于这种研究对象之间的深刻区别,不能把自然科学的研究方法完全移植到社会世界的研究上。所以,韦伯在社会学的研究中,文化与意义的解读就成为社会学研究所依据的核心,文化与意义解读的起点则是社会行动。正是这种对于人文主义的突出强调,使韦伯在借鉴实证主义的基础上,把人文主义的研究视角带进了社会学,从而也导致了社会学后来发展中以"结构与行动"为核心的深刻理论冲突。

韦伯提出社会学中"理想类型"的研究方法,则是对人文主义和自然主义综合的一个具体展现。韦伯认为社会科学也应该像自然科学那样,对于所研究的对象获得规律性的认识,并给予因果性的说明。但是韦伯认为社会科学不能像自然科学那样达到必然性,所以其科学性只是一种因果相关性。同时,韦伯也不同意当时流行的人文主义个别化和特殊化的研究方法的缺陷,因为这不能形成普遍性的科学概念。所以韦伯所提出的理想类型具有两个明显的特点:一方面,它作为理智上构造的概念工具,具有高度的抽象性和概括性,因而只是一种主观的建构,不同于经验的社会事实。另一方面,它作为考察显示的概念工具,又是在繁多的经验现实中提取出来的,反映和突出经验事实中结构性和规律性的东西。所以理想类型的本质就是"为了透视实在的因果关系,我们构造非实在的因果关系(Max Weber,1992:8)"。由于理想类型对于现实的概念化概括,从而成为韦伯历史比较和社会学比较研究的基础。因此,韦伯理解社会学中的"理解",实质是一种对人文主义和自然主义进行综合的"解释性理解"。

二、社会行动

韦伯认为"社会学……是一门科学,其意图在于对社会行动进行诠释性的理解,从而对社会行动的过程及结果予以因果性的解释(韦伯,1995)"。从此可以看出,韦伯把社会学的研究对象界定为个体的社会行动,并把对社会行动的解释性理解视为社会学研究的一个基本方法。韦伯认为个体为实,社会为名,社会现象是由个人行动组成的,所有的集体现象都只是个体行动相互作用的范畴,正是个体行动的相互作用组成了各种各样的社会现象。所以,任何社会现象的解释都可以通过组成它们的社会行动背后的意义来完成,社会学的任务就是把这些现象简化为可理解的行动,简化为参与者个人的行动,并追溯行动背后的动机。当韦伯的社会学分析由微观个体行动拓展到宏观的社会现象时,文化分析是其分析的重心,因为文化是个体意义的集体塑造者和承载者。韦伯对于社会现象的分析,从社会行动到社会统治的类型学划分,都是从微观的意义到宏观的文化而展开。因而,其在经典著作《新教伦理与资本主义精神》中,把宗教精神作为资本主义产生的动力。

社会学研究个体行动,因为这种行动具有个体所赋予的意义。狄尔泰的人文主义,认为个体的意义是独特的,只能通过内省的方法来理解。韦伯拒绝了这一思想,认为要实现社会学的科学性,就必须摒弃那种只研究主体的内心体验和感受方法,找出外在表现出来的、可以客观地加以说明的主观意义之间的逻辑。因为只有这种以概念表现出来的东西才具有普遍意义。所以在韦伯看来,社会行动之所以是可以理解的,是因为个体赋予行动的主观意义是可以理解的,凭借着这种理解,社会学就可以解释人的行动。在韦伯看来,理解有两种,一种是理性的方式(逻辑的或数学的),一种是移情式的。理解与解释的关系是相互关联的、相互说明的。要使理解成为合理的、客观的,就必须把理智上的、逻辑上的解释结合起来。所以理解是解释的基础,也是能够被解释的。理解方法不仅要理解行动者主观上意指的意义,而且还应说明人们的信念和价值如何决定人们的行为,从而达到对社会现象的因果分析。结合理想类型的研究方法,韦伯把社会行动分为四种:(1)目的合理性行动,这种行动把对外界对象以及他人行为的期待作为达到目的的手段,并以最为有效的途径达到目的和取得成就;(2)价值合理性行动,它表现为对纯粹自身行为本身的绝对价值所持有的自觉信仰,无论这种价值是表现在伦理上、宗教上、还是表现在其他方面,这种行为并不考虑现实的功效;(3)情感行为,由现实的情感冲动或是状态而引发的行为;(4)传统行动,依据习惯或是传统而进行的行为。按照韦伯的理解,作为社会行动必须具备两个条件,一是行动者赋予行动以意义,二是行动者所采取的行动必须以他人为取向。社会行动的社会性,也就是行动中行动者和他人的联系。因此,以上四种行动只有价值合理性行动和目的合理性行动是严格意义上的社会行动,而后两者则不是。当然作为这四种行动类型的划分,只是理想类型的建构,在现实中,很多的行动总是多种行动类型的混合,但是总是某种行动占据主要的位置。

三、科层制

韦伯的社会学研究还涉及很多方面，比如其政治社会学中对于统治和权威类型的研究，韦伯将统治类型分为依赖于传统习俗、习惯的传统性统治、依赖于个人魅力、超凡能力的个人魅力型统治，建立在目标合理性和价值合理性基础之上的法理性统治。而韦伯对法理性统治进行了突出的分析，并特别强调了法理性统治的一种表现形式——科层制。科层制的统治形式具有以下几个特点：(1)机构人员人格独立，履行公务职责；(2)机构职位具有严格的职务权限；(3)机构按照专业熟练程度来选拔人员，严格地说是根据考试和文凭来决定；(4)机构人员具有固定的货币薪金，并把工作视为主要的职责；(5)机构把工作人员按照能力、年龄等标准划分成不同的等级，并赋予不同的任务与职责，并要求所有的工作人员服从机构的工作纪律和监督。科层制中文牍式的管理，在精确性、稳固性、纪律性、严谨性和可信性上，以及对现象的可计算性、可控制性、可预测性上，都可以达到技术上完善的程度。所以，科层制排除了个人因素的干扰，成为一种只追求技术效益的组织管理形式，具有形式上、内容上、功能上的合理性。韦伯的科层制对于后世产生了巨大的影响。事实上，今天科层制的组织管理形式已经渗透到社会各个领域，比如社会的麦当劳化。

四、宗教与资本主义变迁

在宗教社会学研究方面，韦伯不但在对宗教进行理想类型划分的基础上，比较了东西方文化，而且，深入探讨了宗教对于西方资本主义产生的影响。韦伯在其经典著作《新教伦理与资本主义精神》中，分析了宗教改革中出现的新教，认为新教内容中具有与以往宗教内容不同的救赎观、天职观、禁欲观。救赎观认为，基督教教徒的救赎，能进入"上帝之城"，不是在个人出生之前就由上帝决定的，而是依赖于个人在世俗社会的努力和成就。新教内容中的天职观则认为，教徒在世俗的社会的工作是上帝安排的任务，即天职，这种观念放弃了原来天主教那种超越尘世的苦修、劝解、训令等，号召教徒把尘世中完成上帝所赋予他的义务作为一种至高无上的天职。禁欲观，则号召教徒最大限度的节俭，抵制一切享乐性消费，认为教徒在积累财富上的勤俭是无可指责的，骄奢淫逸是有罪的。韦伯所认为的资本主义是指当时西欧和美国那种典型的现代资本主义。这种资本主义的经营依靠的是企业中资本的合理使用和对劳动的合理组织，是建立在合理地进行计算与和平盈利机会之上的。所以新教伦理中的救赎观、天职观与禁欲观就成为资本主义精神的形成来源，并基于这种资本主义精神产生了资本主义的个人行为，并逐步形成资本主义的社会阶层和资本主义的生产方式。

五、韦伯主义的旅游社会学研究

首先是韦伯社会行动研究对于旅游研究的影响,众多旅游研究内容都涉及到旅游者的旅游动机问题;比如旅游者对于旅游地的选择和社会影响,如何针对旅游者进行旅游地的价值塑造和旅游开发,以及如何推动旅游等。但是对于旅游者为什么旅游这样一个问题的研究,在旅游社会学界由于没有详细而具体的数据支持,因而还没有一个明确的结论,那种认为旅游者在旅游中是为了自我实现或是神圣体验的理论探讨,依然只是一种理论的建构,而缺乏经验研究的支持。Lundberg 认为在旅游动机的研究中,还没有成熟的理论可以应用(Lundberg D.,1980)。Pearce 则进一步认为,旅游动机的理论研究还处在一种初期阶段,需要继续发展(Peatce P.,1982)。这也暗示了那些已有的理论还存在着一定的缺陷。Dann 对目前旅游社会学中旅游动机研究的不足做了两点解释,一是社会研究中各种手段均没有收集到有关旅游动机的准确数据;二是旅游者本人也无法确切回答"为什么出游"这一旅游动机问题(Dann Gragam,1981)。

其次,韦伯将目的合理性行动和价值合理性行动区分的思想,被演化为工具理性与价值理性的文化导向区分。在旅游的研究中,人们将旅游者通过旅游进行分类时,把旅游地当作一种自我实现的工具,那么这种旅游者与现代的工具理性文化保持了一致的,是现代的旅游者;而那些把旅游当作一种自我实现的目的旅游者,则把旅游当作是一种价值归宿,与后现代寻找价值保持了一致,是一种后现代的旅游者。这种对旅游者所进行的现代与后现代的区分,不仅有助于理解旅游者的旅游态度,还可以解释旅游者的旅游体验与旅游的具体方式。

再次,韦伯关于科层制的研究,其一是在宏观社会结构方面,强调了社会的标准化;其二是在社会文化方面,强调工具理性对于价值理性的压制与替代,社会文化最终要面临一个去价值化的悲剧结果。这在旅游社会学中产生了重要的影响。在旅游活动发展到产业化的阶段,也就是旅游开始进入了科层制的标准化阶段,造就了标准化的旅游服务、旅游产品等。在这种过程中,旅游地本身的差异性特征开始淡化。在个体旅游者方面,Boorstin 从旅游者群体行为和全球旅游产业系统的关系出发,把"旅游者"描述成"易哄易骗的傻瓜",并认为在旅游产业系统机构化和国际化的过程中,旅游会出现文化、语言和行为的同化,多样的旅游价值开始消失(Boorstin,1964)。

最后,韦伯主义学说中,与旅游行为相关联的思想还包括"新教徒的自由和逃避伦理(protestant ethic of freedom and escapism)"。这是现代社会生活和工作伦理的对立面,属于休闲社会学的研究范畴。在应用于旅游现象的研究中,生活、工作与休闲的伦理,对旅游现象中的诸多对立关系提供了有力的理论解释。

第二节 涂尔干主义：集体意识与整合仪式

涂尔干是社会学的奠基者，与韦伯、马克思并列为古典社会学的三大巨擘之一。涂尔干对于社会学最重要的贡献是为现代意义上的社会学奠定了基础，使社会学在对象、方法和基础概念上同哲学、历史学和心理学划清了界限，推动社会学走上独立发展的道路。

一、社会学的研究对象：社会事实

涂尔干坚持社会唯实论和社会整体观，认为社会是独立存在的客观实在，虽然社会是由个人组成的，但是社会又具有高于个人的独特性质。正如生物有机体的功能不能通过具体组成细胞的特性来说明一样，社会与组成社会的个体处在两个不同的层次，服从于不同的规律，需要不同的学科来研究。社会学不涉及个体层次，只能把社会层次作为自己的研究领域。

涂尔干把发生在社会层次上的各种社会现象称为社会事实，"社会事实是任何可以对个人施以外在制约作用的固定或不固定的行为方式，或在一个社会中普遍出现的、同时不依赖于个人而独立存在的任何行为方式"。因此社会事实与个体事实的区别主要有以下几个特点：第一是社会事实的外在性。社会事实存在于个体之外，不同于个体内在的心理和生理现象，比如法律、风俗、道德、宗教等。第二，社会事实对个体具有强制性。在个体之外的社会事实对个体施加着各种影响，如引导、赞赏、规劝、非难等。这种社会事实对个人的影响在个人抵触社会事实的时候显得尤为明显和强烈。社会事实的普遍性，是指全体成员共有的特征，而不是个人的特征。涂尔干把社会事实分为社会形态学方面的社会事实和社会生理学方面的社会事实；前者主要包括社会群体的地理环境、人口分布、交通状况、住房样式等；后者则是集体意识，主要包括宗教、道德、法律、习惯、风俗、时尚、舆论等等制度性和非制度性文化，是一种非物质性的社会事实，主要发挥着维持或调整人们关系、整合社会的功能。

二、社会学研究方法的规则

在《社会学研究方法的规则》中，涂尔干集中探讨了社会学研究方法的一些基本原则。第一，要把社会事实看成是一种客观的存在，而不是一种精神现象。对于社会事实的研究，要采用价值中立的立场。对于很多分布在个体思想、行为中的、而难以直接观察的集体意识,需要采用统计的方法予以研究。而他的《自杀论》则是体现这一研究思想的经典之作。

第二,社会事实只能用社会事实予以解释。这就确定了社会学的研究层次。社会学研究只能在宏观的社会事实层次上进行,而不能还原到微观个体的精神世界。

第三,不能把社会事实的起因与它所发挥的作用混为一谈。也就是说,一个社会事实发生的原因和其发挥的功能是不同的,因果分析要与功能分析区别开来。涂尔干还确立了假设、推测、检验的研究步骤,这已经成为今天社会学实证主义研究的主流。

三、社会分工与社会团结

在涂尔干的时代,欧洲社会的工业革命带来了社会的巨大变化,整个社会处于巨大的动荡之中,为了考察这种变化所造成的影响,涂尔干从社会分工的角度分析了社会团结(也就是社会整合)。

涂尔干认为分工不同,社会团结的方式也不同。在传统社会,由于社会分工不发达,人们的活动和生活方式大体相同,成员之间的同质性很高,个人的个性不强,所以整个社会是一种机械团结。在这种团结中,人们有着共同的信仰、价值规范以及道德情感,它们形成一种集体意识的强大力量。这种集体意识构成整个社会整合的基础,群体成员具有强烈的集体归属感。这种集体意识对于成员的控制主要表现为繁多的礼俗仪式,对于群体成员任何偏离规范的行为都施以严格的惩罚。所以这种机械团结的社会采用的是惩罚性的法律,因为任何违法行为都是对集体意识的反叛,也是对群体利益的侵犯,所以对于违法行为的处罚都是极其残酷和严格的,带有强烈的惩罚性。而到了现代社会,由于社会分工发达,人们的生活方式开始出现差异,成员的异质性很高,个人的个性很强。在这种社会中,社会是一种有机团结的状态,群体成员由于所处的社会分工位置不同而相互依赖。对于群体成员的控制也比较松散,实施的是恢复性法律,群体成员的违法行为只是对日常社会关系的破坏,处罚违法者的目的是恢复以往的关系,因而惩罚只带有恢复性,现代社会采用的也就是复原性法律。社会分工的快速发展削弱了整个社会的集体意识和共同道德,但是社会分工也造就了职业群体的职业道德,以维系人们之间的社会关系。

虽然涂尔干也认为正常的社会分工可以加强人们之间的有机团结,也有职业道德来弥补社会分工所削弱的集体意识,但是反常的社会分工也会对现代社会的社会整合造成破坏,带来社会解组的危险。这种社会分工的反常状态主要具有以下几种情形:一是社会分工速度过快,原有的集体意识、共同道德被削弱,新的联系还没有建立起来,从而出现过渡阶段所特有的社会联系过于松弛的现象,涂尔干把这种社会状态称为"社会失范"。二是强制性社会分工。由于这种分工不是建立在个体自愿基础上的,所以也会带来社会秩序的不稳定。三是纯粹的技术或经济分工。这种分工对于个体提供的个性空间不够,会造成社会秩序的不稳定。

涂尔干对于社会的研究起始于社会变迁中的社会分工问题,后期又转变为变迁之后的社会整合问题,所以美国社会学家帕森斯(Talcott Parsons)由此推论,认为涂尔干的社会学思想中存在着巨大的理论冲突。而这个社会整合问题,也就是涂尔干后期主要探讨的问题。

四、集体意识(collective representation)与整合仪式

前面提到涂尔干认为集体意识是一种非物质性的社会事实,由于其发挥着整合社会的功能,所以集体意识在涂尔干的理论中处于极其重要的作用。这种集体意识在个人社会化的过程中被内化,从而支配着个人,成为个人自我不可分割的一部分,促使个人按照一定的思想、感觉、行为模式来行动,并建立个人与个人之间真实、持久的关系。集体意识实质就是社会作为一种道德力量进入个人。

那么这种集体意识的最初起源和本质是什么呢?涂尔干在对宗教的研究中,回答了这一个问题。涂尔干对宗教的起源进行分析的时候,批判了各种宗教起源的学说,最后认为宗教的起源是社会,宗教神圣物的化身其实就是社会本身,神圣与世俗的关系其实就是社会与个人的关系。所以宗教不但是社会的产物,也是被神圣化的社会,宗教的本质也就是对集体力量和社会的崇拜。原始宗教对于图腾的崇拜,产生了一个重要的划分,即神圣与世俗的划分,这种划分的基础则是社会的需要。神圣的东西成为人们的价值中心,将人们聚集起来,并将人们从他们日常生活的功利性偏见中解放出来,提升到道德的、超越世俗的高度,使人们的生存状态与终极价值联系起来,从而赋予生活以意义。社会之所以具有神圣性,是因为社会也具有控制人们的强大力量。当原始社会人们并不了解社会的时候,这种强大的力量就具有了神秘性。社会由个人组成,但是又独立于个人,超越于个人,先于个人,同样也在个人生命结束的时候继续绵延存在。所以任何一个个人都不能摆脱社会,但是社会却不因为某个个人而存在,可以说社会对于个人的控制和影响是个人终其一生都是无法摆脱的。社会远比个人持久而丰富、并不受个人的影响。社会的集体意识也就是个人精神生活的最高形式,并促使人们从永久、本质的角度看待事物,并将这些看法转化为可交流的思想。当然,涂尔干研究宗教并不是为了宗教本身,而是借助于宗教来探讨整个社会的整合。那么在现代社会,随着宗教的式微,社会的整合是否会衰落呢?涂尔干并没有在原有的神

遭到破坏之后倡导塑造一个新的神,而是寻找宗教衰落之后的一个理性替代物。这个理性替代物就是公民道德、公民权、职业道德等现代社会的集体意识。无论宗教还是道德都蕴涵着激发人们崇敬、畏惧和服从的神圣性,都具有引导人们追求那些高于个人但是又值得追求的目标,其本质都是一种集体的存在和集体意识。一旦集体意识展现的时候,也就是个人内心对崇高的集体召唤的反响。

这种集体意识是通过什么方式塑造了人们的共同道德呢?同样,涂尔干通过对宗教仪式的研究对此作出了回答。涂尔干认为宗教的社会意识存在以下几个功能:第一,个人最初是通过宗教仪式加入集体生活的,禁忌制度就在于培养人的自我约束能力,从而,宗教仪式也就是纪律的基本形式。第二,宗教仪式有助于社会整合,是社会组织借以定期重新肯定自己的手段。日常生活使人们彼此分离,导致团体观念的削弱,需要定期的仪式,使人们再次感受自己与其他人的道德统一,从而起到巩固团结的作用。在宗教仪式中,个性完全消失,展现的则只是人们的社会共性。第三,仪式保持并发扬了团体的传统继承性,这在某种程度上对一个团体共同道德的延续至关重要。"一个团体的神话是该团体共同的信仰体系。因回忆而使价值不朽的传统表现了人与世界的方式,它是一种道德体系,一种宇宙论,也是一部历史。仪式的作用也仅仅是使这些信念保持活力,使其不致被遗忘,总之,复活集体意识中最重要的因素。"集体意识也就在仪式中被一次次的强化并得到延续。第四,仪式具有使人振奋的作用,在个人遭遇不幸和危机的时候给他们以支持,减轻其痛苦。恢复群体成员的幸福感,恢复他们所从属的精神世界的正义感,看重个人信念与共同信念之间的平衡。

五、涂尔干主义的旅游社会学理论和研究

涂尔干主义在旅游社会学中的理论拓展和研究主要集中于失范、集体意识和宗教仪式三个方面。

涂尔干关于社会分工所导致的社会失范,后经过默顿(Robert King Merton)的进一步拓展,已经成为解释社会解组和越轨行为的一个主流理论。涂尔干用社会分工过程中的不协调来解释社会失范,而默顿认为社会通过各种媒介手段向人们灌输相同的社会目标,但是却忽视了人们在结构性位置上的差异,即人们实现社会目标的客观条件,所以人们在实现社会目标及其所运用的社会手段上出现了矛盾,就导致了社会失范。这种社会失范理论在旅游社会学研究中,主要集中于两个方面。其一是解释旅游者的社会动机,比如纳什和史密斯认为旅游作为一种休闲活动主要是释放旅游者在社会分工中的职业压力,旅游就是一种短暂的休闲活动,使人们摆脱以往社会环境中的压力、义务和机械乏味的固定生活模式,投入到一种全新的生活方式中(刘纬华、肖洪根,1999)。涂尔干认为社会分工不是建立人们自愿的基础之上,同样马克思也提出社会分工是对人多方面兴趣和能力的限制,当代各种社会组织也针对这种社会现实,利用旅游来缓解人们在职业中的压力,通过旅游来刺激人们的工作热情,以提高工作效率。其二是解释旅游过程中出现的负面现象,比如德恩研究了旅游者在旅游中所表现的个人精神颓废、道德沦丧、赌博、嫖娼(Dann and Cohen,1991)等,这种负面行为的出现则是人们借助于旅游这一合法的手段实现原有社会里不合法的目标;同时,人们在原有社会中的结构性地位,使人们无法实现某些合理的目标,比如羡慕、尊重、被模仿等心理目标,也可以在旅游中实现。

MacCannell 将涂尔干集体意识的思想引入旅游社会学,并运用这一思想来解释旅游的群体性和旅游景点的差异性。MacCannell 认为,旅游看似是一种个体的行为,但是来自不同地方的个体聚集到一个共同的景点时,就显示出旅游者个体中存在着一种集体意识,而这种集体意识的体现就是景点的神圣性(像旅游景点中的古迹、习俗、文化等)。不同旅游景点之间的差异,就在于旅游景点的神圣性不同。同时旅游者对其他人所进行的旅游景点的宣传,也就是集体意识不断被建构的过程。所以蕴含着集体意识的旅游,也有助于个人社会关系的调整和社会的整合。

Turner 在解释旅游的性质和过程的时候,还引入了涂尔干"神圣仪式"的思想(刘纬华、肖洪根,1999)。涂尔干认为神圣与世俗对应着社会与个人,而 Turner 认为在旅游中,与神圣和世俗相对应的是旅游者的日常生活与旅游。旅游过程是类似于宗教仪式的神圣历程,是一种现代的宗教仪式,使人们摆脱日常生活中的身份、地位、职业等,甚至以一种类似于虔诚的心态全身心地投入到一种新的情景,摆脱以往的人格、精神约束,进入精神的自由和升华状态,从而实现从世俗到神圣的过渡。而旅游之所以可以作为神圣的历程,在于旅游地对于旅游者旅游的某种价值吸引。这种价值是旅游者渴望实现、参与,但是又无法再日常生活中实现的,于是这种旅游地的价值就在旅游者的日常生活中不断地被神圣化,而旅游的开始也就是旅游者对自我价值的认同和实现,也就是一种神圣性的体验过程。同样,戈特利布认为旅游对于个人的价值的实现,也是对现代世界中个人价值缺失的一种补偿机制(刘纬华、肖洪根,1999)。

第三节　马克思主义:社会结构、意识形态与阶级冲突

马克思对于人类社会的影响无疑是非常巨大的。在社会学中,他与韦伯、涂

尔干并称为社会学古典时期的三大奠基性人物。马克思像近代的许多社会学家一样，其学术思想的影响也不局限于社会学，还包括哲学、经济学、政治学等，但是学术思想的根本却是对一个社会学核心问题的回答——即如何塑造一个更美好的社会秩序。马克思的思想成为社会学中诸多理论的最早渊源，比如社会分层理论、冲突理论、现代化理论等。美国著名社会学家 Wright·Mills 曾经说过，"如果不了解马克思，就无法了解19世纪以来的社会思想史。……近百年来社会研究和政治哲学的发展，在很多方面或多或少是对马克思的长期答辩。这种社会学的答辩往往是隐蔽的，不管是否被人们意识到，这的确是现代社会思想历史发展的一条主要线索(Mills，1965：32)"。马克思的思想主要围绕社会结构、意识形态与阶级冲突三个方面，相互联系，并以动态的方式而展开。

一、社会结构

在社会学古典理论里，斯宾塞和孔德的社会结构研究都是通过生物有机体的类比来展开的，对于人类社会结构本身的内容和特点则没有明确的说明。正是马克思使社会学在社会结构方面的研究方面获得实质性的深入，经济、政治、文化的社会领域划分，以及阶级群体的社会结构构成等分析内容已经成为整个社会学社会结构分析的起点，以后的社会结构分析都是在其对立面或侧面的不同展开。生产力决定生产关系的理论命题则是理解马克思社会结构思想的起点。生产力不同，人类社会的组织方式（即生产关系）也随之调整，人与物的分离决定了人与人的分化，人与自然的关系决定了人与人之间的社会关系。人们与生产资料的关系是以占有的方式还是以使用的方式结合在一起，决定了人们之间经济地位是处于剥削者还是被剥削者的地位。这种人与人的关系最初在社会经济领域里产生分化，从而形成了由剥削与被剥削阶级组成的生产结构。这种在经济领域形成的生产关系是所有社会关系的基础。劳动关系决定了人类的一切活动，所以"全部人的活动迄今都是劳动(Marx，1978：80)"，进而"宗教、家庭、国家、法、道德、科学、艺术等等，都不过是生产的一些特殊的形态，并且受生产的普遍规律的支配(Marx，1978：74)"，因此整个社会无非就是人们从事生产劳动的体系而已。

生产关系决定分配关系，所以经济领域中剥削关系自然由生产过渡到分配。这种分配关系的确定和强化，也就需要经济领域中的剥削关系上升到政治领域中的统治关系，也就是经济基础决定上层建筑。在资本主义社会里，由于生产力的发展，社会创造的财富极大的丰富，但是这种阶级社会中由所有制关系所决定的财富分配关系并没有随着资本主义生产关系的极大增长而发生变化，于是财富的增长伴随着日益增长的贫穷人数。因此，这种生产力和生产关系的矛盾，使资本主义社会结构中蕴含着巨大的结构性冲突。

在经济基础所决定的上层建筑中,不但具有政治上的国家强制性机构,而且还有文化上的意识形态。这种意识形态所塑造的主流统治文化,不但是对现存社会中阶级结构的合法化论证,也是对资本主义社会结构矛盾的掩饰和强化。

二、意识形态

意识形态这个词是由拿破仑时期的法国哲学家们首先提出来的。特拉西用这个词指概念学,即以概念为研究对象的元科学,摒弃宗教、形而上学及其他各种权威性的偏见,重新阐发出政治、伦理、法律、经济、教育等各门科学的基本观念(俞吾金,1993:26)。马克思对于意识形态的理论阐述,使这一词汇获得重要的理论意义,并成为社会科学中至今都保持着巨大影响的理论概念。

马克思认为,在人类社会物质劳动与精神劳动分工产生之后,人的意识才开始真正摆脱现实世界去构造纯粹的理论、神学、哲学、道德等,从而产生了意识形态。由于社会分工不是一个自愿的产物,而是一种自然的历史进程,所以建立在这种非自愿分工基础上的意识形态,则是对现实矛盾的关系在观念上颠倒和虚幻的反映,本质则是对现实社会矛盾关系的合理化论证。如果人们不能在实践中解决现实社会的矛盾,就会采取意识形态的形式加以否认和遮蔽。所以作为对现实生活矛盾的反映而言,"意识形态既不是胡言乱语,也不是历史的寄生赘瘤。它是社会的历史生活的一种基本结构。(阿尔都塞,1984:202)"

意识形态产生于阶级社会的经济基础,并被经济基础所决定。在阶级结构的社会中,这种阶级结构不但是一种经济上的剥削结构,也是一种政治上的统治结构,于是意识形态则是与经济结构、政治结构保持一致的一种文化结构。意识形态借助于国家机器的功能,在法律、道德、宗教等文化内容中,以一种国家、社会乃至民族的整体性身份在一个社会中获得主流的、统治性的地位,实则是对现行不合理生产结构、分配结构的合理化论证和强化,把统治阶级的利益打扮成整个社会的利益需要。所以,对于以一种社会结构整体的角度来掩饰和论证剥削阶级特殊群体利益的合法性,则是意识形态的本质所在。

由经济领域中所产生的不合理的经济生产结构和分配结构,虽然延伸出政治领域的统治强化和文化领域中意识形态的掩饰与合理化论证,但是不同阶级在利益上的对立却是不争的社会现实,于是也预示不可避免的阶级冲突。

三、阶级冲突

西方社会学中的多元分层理论虽然与马克思的二元阶级理论具有很大的差异,但是其分析社会现实的起点都是社会成员对于社会资源的占有,以及占有资源的结构性位置。所以无论是二元的阶级结构,还是多元的分层结构,也都是一种资源的分配和获得结构,而这种理论的产生与分化都离不开马克思对于社会结构的开创性分析。

人与物的分离,造就了私有制和人与人的分化,这种分化既是技术上的社会分工,也是一种社会资源分配上的分化。这种阶级间不合理的资源分配结构,开始于与经济私有制上的生产结构,政治结构、文化结构都是对这种资源分配结构在权利和文化上的论证和强化。在阶级构成的社会结构里,两个阶级的经济利益根本对立,而现行社会的经济、政治和文化对于统治阶级的利益是一种维护和巩固,但对于被统治阶级的利益则是一种压制和损害。因而对于统治阶级来说现行的社会结构具有显在合理性,对于被统治阶级来说现行的社会结构则具有潜在的不合理性,所以在一个由阶级组成的社会结构里暗含了由于利益不可调和的潜在结构性冲突。在资本主义生产力不断发展中,所生产的日益丰富的社会产品却没有带来所有社会阶级的共同分享,而产生了与少量富有资产阶级相伴随的大量贫穷的无产阶级。于是这种在利益上不可调和的冲突,最终会引发阶级冲突。

由于马克思认为阶级利益的对立,是经济、政治、文化上的整体对立,所以,其对立的解决只能通过彻底革命来解决。韦伯认为社会群体是一种多元的群体分布,而绝非只由两个阶级所构成,同时,社会经济、政治、文化领域中的资源分配结构并非高度一致的,社会群体的利益冲突是局部的,所以政治上的改良和民主化就成为解决冲突的一种可行的选择。

四、旅游研究中的马克思主义

马克主义对于旅游的解释,依旧沿袭了资本主义商品化的逻辑,以及这种逻辑所带来的社会冲突。其研究内容涉及旅游地的商品化、旅游产业的内部冲突等。

马克思认为,资本主义的本质就是资本对于利润的追求,把社会中的一切加以商品化,使其成为剩余价值的来源。而旅游景观的开发则是一种资本主义追求剩余价值的价值机制对于文化或是自然空间的入侵。对于历史、宗教古迹,则是资本主义对于文化的商品化,而自然景观则是一种自然空间的商品化。当物质商品结束之后,就是文化的商品化;社会商品化之后,就是自然商品化,而旅游则成为这种文化和自然商品的消费。

由于资本主义对于旅游地的文化商品化,也不可避免地带来各种各样的文化冲突。这种文化冲突的深刻逻辑则是:文化是一种价值的认可与保存,而商品则是一种经济利益和利润的承载。于是文化商品化不可避免地引发价值与经济利益的冲突。旅游文化商品化所引发的冲突,体现在两个方面。一方面是旅游者追求价值的"神圣性"与旅游经营的"世俗性"之间的矛盾。由于旅游者赋予了旅游地一种精神上的神圣价值,并期望通过旅游来实现对这种神圣性的体验,所以旅游者在想象中总是赋予旅游地以很高的价值期望。但是旅游地在经济开发下,开始追求经济利益,采用商业化的运营模式,随着旅游业的发展,旅游地不断常规化、"麦当劳化"。这种不同旅游地之间相同的商业化运作使旅游地逐渐丧失文化的独特性和神圣性,使旅游地变得日益世俗。于是这种文化冲突在具体旅游中展开,则是旅游地的形象、文化行为、生活方式等变得商业化、世俗化、常规化,从而就会与旅游者的个人期望、神圣体验、自我实现等发生冲突,引发旅游者对旅游地的失望、厌恶,以及旅游者与旅游地的角色、行为冲突。所以不少学者认为,现代旅游则是一种具有讽刺意味的"大冲撞"(Boorstin D.,1964;Turner L. and J. Ash,1975)。另一方面是旅游地文化保留与旅游开发与发展的矛盾。由于旅游地的旅游开发本身也就是一种旅游商品化,因此与商品化相伴随的标准化、统一化、常规化等都开始渗透乃至奴役旅游地的本地文化,甚至对本地人的日常生活开始商业化的经济殖民。于是旅游地"好客"文化的好客价值已经被置换为追求经济利润的经济动机,于是建立在经济利益之上的好客文化也开始丧失其原本的真实性;同样,在本地人日常生活空间不断丧失的旅游发展后期,本地人甚至开始厌恶旅游并转化为抵制旅游。

旅游企业对旅游地的开发启动了旅游地的商品化过程,并使旅游成为一个纯粹的经济产业,于是经济产业中所蕴含的各种社会冲突也自然在旅游中展开。旅游企业在对旅游的商品生产过程中,首先是把文化价值商品化、世俗化,无法满足旅游者对于旅游地文化的神圣性期望,引发了旅游地与旅游者之间的冲突;其次,旅游商品化对于旅游地的文化和经济殖民,使旅游地人民成为旅游地文化价值生产的工人,逐渐丧失了自主的生活空间,从而引发本地人对旅游和旅游企业的抵制和冲突;再次,旅游产业中利润的分配,也经常引发旅游地旅游企业与客源地旅游企业(如旅行社)的矛盾和冲突。

第四节 功能主义:社会功能与社会整合

作为社会学一诞生就浮现的功能主义理论,是西方现代社会学中一个极有影响的理论流派。20世纪中叶,这种理论一度占据社会学理论的主导地位,后因西方社会变迁而涌现出的诸多理论对其进行了诸多方面的挑战,这一理论开始衰落。但是80年代以后,对其进行改造的新功能主义开始浮现,依然使人们对功能主义满怀信心。

功能主义把社会比作有机体,认为社会是由各个相互依存的部分组成的整体,各个部分在整体中发挥某种功能;社会整体的存在和整合需要一些功能的先决条件,而各个部分就是满足这些功能而存在的。所以功能主义的核心就是探讨社会整合与社会功能。功能主义在解决这一核心问题时经历了古典、现代和当代三个阶段,并日益深入与成熟。

一、古典的功能主义思想

(一)古典社会学家功能主义的思想

古典功能主义与社会学一起产生,极大地受到了社会人类学和自然科学的影响。功能主义的思想基础是把社会比作生物有机体,比如孔德明确地使用生物学类比来描述社会,"我将把社会有机体的构成要素明确地分为家庭——它们真正的要素或是细胞,接下来是阶级——它们是专门组织,最后是城市和社区——它们是实际器官。(J. H. Turner;1998:10)"而与孔德同时代的斯宾塞则对功能主义的依据生物体各个部分的功能,来类比社会的不同部门;同时还用功能的分化来划分社会的不同发展阶段,并认为社会的发展就是功能的不断分化,相应也带来结构的不断分化。因此斯宾塞在类比的功能论中创造了社会学到今天依然还在使用的核心概念,像结构、分化等。

早期社会学家基本上还借助于自然科学来展开功能主义的思想;到了涂尔干,功能主义的分析已经摆脱自然科学的影响,开始直接分析社会现象。涂尔干在《社会学方法的准则》中,明确地提出要将功能分析与因果分析分开,一个社会现象产生的原因和其所发挥的功能是不一样的,并主张在社会学的分析中要将二者结合起来,"对于事实的解释,只探究其产生的原因是不够的,还需要说明现象在社会秩序的确立过程中所发挥的功能。(Durkheim,1966)"后来,涂尔干在研究社会分工和宗教现象时,都明确地使用了功能分析方法,假定了社会存在的必要条件,如社会秩序和集体意识,并认为各种社会组织的存在都是为了满足特定的社会需要。涂尔干的思想对后来功能主义的发展产生了巨大的影响。

(二) 社会人类学中的功能主义

社会人类学家 Radcliffe-Brown 和马林诺夫斯基(Lucjan Malinowski)是英国现代人类学的创始人,他们直接继承并发展了涂尔干的功能主义思想,从而对社会学中现代功能主义的发展产生了重要的影响。

Radcliffe-Brown,在很大程度上受到涂尔干的影响,把社会过程、社会结构和功能三个概念看成是揭示人类社会系统的基本范畴。他认为社会是一个整体,不但是一个结构整体,也是一个功能整体。在这个功能统一体中,各组成部分以充分和谐、一致的方式发挥着各自的功能,从而避免社会整体中出现的无法解决的冲突或矛盾。因而,所谓的功能也就是组成部分对社会整体的贡献。这也就是早期功能主义的功能一致性假设(functional unity)。

马林诺夫斯基是现代功能论的创始人之一,正如美国社会学家 Turner 所言,"公正地说,是马林诺夫斯基勾画出现代社会学中功能主义的基本轮廓。(J. H. Turner,1998:17)"马林诺夫斯基认为,所谓的功能就是"意味着对某种需要的满足(Malinowski,1987:14)",任何事物、风俗、宗教、仪式、巫术、思想、道德、组织在社会整体中,都具有满足需要的积极功能,这个需要的根本层次则是满足社会成为一个整体,这就是功能主义的功能普遍性假设(universal functionalism)。马林诺夫斯基在分析制度的时候,认为任何制度都是建立在物质的基础之上的,包括环境的一部分和物质设施,并发挥着一种独特的功能,而这种功能在社会整体中又是不可缺少的。这也就是功能主义中的功能不可或缺性假设(indispensability)。

Radcliffe-Brown 的功能一致性假设和马林诺夫斯基的功能普遍性和不可或缺性假设一同构成了早期功能主义的三大假设。他们都认为社会和文化是一个有机的整体,认为构成整体的各个部分都发挥一定的功能,并相互依存,以维持统一整体的存在。

二、现代功能主义:帕森斯的结构功能主义与默顿的经验功能主义

(一)帕森斯的结构功能主义

帕森斯(Talcott Parsons)是杰出的美国社会学家,他在经济制度、组织理论、医疗职业、教育和社会结构发方面的研究都有突出的成就。他在社会学中的贡献主要是对古典社会学继承与创新后发展出的结构功能主义。这一理论在社会学的现代发展时期曾一度占据着统治地位。帕森斯早期的理论是以行动论为核心,后期则是以社会系统分析为核心。在其他学者看来,这两个时期具有极大的差异,但是帕森斯却认为全部社会学理论的核心是回答社会秩序如何可能这一问题,所以无论是他早期还是晚期的理论,其实都是对这一问题的回答。

在帕森斯看来,社会系统乃至整个行动系统都面临着一些大致相同的基本功能要求,满足这些要求是系统存在的先决条件,而这些先决条件是通过系统的内部结构得到满足的。因此结构分析必须与功能分析结合起来。因而结构功能分析的基本任务包括识别系统的基本功能要求以及这些功能要求是如何被满足的。结构功能主义也因此而得名。

帕森斯把人类的行动系统分为四个普遍功能要求:一是适应(Adaptation),指系统必然在环境中获取资源的过程和手段;二是目标达成(Goal attainment),

系统的目标,以及为实现这种目标而调动系统内部资源的过程;三是整合(Integration),系统作为一个整体来发挥功能,必须整合系统的各个部分并促使其协调一致;四是模式维持(Latent pattern maintenance),主要是保存系统运行的模式,使系统即使在短暂的中断之后也能够迅速地重新运行。帕森斯提出的这四个功能性条件具有高度的抽象性,它可以分析任何一个社会中的系统,所以,结构功能分析就是运用这个分析框架来考察这四项功能要求是如何得到满足的。最一般的人类行动系统是由分别对应四种功能的四个系统构成,行为有机体系统提供适应环境所需要的能量,实现使用的功能;人格系统包括个体的动机、欲望、目标等,其在聚合和调节个体目标的基础上实现系统的目标达成功能;社会系统是由各个行动单位通过制度化关系联结而成的,所以满足这个系统的整合功能;文化系统依据其所包含和保存的价值规范,为系统提供模式维持的功能。所以一个系统必然包含这四种子系统,任何一个子系统也依然包含四个具备这四种功能性条件的更小的子系统。虽然不同系统的层次不同,但是AGIL模式却可以为所有的系统都提供一个功能分析框架。

帕森斯强调一个系统的运行是否稳定,不仅取决于它是否具满足一般功能的子系统,还取决于系统本身与其他系统能否保持稳定的对流交换关系。比如,在社会系统中,经济制度发挥适应子系统的功能,通过经济活动把环境中资源转换为社会成员需要的产品,其对其他系统输出的交换媒介是货币,政体则承担目标达成的子系统功能,组织人力、物力来实现社会目标,输出的交换媒介则是权力;法律制度、宗教的某些部分是满足社会整合的子系统需要,维系社会成员和组织之间的团结和合作,输出的交换媒介是影响和赞同;家庭和教育制度发挥着模式维持子系统的功能,保存和传递社会基本价值,使社会不受社会成员更替的影响,其输出的交换媒介则是价值承担和声望。

帕森斯认为任何现象都是居于AGIL功能体系中的某一位置,并与其他的现象相互配合,这也就说明了任何社会现象都具有积极功能、并不可缺少,同时,各种现象之间的功能也保持一致。于是早期功能主义的功能普遍性、不可或缺性与一致性三大假设,自然而然地在帕森斯的结构功能里得到继承和深化。帕森斯发展出的结构功能理论,在上个世纪的40~50年代曾经一度占据社会学理论的主导地位,影响盛极一时。但是由于理论过于强调结构、系统均衡,对于行动、冲突关注不够,随着美国社会60~70年代剧烈社会运动的产生,这一理论遭到了社会学新崛起的冲突论、交换论、符号互动论等理论的批评和挑战,于是不同的社会学家从不同方面对结构功能主义进行了修正,例如,帕森斯的学生默顿,针对结构功能主义在理论过于宏大和抽象而无法具体检验方面的不足,发展出了经验功能主义。

(二)默顿的经验功能主义

默顿与帕森斯虽共称为功能主义的巨擘,但是两人的风格迥异。帕森斯的理论以抽象、宏大著称,但是默顿强调经验实在,倡导社会学中的中层理论,并为很多人所接受。默顿的社会学研究以经验性和多样性而闻名,他的研究涉及社会学理论、科学社会学、知识社会学、职业社会学、社会问题、组织与科层制等,其中有关功能主义的理论发展则是其对社会学理论和方法极为重要的贡献之一。

默顿认为,功能分析是社会学中一个有很大发展潜力的方向,它依赖于理论、方法和资料的结合。由于以往的功能主义分析侧重于理论方面,忽视了方法,所以默顿的经验功能主义把功能分析引向研究方法和资料收集,注重功能分析的实效性。

默顿对功能主义的发展,是从对功能主义极为流行的三大假设的批判开始的,这种批判则是一种经验立场对抽象主义的拒斥。第一,在功能一致性方面,从抽象的角度看,功能之间相互保持一致,但是具体到社会的经验层次,某一社会习俗或是情操对某些群体是功能性的,而对于其他群体则有可能是反功能性的。所以,"文化事项是否都一致地对作为一个系统的社会及其所有成员发挥功能,是一个经验问题,而非公设。(R. Merton,1957:26)"第二,在功能普遍性方面,从经验实际的角度看,对于不同的系统,同一社会或文化事项可能具有不同的结果,既可能有正功能,也可能有反功能。第三,关于功能的不可或缺性,这一假设具有模糊性:是功能本身的不可或缺,还是承担功能的主体事项不可或缺。功能需要是经验性和多样性的,存在着功能选择和功能替代。同一事项可以有多种不同的功能;同样,相同的功能也可能由不同的事项来承担。针对以上功能主义三大假设的批判,默顿发展了经验功能分析的诸多概念。一是负功能,与正功能相对,指社会或是文化事项对某一系统所发挥的负面影响。对社会现象进行功能分析时,不但需要做正功能分析,还需要做负功能分析,以及正负功能相抵后的净功能。二是潜功能,与显功能相对,指社会或文化事项对某一系统所发挥的潜在作用。所以功能分析在经验层面的展开则是功能这两个分析维度的详细展开,分为正—显功能、正—潜功能、负—显功能、负—潜功能,只有采取这一取向,功能分析才能对社会问题和社会变迁做出完整而准确的解释。

为了使功能分析规范化,默顿提出了一套经验功能分析的范式,分为以下几个步骤(R. Merton,1964:104~108):

(1)功能分析的重点是制度化行为模式(即结构)的客观后果。

(2)要充分认识这种客观后果的多样性,特别是那种参与者甚至都没有意识到的潜在后果。

(3)结合时间要素,分析系统与特定后果之间的关系,评价功能后果,确定功能的性质,并通过反功能分析社会问题与社会变迁。

(4)清楚地界定功能后果发挥的系统范围和群体范围,区别特定后果对不同全体发挥的不同功能。

(5)分析在不同社会系统中,功能替代的可能性,并通过对结构性因素的考察来解释这种替代过程。

由帕森斯开创的现代功能主义曾经实现过社会学理论唯一的一次统一,以至于有学者称"功能主义方法根本上就是一切社会科学所使用的方法,无论他是否自称为功能主义者(斯温杰伍德,1988:5)"。但是20世纪60年代以后,诸多理论对结构功能主义的挑战,使社会学形成多元理论并存的局面。长期以来,统一社会学理论的理想促使很多社会学家从80年代开始寻求新的理论综合,于是很多社会学家在结构功能主义的基础上发展了综合其他社会学理论的新功能主义。新功能主义继承了结构功能主义的方法论基础,并继续宏大的理论取向,同时又保持了理论的开放性,广泛吸收其他社会学理论,诸如社会行动理论、社会过程理论、社会变迁理论、社会批判理论等,力图在保持功能主义基本观点的基础上,总结、吸收其他理论的传统观点,使这些思想以一种功能主义的方式被统一起来。借助于这些理论开放和创新的努力,新功能主义产生了广泛的影响,成为西方当代社会学中一股重要思潮,并向人们显示了巨大的发展潜力。

三、功能主义的旅游研究

功能主义强调社会现象中的功能性先决条件,并最终演化为系统功能主义。这种功能主义的分析在旅游研究中,主要集中于旅游需求、旅游系统方面。

在旅游需求方面,研究者将个人的旅游需要视作一个有层次的需求系统,这种层次既是旅游需求重要性、价值性的高低层次,也是一种时间维度的先后层次。不同的旅游地、旅游形式也是对个体各种旅游层次的满足,因而旅游具有满足个体需求的功能。Mayo和Jarvis认为,旅游具有使旅游者摆脱日常生活的平凡,满足个性系统中好奇心、冒险性的平衡功能(Mayo E. and Jarvis L.,1981)。Pearce通过对主题公园游客游览经历的研究分析,提出了旅游生涯阶梯模型(Travel Career Ladder,1981),阐述了游客的身心放松需求、追求刺激需求、社会交往需求、自尊与发展需求、成就需求等(Pearce Philip,1988)。同样,也有研究显示旅游具有游憩和休闲的功能。

在旅游系统的研究方面,研究者从旅游的期望出发,试图通过对经验资料的统计分析,来显示旅游者的期望值与旅游体验中的满意度之间的差异,从而进一步分析旅游系统的运作,对旅游的驱动力和系统结构作出理论说明。旅游系统是一个由旅游者、旅游景观、旅游从业人员、旅游宣传、旅游服务等组成的复杂系统,这种系统各个构成部分之间的合作和不同组合,都会显示出不同的系统功能。这种旅游的结构功能分析,在旅游市场、旅游产品的开发方面具有很强的应用价值。比如,如何根据旅游者的价值来设计旅游景点,开发旅游产品,实施产品组合、建立旅游出行系统,以及使用什么人(本地人还是专业人员)来运作旅游的解说系统等。

第五节 符号互动论:意义与互动

符号互动论是一种纯粹由美国学者创造的一种理论。这一理论认为,社会是由人的互动构成的,对于各种社会现象的解释也只能从个人之间的互动中去寻找。这一理论在上个世纪的20~40年代达到理论建构的高峰,二战结束后的60~70年代颇为流行,后一度衰落。虽然"符号互动论"的名称是由布鲁默(Herbert Blumer)提出的,但符号互动论的理论内容却可以追溯到更早的时期。其理论渊源中既有哲学家,也有社会学家。

一、符号互动论的理论渊源

虽然符号互动论是美国土生土长的理论,但是和其他的美国社会学理论一样,总能在欧洲找到其最初的理论渊源。早期苏格兰伦理学家包括亚当·斯密、休谟等人就认为,只有通过经验才能找到有用的知识,主张考察日常生活,并从生活经验中归纳出理论。在此基础上,这些伦理学家研究了人的本能、习惯和社会关系等,认为人不但受本能的制约,也受习惯的影响,而习惯是来自于人们在社会交往和社会关系中培养出来的。这种思想直接影响了美国哲学家、心理学家詹姆斯(William.James)对习惯和自我的研究。詹姆斯认为,人类的行为是在习惯不断取代本能的过程中形成的,所以在人类行为由以生物性为基础转化到以社会性为基础的过程中,习惯发挥了重要的作用。在对意识的探讨中,詹姆斯研究了由意识中产生的自我问题。他认为自我就是一个人称呼自己的一切之总和,这个概念也意味着人们对待自己的态度、感觉和认识,人们已经将自己作为一个观察对象,并对自己作出反应。詹姆斯将自我划分为四种类型:(1)物质我,包括身体、衣着、财产等,(2)精神我,即心理的能力和爱好;(3)社会我,即人们在社会环境中所得到的评价,不同环境自然也就具有不同的社会我;(4)纯粹的我,也就是抽象我。其中,詹姆斯突出强调了社会我,认为社会我来源于社会中他人的经验,是他人给与的;这种社会我是人们之间社会关系的产物,只能通过一定的社会关系来认识。人们本能的追求社会中他人的承认,并以此衡量自己的社会价值。詹姆斯的这一思想对符号互动论的自我和角色理论都有着重要的影响。现代遗传心理学家詹姆斯、马克·鲍德温,对自我的观点进行了进一步的拓展。鲍德温认为自我起源于社会,是自我与他人关系的产物,并将儿童自我的发展分为三个阶段:第一个阶段是投射阶段,主要是婴儿感觉他人的存在,并将他人与物体分开;第二个阶段是主观阶段,主要是模仿别人的行为并对此进行感觉,出现自我意识;第三个阶段是射出阶段,儿童将上述感觉与人的概念联系起来,因而得知他人也有感觉状态。后来符号互动论的同情反省、角色扮演理论都是建立在这一理论之上的。美国哲学家约翰·杜威认为,人类是通过不断调整自己来适应社会环境变化的,同时人类社会也不是一个单一的整体,而是由人们在互动中所形成众多团体构成的。同时杜威也认为社会科学以及哲学应该将日常生活和问题作为研究的主题。这种思想也对符号互动论产生了巨大的影响。

二、符号互动论的早期观点

借助以上思想家所造就的符号互动论最初的理论渊源,库利(Charles Horton Cooley)、托马斯(William I. Thomas)、米德(George Herbert Mead)三人,建构了符号互动论早期的理论观点。

库利对于符号互动论的突出贡献是"镜中我"和"初级群体"等概念。他认为一个人的自我观念是在与他人的交往中形成的,一个人对自己的认识是在想象其他人对自己的评价中形成的。库利对于"镜中我"的定义是,"一个人对自我有了某种明确的想象——即他有了某种明确的想法——涌现在自己心中,一个人所具有的这种自我感觉是由取决于别人思想、别人对于自己的态度所决定的,这种类型的社会我可以称作为'反射的自我'或是'镜中我'。(贾春增,1998:320)"这个"镜中我"由三个阶段构成:第一是感觉阶段。即我们想象的我们在别人的面前的感觉,是我们设想的他人的感觉;第二是解释或定义阶段。即我们想象的他人对我们这种形象的评价,是我们想象他人的判断;第三是自我反应阶段。由上述想象产生某种自我感觉,像自豪、自卑等感觉。库利认为"镜中我"是在初级群体中开始培养的,初级群体也就是人们亲密无间、有面对面交往的群体(比如家庭)。这种群体为个人的社会性和理想奠定了基础,并使人学会设身处地地从他人立场看问题的方法,培养对他人态度的敏感性。人性不是与生俱来的,是从后天社会中的初级群体开始的。

如果库利的分析专注于儿童自我观念的形成,那么托马斯则分析了成年人建立自我观念的过程。托马斯认为社会学的任务就在于分析人们的行为,分析人与人、群体与群体相互调适过程中出现的那些行为。而相互调适的过程是在具体的情境中进行的,是个人或群体对客观环境的反应。情境定义也就是人们对客观环境的评判,这种评判构成了人们行动反应的前提。客观情境对人的影响固然大,但是人们对于客观情境的主观评判也同样重要。因而,"人们一旦认定某种情境是真实的,那么这一情境就具有真实的效果(贾春增,1998:321)。"所以人们做出任何行动的举措,都是以情境定义来决定的,也就意味着一种观点或是解释最终会演变为一种策略或行为模式。个人的人格和人生观都产生于情境定义,社会的道德、规范也最终产生于人们代代相传的情境定义。当然,个人的情境定义与社会的情境定义总是存在某种程度的冲突,于是社会化也就成为一个人接受社会情境定义的过程。而引起个人矛盾和社会解组的原因,也就存在着多种多样而又相互冲突的社会情境定义。

除了以上两位重要思想家对符号互动论的贡献外,符号互动论到了米德(George Herbert Mead)那里才获得了比较完整的、系统的理论基础。米德既强调外在的客观世界,客观行为,也强调内在的个人对于客观世界的解释、主观行为的重要性。人们的活动不是对环境的简单反应,人们依据自己的目标并根据环境中的客体来调整自己的行为,环境中这些客体因为在人们目标中所发挥的作用而成为刺激因素。在这个过程中,客体被定义为与人们行动关系的东西,就像饥饿促使人们把某些东西定义为食物一样。同样,这种人们与客观环境的行动反应模式也适合于人类社会本身。社会行为是由两个或两个以上的相互关联的行动构成的。正是在这些活动中,个人人格以及有组织的社会行为才发展起来,而这一发展离不开以语言、符号等为媒介的交往。在社会行动的早期,某些手势和姿势开始被当作特定行动的标志,这些手势也就具有了符号的意义,对于发出者和接受者具有同样的意义。此外,符号还能对各种社会行动做出评估,这极大地促进了合作性的活动。随着人类活动的复杂化,符号也开始转变为像语言这样的复杂系统。米德还着重研究了"自我"。米德认为自我是对客观现实的内化和主观解释,自我的观念是在社会互动中产生的,存在于自我观察、反省的过程之中。而这种过程之所以可能,是因为使用共同意义的语言系统,借助于语言,个人可以站在别人的立场上审视自己。米德把自我分为"主体我"和"客体我"。"主体我"是本能、冲动的我,是未经社会化的自我,而"客体我"是经过社会化的自我,是社会化的结果。米德还研究了儿童自我的形成和发展过程。他将这个分为两大阶段:嬉戏阶段和群体游戏阶段。在前一个阶段,儿童在游戏中开始扮演他人的角色,领略别人的立场,这个阶段是儿童自我开始形成的阶段。到了后一个阶段,儿童开始进入复杂的组织活动中来,儿童扮演了较为正式的角色,不但要了解自己的角色,还要理解他人的角色,实现别人的期望,从而使自己成为群体活动的一员。而在儿童这两个阶段中,符号发挥了重要的作用,有了符号,人类才能实现角色的互动和发展自我。

三、符号互动论的系统理论

虽然库利、托马斯和米德三位思想家使符号互动论的思想不断丰富,并逐渐形成较为系统的思想,但是真正使符号互动论成为社会学中一个具有广泛影响的理论流派,则得益于布鲁默的贡献。

(一)符号视野中的社会世界

布鲁默认为,社会是人际间符号互动的产物,社会世界典型的特征就是符号互动。人类社会中的行动不是简单"刺激—反应"模式,而是依据符号所表示的意义和对符号的理解。人际互动是以运用符号来解释或确定相互间的意义为媒介的。同样,在主客体之间,客体本身并没有明确的意义,是主体在互动中赋予客体以意义,客体也就是在主体的符号互动中被创造、被肯定或被否定。所以,客观世界也就是我们经验的产物,所以我们所体验的客观世界是我们想象的世界,并不是客观世界本身。对同一社会的成员来说,他们所遇到的社会情境是具有相同的定义的,正是基于这种相同的定义和理解,人们的互动才得以可能。当互动的参与者出现不同的对参与情境不同的定义和理解时,社会互动就出现问题和障碍。

社会世界是由人们的社会行动构成的,而社会行动总是在具体的情景中展开的,离不开对具体情景的解释和定义,而人们的行动也就依赖于这些解释和定义。所以人们的社会行动也就是人们建构的"解释性行动"。这种解释性行动包括人们对于行动情景的解释和基于这种解释基础上的行动两个方面的内容。

布鲁默解释了符号互动论与传统社会学理论的区别。传统社会学理论强调社会结构、社会组织、社会规则对人们社会行动的决定性作用,人们的社会行动是社会结构的产物,而与人们自己没有多大关系。符号互动论则与此相反,认为社会结构只不过是人们行动的情景,为人们解释自己所处的情景提供了一套符号而已,所以社会结构也只是在扮演符号的功能上影响了人们的行动,并成为人们行动的一部分;人们自己设定行动目标、赋予行动以意义并控制自己的行动,从而具有能动性,所有社会结构和组织都是人们活动的产物。

(二)符号互动论的基本观点

布鲁默归纳了符号互动论的基本观点,第一,人们对于某一客体所采取的行动,主要是根据他们对客体所赋予的意义,人们赋予的意义不同,也就导致了行动上的差异;第二,人们赋予客体的意义是在社会互动的过程中完成的,没有社会互动就没有意义的产生;第三,这些意义不是一成不变的,而是在解释的过程中不断加以修正的,意义和解释不是事先就存在的,而是在互动中产生并不断被修改的。正是在这种互动中,人们对意义和解释的不断修正带来行动的不断调整,从而产生了"共同行动",继而这种共同行动塑造了诸如文化、规范、价值观、规则、社会秩序等宏观的社会结构现象。

四、符号互动论的丰富:拟剧理论、标签理论

(一)拟剧理论

布鲁默的学生戈夫曼(Erving Goffman)进一步研究了社会互动,并提出了社会学中的拟剧理论。戈夫曼根据互动发生的场合将社会互动分为两种,一种是在社会机构内发生的、具有明确界限、经常性、持续性的互动;一种是没有界限的、临时性的互动,如人们在街头的邂逅相逢。

戈夫曼集中研究了在社会机构内发生的互动,他将社会比作一个大舞台,认为人们都在这里扮演某个角色,进行着角色的表演。这种演出是由社会互动所有参加者的活动构成的,它既是自我情感、意愿、信息的表达,也包括周围人对这些动作、符号的理解。人们的表演是按照一定的程序、规则进行的。当这些程序、规则的剧本不清晰时,人们可以进行自我设计和调整。戈夫曼认为,在表演中,我们非常关心并试图控制自己留给他人的印象,我们总是通过姿势、语言等表现使他人形成我们所希望的印象,这也就是我们在为别人制造情景定义。戈夫曼将这个过程称为"印象管理"。为了实现印象管理,人们就要用一些工具来装点门面,首先需要一些外部设施,其次是个人的装扮。戈夫曼进一步将个人的装扮分为两个部分,一是仪表,比如个人衣着、服饰等,二是举止,主要是人们扮演角色时表现出来的行为。戈夫曼将表演的区域分为前台和后台,前台是人们正在表演的区域,后台是人们为前台表演做准备而不想让观众看到的区域。表演者在后台要防止观众进入,在前台也要防止自己把与表演无关的行动带入到表演中来。

戈夫曼认为成功的印象管理,依赖于这个剧组的合作。在演出时,剧组人员相互依赖,相互配合,任何一个人的演出失败都有可能导致整个演出的失败。当然,在社会结构中的正式互动,表演者和观众也要相互配合,即使一方表演不成功或是回避某些东西,观众还是很少对表演者提出挑战,因为在社会互动中,互动双方承担共同的社会责任,一方的失败意味着另一方的互动也无法正常进行。

那种在社会结构之外发生的、临时的邂逅互动,印象管理依然使用,因为人们总是期望给别人留下好的印象。

戈夫曼在拟剧理论中的一个重要发现是"角色距离"。这个概念说明,个人与其角色之间,存在着角色要求和个人特性之间的裂痕,也就是个人与其角色之间存在差距。比如,在骑旋转木马中,两岁的孩子则难以胜任,也难以从中获得乐趣,3~4岁的孩子则比较全神贯注,5~6岁的孩子因为这个行动太简单而不专心,7~8岁的孩子则开始故意触犯规则,做出各种滑稽动作,11~12岁的孩子则

明显地把骑旋转木马作为恶作剧。这说明,个人在其角色中能否积极发挥作用取决于他与角色之间的距离。

(二)标签理论

标签理论是从符号互动论角度探讨社会越轨行为和社会问题的理论。这一理论认为,某种社会现象之所以成为问题,就是因为社会给它贴上了这样的标签。所以,在研究社会越轨行为和社会问题时,这些行为和问题本身并不重要,重要的是把其界定为越轨行为和问题的社会评判规则。而且人们的行为一旦被贴上某种越轨的标签后,人们就可能按照标签的行为去做,引发更多的越轨行为。

标签理论将越轨行为分为初次越轨和再次越轨行为。几乎每个人都有可能发生初次越轨行为,绝大多数的初次越轨行为都是暂时的、试探性的、轻微的、容易隐瞒的。由于初次越轨行为是第一次行为,无论是行为者本人,还是别人都不是很在意,甚至并不认定这是一种越轨行为。但是这种初次越轨行为一旦被认定为越轨行动,并公示于众,那么就有可能发生促使行动者发生再次的越轨行为,这个时候,不但是别人,就是越轨者本人都开始接受"越轨"的标签了。所以越轨行为的越轨标签反而促使越轨行为的发生。

对于越轨行为的解决,就是要消除行为的"越轨标签",保持评价符号的一致性,从而促使人们行为的一致性。标签理论注重行为的主观符号评价,具有很大的启发性。

五、符号互动论在旅游社会学中的延伸

符号互动论在旅游社会学中的运用主要集中于以下几个方面。

第一,符号的运用与解读。由于旅游地并不在人们的日常生活之中,人们是在想象中赋予了旅游地以价值和意义,而在现代社会的符号世界中,意义的表达总是和符号联系在一起。于是旅游地对于旅游景观的开发、旅游商品的制作、旅游活动的组织以及旅游宣传,也就是一种符号的建构和使用,通过符号来建构旅游景观所展示的一切来展现旅游地的象征性价值,并以此来吸引旅游者,进而甚至是通过一定符号的使用来控制旅游者,从而实现旅游地形象价值与意义在旅游者心目中的建构。旅游广告、纪念品、宣传册等都成为这种旅游地符号建构的方式。比如,Bhattacharyya(1997)对印度一种旅游指南的研究,Echtner(1999)对符号在旅游研究中应用的探讨,Mark Kwick(2001)对马耳他邮资明信卡符号意义的解读,都说明了这一点。也有一些学者还进一步分析了旅游业的从业人员如何以旅游地图和话语沟通来引导和控制旅游者的。

第二,旅游者"主我"的回归。符号互动论中"主我"与"客我"的人格区分,既是一种个人自我冲动与社会规范要求的区分,也是一种个人社会化过程描述,因

为个人从小到大的社会化过程,也就是个人的"主我"不断被压抑而"客我"不断被强化的过程。而旅游社会学学者认为,旅游是一种个体从"客我"中解放出来,释放和展现"主我"的过程,追求瞬间的满足和快乐。所以,Dann 运用这一理论研究旅游,得出"旅游者是孩子"的结论。同时,在旅游的宣传中,充满了享乐主义的内容和引导,旅游被刻画为个人的放松、休闲、快乐、乃至是自我实现,甚至性、赌博等负面现象都成为旅游目的和活动的一部分。

第三,各种理解中的角色互动和角色的动态演变。由于旅游者与本地旅游服务者总是处于不同的角色,这种角色充满了阶级、性别、文化、种族等各方面的差异,所以即使是一个相同的情景,但是由于对于符号意义的理解不同,也会导致旅游活动中的误解与矛盾。比如,有学者研究了旅游者与沙滩男孩由于背景差异而在情景沟通中所展示的冲突与矛盾(黄福才、张进福,2002)。Karch 和 Dann(1981)还应用了"角色协调"来试图消除误解。在角色的动态演变方面,旅游者是一种消费、欣赏的主动角色,而旅游地的接待者是生产、服务的被动角色,但是这种主动与被动的关系,在旅游发展中经历了一个动态演变的过程。Doxey(1976)提出一个当地人对旅游者态度变化的总体模式:高度兴奋、漠然、厌恶和对抗四个阶段。在旅游发展的初始阶段,旅游者与旅游地的接待者彼此都充满了好奇,但是随着旅游的发展,旅游地的服务业也就开始了产业化、常规化,双方彼此的新奇就开始淡化,当地人也就开始出现对旅游者的漠然,之后随着旅游的产业化的进一步发展,对当地人生活的渗透和入侵,当地人的自我空间开始出现旅游者的进入,于是当地人就会对旅游者进而表现厌恶。在当地人看来,旅游者已经演变成了入侵者的时候,双方的对抗就开始了。于是双方的角色关系,就在旅游发展的过程中,从开始的消费者与生产者的关系演变为侵略者与保卫者的关系。

第四,对于戈夫曼的拟剧理论,MacCannell 发展出旅游社会学中的"舞台真实"理论,并于其 1976 年出版的《旅游者:休闲阶层的新理论》中做了系统的阐述,并根据这一理论,对景观吸引系统的符号意义进行了社会学的解释。MacCannell 认为,现代社会中的文化生产与文化经验,渗透于社会生活的各个方面,因而现代社会中的个体萌发了对"其他人真实生活"的强烈兴趣和好奇,旅游则是对这一好奇和兴趣的实现。旅游景观系统对于旅游者的满足则是通过"对真实性的文化再现"来完成,因此旅游景观系统可以相应分为前台和后台,前台是指旅游者与旅游服务人员进行接触、交往的开放性空间,包括宾馆、饭店等;后台是指为前台表现做准备的封闭性空间。相应地,旅游景观系统的行动者则包括观众(旅游者)、表演者(旅游服务人员)和局外人(不参与旅游服务的当地人)。旅游景观系统为了保持系统"前台"的真实性,就必须塑造系统"后台"的封闭性和神秘感。正是这种系统的"舞台化"处理,旅游者都经历了"舞台真实"情景。旅游者认为自己进入了旅游地生活的"真实后台",但这只不过是旅游景观系统精心打扮的"虚假前台",旅游者的旅游经历也就背离了自己的旅游愿望。在此基础上,MacCannell 进一步将旅游景观系统的"舞台真实情景"分为六种类型;接着 Cohen 认为这种划分不足以解释所有的旅游景观情形,于是依据景观的本质和旅游者对景观的印象的二维划分,把旅游情形划分为四种类型,并提出旅游者由于对真实的旅游景观产生怀疑的舞台猜疑理论。对于旅游情形的真实性研究,由于"真实性"本身在内涵和外延界定上的模糊性,进一步引发了有关这一主题的后续研究,例如王宁针对旅游体验的研究,将旅游体验的真实性做了三种划分,即客观性真实、建构性真实以及与社会活动相关联的存在性真实(Wang Ning,1999);之后,他进一步将存在性真实划分为个体内部的真实与个体人际间的真实(Wang Ning,2000),这种对于旅游情形真实性的详细划分,无疑对于现代旅游情形的研究和解释有着重要的意义。

第五,社会互动所建构的制度化。Sutton(1967)在研究主—客关系的互动中,揭示了互动结果导致了旅游系统的制度化建构。萨顿认为旅游者与本地人的互动是短暂的而非持久的,双方对于旅游地的信息了解是不对称的。在旅游开始的时候,由于游客少,当地人以当地人的"好客"文化来接待旅游者。当旅游大规模开发后,旅游者数量的急剧增加,导致本地人开始以经济利益驱动的"好客"文化来招待旅游者。当旅游进一步发展时,本地人甚至开始出现"对旅游者掠夺"的现象,旅游出现一些文化的混乱。于是为保持和促进旅游的进一步发展,旅游地企业和政府会建立旅游系统的制度化。这种制度化既包括旅游从业人员的职业化,也包括旅游服务的各种制度模式。这种旅游系统的制度化,虽然不能恢复个性化的服务,甚至是限制个性化服务,但是可以有效地解决旅游系统中的很多负面现象。

第六节 社会现象学:自然化世界

社会现象学主要是运用哲学中的现象学来探讨社会生活中的现象,其主要创立人是舒兹(Alfred Schutz)。

舒兹的社会现象学主要来源于奥地利经济学派、韦伯的解释社会学、胡塞尔的现象学和美国的实用主义。奥地利经济学派主张从主观价值的角度来理解人类行为,认为用自然科学的实证主义来研究人的行动毫无意义,并强调人的行动特征在历史中的意义;所以奥地利学派也进而通过分析人类行动的理想类型

(ideal type)来研究社会历史,并把这种理想类型上升至普遍的先验范畴。舒兹对社会行动普遍性类型的分析就源于此。韦伯的解释社会学,主张从社会行动的意义角度来理解社会现象,但是也没有放弃客观的社会结构。于是韦伯提出的理想类型的研究方法,既是对客观世界结构的一种简洁勾画,同时又是主观意识的建构;但是韦伯在分析社会现象的时候更侧重于社会历史现象的个别性与社会行动者赋予事件的独特意义,并采用比较历史分析和对意义取向差异的强调。舒兹在韦伯最没有问题的地方发展了韦伯,随着其对超验现象学的超越,他开始致力于对生活世界的具体分析。没有胡塞尔的现象学,也就没有舒兹的社会现象学,胡塞尔现象学的核心概念"主体间性(inter-subjectivity)""生活世界"等都是舒兹现象学的主要构成部分。美国的实用主义促使舒兹深入思考"社会现实问题",George Herbert Mead 对身体行为的分析,也成为舒兹日常生活分析的一个重要来源。

舒兹的现象学社会学,围绕社会学的科学性,对于现象学采取了一种背道而驰的继承态度。胡塞尔提出的在研究生活世界中,要将源于自然科学的"自然态度"悬隔起来,然后还原,才能得到社会现象的本质。但是舒兹认为:"只有我们牢固地把握了意义概念之后,才能一步一步地分析社会世界的意义结构。通过遵循这样的步骤,我们就能将社会学固定在更深刻的要点上。"因此社会学之所以能够成为一门科学,就在于人们给行动赋予意义是不言而喻的,自然态度不能被弃置,而应该毫不犹豫地予以肯定。然而社会学的"科学性"长期以来都是靠从自然科学中引进的实证主义来支撑的,对于社会世界的"意义"都是一种拒斥的态度,认为意义世界的主观性与科学的客观性是矛盾的。但是舒兹从现象学中借鉴的知识,认为社会世界的科学性是无法摆脱社会世界的意义问题,因而社会学科学性的实现恰恰不是摆脱意义,而是要建立在意义的基础之上。所以,社会世界意义的客观逻辑——社会世界的自然化,就成为舒兹社会现象学研究的核心问题。

一、生活世界

舒兹在其著作中借用"生活世界"、"社会世界"、"常识世界"、"日常世界"等多种术语,来概括人们生存于其中并进行多种日常活动的具体社会环境。生活世界也就是人们在其中度过其日常生活所直接经验的主体间的文化世界。其主要特点是预先给定性,也就是它存在于个体的反思和理论研究之前,它也具有自己的历史,并且以一种有组织的方式呈现给我们。人们虽然在一个已知的生活世界中活动,但是人们也凭借着自己的活动和反应来改变这个生活世界,从而成为这个世界不断发展变化的组成部分。生活世界的另一个特点就是人们没有任何怀疑地接受这个世界,这也就意味着人们对这个世界没有进行鉴别。人们是靠着常识认识这个世界的,而这种常识就是各种类型化的知识和经验积累。现象学主张对人们认识这个世界的不怀疑态度和类型化的常识——即自然态度——进行"悬隔",而舒兹认为自然态度本身就是建筑在对怀疑论存而不论基础之上的一种成果,并主张对这个自然态度进行悬隔。舒兹沿着这种理论逻辑进一步探索了人们是如何认为世界理所当然的,以及生活世界又是如何被人们构造的。

二、意义的缘起

舒兹借助于柏格森(Henry Bergson)和胡塞尔的某些概念,回到了意识的起源问题。当行动者在具体的情境中展开具体的行动时,行动对于行动者不言自明地具有意义。但是只有当行动者在行动停下来对行动反思时,才能明确意识到他给该行动所赋予的意义。任何行动都是在主体的内在时间意识之中,在内在绵延中发生,当一种行动被主体挑选出来并加以注意和反思时,他对于主体的意义就被建构出来了。"意义不是出现在我们意识流之内的某些经验内在地具有的性质,而是从当前眼下以反省的态度去看,是对过去经验所作解释的结果。只要我在我的行为中生活,那些行为没有任何意义。当我在回顾中把它们把握为对过去所做事情的清楚的经验,它们才变得有意义。(A Schutz,1962:210)"所以,对于行动明确的意义,不在行动之中,而是在行动之后。

三、主体间性

如果个体的意义已经产生,那么个体间的意义如何在彼此间形成,从而形成社会呢?舒兹开始从哲学的角度来为社会学建立一个科学的基础。在社会世界中,自然科学所使用的标准化的时间和空间,并不是人们在社会生活中所利用的确定时空位置的多种类型化的基础。我们在这个世界上存在的首要基础是在主观的时空坐标之中,即"个体在社会空间中所处的位置相对于他来说是'此在',是其确定社会空间坐标系的原点,据以理解和组织社会时间的出发点——这与那,前与后、上与下,远与近等共同构成了个体理解和进行社会活动的空间视角;同样,个体在社会空间中所处的具体位置——现在,也是他理解和组织多种事件的出发点,早与晚,今与昔,现在与未来等共同构成了个体理解的意义和采取社会行动的时间视角。(A Schutz,1962:222~223)"

如果我是"此在",那么我身边的他人则是"彼在"。"此在"与"彼在"的关系则构成基本的社会关系。在人们的想象中,从"此在"到"彼在"的位置流动是可能的,因而人们在转换视角中达到彼此的沟通和利益的理解。从主体间的角度讲,人类所体验的各种客体和事件是共通的。舒兹把这种想象中的情境互换称为"视角互易性"。借助于这个概念,舒兹进一步解释了个人如何认识他人和自我,在自我所体验的外部世界中,既有各种物理客体,也有具有生命和自我意识的主体同伴,个体也就通过与他人意识流同时进行的意识活动去把握他人。这种同时发生的对他人的领会和他对我的相应领会一起使我们在这个世界上的共同存在成为可能。一群伙伴共享一个时空共同体,伙伴之间就是一种面对面的关系。在这种关系和情境中,个体之间可以彼此达到对方的经验领域,于是被分割的主观意识流在各个主体中的同时呈现成为可能。在这种情境中,个体在做出判断之前,体验他人心目中的自我形象,而这个被注意到的人也采取同样的意识状态,那么这种面对面的关系就转换为"我们关系"。在"我们关系"中,我们不仅意识到他人的存在,也知道他人也正在意识到我的存在,"参与者彼此知觉,而且无论时间的短暂与否,主体都参与到彼此的生活里。(A Schutz,1962:247)"于是在这种视角互易性的意识方法下,借助于共同活动的彼此意识和参与,个体之间的理解变得可能。

然而,在人类的社会关系和交往中,并不是任何情境都具有彼此的共同参与,那么,这种没有共同参与的社会理解如何可能呢?在回答这一个问题的时候,舒兹借用韦伯理想类型的研究方法,把与主体互动的他人分为不同的类型加以探讨。这种类型包括:前人、后来人和同时代人,其中同时代人又分为直接交往的同时代人与间接交往的同时代人。对于后来人,在舒兹看来,这是一个完全自由和不能确定的世界,已经超越了我们的把握,所以不是科学所研究的范围。而对于前人的领域,虽然前人所发生的一切是确定的,没有任何自由的元素,行动的原因、过程、结果均已发生。但是我们研究前人的领域依然具有一定的困难,因为我们研究前人的历史社会活动使用的都是当代人的思想范畴,而不是前人历史中的范畴。所以,有关前人研究的社会学领域是可能的,但是错误理解的可能性很大。对于同时代人中的直接交往活动,舒兹认为通过视角互易性的共同参与,"此在"与"彼在"的正确理解就成为一种可能。而对于同时代间接交往的人,由于这种交往不是面对面的直接交往,所以这种交往的特点就是间接性和非人个性。人们在这种交往中理解所凭借的依据是彼此双方所具备的类型化特征和所处的社会结构特征,这个时候人们所建立的关系就是"他们关系"。与直接交往的"我们关系"不同,在这种"他们关系"中,人们的类型化和社会结构特征不能改变,而在"我们关系"中,人们的自我意识、目的、行动、计划可以协议交涉。因此,在间接交往的"他们关系"中,有关类型化的科学是完全可能的。

四、理解与类型化

舒兹把韦伯关于意义的主观解释作为其理论的出发点,所以他最关心的也就是如何把社会行动理解成行动者赋予其行动的意义问题。舒兹把对意义的解释看成是社会生活中的最重要的一种类型化,并认为这种类型化是人们在日常生活中解释他们自己的行为以及他们彼此之间的行为所运用的方式,"它首先是关于人际事物的常识性的经验形式(A Schutz,1962:69)"。所以,理解是人们借以反映彼此意图的方式,当个体与他人进行交往的时候,个体会理所当然地对他人的行动进行意义的解读,而且认为对方对自己也同样是如此,于是主体间性在这种主体之间的相互意识中就逐渐演变成类型化的经验。在同时代人所构成的文化世界里,人们意识中的类型化是稳定的。但是当人们时常遇到不寻常的情境,已经具有的类型化经验无法对此进行应对时,人们就被迫修正这种类型化,并形成新的类型化。舒兹将类型化看作是存在于整个社会文化中的行动基础。当人们社会化时,人们就习得类型化知识和应对典型情境的典型行动。所以在任何情境中,行动是由较早经验所组成的类型来决定的。这些类型化是社会个体生平情境和现有事实库的一部分,它的特点是针对某一类型的人,而不是特定的个人。在这个类型化中,人们的知识是同质的、重复的,它为人们所共享,因此,社会科学家可以通过考察这些类型化的知识,来客观地掌握这个世界。

舒兹通过主体间性来解决个体之间彼此的理解投入和可能的问题,为理解社会学提供了一个现象学的哲学基础,并进一步论证了人们毫不怀疑地看待常识世界背后的类型化知识,从而以此来实现把社会学的科学性建立在主观性基础上的问题。如果说舒兹在理解的精神世界发现了一个类型化的客观结构,那么他所开创的社会现象学的后继者们,像伯格和勒克曼,则进一步把主观精神世界中的类型化和客观世界的社会结构、社会制度、角色等对应起来,从而"努力把社会现象学的研究视野加以扩展和延伸。(侯均生,2001:255)"

五、现象学的旅游研究

由舒兹所开创的社会现象学理论对于旅游的研究,主要集中在三个方面。

第一,是对旅游动机的探讨。由于舒兹在分析社会行动的时候,认为行动的目的是主观的,而且发生在行动之前,是指向未来的,而行动的原因是客观的,是行动者在行动之后意识到的,是指向历史的;在旅游者的旅游活动中,这种主观目的与客观原因之间也有着明显区分,旅游目的是属于旅游者纯粹主观的个人动机,而旅游的原因则是旅游者所处的社会客观条件,所以在推动旅游的过程中,既要考虑旅游者的个人目的,也要注意塑造旅游者进行旅游的社会条件。如果只具备主观目的,而没有实现目的的客观条件,那么旅游过程是难以发生的。

第二,是关于策略行动的研究。对于研究旅游行为有着直接的影响。旅游者在进行旅游行动之前,要把自己的主观目的放在客观的社会结构中考量,一个完整的旅游行动经历了意识的唤醒、资料收集、分析判断、选择、实施等具体的过程,是一种有计划的策略行动。这对于旅游行为的研究和促进旅游发展具有重要的理论意义与实用价值。

第三,旅游者态度研究。从现象学角度看,自然态度是建构社会世界的重要基础。旅游世界也同样如此。人们为什么旅游,从事怎么样的旅游,以什么价位参与旅游,都涉及旅游者的一种自然而然化的假定或期待。当人们的这种假定或期待遭遇挫折时,这种自然态度就变得明显。反之,它就处于一种缄默状态。在此基础上,H. Garfinkel 创立了常人方法论来研究这种自然态度或缄默状态。旅游研究同样可以对旅游者的缄默状态或自然态度进行深入研究。

第四,舒兹关于主体间性的理论是旅游主客关系研究的主要视角。主体间性讨论的是互动者彼此的认识和沟通。在旅游中,旅游者与本地人由于缺乏共同的社会背景,因而彼此缺乏沟通和理解的类型化意识,所以"此岸"与"彼岸"的沟通存在着极大的困难。所以在旅游中,有学者认为旅游者与本地人也就是"我们"与"他们"关系,那么"他们"与"我们"如何审视对方,就是旅游体验和旅游文化沟通的前提(Laxson J. D.,1991;Lazatidis G. and E. Wickens,1999)。同时,舒兹沿着主体间性而进一步讨论的陌生人理论,也成为分析旅游中主客关系的继续。旅游者视本地人是"陌生人",本地人也视旅游者为"陌生人",彼此双方也都是一个存在于"异域"的"旅游者"。

第七节 世界系统理论:边缘与核心

世界体系理论(World system theory)作为一种理论和方法,兴起于 20 世纪 70 年代的美国,其主要标志是美国纽约州立大学沃勒斯坦(Immannuel Wallerstein)于 1974 年出版的《现代世界体系》。这种理论和方法是社会学界继 50、60 年代现代化理论之后出现的一种新理论和新方法,以世界体系整体作为理论分析单位,关注各个国家在世界体系中所形成的结构性位置,其影响遍及政治学、经济学、社会学、历史学以及地理学等主要社会科学领域。虽然这一理论在 60 年代以后颇为流行,但是却有着更早的理论渊源。

一、世界体系理论的思想渊源

马克思在分析资本主义的时候,就已经说明了资本主义在欧洲的发展最终会延伸到世界。"资产阶级,由于一切生产工具的迅速改进,由于交通的极其便利,把一切民族甚至最野蛮的民族都卷到文明中来了……它迫使一切民族——

如果不想灭亡的话——就要采用资本主义的生产方式。(马克思、恩格斯,1995:276)"而在这种资本主义的全球化扩张中,自然要在世界建立一个按照先进程度划分的资本主义体系,在不同国家间建立主导与依附的关系,"正像它使乡村从属城市一样,它使未开化和半开化的国家从属于文明的国家,使农民的民族从属于资产阶级的民族,使东方从属于西方(马克思、恩格斯,1995:275)"。所以,马克思对于资本主义体系经济扩张后果的预见和描述,成为世界体系理论最初的思想渊源。

和马克思一样,针对西方社会18世纪前后进行的政治、经济、技术和社会的急剧的变化,以及这种变化在发展中国家的延伸,造就了西方社会学的现代化理论。在现代化理论之前,很多经典的社会学家都从不同方面对欧洲社会的变迁进行了分析,但都强调一个国家社会变迁的内部社会结构。二战结束后,经历了剧烈动荡的世界秩序开始重新组合,广大的第三世界国家兴起。在这种背景下,对于第三世界国家社会变迁的关注以及西方世界近代变革的思考,西方社会学界产生了思考传统社会向现代社会变迁的现代化理论,并进入第一个发展阶段,并以发展中国家的现代化为主要关注对象,采用发达国家与发展中国家进行比较的研究方法,试图揭示出发展中国家现代化成功或是失败的内部结构和文化因素,但这始终采用了西方社会的视角。60~70年代,随着发展中国国家自身对现代化过程的思考,现代化发展进入第二个发展阶段。阿根廷著名经济学家根据拉美国家的发展经验,提出依附理论,认为在当今世界存在着一种"中心—边陲"的结构,发达国家利用其技术分工和贸易优势处在中心位置,其他不发达国家则处于边陲地带。由于中心国家利用不平等的经济贸易和经济剥削,使边陲国家成为纯粹的原料出口国,处于经济停滞状态并依附于发达国家。后来这种从发展中国家对于世界体系结构进行思考得出的依附理论在拉美国家和西方世界产生了广泛的理论影响。到了80年代以后,随着第三世界发展的多样性以及发达国家进一步发展中出现的问题,社会学家开始重新思考社会变迁问题,从而出现多元化的理论研究视角和方法,而其中由沃勒斯坦提出的世界体系理论更是影响巨大。

二、世界体系理论

沃勒斯坦认为,"现代世界体系是具有广泛劳动分工的实体。这种分工不仅仅是功能上的——即业务上的——而且是地理上的。也就是说,各项经济任务的区域分布不是均匀地分布于整个世界体系。(伊曼纽尔·沃勒斯坦,1998:462)"所以,这样一个世界体系与世界历史上出现的很多帝国不一样,不是一个具有中央集权的政治体系,而是建立在分工基础上的经济体系。世界经济体系起源于16世纪的欧洲,其体系内利益分配的不均,导致一种层内有层的多层结构。在16

世纪,欧洲的世界经济体系中存就着核心与边陲的差别,在核心地区有国与国之间的区别,在国家内部有地区与阶层间的区别,在某地区内有城乡之间的区别。继而这种核心与边陲的关系就随着资本主义的扩张,把欧洲中心与边陲的体系结构推向世界,因而当今世界体系的核心则是资本主义经济体系。

世界经济体是具有劳动分工和不同文化制度的单位,是一个没有权力中心的世界体系,主要是利用不平等交换机制把经济剩余从"边陲"转移到"中心"。

这种核心与边陲的关系,既是不平等的交换关系、不平等的地理关系,又是垄断与自由竞争的关系。越靠近核心的国家,越具有利益的垄断权、优势的交换关系和竞争能力,而越靠近边陲的国家则在垄断、交换和竞争方面的能力越差。所以,核心与边陲的世界体系结构,不但具有地理上的分布,也是一种国与国之间的贫富分化机制。而在这种世界体系内,占据核心地位的是发达资本主义国家,资本主义经济不断寻求资本利润的动机,不但成为资本主义不断向全球化扩张的持续动力,也是建构不平等世界经济体系的主要基础。由于当今世界体系只是一个经济体系,既不是也没有一个有效的政治体系,所以对于资本主义不断扩张所形成的不平等的利润分配机制,没有任何制衡力量。

当今的世界体系由三个层次构成,即核心、半边陲、边陲。核心地区国家借助于技术分工优势、垄断资本,把经济产业链按照这种层次延伸到世界,一边通过不平等的分工关系控制了有利的贸易通道,一边利用边陲地带提供的原材料和廉价劳动力生产高附加值产品,使自己居于世界财富、资源和利润分配的中心;同时,这些国家还具有强大而稳定的政府,进一步强化这些国家在世界体系中的中心地位。半边陲国家则扮演着把利润从边陲国家传送到核心国家的中介作用,其本身既受制于核心国家,同时又对边陲国家进行某些控制。边陲国家则与中心国家相对应,处于世界体系的边陲地位,一方面"为现代世界体系提供廉价的劳动力、原件和初级产品(主要是农产品、矿产品及劳动密集型产品)(陈燕谷,1998)";另一方面,边陲国家没有一个强有力而稳定的国家机器来改变自己在世界体系中的不利地位,从而成为中心国家的原料供应基地和附属国。任何国家在世界体系中总是处在某个层次,但是这种位置不是一成不变的。这种位置的变动既依赖于一个国家内部成功的调整,也依赖于外部国际条件的变化。因而,任何一个发展中国家现代化的实现和国际体系位置的变动,都需要国家内部和外部的条件同时具备,缺少任何一个条件都不能实现这一目标。

沃勒斯坦也强调了这种中心与边陲世界体系的稳固性,"世界体系是一个社会体系,它具有范围、结构、成员集团、合理规则和凝聚力(伊曼纽尔·沃勒斯坦,1998:462)",原因是任何国家在世界体系内位置的变化,都不会影响体系本身的改变。资本主义世界经济的交换基础在于剩余资源的剥削与占有,所有国家都获得相同的体系位置并同时发展是不可能的。当今的世界体系是一种资本主义体系,其本身就是一种不平等的功能运作,而体现这种功能的核心与边陲结构也注定是稳固的。事实上,当代世界体系中国家间不平等的资本占有、技术分工、科层制度,正不断强化和巩固这种世界体系;核心国家对于边陲国家的经济剥削,也已经开始延伸到政治控制和文化殖民。

三、世界体系理论在旅游研究中的应用

在现代世界,旅游已经是覆盖全球的巨大经济产业。在这种产业的形成中,依赖于人类技术和交通的发展,但是这种旅游产业的全球化,无疑也是资本主义全球化扩张的一个侧面,自然也隐含了资本主义世界体系的"中心—边陲"模式。

这种全球旅游产业中的中心与边缘,折射的是发达国家旅游客源地与不发达国家旅游接待地之间的关系。旅游产业是包括旅游客源地旅游社、航空公司和旅游接待地饭店、景区、旅游交通公司在内的国际综合体,发达国家的旅游企业、航空公司、旅游者居于这种旅游产业系统的中心位置,不发达国家的旅游地企业和本地人则相应处于边陲的位置。在这种旅游产业系统中,旅游地依赖于旅游客源地,造就了不发达国家依附于发达国家的机制,旅游业就成为一种新的资本主义扩张形式(Turner and Ash 1975)。所以 Young(1973)就认为,旅游产业的发展实质是受控制与受支配国家(尤其是第三世界国家)被剥削的过程。更进一步说,这种资本主义世界体系在旅游产业中的扩张,不但是一种经济剥削,同时还带来了"文化殖民"。由于旅游者是按照自己的价值判断来选择旅游地,由于旅游地对旅游者的经济依赖,导致发展中国家按照旅游者的价值观塑造旅游地,而逐渐淡化和丧失本民族的文化价值,成为发达国家文化殖民的牺牲品。

许多研究者在研究旅游的影响时,对于旅游的经济、社会、文化影响做出了区分。Cleverdon(1979)对旅游在不同情况下的经济影响作了一个全面的调查,结果显示,旅游对于旅游地的经济影响涉及外汇、收入、就业、政府财政等许多方面,这也揭示了不发达国家对于旅游业的某种经济依赖。Noronha(1977)在旅游经济影响的基础上,提出一个旅游发展的模式,它包括旅游资源发现、旅游地主动开发与大规模建设三个阶段。这一旅游发展模式认为,旅游的最初发展是旅游的自然发展,然后是当地人的主动开发,但是当本地资源不足以支持当地人继续发展旅游业时,外部的政治和经济集团就开始以提供资源的身份介入,他们在促进旅游地旅游资源大规模发展的同时,也控制了旅游地的旅游资源。随着旅游的继续发展,旅游变成旅游地的一个主要产业,而不发达国家和旅游地在这种旅游产业中的控制权不断降低,其利益份额越来越少。当这种旅游业在不发达国家和旅游地的发展超前时,也导致了不发达国家旅游地经济产业结构的不均衡发展,

导致了旅游产业的畸形化,进而使不发达国家的旅游地区在经济上进一步加深了对发达国家和国际经济集团的依赖。

小结

综合本章内容的论述,可以看出,旅游社会学的发展从 20 世纪 70 年代以来取得巨大发展,与其相应的理论也迅速涌现。但是旅游社会学起步时间很晚,到目前为止,也只不过发展了 30 多年,作为社会学分支学科的旅游社会学几乎没有进入主流社会学家的研究视野;旅游社会学的经验研究还比较零散,不够系统;旅游社会学理论也极为单薄,其内容的深度和广度还需拓展。所以发展中的旅游社会学还具有极大的不成熟性,Dann 和 Cohen 认为,"旅游社会学在理论体系上还缺乏完整性。作为一门学科,旅游社会学目前还仅仅是处在一种初期阶段"。

近几十年来,旅游现象的迅速发展和大众旅游的日益普及,为旅游社会学的发展提供了广阔的社会基础;旅游产业的发展为旅游社会学的研究发展提供了巨大的动力;旅游社会学已有的理论研究也为旅游社会学本身的发展提供了初步的学科基础;所以,在以上多方面因素的促进下,旅游社会学的理论和研究必将取得更大的进展,日益丰富。

进一步阅读

贾春增著,《国外社会学史》,中国人民大学出版社,1998 年出版。

侯钧生主编,《西方社会学理论教程》,南开大学出版社,2005 年出版。

(法)雷蒙·阿隆著,葛智强、胡秉诚等译,《社会学主要思潮》,华夏出版社,2000 年出版。

(美)乔纳森·H. 特纳著,邱泽奇等译,《社会学理论的结构》(第六版,上、下册)华夏出版社,2001 年出版。

申葆嘉,国外旅游研究进展,旅游学刊,1996 年第 1 期。

王德刚,略论旅游学的理论体系,旅游学刊,1999 年,第 1 期。

王宁,旅游、现代性与"好恶交织"——旅游社会学的理论探索,社会学研究,1999 年第 6 期。

张进福,西方旅游社会学研究进展,旅游学刊,2004 年第 5 期。

黄福才、张进福,旅游社会学研究的理论流派,厦门大学学报(哲学社会科学版),2002 年第 6 期。

肖洪根,对旅游社会学理论体系研究的认识——兼评国外旅游社会学研究动态(上),旅游学刊,2001 年第 6 期。

肖洪根,对旅游社会学理论体系研究的认识——兼评国外旅游社会学研究动态(下),旅游学刊,2002年第1期。

参考文献

Apostolopoulos, Y. (1996) Introduction: Reinventing the Sociology of Tourism, in Apostolopoulos, Y. et al (ed.) The Sociology of Tourism: Theoretical and Empirical Investigations. London: Routledge.

Bhattacharyya, D. P. Mediating India: An Analysis of a Guide book. Annals of Tourism Research. Vol. 24, No. 2.

Boorstin, D. (1964). The Image: A guide to Pseudo Events in America. New York: Harper & Row.

Cleverton, R. (1979). The Economic and Social Impacts of International Tourism in Developing Countries, September Reporter No. 6. London: Economic Intellectual Unit.

Cohen E. (1979) Rethinking the Sociology of Tourism. Annals of Tourism Research, 1979, 6(1)

Cohen, E. (1972). Toward a Sociology of International Tourism. Social Research.

Cohen, E. (1984) The Sociology of Tourism: Approaches, Issues and Findings. Annual Review of Sociology. 10.

Dann, G. and E. Cohen (1991) Sociology and Tourism. Annals of Tourism Research, Vol. 18, (1).

Dann, Gragam (1981). Tourist Motivation: An Appraise Annals of Tourism Research, 8.

Durkheim, E. (1966) The Rules of Sociological Method. New York: The Free Press.

Echtner, C. M. (1999) The Semiotic Paradigm: Implications for Tourism Research. Tourism Management. Vol. 20, No. 1.

Jafar, J. (2001) The Scientification of Tourism.. In Smith, V., M Brent, eds. Hosts and Guests Revisited: Tourism issues in the 21st Century (forthcoming). Elmsford New York: Cognizant Communication Corporation.

Jafari, J. & Doxey, G. V (1976) A causation theory of visitor reside irritants: Methodology and research in fervencies. In The Impacts of Tourism Pro-cess6th Annual Conference Travel Research Association. San Diego California,

Karch, C. and G. Dann(1981). Close Encounters of the Third world. Hunan Relations. Vol. 34, No. 4.

Laxson, J. D. (1991) How "We" See "Them": Tourism and Native Americans. Annals of Tourism Research. Vol. 18, No. 3.

Lazatidis. G, and E. Wickens. (1999) "Us" and the "Others": Ethnic Minorities in Greece. Annals of Tourism Research. 1999, Vol. 26, No. 3.

Lundberg, D. (1980) The Tourist Business. Boston: CahnersBooks.

Markwick, M. (2001). Postcards from Malta: Image, Consumption, Context. Annals of Tourism Research. Vol. 28, No. 2.

Mayo, E. and L. Jarvis (1981). The Psychology of Leisure Travel. Boston: CBI.

Merton, R. (1957) Social Theory and Social Structure. New York: The Free Press.

Merton, R. (1964)On Theoretical Sociology. New York: The Free Press.

Noronha, R. (1977) Social and cultural dimensions of tourism: Are view of the literature in English. Washington, DC: World Bank (Draft).

Pearce, Philip (1988). The Ulysses Factor: Evaluating Visitors in Tourism Settings. New York: Springer Velar.

Pearce, P. (1982) The social Psychology of Tourist Behavior. Oxford: Pergaman..

Schutz, A. (1962). Collected Papers. Vol. I. The Hauge: Martinus Nijhff.

Sutton, W. A. (1967). Travel and understanding: Notes on the social structure of touring. International Journal of Comparative Sociology. 8(2)

Turner, J. H. (1998). The Structure of Sociological Theory . California: Wadsworth Publishing Company.

Turner, L. and J. Ash (1975). The Golden Hordes: International Tourism and the Leisure Periphery . London: Coustable.

Wang, Ning (1999) Rethinking Authenticity in Tourism Experience. Annals of Tourism Research, 1999, 26

Wang, Ning (2000) Tourism and Modernity: a Sociological Analysis. New York: Pergamon, 2000.

Young, G. (1973) Tourism: Blessing or Blight? Harmondswporth: Penguin.

陈燕谷(1998).中心、边缘、半边缘.中国图书商报,10月16日第2版.

戴斌(1997).关于构建旅游学理论几点看法——兼评余书炜同学论文《论旅游理论研究内容的框架》,旅游学刊12:43～46

侯均生主编(2001).西方社会学理论教程.天津:南开大学出版社.

黄福才,张进福(2002).旅游社会学研究的理论流派.厦门大学学报(哲学社会科学版)6:62～70

贾春增(1998).国外社会学史.北京:中国人民大学出版社.

赖特·米尔斯(1965).马克思主义者.北京:商务印书馆.

刘纬华,肖洪根(1999).对西方旅游社会学研究中新迪尔凯姆学说的分析与思考.桂林旅游高等专科学校学报10:69～73

路易·阿尔都塞(1984).保卫马克思.北京:商务印书馆.

马克思(1978).1844年经济学哲学手稿.北京:人民出版社.

马克思,恩格斯(1995).马克思、恩格斯选集(第4卷).北京:人民出版社.

马克思·韦伯(1992).社会科学方法论.北京:中国人民大学出版社.

马克思·韦伯(1995).社会学的基本概念.台北:台湾远流出版社.

马林诺夫斯基(1987).文化论,北京:中国民间文艺出版社.

申葆嘉(1996).国外旅游研究进展.旅游学刊1:62～67

斯温杰伍德(1988).社会思想简史.北京:社会科学文献出版社.

王德刚(1999).略论旅游学的理论体系.旅游学刊1:63～66

王宁(1999).旅游、现代性与"好恶交织"——旅游社会学的理论探索.社会学研究6:93～102

伊曼纽尔·沃勒斯坦(1998).现代世界体系(第一卷).北京:高等教育出版社.

余书炜(1997).论旅游理论研究内容的框架.旅游学刊12:31～35

俞吾金(1993).意识形态论.上海:上海人民出版社.

张进福(2004).西方旅游社会学研究进展.旅游学刊5:82～91

张进福,肖洪根(2000).旅游社会学研究初探.旅游学刊1:53～58

张凌云(1997).论旅游理论研究的几个问题——与余书炜同志商榷.旅游学刊12:47～49

郑本法(1999).旅游社会学简论.甘肃行政学院学报3:14～17

第三章 旅游者角色、群体、分类与分层

第一节 旅游者角色与分类

旅游者不是一个完全同质的群体,而是由一些无论是社会文化背景还是个性特征都千差万别的个体组成的集合,这个集合可以按照不同的标准被划分为更小的亚群体。每一亚群体内部表现出较大的相似性或同质性,而亚群体之间则更多地呈现出一定的差异性,从而形成彼此不同的旅游者类型和群体。每一种类型的旅游者在旅游过程中会扮演不同的角色,表现出不同的旅游动机和行为特征。对不同的旅游者类型和角色的理解不仅有利于解释和预测旅游者消费行为的特征,还能为旅游市场营销战略的制定提供清晰的分析框架。

格雷(Gray,1970)是最早试图进行旅游类型划分的研究者之一,他将旅游分为追逐阳光型和漫游型。追逐阳光型旅游主要以旅游度假区为目的地,以休息、放松和三S(阳光、大海、沙滩)为动机,而漫游型旅游则主要为了满足旅行观光的渴望和体验不同文化的需要。相应地,两种类型的旅游者也体现出不同的特征,例如良好的气候,舒适而熟悉的住宿以及烹饪风格对于追逐阳光型旅游者来说更加重要,而漫游型旅游者则会对旅行体验和异地的文化更感兴趣(Sharpley,1999)。这种基于旅行目的的旅游者分类是一种很概略的分类,大概描述了两种类型的旅游动机及行为特征,但不能解释和预测更具体的旅游市场需求。

此后,很多学者对旅游者分类进行过诸多尝试,这些分类总体可归纳为两大类,每一种类型都试图在一定程度上预测旅游者行为与角色。一类是关注旅游者本身的分类,如旅游者行为、体验、人格特质,大多数的旅游者分类都属于这一类。其中根据旅游者表现出的可识别的行为而进行的旅游者分类,直接将旅游者划分为不同的角色类型,在旅游分类研究中最为引人注目。另一类是建立在生活方式上的旅游者分类(Lowyck,Van Langenhove & Bollaert,1992),主要以达伦为代表(Dalen,1989)。

一、旅游者角色

(一)角色理论

"角色"一词本是戏剧舞台中常用的一个概念,它的原意是指演员根据剧本扮演某一特定人物。20世纪早期,美国著名社会学家乔治·米德在其著作中用角色担当(role-taking)作为一个有效的工具来解释人的社会化行为,从而将"角色"一词引入社会心理学领域(Mead,1934)。此后又有一些学者进行了相关的研究,雅各布·莫雷诺(L. Moreno,1946)提出了角色扮演(role-playing)的概念,欧文·戈夫曼(Goffman,1959)提出了著名的拟剧理论,这些概念和理论共同代表了互动论的角色流派(Arditi,1987)。互动论的角色理论关注个体在互动过程中如何选择角色并进行角色扮演。它认为,类似于演员在舞台上的表演(Goffman,1959),社会情境中的个体实际上也在他人面前扮演特定的社会角色。不同的场景需要不同的表演,并以特定的行为方式来表达。个体还会根据情境的不同进行角色转换,不断地制造和扮演新的角色(Turner,1956)。而且,每个人都不只扮演一种角色,而是一套角色丛,为了满足自我和他人对各种角色的期望而进行一系列角色的表演与互动。在这种角色互动的过程中,个体的某种社会地位或在群体中的位置获得自我和他人的认同(Stryker,1968)。

几乎与米德同时提出角色概念的另一个学者是拉尔夫·林顿(Linton,1936)。与互动主义强调个体行为的原则所不同的是,他更注重从社会结构的角度来界定角色(Arditi, 1987)。他将角色定义为社会地位的行动表现,角色成为社会结构性的因素,是社会地位及其相应权利和职责在行为上的反映。帕森斯(Parsons,1951)和默顿(Merton,1957,1969)后来将这一思想转变为结构功能主义的核心原则,形成了结构功能主义的角色理论。从结构功能主义的视角来看,角色是由文化所决定的一系列规范,即与既定社会地位相联系的权利、职责、期望和行为标准(Linton,1945)。每一种社会角色都代表着一套行为及行为期望,是个体在特定社会团体中所处的社会地位及与之相联系的符合社会期望的一套行为模式。它规定了个体在扮演某一特定社会角色时所应有的行为,并且每个人只要担当了某一角色,同社会或团体中的其他人将不约而同地以该角色所应具备的角色行为标准来评价他的行为(刘永芳,2004)。

因此,美国社会心理学者约翰和克雷(John W. Thibaut & Kelley,1959)认为,角色概念可以从三个方面来理解:首先,角色是社会中存在的对个体行为的期望系统,该个体在与其他个体的互动中确立一定的地位;其次,角色是占有一定地位的个体对自身的期望系统;最后,角色是占有一定地位的个体外显的可观察的行为。

(二)旅游者角色类型

科恩(Cohen,1972)是最早进行旅游者角色研究的社会学家,他认为旅游者角色反映了旅游者动机和作为结果而产生的行为之间的关系。不同类型的旅游者可以通过"旅游者角色"这一维度区分开来的,某些较为稳定的旅行特征(如永久性、随意性、距离、旅行目的和反复性等)可以用来判断一个人是否旅游者,或者更进一步是哪种类型的旅游者(Cohen,1974)。他以相似的可观察到的旅游者行为为基础,将国际旅游者分为四种角色类型,即有组织的大众旅游者、独立的大众旅游者、探险者和流浪者(Cohen,1972)。科恩的旅游角色分类是建立在一个"熟悉—陌生连续谱"基础上的,根据对熟悉或陌生环境的喜好,旅游者都可以被定位于"熟悉—陌生连续谱"中的某个位置(Cohen,1972)。他假定所有的旅游者,即使是渴望探险和激情的旅游者,也不可能完全逃脱其自身文化环境的影响,并将这种文化影响称为"环境罩"。旅游者出游时,都会带着自己的价值观和行为模式,他们甚至需要一些东西来提醒他们关于家的存在,如报纸、熟悉的食物和朋友等。同时,他们看待新的地方和文化的态度和反应,也或多或少地取决于他们自己原有的环境和文化。简言之,旅游者是在一个看似透明的"环境罩"中旅行着的。这种环境罩会或多或少将旅游者与旅游目的地的文化和当地人隔离开来。然而,并非所有的旅游者都同等程度地受到这个环境罩的限制。实际上旅游者是在新奇与熟悉的两端中寻求某种平衡状态,他们在旅游目的地中寻求新奇和熟悉的程度的不同使其扮演着不同旅游者角色。那些处于"熟悉—陌生连续谱"熟悉一端的旅游者完全无法逃离其文化罩,他们寻求常规和熟悉的事物,不愿意冒险尝试新的或不一样的东西。另一方面,有一些旅游者能够打破环境罩的局限,寻求新奇和不寻常的经历,他们处于"熟悉—陌生连续谱"的另一端(sharpley,1999)。在科恩的四种旅游角色中,有组织的大众旅游者和流浪者则分别处于这一谱系的熟悉和陌生两端。

根据对旅游企业的涉及程度或组织化的程度,科恩进一步将四种旅游者角色划归为制度化旅游者和非制度化旅游者两大类(Cohen,1972)。其中,有组织的大众旅游者和独立的大众旅游者属于制度化的旅游者,他们的旅游体验是由大众旅游业所生产和提供的。而探险者和流浪者属于非制度化的旅游者,几乎不与当地旅游企业和组织发生接触。制度化旅游者是与现代庞大高效的旅游产业紧密相连的。为了尽量迅速和有效地服务于数量众多的旅游消费者,旅行和度假的每一部分都被计划、打包并成为可预见的产品和服务,制度化旅游者的体验在许多情况下是大众旅游产业生产的非真实的当地文化场景。而探险者和流浪者常常扮演大众旅游业的探路人,被探险者和流浪者发现并在他们中流行的目的地常常被商业化后向大众旅游市场开放。例如,印度的果阿曾经是旅行者常去的地方,后来直接服务于来自欧洲的包机旅游者(见 Sharpley,1999)。

夏普雷(Sharpley,1999)认为,科恩的旅游者角色分类的一个问题在于制度化旅游者和非制度化旅游者并不是完全截然分开的。例如,虽然独立旅行者和探险者不借助于正规的旅游组织,但却往往依赖于专业的导游指南,以便在目的地、住宿设施、餐馆、交通路线、预算等方面参照别的旅行者的常规选择。他们也常常选择大众路径,而且在很多国家当地的旅游业也为独立旅行者和探险者的特定需要提供服务。总之,个体的独立旅行已经变得和大众旅游一样的制度化了。同时,关于流浪者是否一个可行的旅游者分类也存在争议。信息技术和全球化的发展,使得世界正在变得越来越小和同质化,任何人想要完全逃离本土环境的影响,也变得越来越不可能。另一种批评意见认为,这种分类是基于可以观察和识别的旅游者行为,但却没有说明产生这种行为的原因。因此,一个人可能更喜欢成为一个探险者,但或许由于经济、工作或家庭责任等原因,只好选择一种有组织的大众旅游以便在特定的时间获得最佳的效果。这一分类也未能考虑旅游者行为的可变性,其隐含之意是,一旦成为一名大众旅游者,便总是大众旅游者。然而,旅游者会在不同的年份甚至是一年之内的不同时间频繁地选择不同类型的度假方式。

有组织的大众旅游者	熟悉
他们通常购买事先安排好的包价旅游产品,在旅途中依赖于旅游机构提供的服务,喜欢熟悉的环境氛围,避免与目的地文化和人群直接接触	制度化旅游者
独立的大众旅游者	
与有组织的大众旅游者类似,他们通过旅游经营商来安排和预订度假或旅行,但在旅游中能够进行一定程度的个人选择和控制。他们依赖于已经建立起来的旅游系统但能够偶尔逃离其熟悉环境氛围	
探险者	非制度化旅游者
他们自己安排旅行,尽量远离常规路线,避开旅游者的行迹,力图与当地人和当地文化接触,学习新的语言,品尝当地餐馆的食物等等。然而,他们寻求适度的舒适和安全,虽然大多数时候可以逃离熟悉环境氛围,但却保留着本土的价值观念和日常生活习惯	
流浪者	
与有组织大众旅游者相对的另一个极端,他们试图融入当地的社区,与当地人一起生活和工作。没有固定的路线,沉浸在当地的文化和风俗之中,尽量避免所有与旅游业系统的接触。几乎完全逃离于其熟悉的本土文化的环境,获得最大程度的新奇感	陌生

图 3-1 科恩的旅游者分类(根据(Cohen,1972)分类绘制)

科恩早期对旅游者角色和分类的研究激发了很多其他的研究者投入这一研究,他们提出了各种旅游者类型(Dalen, 1989; Gibson & A. Yiannakis, 2002; Jo-Ann Foo, Robyn McGuiggan & Yiannakis, 2004; Morrison, S. Hsieh & J.

O'leary，1994；Pearce，1982，1985；Perreault，K. Darden & W. Darden，1979；Plog，1977，1987；V. Smith，1989；Smith，1977；Urry，1990；Yiannakis & H. Gibson，1988，1992）。同样,基于对旅游者行为的考察,史密斯(Smith,1989)也采用与科恩类似的旅游者角色分类法,将旅游者分为探险者、精英旅游者、不落俗套的旅游者、非常规旅游者、早期大众旅游者、大众旅游者、包机旅游者七大类(见表3-1)。史密斯将旅游者类型与数量联系起来,旅游者数量成为其分类的一个重要考量因素。这在一定程度上隐含了对于旅游者数量对目的地当地社区与环境影响的关注。

表3-1 史密斯的旅游者分类

旅游者角色	特征
探险者(Explorers)	更类似于人类学家而不是旅游者,完全接受当地生活方式和文化。由于新的旅游目的地数量的减少,因此其数量极为有限
精英旅游者(Elite Tourists)	指那些几乎到过任何地方的人。进行事先安排好的、可能很昂贵的旅行,参加一些非同寻常的活动,完全能适应当地生活方式。数量上极为罕见
不落俗套的旅游者(Off-beat Tourists)	等同于科恩分类中的探险者,并不常见。他们试图避开其他旅游者,能适应当地观念,使用当地住宿设施和服务
非常规旅游者(Unusual Tourists)	旅游者有时会为了体验当地文化而逃离有组织的旅行,数量相对较少。他们会适应当地观念一段时间,但更喜欢呆在自己的文化环境罩中
早期大众旅游者(Incipient Mass Tourists)	旅游者保持一个较为稳定的数量,以那些初步建立但还没有被旅游业完全主导的地区为目的地。他们寻求西方风格的娱乐设施
大众旅游者(Mass Tourists)	代表了一个连续的大规模的旅游流,流向某一个旅游目的地或度假地。期待西方式的娱乐设施
包机旅游者(Charter Tourists)	旅游者通过乘坐容量巨大的飞机到达。需要西式风格的食物和住宿设施。较为极端的情况是,只要度假愉快,实际上目的地本身已经不重要

资料来源:根据Smith(1977)分类绘制。

早期的旅游者分类多来自于对可观察到的现象的考察(Cohen ,1972,1979)和非经验性的概念化研究(Smith 1977)。皮尔斯(Pearce,1982)认识到早期旅游者角色分类的局限性,开始对旅游者角色进行实证检验与分析。在总结科恩等人的旅游者分类基础上,他提出了15种不同的旅游者角色,即旅游者、旅行者、度假者、奢华旅游者、商人、移居者、环保主义者、探险者、传教士、海外学生、人类学家、嬉皮士、国际运动员、海外新闻记者和朝圣者。每一个角色都是建立在对诸如"购买纪念品"、"寻求人生意义"等20个维度的评估基础上获得的。他还使用多维量表检验15种角色之间的关系,识别出5种与旅游者角色相关的主要组群,分别命名为环境型、高接触型、精神型、愉悦型的和开拓型旅行。虽然皮尔斯(1982,1985)的工作对于研究和理解旅游者行为有着重大影响,但史密斯的角色分类法也存在与科恩分类法同样的问题,即有时候不同旅游者类别之间的差别很小,如大众旅游者和包机旅游者之间的界限不明显,其他一些类似旅游者分类也遭遇相似的局限。此外,他没有将以休闲为本质的自我表达式的旅游和其他工具性的旅行区别开来,涉及的研究范围过于宽泛。实际上,这种区分是很关键的,例如以休闲为目的的旅游和因为工作或其他工具性目的的出游之间存在重要的差别,两种群体受到不同的潜在动机的影响。对于休闲旅游者来说,从旅途中获得愉悦是最根本的需求,后者则不然,带有很多实用性的目的(Jo-Ann Foo, Robyn McGuiggan & Yiannakis, 2004)。

伊安纳吉斯和吉伯森(Yiannakis & H. Gibson, 1988, 1992)在前人研究特别是科恩(Cohen, 1979)及皮尔斯(Pearce, 1982, 1985)的概念化研究基础上,对休闲旅游者的分类进行了较为综合深入的探讨。他们进行了大量的定量研究来识别旅游者类型,试图描述以休闲为基础的旅游者角色的本质及其主要行为表现。他们在最初的研究中识别出了13种休闲旅游者的角色,包括:阳光爱好者、社交活动爱好者、人类学者、考古学者、有组织的大众旅游者、激情追寻者、探险者、精英旅游者、探索者、独立的大众旅游者、上层旅游者、流浪者和逃避者(Yiannakis & H. Gibson, 1992)。后来又通过进一步的研究,识别出另外两种旅游者角色,即运动旅游者和教育旅游者(Gibson, 1994)。因此,最终其旅游者分类包含了15种旅游者角色(见表3-2)。

表3-2 休闲旅游者的15种角色分类

旅游者角色	角色特征
阳光爱好者	喜欢在充满阳光、沙滩和大海的温暖地区进行日光浴和放松
社交活动爱好者	热衷于参加聚会,光顾夜间俱乐部和约会异性,寻求简单的浪漫体验
人类学者	乐于与当地人见面,尝试当地食物和学习当地语言
考古学者	对考古遗址和遗迹感兴趣,喜爱研究古代文明的历史
有组织的大众旅游者	对有组织的度假、包价旅行感兴趣,喜欢拍照片,购买大量旅游纪念品
激情追寻者	寻求情绪上的高峰体验,对冒险的、令人兴奋的活动感兴趣,例如空中跳伞运动
探险者	偏好冒险性的旅行,喜欢到偏远而非同寻常的地方探险,并享受旅途中遇到的各种挑战
精英旅游者	到社会精英阶层去的旅游地度假,光顾高档夜间俱乐部,与名人进行社交活动
探索者	追求精神的或自我认知,以便更好地理解自我和寻求生活的意义
独立的大众旅游者	光顾常规的旅游吸引物,但自行安排旅行计划
上层旅游者	到一流的地方旅行,入住最好的旅馆,参加展览活动,在最好的餐馆进餐
流浪者	从一个地方流浪到另一地方,过着一种嬉皮士的生活方式

续表

旅游者角色	角色特征
逃避者	喜欢到安静闲适的地方,逃离现实生活,享受完全置身事外的放松
运动旅游者	强调度假过程中对喜爱的体育运动的参与
教育旅游者	参与有计划的学习项目或以教育为导向的度假旅行,其目的主要是为了学习或获得新的技能和知识

资料来源:根据 Yiannakis and Gibson (1992)旅游者角色分类。

为了通过样本来进一步对这15种休闲旅游者角色进行验证,并找出隐藏在这些角色下面的结构性的关键因素,伊安纳吉斯和吉伯森(Yiannakis and Gibson,1992)设计了他们的旅游者角色偏好量表(TRPS)。在旅游者角色偏好量表中,每一种旅游角色都可以用两个变量来测量,其研究结论表明,各种旅游者角色处于一个三维结构空间之中(Jo-Ann Foo,Robyn McGuiggan & Yiannakis,2004)。旅游者角色的三个维度分别被命名为刺激—平和(Stimulation-Tranquility)、陌生—熟悉(Strangeness-Familiarity)、结构性—独立性(Structure-Independence)。伊安纳吉斯和吉伯森认为,人们在目的地所扮演的角色,是他们在熟悉与陌生、刺激与平和以及结构性与独立性之间寻求的一种最适宜的平衡(见表3-3)。同时,每一种角色在三维空间中的定位也反映了某种最适宜的目的地特征和相对于其他人而言旅游者的行为选择(Yiannakis and Gibson,1992,1994)。

表 3-3 旅游者角色偏好量表的三个维度

角色偏好维度	维度特征
刺激—平和	反映了个体对在其度假周边环境中获得积极刺激的需求水平。寻求刺激本身表现为渴望与周边环境进行高水平的互动,包括体力上的刺激(如参加探险活动)或精神上的刺激(如寻找不同文化中生活的意义)。那些偏爱更加宁静环境的旅游者角色几乎不与周边的环境进行互动,其选择放松性的度假以完全逃离,置身事外
陌生—熟悉	反映了对度假环境中新奇水平的偏好。那些在陌生性特征上得分很高的角色,偏好可预见性低的度假环境,喜爱那些与自己环境罩有显著差异的目的地。相反,那些偏好熟悉的旅游者喜欢那些与他们自身文化环境相类似的熟悉的目的地
结构性—独立性(高结构性—低结构性)	反映了个体对旅行的组织和计划性水平的偏好。偏好结构性旅行安排的旅游者角色会与旅游经营商进行大量接触,喜欢出发前已经充分计划好的度假。他们不会反对包价旅行。低结构性的旅游者偏好自发性,喜欢在假期自己安排旅行

资料来源:转绘自 Jo-Ann Foo(2004)等。

伊安纳吉斯和吉伯森的旅游者角色研究从相互交叉的三维空间中描述旅游者的行为特征,是目前为止最为综合和复杂的旅游者角色分类,对理解休闲旅游者行为做出了重要贡献(Dimanche & Havitz,1994)。

总体而言，以上建立在对旅游者行为与角色观察基础之上的旅游者分类，一方面反映了包含在旅游这一广阔术语之下的旅游活动的多样性和差异性，另一方面却是取决于研究者及其使用的研究方法，有时这种旅游角色分类的差异更多反映的是研究者和研究方法的差别，而不是旅游者本身(Lowyck，Van Langenhove & Bollaert，1992)。这些分类也有静态的倾向，未考虑个体旅游者行为的差异，对旅游者的考察脱离更广泛的社会因素，而这些社会因素可能会决定和解释旅游者角色的差异(Sharpley，1999)。

二、基于体验的旅游者分类与角色

科恩早期的旅游者角色分类采用的是一种一维的结构性的方法，在连续谱一端是作为大众消费者的旅游者，他们接受肤浅而非真实的旅游产品(Boorstin，1964)，另一端则是作为现代朝拜者的旅游者，他们进行探险式的和自我发现式的旅行(MacCannell，1989)。科恩在1979年对旅游者体验的研究中，检讨了这种旅游者角色分类存在内在的弱点，认识到将旅游者行为按照一个连续谱进行划分的方法过于简单化(Cohen，1979)。旅游是一个多维现象，从微观的角度也应该同样可以有效地理解不同旅游者的类型和角色。因此不应只考察可观察到的旅游者的行为特征，还应该着重于不同的旅游者寻求的内在体验(Cohen，1979；Sharpley，1999)。

这种以旅游者体验为核心考虑因素的分类法仍然建立在熟悉—陌生连续谱的理论基础之上，但主要关注旅游者对归属感的感知程度，或者反过来说，是对自身文化环境的疏离感的程度。分类的关键在于旅游者将其精神中心置于何处，因为不同的个体会或多或少地认同或接受其自身的文化和社会环境。一个极端的情形是，精神中心完全定位于本土社会，个体在其他社会或文化中找不到任何意义，对旅游者而言就是个体不参与体验和学习其他社会群体与文化。另一个极端的情形是，在现代社会中，个体将精神中心置于别的地方，远离本土社会赋予的意义和价值，他们寻求在目的地的本真性体验(Cohen，1979)。以这两种极端情形为两端，可以将旅游者体验划分为五个类型，即娱乐型、消遣型、体验型、试验型和存在型(见图3-2)。

娱乐型旅游者(Recreational) 　　将其精神中心置于本土社会之中,他们寻求娱乐体验,而对了解和体验别处的社会和文化不感兴趣	本土社会
消遣型旅游者(Diversionary) 　　中间类型,他们虽然一定程度上远离本土社会,但仍受本土文化牵制,不寻求在别处的真实体验。在一定程度上,度假或旅行的目的在于暂时忘记本土环境	
体验型旅游者(Experiential) 　　寻求在旅游目的地的真实性,寻求体验另一种文化和社会,但并不认同这些文化,也不拒绝自己的社会文化。因此旅游只是为了补偿本土生活的不真实性,最终他们必然还要回去	精神中心
试验型旅游者(Experimental) 　　寻求重新定位其精神中心,但是却停留在本土的精神中心和另一个处在他乡的精神中心之间。对他们而言,真实的体验是最本质的,但却不能够完全沉浸在任何一种文化之中	
存在型旅游者(Existential) 　　与娱乐型旅游者相对的另一个极端,他们疏离于自己的本土社会,将精神中心置于别处。旅游者完全沉浸在旅游目的地当地的社会文化中,在新的地方和精神中心寻找意义和归属感	他乡或别处

图 3-2　旅游者体验的旅游者分类(根据 Cohen1979 年分类绘制)

夏普雷认为,一般而言,旅游者都可以被归为以上五类的任何一类,例如,参加一个为期两周的海滨度假或滑雪旅行的大众旅游者与娱乐型的旅游者非常类似。同时一个文化旅游者(例如去远东旅行的旅游者)可能被划归为体验型旅游者。这种从体验角度对旅游者进行的分类,虽然在旅游者行为之外又增加了一个额外的考察维度,但仍然没有考虑到个体旅游者的不同需要和要求。这种分类是一个理论性分类,并非建立在经验性研究的基础之上,同时也是针对旅游者本身进行的考察,未能考虑到更广阔的社会情境(Sharpley,1999)。

三、基于人格的旅游者分类与角色

一个众所周知而被广泛引用的旅游者类型是普洛格的旅游者人格分类,他试图将旅游者的人格特质与旅游者类型和角色联系起来(Plog,1977)。在对那些有能力支付费用但仍然不坐飞机出游的人进行研究时,普洛格识别出了两个相反的人格类型,它们位于一个连续谱的两端,即自我中心型和多中心型。自我中心型是指那些性格趋向保守的人,他们在意生活琐事,尽量避免冒险,在旅游中多指寻求熟悉环境的大众旅游者。自我中心型旅游者常去本国或国外流行的大众旅游度假地,会因为周边有别的旅游者的存在而感到安全。另一个极端是多中心型旅游者,他们具有冒险精神,有探险的准备,将旅行看作是一种探索国外文化的可能性,试图与当地居民交朋友,类似于科恩分类中的探险者和流浪者。

多中心型旅游者偏好有异国情调的目的地,很愿意享受独立旅行中的自由状态,多喜好赌博。在这两个极端之间是近自我中心型旅游者、中间型旅游者和近多中心型旅游者。近多中心型旅游者寻求挑战,将旅行看作是试验新的生活方式的机会,热爱运动,包括商务和会议旅游者,也包括一些主题型旅游者,如参加剧院旅行或某种特殊娱乐活动。中间型旅游者多与亲友一起到访较为著名的目的地,寻求放松和愉悦。对这类旅游者而言,度假意味着逃离日常例行公事的生活,他们喜欢呆在美丽而令人健康的自然环境里,选择最舒适的交通方式和住宿设施,并将很多钱花在购买纪念品上。近自我中心型与自我中心型的旅游者的特征很类似,只是表现的程度不同而已。二者选择旅游多出于社会地位的考虑,对他们而言,旅行是一种文化理念,是带薪假期这一法定系统加诸自身的一种行为。因此,多选择最著名的旅游目的地(Lowyck, Van Langenhove & Bollaert, 1992)。

普洛格还进一步将不同类型的旅游者与他们最可能访问的旅游目的地联系起来。这样根据到访旅游者类型的差异,旅游目的地也可以相应地被划分为不同类型。这种将旅游者类型与目的地相联系的静态化的模式存在一个重要的问题。一方面,目的地会随着时间发展变化,一个度假地从被发现到不断吸引越来越多的到访者,它会由一个多中心型的目的地演变为一个自我中心型的目的地。同样地,与每一类旅游者相关的许多因素也会发生变化,从而使其类型变得模糊。例如,随着长程包机飞行变得越来越方便,更多的新奇目的地被广泛宣传并被打包成产品,个人中心型的旅游者可能被发现到按照普洛格的模型通常应该吸引多中心型旅游者的目的地旅行。因此,虽然普洛格的分类经常为学者们所提及,但其实际的适用性还存在一定的争议(Sharpley, 1999; Smith, 1990)。

四、基于生活方式的旅游者分类与角色

以挪威成年人的价值和态度研究为基础,达伦(Dalen, 1989)提出了两个生活方式的维度,即现代—传统维度和物质主义—理想主义维度。根据这两个维度,他将其研究对象划分为四种类型,分别为现代物质主义者、现代理想主义者、传统理想主义者和传统物质主义者。虽然这一研究最初不是直接针对旅游和旅游者而进行的,但达伦认为其研究结论能被应用于旅游领域,并据此提出了四种相应的旅游者类型,其行为与角色特征见表3-4。

表 3-4 达伦的旅游者生活方式分类

类型	特征
现代物质主义者	喜欢日光浴,他们要求当他们度假归来时阳光能在他们身体上留下痕迹,而不关心是否会有得皮肤癌的危险;他们喜欢夜总会和疯狂的聚会,以便可以遇到很多陌生的人;他们喜欢快餐,相对于食物更热衷于酒水饮料;浅层次的娱乐、性爱和刺激性的活动是度假的重要组成部分
现代理想主义者	追求刺激和娱乐,但更倾向于智力类型的活动。良好的周边环境和氛围,好朋友的陪伴成为重要因素。艺术、文化、新奇的目的地和体验成为旅行的必需品。不喜欢大众旅游或固定的行程安排,愿意支付较高的旅行价格
传统理想主义者	追求品质,喜欢著名的自然、文化或历史性的目的地,注重宁静和安全。他们多选择文化主题型的包价旅行,也常常进行探亲访友的旅行
传统物质主义者	总是寻求低价和特殊供给,喜欢传统的大众旅游和包价旅行,害怕孤单,具有很强的个人安全的需求

资料来源:根据达伦(1989)分类编制。

虽然关于生活方式的研究很多,但针对旅游者的相关研究却极为罕见。相对于前述就旅游者本身而进行的分类而言,达伦以生活方式进行分类无疑能更多地考虑到社会背景的影响,为旅游者分类研究提供了一个新的视角和分析框架(Lowyck,van Langenhove & Bollaert,1992)。但是,由于其数据分析来源不是建立在旅游研究基础之上的,其结论有待旅游实证研究的检验和完善。

五、由社会决定的旅游者分类与角色

以上大多数旅游者分类采用的是微观的视角,他们注重作为个体的旅游者的考察,即使考虑到人口统计学和社会经济因素,也还是强调个体决定其旅游类型的能力。换言之,大多数情况之下,不同类型的旅游者都是个体层面上的由自我决定的。的确,大多数人在时间、金钱、家庭责任等因素限制的范围内是能够对旅游类型和方式做出选择的。但一个同样有效的方法是考虑在多大程度上,旅游者的类型是被社会结构所决定的。从整体的方面看,旅游者的类型更多的是与整体的社会价值而不是个体旅游者的行为或生活方式相关,在有些情况下社会在决定旅游者类型时扮演着支配性的角色(见 Sharpley,1999)。

(一)大众旅游者

夏普雷(Sharpley,1999)认为,大众旅游者是一个被广泛使用的总体性的旅游者类型,可以从以下三个方面来理解其内涵。首先,大众旅游者是大众旅游产品的消费者。大众旅游是一个包含了社会、经济、政治和经济等因素的综合现象,通常被用来描述为以度假为目的而进行的标准化包价旅行的大量人群的移动。这种人群的移动是大众旅游的最基础的本质,即群体大规模的产品购买和消费。而这种产品既包括交通、住宿等有形产品,也包括旅游者的度假期望和体验等无形产品,被大众旅游业所生产、营销和出售。从这个角度来说,大众旅游者仅仅是一个购买大众旅游产品的人,而这种产品是由大众旅游业提供的。将旅游者称为大众旅游者,或者进一步将其划分为有组织的、个体的、早期的或包机大众旅游者等亚类,其实都可以将其理解为那些消费大众旅游产品的个体,只是消费的程度和方式不同而已。

第二种看待大众旅游的方式是将大众旅游看成是大众所享受的活动,而不是少数阶层的特权,至少在西方发达工业国家这是事实。技术的进步,休闲时间和自由支配收入的增加,使得旅游甚至是国际旅游成为绝大多数人可以企及的目标,曾经只有少数人到达的旅游目的地也纷纷被纳入大众旅游的范围,于是大众旅游开始不断地平民化。简言之,所有的旅游者都是平民化大众旅游的一部分,因此称为大众旅游者。从这个角度来说,重要的不是区分大众旅游者和其他旅游者,而是区分旅游者和非旅游者,即从社会学角度去解释为什么有些个体选择成为旅游者,有些则不会成为旅游者。

第三种对大众旅游的理解是与大众旅游对目的地的负面影响紧密相连的。18世纪,"旅游者"一词刚出现时,它与"旅行者"本是可以互换的同义词,后来二者慢慢开始显现出差别。19世纪中期以来,随着大众交通方式的进步,大量旅游者的出现,大众旅游对目的地社会和环境的影响日益受到广泛的关注,"旅游者"这一名词也跟着包含了越来越多的贬损意味(Boorstin,1964)。"旅游者"不仅与大众旅行相联系,也与特定的旅游体验方式相联系,于是"旅行者"代表着上层的高品位文化,而"旅游者"则相对被赋予低品位文化的标签。到了20世纪,旅游者演化为大众旅游者。"大众旅游者"成为一个社会建构的名词,不仅反映了一种特殊类型的旅游方式和旅游行为,更主要的是代表了一种旅游者类型和角色。"大众旅游者"这一名词蕴含的的贬义色彩,因为少数旅游者的不合时宜的行为而加深,以至于大众旅游的问题被看成是旅游者本身的问题,而不是旅游者数量或旅游方式造成的。结果是,大众旅游者成为那些在度假中既不能真正欣赏旅游体验,也不能表现出合宜行为的个体,他们在旅游时躲在安全的文化环境罩中,体验不真实的虚假的旅游事件。由此可见,大众旅游者是指那些寻求和满足于被某些人认为是最低层次的、普通的、一般性旅游活动的人。这种旅游者类型和角色的认定不是基于对个体旅游者的经验性研究,而是关于旅游和旅游者的更广阔的社会态度的反映,是一种社会建构(见Sharpley,1999)。

由以上分析可知,在现代社会其实所有的旅游都可以被看作是大众旅游,所有的旅游者都是大众旅游者。遗憾的是,以上第三个大众旅游者的涵义往往是文献中分析最多,无论是作为一个总的旅游者类别,还是在更加具体的情景中被当作更合适的可持续的旅游行为方式的对立面而存在,这种大众旅游者的观念都被广泛地表述。显然这是一种极端和不准确的观点。成为一个大众旅游者是很容易的,安全和廉价使得大规模的包价旅游持续受到大众欢迎。人们享受作为大众旅游者的感觉并选择成为大众旅游者(Butler,1992)。将大众旅游者与肤浅的旅游体验、无法逃离环境罩以及暗含的缺乏文化意识相联系,否定了大众旅游者的个体性及其做出明智选择的能力。因此,这种将所有的大众旅游者作为一个单一的社会性的建构类型是不妥的,应该寻求一种根植于广阔社会情境之下的现实和实用的旅游者分类(Sharpley,1999)。

(二)好旅游者

第二个由社会所决定的旅游者类型是所谓的"好旅游者",这一名词的出现与"大众旅游者"的概念紧密相关,同样是在现代社会对大众旅游的负面影响日益关注的背景下产生的(Wood & House,1991)。20世纪中后期,随着人们对大众旅游所显现出的诸多问题的认知,特别是对某些脆弱的旅游目的地的社会文化环境的关注,使得一些新的旅游理念和形式应运而生。这些旅游形式使用了多种标签,诸如可替代性旅游、另类旅游、软旅游、绿色旅游、负责任的旅游、可持续旅游等等,但本质上都反映了人们保护旅游地自然和社会文化环境,保持旅游活动与环境可持续发展的愿望。从最初的可替代性旅游到后来更多被提到的可持续旅游,寻求破坏性更小,更适当的旅游形式,不仅成为整个旅游业的责任,也渐渐成为每一个旅游者的责任。一个日益广泛的认知是,要解决旅游带来的诸多问题,不仅仅在于改变旅游发展、规划和管理的方式,还在于旅游者自身采取合适的旅游行为,好的旅游者不仅将旅游作为产品来消费,还要对自己的消费行为负起环境的责任。正如陆德维格(Ludwig,Hilborn & Walters,1993)等人所言,资源的问题不是环境的问题,而是人的问题。

好旅游者是从个体社会行为的角度提出的,其理念最初来源于学术界和环保组织等团体对环境保护的呼吁和良好的旅游形式及行为的倡导。后来,一部分个体旅游者由于大众旅游对目的地环境和文化的影响以及外界压力的作用,对此作出反应,产生了对新的负责任的旅游方式的需求。这种新的、负责任的旅游者寻求品质而不是价值,他们比传统的大众旅游者更加敢于冒险,更加灵活,对环境更加敏感,寻求更大的本真性(Poon,1993)。

好旅游者被教导要采用一种新的旅游伦理和方式进行旅游(Wood & House,1991)。例如,好旅游者在准备行程的时候会提前了解关于目的地的情况,选择当地具有环保措施的旅游运营商。如果是出国旅游,则要学习目的地的风俗习惯,采取适当的行为方式,并尽量利用当地旅游设施,使当地经济受益。这样看来,好旅游者实际是一种潜在的可以包括各类旅游者的旅游者类型,只要在选择旅游产品和进行旅游消费时,采取有利于环境和当地社区可持续发展的方式。

然而,这一旅游者类型的设定实际上忽略了有关旅游、旅游者动机和旅游消费的最基本的特征(McKercher,1993)。一定意义上说,旅游常常是与度假紧密相连的,出游是为了让人满足休息、放松、娱乐、逃避世俗常规、摆脱工作等需求。对于好旅游者的种种旅游伦理和行为的规劝,显然与此相悖。好旅游者好像是在旅游中工作,采用的是一种截然不同于一般的休闲旅游体验方式。此外,好旅游者的概念还经常被批评为仅仅是旅游产业的一种产品营销方式,只是将探险者或流浪者的形象附加在某些旅游产品上而已,其实不过是为那些所谓清醒的旅游者创造了一个细分市场。这也招致了人们对整个可替代性旅游的指责,认为可替代性旅游仅仅是一种市场营销的谋略,隐藏在绿色屏风后面的是大众旅游业(Wheeller,1992)。

此外,好旅游者或新旅游者的概念很大程度上依赖于一个基本假设,即日益强烈的环保意识和社会整体绿色消费的出现会不可避免地导致更合适的旅游消费方式的产生。但这并非事实。当然,自20世纪60年代晚期以来,对环境的关注成为一个最为广泛传播的社会和政治问题。而且,这种关注开始转变为人们的一种购买习惯。就旅游而言,对于生态旅游需求的迅速增长也似乎表明更多的人开始持有绿色消费主义的原则,但并没有研究表明,生态旅游者数量的增加直接导致绿色消费主义或者更广泛的环境意识的产生。实际上,很多研究者探讨了消费与环境的矛盾,有调查表明,一半左右声称持有绿色价值观的人并没有将其信仰转变为实际的消费行为(Witherspoon,1994)。因此,当我们假定所有的人或有大多数人会成为或有潜力成为新的、好的旅游者的时候,应该持有更审慎的态度,实际上这样的旅游者是很有限的(Sharpley,1999)。

(三)后旅游者

前述所有旅游者分类的一个共同特征在于,它们都提出了独立的、可辨识的旅游者角色,赋予每一个类型以一个角色标签。从科恩的四个旅游者角色到由社会所建构的所谓的"大众旅游者"和"好旅游者",每一种标签之下的角色都是单一和固定的,有类似的心理及行为特征,旅游者被对号入座,扮演着这诸多角色类型中的某一个。也就是说,这些旅游者类型并没有考虑到旅游者在某一时段同时采用多种角色,或者随着时间的推移而在不同的时间担当不同的角色。例如,一个人可以同时是大众旅游者、探险者或特殊兴趣旅游者。同样,一个旅游者既可能在一个时间里,被限制在环境罩之中关注安全和娱乐体验,也可以是另一个极端,在另一个时间里寻求一种存在性的体验。显然,不同的旅游者的个体特征及其所处的外部条件和社会情境的因素被忽略了。实际上旅游者或许会出于特殊的需要和外部限制而寻求各种不同的旅游体验(Sharpley,1999)。

同时大多数旅游者类型与角色也往往将某一类旅游者行为和假定的旅游者

特征联系起来,形成一定的静态的固定的模式。如探险者—漫游者—多中心型的旅游者被定型为大胆、冒险、独立,容易对新文化和社会环境产生移情;反之,大众的制度化的旅游者不冒险,不自我决策,容易被舞台化或非真实事件所取悦,在环境罩的限制下几乎没有兴趣扩大其文化视野。正如前面所指出的,这样的分类没有考虑更广阔的社会情境,而且否定了旅游者作决策的能力,对大众旅游者尤其如此。

实际上,在现实中各种不同旅游者类型和角色之间的界限往往是动态和模糊的。费弗尔和厄里(Feifer,1985;Urry,1988,1990)等人认为,实际上现代的旅游者已经相当的成熟,随着后现代社会的到来,他们已经进入了后旅游者的时代。后旅游者生活在一个信息技术迅猛发展的时代,各种大众媒介和沟通方式的出现,使得旅游者即使足不出户,也能从电视和网络上了解和熟悉旅游目的地的信息和景观,能够做出信息灵通的决策,能一定程度预期自己选择的结果,并满足于自己的选择。

更重要的是,后旅游者认识并理解现代旅游在本质上的基本变化,洞悉了旅游作为一种大众旅游产品被生产、营销和购买的事实。带着对目的地事先便有的大量的信息和形象感知,后旅游者知道不再有可能在旅游中体验真正的本真性,因为没有什么旅游景观或场景是未经包装的本真的存在。他们知道那些虚假的旅游事件或便宜的纪念品的意义和价值,并按照这种价值去接受和购买。旅游成为一种游戏或者一整套游戏,有很多规则,但绝不仅是寻求本真性的旅游体验,后旅游者知道他们在游戏中所扮演的角色。后旅游者有时候选择成为大众旅游者,有时候是独立的旅游者,有时候不做旅游者,他们接受每一种角色的条件和限制。他们知道他们想要什么,并且根据自己的需要选择旅游产品,支付相应的价格,享受预期的体验和价值。例如,后旅游者购买有组织的包价旅游,不是为了真实的文化体验,而是为了作为包价旅游产品本身具有的那些价值,如一个到旅游目的地实地收集一整套预期的旅游形象和景观的机会,并作为照片保存下来(Urry,1990)。

对后旅游者来说,旅游者已经成熟演变成为一个体验并享受各类旅游的个体,他们按照旅游产品的表面价值购买和参与旅游,并一直处于自我掌控中(Urry,1990)。从这个意义上来说,后旅游者的出现似乎使得以上所有的旅游者类型变得都没有意义,因为旅游者可能有意识地选择任何一类旅游产品或方式,从而成为以上旅游者类型中的任何一类,同一个旅游者可以扮演以上所有的旅游者角色。

夏普雷认为,后旅游者概念提出的基本前提是,在后现代社会的背景下,旅游消费者足够理性和成熟,能在多元化的旅游产品中充分地自主选择。但实际上个体旅游者的决策总是会受到整个旅游产业的深刻影响。旅游业是全球化产业链的一个生动的缩影,旅游业虽然零散多样,并由大量的企业组成,但却被一些强大的跨国公司所支配。这些组织集中拥有旅游系统的不同部门(例如交通、住宿、娱乐、旅行社),集中的程度如此之大,以至于一个公司可能拥有和控制一个庞大包价度假旅游产品的方方面面和各个组成部分。因此,旅游者作为旅游产品的消费者能够多大程度上影响旅游产品的种类,并由此决定其作为旅游者的类型,实际上是由这些大的旅游组织控制的。旅游者深受旅游产品营销和大众传媒的影响,他们必须在大众旅游业所提供的产品中进行选择,即使这种选择是旅游者自我决策,也是在旅游业所主导的旅游消费的框架内进行的(见 Sharpley,1999)。

(四)非旅游者

夏普雷(Sharpley,1999:128)提出了"非旅游者"的概念。他认为,非旅游者即那些无论出于何种原因没有参与旅游的人,是一个有效而易于辨识的旅游者类型,但通常没有被研究者包含在旅游者分类研究的考虑范围之内。这些非旅游者,尤其是那些有能力出游,但却主动选择不成为旅游者的人,显然是值得研究的。在英国,尽管人们的可支配收入和带薪假期在不断增加,但离家四夜以上的度假旅行的比例很多年来一直保持在总人口比例的百分之四十(参见 Richard,1999)。还有一些人则可能是受到疾病、家庭或其他外部因素的限制而不能成为旅游者,甚至他们作为非旅游者的地位是被社会所决定的,例如失业和低收入水平有效地剥夺了一些人选择大多数旅游形式的权利,特别是海外旅游的权利。

第二节 旅游者分类与旅游市场分割

总体而言,现有的旅游者分类存在以下问题和局限性。首先大多数的分类是静态的,没有考虑旅游者行为和体验随时间改变而产生的差异。其次,大多数的分类都脱离了旅游者的更广阔的社会情境,孤立地就旅游者而论旅游者。由于对旅游者本身的关注,分类并不是建立在旅游者所处的更广阔的社会环境背景之上的,很多决定不同旅游者类型的重要的因素被排除在系统之外。再次,这些旅游者的分类是描述性的,虽然突出了旅游者类型和体验的多样性,却并不能更好地理解旅游的需求。每一种分类,特别是直接涉及旅游者角色和行为的分类,使用了多种多样不同的名称或标签来描述多少有些类似的旅游者类型。从格雷的阳光型和漫游型旅游者到皮尔斯以及伊安纳吉斯等人的15种旅游者角色,每个研究者都根据自己的理解和兴趣为其研究的旅游者角色命名,从而导致学术界缺乏普遍接受的旅游者类型的名称。有些旅游者分类表面上看使用的名称或词汇不同,但实际上表达的内容是一样的。最后,多数旅游者的分类是从研究者的观点出发而不是以研究对象为中心进行的研究,分类更多地依赖于研究者对旅游者类型与角色的主观认知和概念化的理解,而不是建立在客观的实证经验研究基础上的发现(见 Lowyck, Van Langenhove, & Bollaert, 1992; Sharpley, 1999)。

科学而实际的旅游者分类对于解释、理解和预测旅游者的行为至关重要,如果将旅游者分类与其他社会情境因素以及心理因素相结合,如考虑旅游者的社会经济背景、旅游动机等因素,将能为理解和预测旅游需求提供更广阔的分析基础。对此,市场营销研究中的市场分割技术为旅游者分类提供了有益的参考和借鉴。

旅游市场分割是一种将总体的异质的旅游市场划分为同质的旅游者亚群体的方法。这些旅游者亚群体被称为细分市场,他们具有某些相似的特征,如人口统计学特征、行为方式、体验需求等。它是基于这样一种思想而进行的,即市场是由多个亚类人群组成的,每一个亚类都具有不同而特殊的需要和要求(Mok & Iverson, 2000),这一点与旅游者分类的思想是基本一致的。虽然旅游者类型与旅游市场分割具有紧密联系,但长期以来这两个领域的研究却是相对独立的。旅游者类型研究多从理论和现象学的观察出发,主要围绕旅游者本身的行为、体验和人格等特征进行理论分析和探讨,尤其重视旅游者角色的研究。多数分类研究对旅游者的人口统计学及社会经济特征等社会情境因素考虑较少,研究结论也并非建立在经验性的实证研究基础上,显示出较强的理论导向。而旅游市场分割则恰恰相反,是直接以市场营销的实践性为目的的。为了确定目标市场,并制定相应的目标市场营销战略和具体策略,市场分割研究不仅擅长采用多种实证分析技术划分市场,而且将旅游者的人口统计学特征、社会经济地位等社会因素作为其市场细分的主要方面。

市场分割日益成为一种以市场营销实践为导向,以定量分析方法为基础的技术手段。市场分割的这种实用功能,使得相关的研究和实践在旅游理论和实业界都受到了极大的重视。总体而言,有两大类方法被用于市场分割中,即前向分割法和后向分割法(S. L. J. Smith, 1989)。前向分割法是指事前确定市场分割的基础或划分标准,如旅行的目的或地理区域等。前向分割法是传统上在旅游中经常被使用的主要方法,由于更加简便,也是较为初级的市场划分方法。例如,在国际旅游的市场分割中,营销人员通常会将每个客源国或地区作为一个独特的目标市场。此外,商业旅游者和休闲旅游者也常常被事先就确定为两个相互独立和特殊的目标市场。后向分割法是指采用较为复杂的定量分析技术和方法,如因子分析和聚类分析方法,从而获得若干细分市场。营销人员并非事先就决定分割的标准或类型,而是依赖于统计分析的结果(Bloom,2004),这是现代市场营销学中使用的主要方法。

在旅游市场分割中使用的划分依据主要分为七大类,分别为人口统计学和社会经济特征、地理区域、旅行目的地、行为特征、心理图谱、分销渠道、产品特征等(Robert Christie Mill & Morrison,2006),其中人口统计学和社会经济特征是最为普遍的市场划分标准。许多早期的旅游市场分割研究中都使用人口统计学和社会经济特征作为市场划分的基础,这仍然是现在最常使用的划分方法。因为这些统计数据相对更容易获取,与人口普查和媒体调查数据具有一定的可比性,而且易于理解和应用(Kotler,2003)。例如,年龄和收入就是旅游参与性的非常成功的指标。然而,仅仅使用人口统计学数据划分市场是远远不够的。随着社会迅速的多元化,越来越多的因素会影响到市场需求。即使处于同一个年龄层或收入的群体也并不一定必然意味着他们具有相似的旅游偏好。对这种划分的一个很大的改进是包含多个变量的人口统计学标准的出现。例如,社会地位这一指标,包括收入、教育和职业三个维度。家庭生活周期是一个包含婚姻状况、年龄和家庭孩子数量和年龄的复合指标。心理图谱划分法是近些年来市场分割中较为有效的另一种划分方法,它以旅游者的心理变量如动机、态度、感知等作为市场细分的基础。虽然这种方法使用起来很昂贵,而且很难实施,但这种新的市场分割的技术能够非常有用地描述旅游者。尤其是对于那些高度专业化和发展非常成熟的市场,心理图谱的资料能非常有效地补充从一些简单方法中获得的信息。对市场而言,如果说人口统计学资料提供了骨架,那么心理图谱数据就代表了血肉。骨架形成市场结构的基础,但只有赋予血肉的时候其特征才具有可识别性。对于个体的态度、兴趣和意见等信息,可以为市场分割提供一个更清晰的画面。例如,价值和生活风格(VALS)是心理图谱划分方法在美国市场营销中最广为人知的应用(Robert Christie Mill & Morrison,2006)。

虽然要形成一种包含多种维度的、更切实际的旅游者分类并非易事,但带着批判的眼光审视现存旅游者分类的局限性,将旅游者放在一个更宽广的社会情境上来考察,将旅游者的行为与其他影响旅游者类型的因素结合起来,可以为我们提供一个更清晰的画面,更全面而深入的旅游者分类和角色,并最终有利于理解和预测旅游需求(Sharpley,1999)。

本质上讲,通过将更传统的以角色为基础的方法和市场分割技术相结合,可能产生一个更加清晰和实用的旅游者分类方法。将旅游者的分类与人口统计学和社会经济因素结合起来一起考虑,或者与旅游者心理图谱相联系,将能够更加准确地描述和预测旅游市场。例如,旅游者的年龄、性别、生命周期、收入与职业等因素都是旅游者分类的重要考量因素。个体的年龄在很大程度上决定了他们参与的旅游活动的类型。年轻人更有可能被独立的旅行所吸引,而年长的旅游者则较少让自己置身于相对不确定或可能并不舒适的独立旅行。同样,年长的旅游者可能对旅游更有经验,需要更多专业形式的旅游。旅游者的性别也可能会极大地影响他们的度假决策。例如,某些女性由于安全的原因而不愿意单独出游,或避免到某些国家旅游。性别对家庭旅行来说极为重要,虽然通常作为家庭生活基础的刚性的家庭角色变得模糊,但在特定情况下这些角色会被放大。随着自备食物度假方式的趋势的出现,女性会发现她们只是把家务劳动转移到一个新的地方来做,于是更倾向于选择其他形式的旅游。生命周期特征是另一个重要的旅游者分类变量,例如一位年轻的单身比一个有年幼小孩的家庭有更大的自由来选择不同类型的度假方式。另一方面,空巢家庭或很早退休而家庭责任很少的人在选择旅行和停留时间上会更加灵活,他们很可能拥有更多的可自由支配的收入。收入和职业,更一般而言即社会经济分层,是决定旅游者类型的最有影响的因素。总体来说,研究表明旅游存在很高的价格弹性,即度假费用的微小增长就很有可能导致旅游者选择更便宜的目的地。具体而言,那些从事专业或管理职位的人可以获得更高水平的收入和更长的假期,因此他们对度假的类型有更广阔的选择(Sharpley,1999)。

第三节 旅游者与社会分层

一、旅游者社会分层

社会分层是社会结构中最主要的现象,其实质是社会资源在社会中的不均等分配,即不同的社会群体或社会地位不平等的人对财富、收入、声望、教育机会等社会资源占有上的差别(李路路,1999)。法国社会学家布迪厄(Bourdieu,1977)对马克思的资本理论进行了非经济学的解读,提出了文化资本理论(朱伟珏,2005)。布迪厄认为,资本是一种积累的劳动,个人或团体通过占有资本,能够获得更多的社会资源。由于资本需要花费时间和精力去形成和积累,而其一旦形成后又具有产生新的利润的潜力,它就使得社会生活超越了简单的碰运气的游戏或"轮盘赌"的状态,而建立起较为稳定的秩序和规则。因此,从某种意义上说,社会实际上就是一部资本积累的历史。在每一个社会中,成员都可按占有的资本数量而划分为不同的阶级或等级。他把资本划分成经济资本、社会资本(或社会关系资本)和文化资本三种形式。经济资本以金钱为符号,以产权为制度化形式。社会资本(社会关系资本)以社会声望、社会头衔为符号,以社会规约为制度化形式。而"文化资本"则以作品、文凭、学衔为符号,以学位为制度化形态(Bourdieu,1977)。在这三种类型的资本概念中,尤以文化资本概念最为重要。布迪厄关于资本的解读,不仅提供了一个有效的社会分层的依据,也为旅游者的分类与旅游市场分割提供了一个新的视角和概念性分析框架。

人们在社会中所占有的经济资本、社会资本和文化资本的差别,导致了社会中阶级或阶层的分化。不同阶层的旅游者群体之间,群体特征、旅游动机、消费行为和旅游体验等都存在较大异质性。因此就像我们可以利用不同的分类标准将社会分为多个阶层一样,旅游者也可以按照其所根植的特定的社会阶层划分为多个类型。旅游是一项经济性和社会性都很强的社会活动,以经济资本、社会资本和文化资本为分析视角,建立在旅游者社会分层基础之上的旅游者分类,有效地考虑了社会背景对旅游者的重要影响,在一定程度上也能反映出较稳定的市场需求。

(一)经济资本与旅游者分层

资本概念最早出现于经济学研究领域,自亚当·斯密(Adam Smith)以来的古典主义和新古典主义经济学家均将资本定义为一种能够生产产品的产品,并将其和土地、劳动并列为最基本的生产要素(赵延东,2003)。这时人们理解的资本的概念仅仅局限于物质资本,其主要形式是经济资本,以金钱为符号,以产权为制度化形式。旅游者拥有的经济资本的不同,其旅游动机、旅游支出能力与消费方式、旅游的行为与体验等都存在着一定的差异,因此可以按照一定的社会经济指标将旅游者进行分层,以体现不同旅游者阶层的特征。

(二)社会资本与旅游者分层

社会资本是一种个人通过自己拥有的社会网络关系而获得的资源,是一种通过对"体制化关系网络"的占有而获取的实际或潜在的资源的集合体。这种"体制化的关系网络"是与某个团体的会员制相联系的,获得这种会员身份就为个体赢得"声望",并进而获得物质的或象征的利益提供了保证。之所以称之为资本,是因为对这些网络关系的投资可以给人们带来预期的收益。在个人从事一些目的明确的活动时,他们不仅能从社会网络关系中获得各种有价值的信息,还可以从网络中获得一些实质性的帮助,从而达到自己的目的。对于具体的个人来说,他所占有的社会资本的多少取决于两个因素:一是个体可以有效地加以运用的联系网络的规模,二是网络中每个成员所占有的各种形式的资本的数量。社会资本的形成是一种有意识或无意识的投资策略的产物。这种策略首先确定那些在短期内或长期内直接用得着的、能保证提供物质利润和象征利润的社会关系，然后将这些本来看起来是"偶然"的关系（如邻居、同事甚至某些亲戚关系等），通过"象征性的建构"转变为一种双方都从主观上愿意长期维持其存在的、在体制上得到保障的持久稳定的关系。这种转变的关键就是"象征性建构"。它利用一些现存的社会体制，通过各种物质或非物质的交换，使社会资本得以确立，并不断地进行自我再生产（赵延东，1998）。经济资本与社会资本之间存在着高度的相关性，一定程度上二者是相互融合的。社会资本和经济资本之间可以相互转换，而经济资本则发挥主导的作用。由经济资本向社会资本的转换是较为容易的，而由社会资本向经济资本的转换则较为复杂，且带有一定的风险性。在旅游者群体中，要单独界定出旅游者的社会资本及其层次是相对困难的，因此在考虑旅游者社会分层时，将经济资本和社会资本综合考虑可能更具有科学性和可行性。

但值得注意的是，社会资本在分析旅游者出游动机和旅游体验中扮演的重要角色。旅游活动涉及旅游者群体内部以及旅游者群体与旅游目的地经营者和居民的交流和接触，是建立和积累社会资本的一种重要的方式。在旅游者有意或无意之中，会将社会资本作为旅游活动的重要动机，例如探亲访友、结交意趣相同的朋友、与异质文化群体的接触等等。同时，旅游过程中社会交往与接触也直接影响到旅游者的旅行体验，如自助旅游中的"驴友"们的接触，不仅为旅游者建立了较为亲密的社会网络，也会因为这种与同伴同舟共济的经历和体验，而增加旅游的整体体验水平和满意度。

（三）文化资本与旅游者分层

文化资本泛指任何与文化及文化活动有关的有形及无形资产。尽管我们无法像对待经济资本那样对其实行定量化操作，但在日常生活中，它却发挥着与金钱和经济资本相同的作用（朱伟珏，2005）。由于文化资本是一个十分宽泛的功能性分析概念，为了便于研究，布迪厄将其划分成身体化形态、客观形态及制度形态三种基本形式（Bourdieu，1977）。文化资本的身体化形态，指行动者通过家庭环境及学校教育获得并成为精神与身体一部分的知识、教养、技能、趣味及感性等文化产物。"身体化"一词有成为精神与身体的一个有机组成部分之意，借用布迪厄本人的话说就是一种惯习化。正如行动者可以通过劳动获得物质财富那样，他同样也能够通过学习来积累知识、提高文化修养。只有当这些知识和修养真正成为行动者精神与身体的一个组成部分时，它才有可能转换成一种身体化文化资本。如同任何物质财富一样，以这一方式获得的身体化文化资本同样可以投资于各种市场（学校市场、学术市场、社交市场、劳动力市场等等）并获取相应的回报。而且，这种回报既可以是金钱与社会地位等物质性利润，也可以是他人的尊敬或好评等象征性利润。实际上，身体化文化资本的积累不仅需要花费行动者大量的时间和精力,而且通常还必须以雄厚的经济实力为后盾。因此,能够掌握高度专业化知识的人才在任何领域都是十分稀缺的,他们具有很高的市场价值。文化资本的第二种形态是客观形态,即物化(object)状态。具体地说,就是书籍、绘画、古董、道具、工具及机械等物质性文化财富。显然,人们的藏品——书籍、绘画和古董等物质性文化财富越丰富,或者其质量(文化价值)越高,他拥有的客观形态的文化资本就越多。文化资本的第三种形态是制度形态,即将个人掌握的知识与技能以某种形式(通常以考试的形式)正式予以承认,并通过授予合格者文凭和资格认定证书等社会公认的方式将其制度化。这无疑是一种将个体层面的身体化文化资本转换成集体层面的客观形态文化资本的方式。从这一意义上讲,制度化文化资本是一种介于身体化文化资本与客观形态文化资本之间的中间状态(Bourdieu,1977)。文凭是制度化文化资本的典型形式。布迪厄指出,学历资本的积累只有通过经济层面的教育投资才能得以实现。学历资格是经济资本转换为文化资本的典型方式。

文化资本与趣味等级紧密相关。布迪厄系统地研究了各种世俗趣味,其中既有体育爱好、家居装修、衣着和饮食习惯,也有各式高雅的审美情趣。在这一领域的专门研究让他进一步确认,个人的文化品位与其社会地位相关联;而他们的文化品位又在不经意中泄露和表达了个人的社会位置(朱伟珏,2005)。因此布迪厄指出,文化品位这种身体形式的文化资本,更加成为个人的阶级、社会等级归属的无形标志。布迪厄还向我们显示了趣味判断怎样成为社会区分的标志,社会等级又是如何形塑趣味判断等级的。研究表明,趣味等级和行动者的社会出身不无联系。社会行动者的趣味往往以对立、等级区分的形式表现出来。一方面,文化和教育资本(主要根据教育资历)、社会出身有着对应关系;另一方面,当教育资本相同时,社会出身越高,对非正统领域的文化(非学校传授、非主流文化)的欣赏和理解能力的程度越高。文化资本的传承积累是一个长时间的过程,其结果是形成某种生活方式。这种生活方式与社会位置之间是结构同源的关系,在心智结构与社会空间之间形成对应。众所周知,社会上层的名流富豪追求高尚娱乐和优雅仪态,他们喜欢在闲暇时光打网球,或参加马术俱乐部,悉心培养自己的鉴赏眼光与文化格调,久久沉溺于对艺术品的官能享受。而下层民众迫于日常生活之需,根本就没有前者那种奢侈优裕的心境来咀嚼各种形式大于功能的艺术品。他们要求艺术指涉现实,满足生活需求,却很难接受那些颓废、唯美的审美趣味(Bourdieu,1984)。

布迪厄对文化资本的分析为旅游者分层提供了一个重要的概念框架,文化资本是旅游者社会分层中一个值得特别考量的划分标准。拥有不同文化资本的旅游者,其教育水平、知识结构、文化素养等方面的差异必然导致审美趣味的差异,并在旅游过程中通过身体化的形态表现出来。可以说文化资本在一定程度上从结构上决定了旅游者群体的旅游活动方式和体验。例如文化资本很高的旅游者,对遗产旅游和博物馆中艺术品的鉴赏可能情有独钟,而文化资本较低的旅游者可能对大众型的观光旅游较为感兴趣。同时,由于在旅游中所表现出来的审美趣味的不同,如旅游目的地的选择、旅游活动方式、对社会文化环境的态度等方面的差异,本身也是一种群体分层与区分的方式,因此在旅游中一些旅游者还会为了寻求一种特殊的群体认同或塑造一种理想的身份,从而使这种身体形态的文化资本的分层现象变得更加明显。例如,背包客作为一种特殊的旅游者群体,多以西方中产阶级中文化素质较高的年轻人为主,表现出一种对个性和真实体验的追求,同时其旅行也是一种身份建构的过程。

二、基于社会分层的旅游者类型

如上所述,根据旅游者所占有的经济资本、社会资本和文化资本的差异,可以将其划分为不同的阶层或等级,处于不同层次上的旅游者,其旅游动机、旅游消费行为、旅游体验和趣味存在一定的差异,表现出相应的独特性(见表3-5)。由于经济与社会资本紧密相关,经济资本的占有常常必然带来社会资本的建立,可将二者结合起来考虑,按照综合的社会经济指标,将旅游者分为上层阶级、中产阶级和下层阶级。上层阶级的旅游者具有很高的社会经济地位、权力和声望,旅游支出和消费能力强,其旅游活动多具有豪华、奢侈的特征,群体内部人际交往和社会资本积累倾向较为明显。中产阶级介于上层阶级和下层阶级之间,他们自己不拥有生产资料,但占据着高端的劳动力市场,如政府或企业的管理人员、专家学者与其他技术性的工作人员。中产阶级具有一定的社会经济地位,旅游支出和消费能力较强,对旅游品位和体验有较高的要求。下层阶级是以工人阶级为主体的相对收入较低的阶层,他们不占有生产资料,占据中低端劳动力市场。下层阶级相对社会经济地位较低,对旅游支出费用较为敏感,对经济实惠型的大众包价旅游参与程度较高。根据旅游者拥有的文化资本的差异,也可以将旅游者划分为高文化资本和低文化资本两个层次。高文化资本的旅游者对旅游体验和文化本真性要求较高,对遗产旅游、文化鉴赏类旅游产品以及目的地文化较为热衷。低文化资本的旅游者相对而言对娱乐性活动较为感兴趣,对目的地文化的本真性及深度的旅游体验没有特殊的追求。实际上,任何旅游者的经济资本、社会资本和文化资本都是相互联系和相互影响的,例如经济资本在一定程度上决定了社会资本和文化资本。同时,三者之间又存在一定的差异和相对的独立性,例如虽然经济资本具有较大的转化为文化资本的潜力,但是却并不是必然如此,还要依赖于个体的学习和积累。因此,旅游者的分层实际上存在于经济资本和文化资本的交叉和联系之中。

表 3-5 基于社会分层的旅游者类型与特征

社会经济资本＼文化资本	高文化资本	低文化资本
高经济资本	具有很高的社会经济地位,旅游消费能力强,注重旅游服务品质和旅游体验,关注文化型旅游产品	具有很高的社会经济能力,旅游消费能力强,追求奢华旅游享受和娱乐,而对文化型旅游产品不太关注
中经济资本	具有较高社会经济能力,旅游消费能力较强,注重旅游体验和目的地文化的真实性,对文化型旅游产品有浓厚兴趣	具有较高社会经济能力,旅游消费能力较强,注重旅游体验,但对文化型旅游产品没有特别的追求
低经济资本	具有相对较低的社会经济能力,对旅游费用支出较为敏感,对经济实惠型的大众旅游产品参与程度高,对文化型旅游产品较为偏好	具有相对较低的社会经济能力,对旅游费用支出较为敏感,对经济实惠型的大众旅游产品参与程度高,对观光类旅游产品较感兴趣

第四节 背包客与另类旅游

一、趣味的分化:旅行与旅游

18 世纪末当"旅游者"一词最初被使用时,旅行者(Traveller)与旅游者(Tourist)并没有本质的区别,是可以互换使用的中性用语,通常被用来描述一个为了愉悦或休闲而出游的人。然而,到了 19 世纪上半叶,旅游者和旅行者或者可以说是旅游和旅行之间的差别开始出现。这种差别不仅表现在实际出游意义上,也隐含着个体特征的差异。旅行者和旅游者被赋予截然不同的内涵。前者在旅游意义上通常被用于出游时间很长的人,如经济预算有限的背包旅行者,带有精神自由、探险和个性的意味。后者则带有相当的贬义色彩,与大众的旅游形式相联系,被用于指那些参与大众包价旅游的人。旅行者代表着上层的高品位文化,旅游者则是与其对应的另一端,被贴上低品位的文化标签,对应着旅游体验的一种特定的精神状态(Boorstin,1964;Sharpley,1999)。到了 20 世纪这种趋势依然延续着,当今很多的旅行杂志或游记还倾向于强调或者说是炫耀旅行不同于旅游的非同寻常的独特的方式。

夏普雷(Sharpley,1999)认为这种旅行者与旅游者的二元论,一方面与旅游发展的特殊历程紧密相关,反映了旅游从少数人的独立的旅行方式向产业化的大众旅游产品发展的过程,另一方面也代表着不同人群旅游方式与趣味的分化,是人们自我和社会认同的一种折射。直到19世纪以前,旅游仍然是相对为数较少的特权阶层享受的活动。例如,据估计到1800年大约只有4万英国人居住或到欧洲旅行(Sigaux,1966),然而到了1840年,每年大约有10万人跨越英吉利海峡,到了20世纪初这一数字上升到100万人(Young,1973)。导致旅游如此迅速发展的主要因素当然是技术的进步,特别是交通运输的发展。19世纪交通和通信的进步使得更多的人能够参加旅行和旅游活动。整个19世纪,各种批评直指那些数量不断增加的普通旅游者。他们利用新的交通方式,能够较大规模地在国内外进行旅行,甚至到达那些曾经专属于贵族们的旅游目的地。这些批评暗示,新的大众旅游者不仅侵犯了以前仅仅为少数有时间和金钱进行旅行的人所享受的特权,同时也认为这些普通旅游者没有能力享受真正的旅行体验。因此,当旅行变得越来越平民化时,旅行的精神和文化上的好处也相应地被降低了。20世纪早期,旅游的发展仍然延续着19世纪的发展轨迹。二战后大众旅游的发展成为旅游发展史上最辉煌壮观的时期。在现代西方世界,国际旅游已经由少数特权阶层的奢侈品变成大多数人能够享受的休闲活动。作为一种社会活动,旅游已经被内化为生活的一部分,是一种必需品和大众休闲活动,而不再是一种奢侈品。例如,到1950年,估计旅游人次达到大约2500万。如果将那些在本国度假的人(据估计世界范围内国内旅游者人数是国际旅游者的6倍)也计算在内,那么旅游的规模则变得更为可观了。随着大众旅游的发展,原来只有少数上层阶级才能到达的地方成为普通大众光顾的旅游目的地,于是由旅行带来的神秘感和优越感也大大淡化了。而旅行者与旅游者的差别也被不断人为强化。当越来越多的人成为旅游者的时候,越来越少的人愿意被贴上旅游者的标签了,人们更愿意被称为旅行者而非旅游者。

  布斯丁的观点代表了这种不断强化的旅行者与旅游者的二元分化。他认为大众旅游的出现意味着传统意义上的旅行者的减少和旅游者的上升。"旅行者是在致力于钻研某一事物,而旅游者则仅仅是快乐的追逐者。旅行者是积极的,他们不畏艰辛的追求与当地人接触、探险和体验,而旅游者则是被动的,他们期待发生一些有趣的事情……他们期待一切都为他们准备好"(Boorstin,1964)。旅行常常与冒险、本真体验、品位、个性和自我发现等概念相联系,而旅游则是指提前打包、付费的舒适和可预测性的旅游产品。旅行者为自己的旅行作决策,而旅游者则让旅游企业为其进行旅游决策。通常,人们总是想将自己与其他旅游者区分开来或与他们保持距离,他们甚至会轻视其他的大众旅游者,并认为自己不应该被贴上旅游者这一标签,确信自己比别的旅游者能更好或更懂得享受有意义的旅游体验。例如,背包客就代表着这样一个典型的人群。他们不喜欢被称为旅游者,而认为这是对包价旅游者的称呼,而更多称自己为旅行者或仅仅是背包客(O'Reilly,2005)。

二、背包客旅游

现代的背包旅游者的概念是20世纪70年代早期从人文科学视角提出的。最早的背包旅游的研究始于科恩(1972)对旅游者角色类型的划分,他将旅游者划分为非制度化的旅游者和制度化旅游者两大类(Cohen,1972)。后者符合传统大众旅游的特征,而前者主要是指中产阶级的年轻旅游者,包括探险者和流浪者,而流浪者也成为他早期对背包旅游者的称呼。科恩对流浪者的形象描述至今仍然成为现代背包客的一个理想。此后,学术界对这一现象的关注便与日俱增,在文献中背包旅游者被冠以不同的名称,如流浪者、游牧民、青年旅行者、漫游者、搭便车旅游者、长期预算旅游者(Natan,Yuval & Dalit,2002)。虽然在文献中的相关术语很多,但可以达成共识的是,各种非制度化的群体组成了一个独特的与制度化大众旅游者不同的类型。从20世纪90年代开始,"背包客"一词出现在学术文献中。尽管这一表述存在一定的局限性,但却是对国际长期预算旅行者的一个生动的素描。

背包旅游的传统从历史上可追溯到盛行于17~18世纪的欧洲青年贵族的欧陆大巡游(Grand Tour)。现代意义上的背包客最初主要是由西方中产阶级和白人组成的,其中相当一部分人来自北欧、西欧国家,特别是英国、爱尔兰和斯堪的纳维亚半岛的国家(瑞典、挪威、丹麦、冰岛等),现在也仍然以欧洲、北美和澳大利亚、新西兰等国的西方人为主。过去亚洲背包客很少,但这种情况正在改变,如很多以色列背包客开始出现,而日本背包客的数量也在增加(Westerhausen,2002)。一般来说,背包客被认为是自我组织愉悦性长途旅行的人,其旅行持续时间长,包含多个目的地,旅行线路灵活。他们通常热心于体验目的地当地的生活方式,其游憩活动多围绕自然、文化和探险展开。这种旅行方式使背包客寻求非常规的旅游路线,旅行的地域较一般的旅游者而言更加广泛。因为旅行持续的时间相对要长一些,其旅行预算控制得非常严格。他们被描述为一群寻求本真性体验并远离大众旅游者的人。然而,以上描述仅仅是一个概略的速写,控制预算并不能被当作是区别背包客和其他旅游者的一个客观工具(Darya,2007)。从研究者的角度来看,要清晰区分背包旅游与其他形式的旅游可能很困难,就如同索伦森曾指出的,背包客更多的是一个社会建构的身份,而不是一个清晰界定的类型(Sorensen,2003)。背包客是一个松散而非同质的群体,根据国籍、目的、动机和旅行组织以及年龄、性别、生命周期的不同,背包客现象呈现较大的异质性。

然而,对大多数背包客来说有三个广泛的特征是可以辨识的(Sorensen,

2003)。其中两个最明显的特征是与形式相关的特质,即旅行在路上的时间(一般以月而不是以星期来计算,有时延续达几年)和旅行的方式(非常低的预算)。然而,另一种最重要的特征是与体验相关的特质,即背包客倾向于进行艰苦的旅行,旅程往往包含着对意外发现的期待、极低的预先计划、非固定的时间表、计划或行程路线的可变性等因素。随意性和开放性是背包客所追求的理想状态。

在过去的几十年中,背包旅行这种长期的独立旅行逐渐变得流行,它曾经是由嬉皮士和勇于冒险的特殊人群进行的边缘性的和非寻常的活动,现在已经成为年轻人普遍接受的一种成长仪式。现在背包客不再是20世纪70年代以来一些出版物中所描绘的流浪者、离轨者或是逃避者。通常,现代背包客只是暂时从富足生活中离开一段时间,并带着最终要回到正常生活的明确的目的(Sorensen 2003)。许多年轻的背包客将背包旅行与自由理想、个人发展与自我实现相联系,将一段时间的独立旅行当作他们受教育的一个愉快的部分,或者在扮演负责任的成年人角色之前的一段有趣和独立的经历。他们常常把旅行当作一种逃避,当作一种个人成长的机会以及对人生意义的寻找(Ateljevic & Doorne,2000)。很多的背包客选择在人生转折时期出游,一些人在旅行前体验了生命的危机。背包客常常讲述对社会的不满和日常生活的压力。他们试图逃避被他们描述为物质主义的、压抑的、严酷的社会,而在一个真实、纯洁、令人放松的目的地寻求庇护(Cohen,1973;MacCannell,1973;Westerhausen,2002)。因此,他们的很多旅行被描述为加诸于自身的一种仪式,是一种感受另类体验和全新自我的途径(Urry,1990)。

背包客旅行的一个重要动机在于构建新的身份和社会认同。在某种意义上,背包客希望通过较为艰苦而自由的旅行,变得更加勇敢、无拘无束和独立(Cohen,2004;Elsrud,2001)。这种旅行的探索方式被认为在塑造自我中扮演着核心的角色。一些旅游目的地,特别是第三世界国家和地区被那些正在积聚文化资本以跻身新的中产阶级的年轻旅游者想象成能够转变自我的地方,而且还可以经历很多传奇故事(Desforges,2000)。旅游为构建一种新的身份提供了可能,从而允许个体按照他们对世界的个人体验来定义自我,而不是由与其年龄、国籍、背景和性别相关的社会范式来界定。通过对自我形成的基础的重新定义,他们从与其他人共同分享的身份中转移出来,寻找一个新的个性化的身份空间(Desforges,2000)。然而,他们通过旅程所构建的新的身份有时正是自己社会价值原型的反映,大多数情况下是一种西方社会的价值模式(Elsrud,2001)。

虽然很多背包客声称他们独自旅行或与另一个人同行。实际上大多数人会到一些普遍流行的地方去,并沿路结识伙伴,组成临时群体(Loker-Murphy,1996;Westerhausen,2002)。他们集合在一些可以大量聚集的相对独立的区域,体验类似于家中的舒适和具有相似兴趣的旅游者的陪伴。有一些区域还以明确的国家命名,如泰国的"小瑞典"或"小德国"海滩,它们成为来自各个国家旅游者的聚会之地(Muzaini,2006)。如果说背包客共享同一种世界观可能有些夸张,因为他们主要的共同之处更多的在于旅行,当他们相遇时,旅行体验便是他们无休无止共同讨论的话题。但是,从广义上说,背包客之间也有足够多的共通之处,使他们形成一个共同体,至少是一个想象的社区。有关背包客的研究表明,他们在旅行中的共通之处,包括获得的逃离家庭责任和个人行为限制的自由感;共同的人类情感的体验(如通常在旅行故事中被描述为好心的陌生人)或世界各地人们的相似性的认知;看到世界本来面目的动机;相信旅行能导致自我发展和自我认知等观念。

三、另类旅游的兴起:挑战大众旅游趣味

另类旅游又称为可替代性旅游(Alternative Tourism)。它是与以普及性和规范化组织为特征的大众型旅游相对的、小规模的、密切关注对环境影响的多种旅游形式的集合,是以保护当地自然环境、文化和社会价值为前提的旅游模式。它是针对传统旅游方式(尤其是大众旅游)对当地环境、文化和社会价值的日益突出的负面影响而提出的,在旅游及相关文献上经常以自然旅游、绿色旅游、生态旅游、软旅游、负责任旅游等名称出现(吴波,桑慧,2000)。

从20世纪60年代以来,围绕大众旅游的批评日渐由针对旅游者转移到针对大众旅游的负面影响。20世纪70年代以后出版的许多著作都指向大众旅游对社会、文化和环境的潜在破坏和影响。大众旅游逐渐被描述成为一种世界性的破坏性力量:"旅游产业正处于危机之中,这是大众旅游的危机,因为是大众旅游带来了社会、文化、经济和环境的重大浩劫,大众旅游实践必须在根本上改变以引进新的方式。"(Poon,1993)在20世纪70年代末至80年代中期,人们开始探寻新的旅游方式以取代大众型旅游。某些发展中国家开始推行一些政策,以鼓励发展新的旅游形式。1972年,加勒比的圣文森特政府就鼓励当地发展一种"本地的、和谐的"旅游,这种旅游应是渐进的、小规模的、并由当地直接控制其发展程度。波多黎各政府鼓励当地开发具有当地风格的别墅和乡村风格的旅馆。这便是另类旅游(Alternative Tourism)最早的起源(见吴波,桑慧,2000)。

徐嵩龄认为,虽然另类旅游是一个相对模糊的概念,但大体上可以将对另类旅游的认知归纳为三个组成部分与两种理解。另类旅游的三个组成部分是:对传统旅游组织方式的替代,即反对单纯受市场支配,追求旅游的规模效益,而是主张应受旅游承载力的制约;对传统旅游内容的替代,即在传统旅游项目外,更推崇自然旅游、生态旅游以及乡村旅游等形式;对传统旅游者行为的替代,即反对

传统的单纯消费观念,提倡旅游者应对当地环境和文化保护负责,对社会发展负责,即提倡负责任的旅游。另类旅游的两种理解,一种是狭义的,即对传统大众型旅游的替代。由于大众型旅游模式是传统旅游的主体,所以另类旅游最早是针对大众旅游提出的。在另类旅游提倡的诸方式中,首先包括与大众旅游相对的精英旅游,以及与低费用旅游相对的高档旅游。可见,它更为重视对旅游的规模限制。另一种理解是广义的,即对传统旅游方式的替代,它更为重视对传统旅游方式中产生环境、文化、社会等负面效应的所有因素的全面批判,是对传统旅游方式的扬弃(见徐嵩龄,2002)。

总体而言,另类旅游是人们在对大众型旅游的各种负面影响的感知和关注基础上提出的一种新的旅游形式,其目的是为了缓解大众旅游产生的各种负面影响,同时也是某些特殊旅游群体对传统的大众旅游趣味的一种挑战。发展一种更合适的较少破坏性的旅游形式即统称为另类旅游(可替代性旅游),成为每一个负责任的新的旅游者的使命。这种新型的负责任的旅游者具有截然不同于大众旅游者的旅行理念,他们寻求品质而不是价值,比传统的大众旅游者更加具有探险精神、更灵活、对环境更敏感,寻求更多的真实性(Poon,1993)。例如,一个另类旅游者具有强烈的环保意识,他们事先会为旅行做准备,提前了解目的地的情况,以恰当的方式行事,承认当地风俗习惯,使用当地社区的环保的服务设施,努力使当地经济而不是国际旅游业获益(吴波,桑慧,2000)。

第五节 旅游者虚拟社区

一、虚拟社区的概念

近十几年来,随着电脑网络沟通技术的进步,各种类型的虚拟社区(也被称为在线社区或电脑媒介沟通或 e 社区)不断涌现,越来越多的人出于沟通、信息交流和娱乐等需要而成为一个或多个在线虚拟社区的成员。具有共同兴趣和爱好的人群通过聊天室、在线论坛、公告牌和电子邮件等手段在电脑空间上进行互动和交往(Wang, Yu & Fesenmaier,2002)。实际上,这样一些使人们能够以权益的公共性为基础进行互动的在线社区正在改变社会运转的方式(Brand,1987;Burke,1985;Miller,1998;Wilson,1990)。这些改变发生在多个层面上,影响着我们的生产模式(Canter & Siegal,1994)、学习模式(Rheingold,1993)、沟通模式(Parks & Floyd,1996)和商业模式(Armstrong & Hagel,1997)。同时,学术界和企业界也都对虚拟社区这一概念产生了广泛的兴趣,出于不同的研究目的和专业背景,对虚拟社区提出了各种不同的界定和解释(Armstrong & Hagel, 1997; Preece, 2000; Shelton & McNeeley, 1997; Smith & Kollock, 1999; Wang, Yu & Fesenmaier, 2002)。

在众多虚拟社区的定义中,较有代表性的是瑞恩古德(Rheingold)的界定,即虚拟社区是产生于网络的社会集合体,足够数量的人在足够长的时间里怀着充分的人类情感进行公共性的讨论,从而在电脑空间里形成人际关系的网络(Rheingold,1993)。他认为虚拟社区是由这样一群人组成的:他们可能会也可能不会彼此面对面地相遇,却可以通过电子公告牌和网络作为中介来交换思想和言论。瑞恩古德的定义来源于他在旧金山海湾地区的一个早期在线社区WELL中为期七年的实践,他对虚拟社区的一些本质性的描述至今仍然很适用。"在电脑空间,我们聊天、争论,进行学术讨论、商业活动,交流知识,分享情感,玩游戏、……任何当人们聚在一起时做的事情我们都可以做,只不过我们是用文字在电脑屏幕上完成而已。同时,我们隐藏身体,通过电子的方式摆脱身份的纠缠而互动,不受时间与空间的限制。"(Rheingold,1993)

一些学者从跨学科综合的角度定义了在线社区的主要特征(Whittaker, Issacs & O'Day,1997)。这些在线社区的核心特质包括:①成员具有共享的目标、兴趣、需要或活动,从而有归属社区的根本原因。②成员反复参与活动,常常保持密切的互动和强烈的感情纽带,并分享发生在参与者之间的活动。③成员之间能够使用共享的资源,并且建立了使用这种资源的规则。④成员之间信息、支持和服务的互惠互利。⑤共享情境之下的惯例、语言和协议。普里斯(Preece)则为虚拟社区提供了一个简单而可操作的定义,认为虚拟社区应该由以下几个要素组成:①为了满足自己的需要或扮演特殊角色而参与互动的人;②一些共享的目的(如兴趣、需要、信息交流或服务等)导致社区存在的原因;③指导人们互动的规则;④支持并作为社会交往中介从而营造出共享氛围的电脑系统(Preece, 2000)。

社会学者对社区的研究由来已久。数十年来学者们一直在界定和重新界定着社区的概念(Wellman,1997)。最初,社区的定义中包含某些物理特征,如大小与区位。后来,当沟通日益成为一种普遍的生活方式,而随着交通和信息技术的发展,人们出于各种需要能更容易地加入多个社区时,人们之间社会关系的强弱与类型成为定义社区的新的重要标准。同时,研究者们开始探索是否社区也可以存在于网络环境之中,关注网络中的社区互动。王和费森梅尔(Wang, Yu & Fesenmaier,2002)等人在总结各种虚拟社区概念的基础上,提出了从空间、象征和虚拟三个不同的方面来定义和理解虚拟社区的观点。

(一)作为空间的虚拟社区

在我们的社会中,社区的概念总是如此根深蒂固地与一定的空间或地点联系在一起的(Fernback,1999)。如果将虚拟社区与物理的实体社区相类比,可以发现二者的相似之处。实体社区是指人们在一个物理的空间上聚集成一个集合体,形成诸如城市、乡村或城郊的社区。在这些社区里还可以根据生活风格、身份或性格而分成象征性的由亚群体组成的社区,如信仰的社区、职业社区或哲学的社区。类似的,尽管沟通技术的进步使社会和人们的沟通方式都发生了巨大的改变,但人们还是习惯于将虚拟社区赋予一定地理空间的意义。虚拟社区被设想成一个人们能够在此形成和维持社会和经济联系,并发掘新机遇的地方。在这里,人们以某些公共性特征如团体伙伴关系、职业或兴趣等为中心组成一定的社会组织,讨论关于责任、身份、冲突的解决方案、集体与个体之间紧张状态和社区边界等诸多问题。可以说,社区的本质是建立一个家园,这个家园是将社区成员凝聚在一起的核心,它使其成员无论远近,也无论是基于兴趣、职业或信仰走到一起。当富于想象的主体脱离了身体的局限后,虚拟社区就成为一个想象的公共领地。对于外人来说,它作为一个空间概念可能很难把握和想象,但对于那些社区内部的人来说,却是他们心灵和思想中的一个实实在在的地方。

(二)作为象征的虚拟社区

如同其他的社会术语一样,社区包含着一种象征的意义(Cohen,1985)。在社区形成的过程中,无论社区的社会或地理特征如何,人们倾向于赋予其所从属的社区以象征性的意义。在这样一个负载着象征意义的社区中,我们寻求实质的东西而非形式。一个衡量虚拟社区的标准是看所创立的社区是否能为社区成员提供意义和身份。在这个意义上,虚拟社区依赖于个体对社区归属感的判断,如果个体觉得自己是社区的一部分,那么对他来说社区就存在,否则就如同没有。可以说虚拟社区是思想和情感的综合体,它存在于参与者的思想里,它的存在来源于参与者定义并赋予它以意义。电脑媒介沟通不仅建构了社会关系,同时也是关系产生的空间和情境。然而,它又不仅是社会关系发生的情境,而是在个体之间和群体内部通过象征性过程来注视和虚拟建构的空间,正是这一象征性过程使得社区得以产生和维系。

(三)作为虚拟的虚拟社区

虽然虚拟社区的一些特征,如公共的价值体系、规范、准则和对身份、责任和关系的感知等也同样为各种实体社区所有,然而,虚拟社区的概念具有固有的独特性,因为其定义中加入了一个新的元素——电脑。电脑改变了人们对社区的看法,使得社区可以以虚拟的方式存在。"虚拟"这一术语在字面上意味着非真实,即在线发生的这一切很象是社区,但不是一个真正的社区,这或许多少代表了网络以外的人们对在线社区的一种理解和看法。如前所述,虚拟社区存在于参与者的大脑之中,但这并不意味着虚拟社区仅仅存在于参与者的思想里,它还取决于人们是如何去设想和看待社会建构与电脑媒介沟通之间的联系(Fernback, 1999)。如果我们登录网络,在电脑空间中建立联系,并相信自己找到了社区,那么对我们而言这个网络社区就是真实的(Watson,1997)。实际上,对于在线社区的参与者来说,在一定程度上虚拟社区和真实社区之间并没有真正的区别。如果成员之间的沟通和联系被认为是任何社区的核心,那么虚拟社区无论其成员是否存在于同一个物理空间之内,也都是真实的,是真实存在于网络空间中的社区,而不是虚无的想象。

综上所述,虚拟社区是以地方为表象、象征为本质和虚拟为形式的,虚拟社区不是一个实体,而是被其成员定义的一个过程。它具有很多与物理实体社区一样的本质特性,并在实质上能够赋予成员以共同的身份、体验和意义。

二、旅游虚拟社区

旅游业是最早开展网上电子商务的行业之一,越来越多的旅游者通过在线网络的方式实现他们与旅行相关的任务。同时以旅游论坛为典型代表的各种旅游虚拟社区纷纷涌现,不仅大大简便了人们获取信息、保持联系、建立和强化社会关系的途径,还使那些本来不可能相见的具有类似思想、志趣相投的人通过网络相遇(Wang, Yu & Fesenmaier, 2002)。但旅游论坛要繁荣发展并延续下去,单凭电脑媒介沟通技术是不行的,还依赖于相当数量的社区成员的参与,同时还要有一批积极的参与者能够持续地为社区做出积极的贡献,如解答问题、提供信息和专业的意见、分享观点等等。然而,旅游论坛成员资格的获取、参与的频率和程度都取决于成员自由意志的选择,最终也可能因此而终止(Bagozzi & Dholakia, 2002)。此外,在线旅游社区提供的利益具有公共物品的性质,任何人都可以从中受益,无论他是否对这一公共物品的生产有所贡献(Kollock, 1999),这就很容易产生搭便车的问题。要使旅游论坛发展和延续,必须有一种内在机制,促使论坛成员对这一虚拟社区参与并做出积极贡献。王和费森梅尔(Wang & Fesenmaier, 2002a, 2002b; Wang & Fesenmaier, 2004)对旅游虚拟社区成员的社区参与收益和社区贡献动机进行了研究。

王和费森梅尔认为,旅游虚拟社区成员的社区参与可以从两个方面来衡量,一是成员参与旅游社区活动的时间数量,二是与社区中其他成员积极互动的程度。这两个方面的参与对于旅游虚拟社区的生存和繁荣至关重要。它们不仅反映了成员对旅游社区的投入,也反映出其参与活动的本质。例如,社区成员保持在线状态长达数小时,但只是被动地寻求信息或者观察其他成员之间的互动。然而，即使是这些虚拟社区的"搭便车者"也很重要，因为他们最终可能会成为更积极的社区贡献者，从而给旅游社区带来活力和动态性。

王和费森梅尔在总结前人关于虚拟社区研究文献的基础上进一步探讨了旅游虚拟社区成员社区参与和贡献的动机，提出了一个包含四种旅游虚拟社区参与收益和五种贡献动机的概念框架。

(一) 虚拟社区参与收益

旅游虚拟社区存在的基础，在于它能够在某些方面满足社区成员的需求，为他们带来一定的收益，使其具有持续的参与的动力和吸引力。参与旅游社区的收益是多种多样的，而且也处于一个动态变化的过程。由于社区成员特征的巨大差异和旅游社区特征的不同，其寻求和提供的收益也很复杂。总的来说，有四个方面的基本收益驱使虚拟社区成员进行在线参与，并决定其在线参与旅游社区的程度。

(1) 功能性的收益。旅游虚拟社区成员会为了实现某些具体的任务而参与在线旅游社区活动，其收益是功能性的。这些收益包括购买和出售产品等交易性活动(Armstrong & Hagel, 1997)；为了学习和决策的目的而收集和寻求信息的方便或效率；社区内不受时间和地域的限制而进行信息的交换与共享等。

(2) 社会性的收益。旅游虚拟社区为社会所建构，负载着社会意义并且能够提供社会性的收益(Wang, Yu & Fesenmaier, 2002)。旅游虚拟社区成员的社会收益其实是由在线社区建立的目的与任务来决定的，如为成员提供帮助和支持；通过同步和异步通信进行非正式的社会性互动；讨论和交流思想；建立社会关系并与其他成员保持联系 (Preece, 2000)。普里斯(Preece)认为这些活动都建立在社区内部信任感基础之上。当人们之间产生了信任时，就会产生活跃的社会关系往来，相互不信任的关系也消亡了。例如与其他成员分享个人旅行故事，为了难忘体验而寻找旅行同伴或在线购买旅行产品都需要信任。当然，成员与社区管理者之间以及社区成员之间的信任本身也是一种重要的社会收益。旅游虚拟社区给人们提供了相似的体验，使大家走到一起彼此沟通，并形成一定的社会关系和互动。研究指出，随着对虚拟社区的介入的增加，网络使用者会经历一个从社会信息收集到越来越多地参与社会活动的过程。

(3) 心理上的收益。旅游虚拟社区能给其成员带来的心理收益包括对社区的归属感，通过社区而表达的身份，以及与社区中其他成员的联系而产生的认同感等。研究者发现虚拟社区在其成员生活的很多方面正在起着越来越大的作用。无论是形成和表达成员的身份(Walther, 1996)，还是归属和依附感(Rheingold, 1993)，社会心理使虚拟社区成为一个非常强大的组织力量。

(4) 享乐性的收益。参与旅游虚拟社区的成员还有自己享受和娱乐的目的。

从享乐主义的观点来看,旅游者也是快乐的寻求者,致力于那些能够带来享受、娱乐、消遣和趣味的活动。旅游虚拟社区为人们提供了聚在一起探索幻想和娱乐世界的机会,在这里他们能够尝试新的角色,参与角色扮演类的游戏,一切似乎皆有可能。享乐的收益是一种情感性的刺激,常常与自我的良好感觉、享受、激动、高兴和热情等积极的情绪相联系(Hoffman & Novak,1996)。

(二)虚拟社区成员的贡献动机

旅游虚拟社区的不同成员在参与水平与贡献程度上是有差异的。驱使一定比例的社区成员对社区做出积极贡献的主要动机包括以下五个方面。

(1)工具性动机

受到经济学中权威的理性角色模型的影响,研究者认为个体和集体的角色是被功能性的动机所驱使的,因此对虚拟社区积极投入是为了实现自己的利益,培养和开拓社会资本的行为(Burt,1992.;De Graaf & Flap,1988)。工具性动机也可以从社会资本创造和占有的角度来解释,通过社会资本的建立,成员们期望最终从社会资本库中获得回报。

(2)效用动机

旅游虚拟社区中很多的成员对其他成员提供帮助、支持和援助,而很多人可能从来没见过或者再也不会联系。一方面,这可能解释为来自于过去经验中的某些个人品质(如热情、渴望赞誉和责任感等)使得一些曾经的受助者想要回报社区(Cothrel & Williams,1999)。另外,这种想要帮助他人的感觉可能来自于这一行为本身带来的自我满足感。很多人都很喜欢受到别人的尊重和钦佩。由于电脑网络的支持使得在线社区中这种尊重和帮助的给予变得极为便利,可以以最简便的方式对别人产生效用,同时产生自我满足感。克洛克(Kollock,1999)认为,在在线环境里,公共物品的生产和对他人提供帮助的经济核算已经发生了巨大的变化。例如,一个群体的沟通和协调行为的成本要远远低于面对面的沟通。提供给一个群体的信息或建议的价值被放大,因为有无数个人可能也在利用或复制这个信息。如前所述,社会资本的产生常常为工具性动机所驱使。然而,显然社会资本的产生也可能来源于一种较少出于工具性考虑的职责,例如总体的互惠的观念。这种观念会导致集体的行动,并将社区凝聚在一起(Portes,1998;Putnam,1995)。它将使那些对他人毫无责任感的个体从自我探索和利己主义的人转变为一个旅游社区中的成员。社区成员分享共同的兴趣,拥有共同身份并对社区其他成员负有责任和义务。

(3)质量确认的动机

在以某些特定产品或服务为中心的消费社区中,确保产品或服务的品质被认为是极为重要的机制。社区成员基于他们自己的旅游消费知识和经验,对产品提出建议或评价,是为了控制产品或服务的质量,强化服务的卓越。忠诚的消费者会在线聚集评价产品或服务的质量,协商消费的标准,探讨产品的含义、品牌等问题。集体的反应是一个很重要的力量,个体非常重视社区中其他消费同伴的判断,特别是其中权威人士的判断。当人们考虑在线购买时,大约一半的在线社区用户会考虑其社区同伴的意见,三分之一的在线社区用户承认这些意见会影响他们的购买决策(Wang & Fesenmaier,2004)。

(4) 社会地位的动机

社会地位动机可以根据自我的相关概念和理论来获得解释。这一理论由一套分支理论组成,即社会身份理论(Stryker,1980,1986;Tajfel & Turner,1985)、自我表现理论(Beach & Mitchell,1990;Schlenker,1985)和自我效用理论(Bandura,1982,1986),三者都基本根植于自我的概念。按照这一理论,理想的自我来源于适应参照群体所期望的角色,以满足其从属和权力的需要。在虚拟环境里,高质量的信息、解答问题时让人印象深刻的技巧,帮助他人的愿望和文雅的表达能够共同增加一个人在旅游社区中的地位和声望。同时经常对群体做出积极的贡献能帮助一个人相信他对全体成员会产生重要影响,并反过来强化其积极的自我形象认知。

(5) 期望动机

这一动机根植于对社区整体的互惠互利的期望,即希望自己对社区的贡献及其他成员的帮助在未来能够从社区中得到回报。这种互惠虽然不可能与某一特定个体之间达到平衡,但在某种意义上这种互惠的平衡会发生在整个社区群体之间(Kollock,1999;Rheingold,1993;Wang & Fesenmaier,2002b)。

针对以上虚拟社区成员的参与收益和贡献动机,王和费森梅尔针对旅游虚拟社区进行了实证研究(Wang & Fesenmaier,2004),研究结果部分地支持了以上观点。根据他们对美国某一在线旅游虚拟社区成员的网上问卷调查,社会性收益和享乐性收益是驱使旅游虚拟社区成员参与社区活动的最明显的两种收益,心理收益的驱动效果不明显,而功能性收益则与社区参与程度呈负相关关系。也就是说,人们不会在虚拟社区中花费大量时间进行具体的以任务为导向的在线活动,而是更愿意花时间与其他成员一起进行社会性的互动活动,扮演和履行其在旅游虚拟社区中的角色。这是在线旅游社区的一个核心特征。旅游社区成员在在线社区中一般进行功能性、社会性和享乐性导向的活动,他们交流旅游信息和建议,分享旅行体验,给其他成员讲述旅行中发生的故事。这些与我们对旅游社区的一般认知是相符的。而心理收益和社区参与之间的并不明显的相关关系,在一定程度上或许是研究中所采用的特定旅游虚拟社区的性质所决定的。实际上在其他类型的虚拟社区中,心理因素对于成员的影响是极为重要的。至于旅游虚拟社区成员的贡献动机,研究表明,效用动机、期望动机和工具性动机是影响社区成员对在线社区作出积极贡献的主要影响因素,而质量确认动机和社会地位动机则作用不明显。由于目前对于旅游虚拟社区的研究还极为有限,很多概念和理论都来自于在线社区或虚拟社区的一般性的研究和理解。关于旅游虚拟社区的具体特征及其相关理论还有待于进一步的探讨和检验。

进一步阅读

Lowyck, E., Van Langenhove, L., & Bollaert, L. (1992). Typologies of Tourist Roles. In P. Johnson & B. Thomas (Eds.), Choice and Demand in Tourism (pp. 13～32). London: Mansell Publishing.

Sharpley, R. (1999). Tourism, Tourists and Society (2nd ed.): Huntingdon: ELM.

布迪厄:"《区分》导言",载《消费文化读本》(罗钢、王中忱主编,中国社会科学出版社 2003 年),页 41～50。

布迪厄:《实践与反思——反思社会学导引》,李猛、李康 译,邓正来 校,北京:中央编译出版社,2004 年。

思考题

1. 旅游者主要有哪些分类方法?他们各自的特点和局限性是什么?如何理解旅游者角色?

2. 谈谈旅游者分类与旅游市场分割的异同及相互借鉴的途径。

3. 背包客与另类旅游者的出现反映了怎样的社会发展背景与个体心理需求?

4. 如何理解社会分层与旅游者类型的划分?讨论文化资本能否成为划分旅游市场和市场营销的依据?

5. 现实中有哪些旅游虚拟社区的形式?举例说明其特征及存在与发展的机制。

参考文献

Arditi, George. (1987). Role as a Cultural Concept. *Theory and Society*, 16(4), 565～591

Armstrong, A., & Hagel, J. (1997). *Net gains: Expanding markets through virtual communities*. Boston.

Ateljevic, I., & Doorne, S. (2000). Tourism as an Escape: Long-Term

Travelers in New Zealand. *Tourism Analysis*, 5, 131~136.

Bagozzi, R., & Dholakia, U. (2002). Intentional social action in virtual communities. *Journal of Interactive Marketing*(16 2), 2~21.

Bandura, A. (1982). Self-efficacy mechanism in human agency. *American Psychologist*(37), 122~147.

Bandura, A. (1986). *Social foundations of thought and action: A social cognitive theory*: Prentice-Hall, Englewood Cliffs, NJ.

Beach, L. R, & Mitchell, T. R. (1990). Image theory: A behavioral theory of decision making in organizations. In B. Staw & L. L. Cummings (Eds.), *Research in organizational behavior*: JAI Press, Inc, Greenwich, CT, USA.

Bloom, Jonathan Z. (2004). Market Segmentation : A Neural Network Application *Tourism Management*, 25, 723~733.

Boorstin, D. (1964). The Image: *A Guide to Pseudo-Events in America*. New York: Harper & Row.

Bourdieu, Pierre (1984). Distinction: *a social critique of the judgement of taste* (R. Nice, Trans.): Cambridge, Mass.: Harvard University Press.

Bourdieu, Pierre (1977). *Outline of a theory of practice* (R. Nice, Trans.): Cambridge; New York; Melbourne: Cambridge University Press.

Brand, S. (1987). *The Media Lab: Inventing the future at MIT*. New York.: Penguin.

Burke, J. (1985). *The day the universe changed*: Little Brown & Co, Boston.

Burt, R.S. (1992). *Structural holes: The social structure of competition*,: The Harvard University Press, Cambridge, MA.

Butler, R. (1992). Alternative Tourism: The Thin End of the Wedge. In V. Smith & W. Eadington (Eds.), *Tourism Alternatives: Potentials and Problems in the Development of Tourism* (pp. 31~46). Philadelphia: University of Pennsylvania Press.

Canter, L. A., & Siegal, M. S. (1994). *How to make a fortune on the information superhighway*,. New York.: Harper Collins Publisher.

Cohen, A.P. (1985). *The symbolic construction of community*. UK: Ellis Horwood, Chichester.

Cohen, E. (1972). Toward a sociology of international tourism. *Social

Research, 39, 164~182.

Cohen, E. (1974). Who is a Tourist? A Conceptual Clarification. *Social Review*, 22(4), 527~555.

Cohen, E. (1979). A Phenomenology of Tourist Experiences. *Sociology*, 13, 179~201.

Cohen, E. (1973). Nomads from Affluence: Notes on the Phenomenon of Drifter-Tourism. *International Journal of Comparative Sociology*, 14(1~2), 89~103.

cohen, E. (2004). Backpacking: Diversity and Change. *Tourism and Cultural Change*(2), 95~110.

Cothrel, J., & Williams, R. (1999). Online communities: Getting the most out of online discussion and collaboration. *Knowledge Management Review*, 6(20~25).

Dalen, E. (1989). Research into Values and Consumer Trends in Norway. *Tourism Management*, 10, 183~186.

Darya, Maoz. (2007). Backpackers's Motivations: The Role of Culture and Nationality. *Annals of Tourism Research*, 34(1), 122~140.

De Graaf, N. D. & Flap, H. D. (1988). With a little help from my friends: Social resources as an explanation of occupational status and income in West Germany, the Netherlands, and the United States. *Social Forces*, 67, 453~472.

Desforges, L. (2000). Travelling the World: Identity and Travel Biography. *Annals of Tourism Research*, 27, 926~945.

Dimanche, & Havitz (1994). Consumer Behaviour and Tourism: Review and Extension of Four Study Areas. *Journal of Travel and Tourism Marketing*, 3(3), 37~57.

Elsrud, T. (2001). Risk Creation in Traveling: Backpacker Adventure Narration. *Annals of Tourism Research*, 28, 597~617.

Feifer, M. (1985). *Going Place*. London: Macmillan.

Fernback, J. (1999). There is a There There—notes towards a definition of cybercommunity. In S. Jones (Ed.), *Doing Internet research-critical issues and methods for examining the Net*. London: Sage Publications.

Gibson, H. (1994). Some Predictors of Tourist Role Preference for Men and Women over the Adult Life Course. *PhD dissertation in sport, leisure, and *exercise science*.

Gibson, H., & A. Yiannakis. (2002). Tourist Roles, Needs and Life Course. *Annals of Tourism Research*, 29, 358~383.

Goffman, Erving. (1959). *The presentation of Self in Everyday Life*. New York: Doubleday Anchor Books.

Gray, H. (1970). *International Travel-International Trade*: Lexington: DC Heath.

Hoffman, D. L., & Novak, T. P. (1996). Marketing in hypermedia computer-mediated environments: Conceptual foundations. *Journal of Marketing*, 60, 50~68.

Jo-Ann Foo, Robyn McGuiggan, & Yiannakis, Andrew. (2004). Roles Tourists Play An Australian Perspective. *Annals of Tourism Research*, 31(2), 408~427.

John W. Thibaut, & Kelley, Harold H. (1959). *The social psychology of groups*. New York: Wiley.

Kollock, P. (1999). The economics of online cooperation: Gifts and public goods in cyberspace. In M. Smith; & P. Kollock (Eds.), *Communities in cyberspace*. London: Routledge.

Kotler, P. (2003). *Marketing management* (11th ed ed.). New Jersey: Prentice-Hall.

L. Moreno, Jacob. (1946). *Psychodrama*. New York: Beacon Press.

Linton, Ralph. (1936). *The study of Man*. New York: Appleton-Century-Crofts, Inc.

Linton, Ralph. (1945). *The Cultural Background of Personality*. New York: Appleton-Century-Crofts.

Loker-Murphy, L. (1996). Backpackers in Australia: A Motivation-based Segmentation Study. *Journal of Travel and Tourism Marketing*, 5(4), 23~45.

Lowyck, E., Van Langenhove, L., & Bollaert, L. (1992). Typologies of Tourist Roles. In P. Johnson & B. Thomas (Eds.), *Choice and Demand in Tourism* (pp. 13~32). London: Mansell Publishing.

Ludwig, D., Hilborn, R., & Walters, C. (1993). Uncertainty, Resource Exploitation, and Conservation: Lessons from History. *Science*, 269.

MacCannell, D. (1989). *the Tourist: A New Theory of the Leisure Class*

(2nd ed.). New York: Shocken Books.

MacCannell, Dean. (1973). Staged Authenticity:Arrangements of Social Space in Tourists Settings. *American Journal of Sociology*, 79, 589~603.

McKercher, B. (1993). Some Fundamental Truths About Tourism. *Journal of Sustainable Tourism* 1(1), 6~16.

Mead, George Herbert. (1934). *Mind,Self and Society*. Chicago: University of Chicago Press.

Merton, R. K. (1957). *Social Theory and Social Structure*. New York: Free Press.

Merton, R. K. (1969). The Role-Set: Problem in Sociological Theory. In Lewis A. Coser & B. Rosemberg (Eds.), *Sociological Theory: A book of Readings*. London: The Macmillan Company.

Miller, D. (1998). *Material cultures: Why some things matter*. Chicago: University of Chicago Press.

Mok, C., & Iverson, T. J. (2000). Expenditure-based segmentation: Taiwanese tourists to Guam. *Tourism Management*, 21, 299~305.

Morrison, A., S. Hsieh, & J. O'leary. (1994). Segmenting the Australian Domestic Travel Market by Holiday Activity Participation. *Journal of Tourism Studies*, 5(1), 39~56.

Muzaini, H. (2006). Backpacking Southeast Asia:Strategies of "Looking Local". *Annals of Tourism Research*, 33, 144~161.

Natan, Uriely., yuval, Yonay, & Dalit, Simchai. (2002). Backpacking Experiences: A Type and Form Analysis. *Annals of Tourism Research*, 29(2), 520~538.

O'Reilly, C. (2005). Tourist or Traveler? Narrating Backpacker Identity. In A. Jaworski & A. Pritchard (Eds.), *Discourse, Communication and Tourism: Representations of Hosts, Tourists and Destinations* (pp. 150~169). Clevedon: Multilingual Matters.

Parks, M. R. & Floyd, K. (1996). Making friends in cyberspace. *Journal of Communication* 46, 80~97.

Parsons, Talcott. (1951). *The Social System*:[Glencoe, Ill.]: Free Press.

Pearce, P. (1982). *The social Psychology of Tourist Behaviour*. Oxford: Pergamon Press.

Pearce, P. (1985). A Systematic Comparison of Travel-related Roles. *Human Relations*, 38, 1001～1010.

Perreault, W., K. Darden, & W. Darden. (1979). A Psychographic Classification of Vacation Life Styles. *Journal of Leisure Research*, 8, 208～224.

Plog, S. (1977). why Destination Areas Rise and Fall in Popularity. In E. Kelly (Ed.), *Domestic and International Tourism*. Wellesley: Wellesley, Mass: Institute of Certified Travel Agents.

Plog, S. (1987). Understanding Psychographics in Tourism Research, In B. Brent-Richie & C. Goeldner (Eds.), *Travel, Tourism and Hospitality Research*, (pp. 203～213): New York: Wiley.

Poon, A. (1993). *Tourism, Technology and Competitive Strategies*: Wallingford: CAB International.

Portes, A. (1998). Social capital: Its origins and applications in modern sociology. *Annual Review of Sociology*(24), 1～24.

Preece, J. (2000). *Online communities: Designing usability, supporting sociability*: Wiley, Chichester.

Putnam, R. D. (1995). Bowling alone: America's declining social capital. *Journal of Democracy*, 61(65～78).

Rheingold, H. T. (1993). *the virtual community: Homesteading on the electronic frontiert*: Addison-Wesley, Reading, MA.

Robert Christie Mill, & Morrison, Alastair M. (2006). *The tourism system*. (5th ed ed.). Dubuque, Iowa: Kendall/Hunt Pub., c2006.

Schlenker, B. R. (1985). Identity and self-identification. In *The self and social life* (pp. 15～99): McGraw-Hill, New York.

Sharpley, Richard. (1999). *Tourism, Tourists and Society* (2nd ed.): Huntingdon: ELM.

Shelton, K. & McNeeley, T. (1997). *Virtual communities companion*: The Coriolis Group, Inc.

Sigaux, Gibert. (1966). *History of Tourism*. London: Leisure Arts Ltd.

Smith, M. A. & Kollock, P.. (1999). *Communities in cyberspace*. New York: Routledge.

Smith, S. L. J. (1989). *Tourism Analysis: A handbook*. Essex, England: Longman Scientific & Technical.

Smith, V. (1989). *Hosts and Guests: The Anthropology of Tourism* (2nd ed.). Philadelphia: University of Pennsylvania Press.

Smith, V. (1990). A Test of Plog's Allocentric/Psychocentric Model: Evidence from Seven Nations. *Journal of Travel Research*, 28(4), 40~43.

Smith, V. (Ed.). (1977). *Hosts and Guests: the Anthropology of Tourism* (1 st ed.): Univerisity of Pennsylvania Press.

Sorensen, A. (2003). Backpacker Ethnography. *Annals of Tourism Research*(30), 847~867.

Stryker, S. (1968). Identity Salience and Role Performance: The Relevance of Symbolic Interaction Theory for Family Research. *Journal of Marriage and the Family*, 30, 558~564.

Stryker, S. (1980). *Symbolic Interactionism: A social structural version*: Benjamin/Cummings, Menlo Park, CA.

Stryker, S. (1986). Identity theory: development and extensions. In K. Yardley &. T. Honess (Eds.), *Self and identity*: New York: Wiley.

Tajfel, H. &. Turner, J. C. (1985). The social identity theory of intergroup behavior. In S. Worchel &. W. G. Austin (Eds.), *Psychology of intergroup relations* (pp. 7~24): Nelson-Hall, Chicago.

Turner, R. H. (1956). Role Taking, Role Standpoint, and Reference-Group Behavior. *American Journal of Sociology*, 61, 316~328.

Urry. (1988). Cultural Change and Contemporary Holiday-Making. *Theory, Culture and Society*, 5, 35~55.

Urry. (1990). *The Tourist Gaze: Leisure and Travel in Contemporary Society*. London: Sage.

Walther, J.B. (1996). Computer-mediated communication: Impersonal, interpersonal and hyperpersonal interaction. *Communication Research*, 231, 3~43.

Wang, Y., &. Fesenmaier, D. R. (2002a). *Measuring members' needs and their effects on involvement in a virtual community: An empirical study of an online travel community*. Paper presented at the ENTER 2002 conference, Innsbruck, Austria.

Wang, Y., &. Fesenmaier, D. R. (2002b). *Understanding the motivation of contribution to online communities: An empirical investigation of an online travel community*. Paper presented at the the 33rd travel and tourism research association conference, Washington, D. C.

Wang, Youcheng, & Fesenmaier, Daniel. R. (2004). Towards understanding members' general participation in and active contribution to an online travel community. *Tourism Management*, 25(6), 709~722.

Wang, Youcheng, Yu, Quaehee, & Fesenmaier, Daniel R. (2002). Defining the virtual tourist community: implications for tourism marketing. *Tourism Management*, 23(4), 407~417.

Watson, N. (1997). Why we argue about virtual community: A case study of the phish. net fan community. In S. G. Jones (Ed.), *Virtaul culture: Identity and communication in cybersociety* (pp. 102~132). London: Sage Publications.

Wellman, B. (1997). An electronic group is virtually a social network. In S. Kiesler (Ed.), *Culture of the Internet* (pp. 179~205): Lawrence Erlbaum,Mahwah, NJ.

Westerhausen, K. (2002). *Beyond the Beach:An Ethnography of Modern Travellers in Asia*. Bangkok: White Lotus Press.

Wheeller, B. (1992). Alternative Tourism: A Deceptive Ploy. In C. Cooper & A. Lockwood (Eds.), *Progress In Tourism,Recreation and Hospitality management* (pp. 140~145). London: Bellhaven Press.

Whittaker, S., Issacs, E., & O'Day, V. (1997). Widening the Net: Workshop report on the theory and practice of physical and network communities. *SIGCHI Bulletin* (293), 27~30.

Wilson, D. J. (1990). *Science, community, and the transformation of American philosophy*, 1986~1930. Chicago.: University of Chicago Press.

Witherspoon, S. (1994). The Greening of Britain: Romance and Rationality. In R. J. e. al (Ed.), *British Social Attitudes: the 11th Report* (pp. 107~139): Aldershot: Dartmouth.

Wood, K., & House, S. (1991). *The Good Tourist: A Worldwide Guide for the Green Traveller*. London: Mandarin.

Yiannakis, A., & H. Gibson (1988). *Tourist Role Preference and Need Satisfaction: Some Continuities and Discontinuities over the Life Course*. Paper presented at the the International Conference of Leisure Studies Association, Brighton,England.

Yiannakis, A., & H. Gibson (1992). Roles Tourist Play. *Annals of Tourism Research*, 19, 287~303.

Young, Sir. George (1973). *Tourism: Blessing or Blight?* Harmondsworth: Penguin.

李路路(1999).论社会分层研究.社会学研究,(1):101~102.

刘永芳(2004).社会心理学.上海:上海社会科学院出版社.

吴波、桑慧(2000).非大众型旅游(Alternative tourism):起源、概念及特征.旅游学刊,(3):52~53.

徐嵩龄(2002).简论"Alternative Tourism"的理解与翻译.中国人口、资源与环境,12(1):129.

赵延东(1998)."社会资本理论"述评.国外社会科学,(3):20.

赵延东(2003).社会资本理论的新进展.国外社会科学,(3):54.

朱伟珏(2005)."资本"的一种非经济学解读——布迪厄"文化资本"概念.社会科学,(6):117~121.

朱璇(2007).漂移的旅行者——关于背包旅游者的演进轨迹.旅游学刊,(2):89.

第四章 旅游动机

旅游动机的研究是旅游研究中重要的内容,但又是一个具有"模糊性"的研究难题,其重要性不言而喻。因为对这一动机的考察牵涉到人类对自身生存状态的反思,关系到人类对自身的生理的、心理的、社会的内向的探索。不仅如此,旅游动机还与旅游行为息息相关,而旅游行为的特点直接与旅游目的地的经营相关,与其提供的旅游产品类型和特点相关。如果无法了解旅游动机及其引发的具有某些特征的旅游行为,将无法产生一个与供给方相对应的需求的方向,也就是说,旅游目的地的发展将失去明确的目标和客户群。

尽管旅游动机的研究具有"模糊性"的一面,学者们在这一领域所展开的研究,对我们仍具有重要的启发。马斯洛的需求层次理论被广泛应用到旅游动机研究领域。丹恩、克莱姆顿、艾索—阿荷拉等人从社会学、休闲学角度的研究,皮尔斯从心理学角度的研究,普洛格从游客类型角度的研究以及苏娃托拉的哲学角度的研究,对我们都深有启发(Plog,1974;Dann,1977;Crompton,1979;Dann,1981;Iso-Ahola,1982;Pearce,1982;Dann,1983;Plog,2001;Suvantola,2002;Pearce and Lee,2005)。中国学者也对西方理论作了一定的梳理和应用(保继刚、楚义芳,1999;彭兆荣,2004;谢彦君,2004;郭少棠,2005;尹德涛等,2006),也有部分概述性的文献回顾和实证研究成果(张宏梅、陆林,2005;闫金亮、李吉跃,2008;郑宗清、赖正均,2008 等),但是总体来说,对西方文献和理论的梳理还不是特别全面,而实证研究的广度和深度也有待于进一步提升(如对于特殊兴趣旅游、特殊人群旅游动机的考察等)。

第一节 旅游动机在不同历史阶段的发展

人类旅行历史悠久。几千年来,它随着人类社会的变迁而变迁。今天,伴随着工业文明的发展,人们的旅行属性已完全改观,它与古代宗教部落或中世纪那些远游者的宗教的、商业的或军事的迁移相比,则大不相同。现在,旅行规模发生了很大的变化,旅游本身已成为一种社会现象,即成为人们消费,消遣及与他人交往的代名词,并因此形成一个重要的经济产业。对纷繁复杂的旅游现象的研究,必须从其旅游行为的源头,即旅游动机的研究开始。

一、旅游动机的概念及研究的意义

根据辞典解释,"动机"(motivation)来源于"激励"(motivate)一词,其含义是促使人们以特定的方式采取行动或激发兴趣。"动因"(motive)一词,指激发行动或引起人的行为的因素。许多关于旅游的文章都将动机作为影响消费者行为的主要因素(克里斯·库珀、约翰·弗莱彻、大卫·吉尔伯特等,2004)。

动机是激励人去行动以达到一定目的的内在原因。动机产生于人的需要,人为了满足或实现某种需要就产生了行为的动机。保继刚等认为(1999:29),"旅游动力由三部分构成:内动力、外动力和中间条件。内动力即人的旅游动机,是人的基本需求之一;中间条件是收入、闲暇时间和交通条件;而外动力则是旅游地与客源地的空间相互作用。"旅游动机与旅游行为是紧密联系在一起的(MacCannell,1999)。对旅游行为具有直接的规定和指导作用并从而最具解释力的是旅游动机(谢彦君,2004)。

旅游动机有几个特点:旅游最初与需要相关;旅游表现自身的愿望;动机的力量或推力是产生行动的驱动力;动机是在社会学和心理学中习得的准则、态度、文化、认知的基础上产生的,这些方面导致一个人具有特定的动机模式;通过多种沟通渠道树立的目的地形象将对旅游者的动机产生影响,之后对旅游行为产生影响。

旅游动机确实是旅游行为背后一个重要的变量和动力(Crompton,1979)。对旅游研究来说,我们不但要搞清楚是"谁"、在"何时"、"何地"和"怎样"旅游,而且要回答"为什么"(Crompton,1979)、"为什么人们旅行"或"为什么人们访问某个特定的目的地"。

旅游动机是一个多层面结构的心理构建。人们到各地旅行以满足不同的需求。同样的旅游产品可以提供多种用途并吸引相同旅游动机的人。但个人在不同的时间,前往不同的目的地,与不同的同伴可以持有不同的动机。因此,简单复制不同属性的其他目的地的成功的管理或销售手法,未必是一个明智之举。

个人旅行动机受其文化、背景和以往的经验影响。许多研究成功地使用动机作为一个市场细分的标准。没有目标市场特点和他们去特定旅游目的地的动机的良好理解,营销工作就不是那么有效,因为只有当产品和服务提供了旅客所需要的好处时,才可以吸引游客的到来。动机的力量中,拉动因素是目的地的属性,这很大程度上是由目的地控制的。因此,目的地可以计划和发展这些拉动因素,以提高旅客的动机来访问目的地。

因为旅行动机可能是针对具体的目的地的。每个目的地或一组类似的目的地，需要进行调查其目前的和/或潜在市场的旅游动机。以往的研究表明，定性和定量相结合的方法是提高研究有效性的可取的研究方法。此外，旅游动机的研究需要定期进行，因为个人的动机可能随着时间的变化而改变，旅游者会变得更成熟，会积累更多的旅行经验。

二、人类历史发展不同阶段的旅游动机

人类与大自然的关系是一种动态发展的状态，人类的旅游活动也是人类改造自然的一种表达方式。人类与大自然要和谐相处。在不同的历史时期，人类改造自然的程度和能力是不同的，正如斯塔夫里阿诺斯（1999：527）认为的那样，"人类在整个历史上的活动范围是由技术发展的水平决定的。技术愈原始，活动的范围愈有限。相反，技术愈先进，活动的范围愈先进，活动的范围愈广阔"。同时，由于各种因素的限制，使得不同时期不同文化背景下的人们的旅游动机也呈现出不同的特点。有关旅游动机的研究已有一些较普适的理论（Plog，1974；Dann，1977；Crompton，1979；Dann，1981；Iso-Ahola，1982；Pearce，1982；Dann，1983；Plog，2001；Pearce and Lee，2005），虽然许多需要修正后才能应用，但许多研究仍然离不开对不同人群不同文化背景不同历史时期的探讨（彭兆荣，2004：138）。特别是自1945年以来，旅游业是世界经济诸行业中增长最快的行业之一。半个多世纪以来，国际旅游得到"爆炸"性增长，这不是毫无缘由的。人们的旅行脱离不开人文背景和社会环境。旅行已成为人们经济和社会生活的一部分，成为人们用以调节精神生活的一种方式。从1840年以来，在西欧和北美发展起来的一些工业化都市区，成为旅游的摇篮（罗贝尔·朗卡尔，1995）。因此，对旅游动机的研究及其历史考察很有必要。

（一）西方文化背景下旅游动机的历史

西方文化有一种与中国文化不同的海洋观，腓尼基人、希腊人、罗马人自古即被称为"海上民族"，他们利用地中海提供的航运之便，纵横于南欧、西亚和北非（冯天瑜、何晓明、周积明，1990）。德国哲学家黑格尔正是秉承从古希腊人到近代西方人眷恋大海的传统，在《历史哲学》中对大海发出由衷的赞叹。海洋文化铸造了西方人勇于探险的精神。这种探险精神也体现在早期的陆地探险和旅行中。现代旅游正是从探险与旅行中逐步演变而成的。

1. 旅游史前期

那些开创旅游历史先河的人都是些什么人？是那些敢于冒险、蔑视危险和不怕苦累的人吧？早期的探险者、传教士、朝圣者或商人是早期的旅游先锋吗？古

代作家保萨尼亚斯撰写的《古希腊远征或希腊描绘》向人们展现了一幅从德尔斐经过雅典,到奥林匹克的旅游胜景。这部约在公元 150 年撰写的珍贵文献成为"古罗马和平盛世"的真实写照。后来,这部书成为许多模仿者的楷模(罗贝尔·朗卡尔,1995)。

亚历山大、雅典和罗马时期富有的人群都有避暑胜地。这些度假的主要目的是为了逃避大城市的炎热。去往那些通常位于山中的避暑胜地的路途,变成了旅行的一部分,而且其中的许多休息点变成了社会活动的中心。特别是罗马人,他们有许多这样远距离的旅行。这些旅行帮助他们加深了对帝国的认识,并加强了其社会联系。罗马人成功地创造了一种稳定的政治社会环境,这使得休闲旅行成为可能。另一个重要的元素是财富。罗马人侵占了其他国家的领土,他们从中受益,使他们有购买能力。他们到处收集各种纪念品或藏品,如大师的绘画作品、亚洲的丝绸,他们因此被称为世界上第一批"纪念品猎人"(souvenir-hunters)。对纪念品的猎奇是文明化的罗马人旅行的一个主要原因。现代考古发现,罗马人的许多重要装饰品都来自远方。

在中世纪,旅行动机中出现了一种新的倾向。原来的朝圣基本上是因为宗教的原因而去神圣的地方朝拜。随着时间的推移,朝圣的性质有所改变。旅行中常常伴随着狂欢和宴会。许多现代的朝圣者,常常会收集一些收藏品来展示他们的成就。

大约到 1800 年,在大不列颠,"Tourist"一词开始用来指周游欧洲大陆的旅行者。从 1811 年起,"Tourism"一词则明确指以消遣为主要动机的旅游理论和实践。

然而,那时能够到国外旅游或在本国进行消遣旅行的人,数目毕竟十分有限。当时交通工具落后,只能骑马或乘马车旅行,因而旅行很费时间。即便乘公共马车,也很辛劳,不但历尽颠簸,而且路途艰险,费用昂贵。对此,只有贵族阶层才感兴趣,才有条件旅行。这一旅游史上的大发展就是"大游历"(Grand Tour)的出现。最初在伊丽莎白一世时主要是作为给年轻人和富家子弟的一个训练机会,可以使其将"学者的知识与宫廷的礼仪相结合"。"大游历"的游客通常是贵族家庭的长子,他们有时间并可以负担在外旅行的费用。他们的年龄通常不到 20 岁,有时甚至才 14 岁。通常有一个监督其道德发展的导师和一个照顾其生活的仆人陪伴。最初,"大游历"有点探险的味道,但到 18 世纪末时变成了年轻人受教育的理想的学校。拿破仑战争阻止了这一旅行,并打破了欧洲的这一旅行传统。之后,日益富裕的英国中产阶级渴望到国外旅行,战后也提供了这一条件。由于受到浪漫主义和浪漫主义文学作品的影响,其他社会阶层也逐渐对境外乃至欧洲外围的意大利南部、西班牙和希腊等地的旅行产生了浓厚的兴趣。

在1840~1860年间,由于火车的发明,旅游形势迅速改变。这个时期各国出版的旅游指南书,给人们的旅行带来极大的方便。

2. 贝德克尔时代

1839年是现代旅游业发展关键的一年。这一年,出版商贝德克尔发行了第一批新型旅游指南,即克莱因的手稿《莱茵河之行》在德国的科布伦茨整理出版(罗贝尔·朗卡尔,1995)。因其内容分门别类、编排整齐有序、信息一目了然,故堪称是第一部现代旅游指南。这批导游书影响了欧洲整整一个世纪。在《贝德克尔指南》模式诞生的同一时期,大不列颠的约翰·默里亦出版了《游览瑞士指南》。

在此后的半个世纪里,在整个欧洲,到处都可以看到这类导游书。与此同时,铁路建设也在迅速发展。英国、法国、德国和意大利铁路的开通,大大促进了旅游业的发展,旅游人数大量增加,因而出现了意大利旅游繁荣时期。它比西班牙的旅游繁荣期早了一个世纪。在当时的情况下,由于导游书的广泛传播和铁路的开通,旅行方便了,旅费降低了,使更多的人踏上了旅行之路。那个时期,也是"娱乐癖"的时代。早在1822年,在法国迪耶普(北部海滨城市)就成立了第一家海滨浴场公司。几年之后,在地中海沿岸,便纷纷出现了此类公司,其中一家最著名的公司——地中海浴场公司的总部,至今还设在摩纳哥公国内。那个时期也是地中海"蓝色海岸"的美好时期。一些娱乐场相继设立。法兰西第二帝国还发掘和开辟了一些温泉浴场。接着,欧洲旅游又扩展到其他大陆。东方、美洲等地,也变成了游览观光的去处,而不仅仅是欧洲人前去侨居或与之贸易的国家。

19世纪,英格兰和欧洲崛起了著名的矿泉疗养浴场和海上度假村。它们将旅行、旅游与健康、休息和放松联系在一起。铁路在这一变化过程中发挥了非常重要的作用。这一运输系统和伴随而来的酒店遍及欧洲。19世纪,两个更多的发展值得一提,它们的出现改变了旅游的历史和旅行的动机。第一个是精明的企业家的出现,如托马斯·库克(Thomas Cook)第一个组织了旅游团。库克和他的男性员工带领旅游团到欧洲和中东去旅行。他在组织旅行方面的影响力是巨大的。第二个是人们日益认识到自然世界的美。整个19世纪,国家公园和商业发展领域的伟大的自然景观的发展,为"环保旅游"的发展奠定了基础。英语诗歌的"浪漫运动"的表达可以看成是对自然环境态度的转变。

19世纪模式的旅游活动一直延续到第一次世界大战。1918年后,一些社会和经济因素发生了变化,如定期带薪休假的出现,汽车的普及和洲际旅行的庞大的远洋游轮的出现,都对旅行产生了影响。汽车增加了旅行的灵活性和范围,游船则象征着财富。海边营地为那些未能负担得起的海外旅行者提供了去处,海上度假村也随之大受欢迎。

二次世界大战后,运输与规模经济这两种新的力量合力重塑了海外旅行。在战争中认识到空中运输的重要,并被应用大众运输中。地中海的酒店拥有者开始认真地把旅游作为一个产业对待。同时,人们意识到了"规模经济"(economies of scale)的力量。20世纪50年代这两种力量的结合导致了大众旅游的普及,这意味着更多的人可以更便宜地旅行,同时,航空公司和酒店运行商有了更多的利润。

于是,一些具有创新意识的革新者很快就意识到旅游的重要性,并开始创办旅游事业。托马斯·库克便是其中的一位。他首创了价格便宜的团体旅行,就连英国小店主都能承受这种旅行费用。1841年,库克组织了第一批由570人组成的旅行团,乘坐火车从莱斯特到拉夫伯勒,去参加反对酗酒集会。1846年,他组织了首批由导游带队的旅游团。1851年,他创办了一个名副其实的"托马斯·库克父子旅行社",后来把其分社扩展到68个国家,组织了数百万人次的旅行。1862年,托马斯·库克参照侨居在斯堪的纳维亚的英国人托马斯·贝内特(他拥有一家著名的旅行社)的创举,开办了承揽个人全部旅游费用(包括交通费和食宿费)的"全包"旅游业务。1863年,他首次组织国际旅游团赴瑞士旅游。同期,他发明了旅行支票。后来,这种旅行支票由美国运输公司继续使用,并从1882年起大量印发使用。

老库克去世之后,其子小库克继承父业,继续从事旅游事业。他的功绩之一,是在20世纪初组团去凯泽·吉约姆二世的"圣地"旅行。第一次世界大战之后,这家著名的库克父子旅行社与"国际列车和旅游公司"合并,至今仍是世界上首屈一指的大型旅行社。

另一位与国际旅游业密切相关的伟大创办人,当数旅馆业查尔斯·里茨。他在19世纪末推动了豪华旅馆业的空前发展。正是由于他在1893年创办了"罗马大酒店",1898年开办了巴黎"里茨"豪华酒店,又于1899年在伦敦开张了"卡尔顿"旅馆,使旅馆的设备和舒适条件明显地提高了档次,并且馆内的精巧布置体现了旅游特色,因而受到当时上流社会的高度赞誉。

与此同时,以及随后一段时期,各国的中小型旅馆业也得到较快的发展,成为20世纪30年代以来大众化旅游兴起的基础设施。

3. 大众化旅游时期

根据美国人索尔斯坦·凡勃伦于本世纪30年代在其《有闲阶级论》一书中的分析,在1936年以前的漫长岁月里,以休闲消遣、丰富阅历或疗养为目的而去旅游的可能性,总是由特权阶层所享有(索尔斯坦·凡勃伦,2004)。

在19世纪末,欧洲各国的一些旅游协会相继成立,以便组织参观游览他们本国的大好河山。正是通过国内旅游,旅行才成为一种社会时尚,成为一种与休闲时间相关联的社会需要,如同人们需要享受教育权和自由权一样。与此同时,大众化的国际旅游进程却相当缓慢。若说从1914年以前到境外旅游的人数开始增多的话,那么,只是在 1950 年之后,才真正进入大众化的国际旅游繁荣期。

国内及国际旅游大发展的动因是什么?原因很多。首先,有两点尤为重要:其一是工业化国家居民收入水平的普遍提高。其二是通过承认劳动者享有休假权的社会法的推动。在法国,这一新时代的转折点,是在莱奥·拉格朗热的推动下,通过了"推薪假期"的社会法。这一法律的通过,曾经遭到一伙"精英"的阻挠和冷嘲热讽,他们在其喉舌《费加罗报》上说什么巴黎的劳动者去尼斯度假,侵扰了英国绅士在该市的漫步游览,而他们自己则显出一副寒酸相。

其次,是交通工具的发展和旅游费用的降低。由于汽车工业的发展,以及由此引起的旅游费用的降低,使许多法国人、比利时人、荷兰人和德国人走出国门,驱车前往西班牙的布拉瓦海岸或濒临亚得里亚海的意大利海滨去旅游、观光和度假。应要求而租用飞行的,价格竞争力很强的"包机"飞行,同样使大批的英国人、丹麦人和瑞典人乘坐飞机到国外旅游观光。

此外,旅游接待和信息服务有了改善。各国鼓励旅游的政策不断出台,如简化海关手续,增设旅游娱乐设施,除传统旅馆以外,还兴建旅游度假村。各旅行社和旅行批发商的服务的及时供给,也使其顾客越来越多。上述诸方面,都是促进国际旅游迅速发展的主要因素。

国际旅游的发展,在经济上的影响是广泛的。它对各国的国际支付、投资、国民生产总值、国民收入及就业等方面,都产生了正面效应。到国外旅游被视为一国社会和文化进步的重要象征,它有助于增强各国人民之间的相互了解和文化交流,有助于各国旅游设施的完善,有助于各国之间传播新思想、新事物,但是,它对各国社会的、政治的和生态环境等方面的影响,却并非都是正面的。

今天,国际旅游在各国经济的持久发展和各国人民的相互交流中,已成为一种不可替代的良策。因此,各国只有加深对国际旅游重要性的认识,采取趋利避害的措施,才能最大限度地发挥国际旅游的长处和积极作用。

(二)中国文化背景下对旅游动机的考察

与西方人相比,中国人同海洋的关系,对海洋的认识和情感,则显示了一种"大陆—海岸民族"的特点。中国人自古即注意发展交通事业,但侧重点在陆上而非海上。在被中国人视为"国之大事"的祭祀活动中,名山所获得的贡奉远多于大海(冯天瑜、何晓明、周积明,1990:56~57)。中国古代文化基本上一脉相承,没有断裂,即使为游牧民族短期征服,他们后来也都接受了中华文化。在中华文化背景下,因各朝代的历史条件和民风等因素的影响,民间旅游形式有所变化,但基本形式较为类似。近现代旅游业的发展是在整个西方文化影响下或全球化背景下进行的。当代中国的旅游业仍是发展中国家旅游态势,如以开发为主,"打包"旅游为主等。但是越来越多元化的旅游形式,如各种可替代旅游(Altemative tourism)也在迅速发展中。

在商代,殷王及其王族、奴隶主贵族,都是拥有大量生产资料和各种产品的专业商人。据记载,殷民13族中有9族为专业商户。条氏、徐氏、尾勺氏垄断绳工和酒工;陶氏垄断制陶业;他们经济实力雄厚,"大车以载,利有攸往"。殷商人赶着奴隶、牲畜、农副产品经营四方,最北达今长城以北300公里的辽宁昭乌达盟克什腾旗;最东达于今山东海阳等地;最西至陕西周发祥之地;最南已抵今湖北、湖南地区。用他们的足迹,为日后的旅行者指点了步履的方向,成为中国旅游史上的开拓者与先锋者(王淑良,1998)。

周人以天下道路为自豪,还十分注意开发和利用江河湖泊水上交通。车的制作与使用早在夏禹时就开始了。周商旅的繁荣也促进了通都大邑的建设,造就了一批商旅中心城市,如周的镐京(陕西西安西南)、洛阳和各国国都均辟有固定的商旅贸易地区——后市。许慎《说文解字》说:"旅,为客也。羁旅之臣。"这一时期也出现了为旅行者提供途中遮雨雪、避寒暑的简便住所。

周公是西周宗法制度的创立者。宗法制度是周公制礼作乐中一项最重要的内容。"士"在宗法社会贵族统治集团中处于最底层的地位。但在"士农工商"四民中,"士"为其首,地位也特别显贵。有明确规定的身份、地位、财产和一部分附属的劳动者,承担着对各级贵族的相应义务。"士"的主要职能是执干戈以卫邦家,这种"士"是武士而非文士。到春秋战国时期,剧烈的社会动荡和变革,导致宗法制度解体,"士"从宗法制的羁绊中解放出来,在社会身份上取得了独立的地位,"士"也由"武士"变为"文士"。

游学之旅的主要人物许多是在新的历史时期崛起的"士"。他们有的以投师问学为目的,有的以游乐山水为目的。孔子就曾周游列国,这种周游列国之旅也是一种游说之旅。当时诸侯争霸,各地也在"招贤纳士"。当然,古代帝王巡游也是重要组成部分。而朝圣之旅也存在于各朝各代中。

近代旅游与国际环境和国家的大命运紧密联系在一起,救亡之旅与海外游学之旅成为这一时期重要的旅行形式。新中国成立后一度影响中国一代知识分子命运的"上山上乡"运动无疑也是一种旅行,丰富了知识分子的阅历,增长了其见识。中国大众旅游的发展明显晚于西方世界,属于后发式,即基本受西方模式的影响。

任何简单的总结或简单地把层次需求理论与之前的动机对应都可能使历史时期的旅游动机的研究流于肤浅。但是,仍可以视以下因素为历史时期旅行的主要动机:因健康、教育、精神价值观和自我放纵的目的而旅行。比如,因健康而旅行,与情感和人身的安全紧密相关;因教育而旅行,与自我尊重的需要相关;精神价值观的需求,与自我实现相关;而自我放纵的旅行,可能与生理需要和爱与归属的需要有关(Pearce,1982)。

三、现代社会发展下旅游动机的新趋势

全球化正在彻底改变着我们日常所经历的东西。由于我们所处的社会正发生着重大的变革,社会现存的支持制度已经不再适用。全球化也在显著改变着我们考虑自身以及与他人关系的方式(安东尼·吉登斯,2003)。

在过去,个人的自我认同是由他们出生的社区环境塑造的。该社区主要的价值、生活方式和道德规范提供了相对固定的标准,人们据此而生活。然而,在全球化条件下,我们面临着向一种新个人主义(Individualism)的转向,人们开始积极地塑造自己,构造自己的认同。全球化迫使人们以一种更为开放、反思性的方式生活。作为个人,我们随着所处的大环境的变化而变化,并且在这一环境中发展。甚至我们在日常生活中所做出的很小的决策——穿什么、如何打发空闲时间、如何爱护自己和照顾自己——都是我们的自我认同的创造和再创造过程的一部分。

旅游也成为我们构建自我的一部分。如有些人选择去探险,而不愿意跟团队一起参加"打包"旅行。他们有可能会认为这种流水线式的参观方式限制了他们自我选择的可能。而且他们更倾向于去新奇的地方,这有可能成为他们炫耀的谈资。社会学家王宁也认为,消费构成城市居民的新的"社会识别系统"。这种识别系统使个人有了最大的程度的自我表现和炫耀空间(王宁,2005)。有钱和有闲是根据个人愿望和品位进行消费的两个条件(尼古拉·埃尔潘,2005:22),这也为炫耀性消费提供了可能。这种炫耀性消费本身也是这类人群构建自我的过程。

全球化对文化的影响受到很多关注。图像、观念、商品和时尚比以往任何时候都更快地散布到世界各地。贸易、新信息技术、跨国媒体和全球移民都有助于文化的跨国境自由传播。我们现在生活在一个一体化的信息秩序中,即一个信息被大量、快速分享的巨大的全球网络中。全球化是"文化帝国主义"的一种形式,在这里,西方世界的价值观、时尚和观念正在传播,其影响力之大,以至于将窒息单个国家的民族文化。

相反,另外一些人把全球化过程与文化传统和文化形式的日益分化(differentiation)联系在一起。他们认为,全球社会现在是以极其丰富多样的文化的共存而非文化的同质为特征的。本地传统掺入了大量外来的文化形式,为人们提供了众多可供选择的生活方式,使人不知所措。我们所看到的是支离破碎的文化形态,而非统一的全球文化。

事实上,在这个大众传媒无处不在的年代,一种由人们的行为和传媒图像共同建构的新的现实,即虚拟现实,正在出现。这个虚拟现实的世界是由幻想构筑的。这种幻想是一些只能由其他图像赋予意义的图像,因此不具备在"外部现实"中存在的基础。

在后现代世界中,人们将很难对什么是工作、什么是娱乐做出事先判断。一个人被迫从事搬运重物的工作,而另一个人自愿这么做并把它称为"健身运动"。狩猎可能是一种谋杀活动,也可能是促进父子沟通的绝佳活动。

与大众文化的分化相比,后现代主义有可能使休闲变得更加不同。休闲不仅将成为不同人眼中不同的事物,而且对处于生活不同落点的同一个人而言,也将意味着不同的事物。也许有人认为,休闲对不同的人意味着不同的事物是不言而喻的道理。但是事实上,自二战以后这种多样性或者被否认或者自行消失,像"基本娱乐活动"这类说法曾在公众中广为流传。这种"基本"活动,如果它们确实存在过,如今也已不复存在了(杰弗瑞·戈比,2000)。

(一)旅游需求的时代差异

不同的历史时代,人类有不同的生活形态。有资料说,原始人一生中的劳动时间占33%,而闲暇时间只占16%。农业社会以后,人的一生中的劳动时间占28%,闲暇时间占22.9%。到了工业社会,人的一生中的劳动时间约为10.4%,闲暇时间能占到38.6%。闲暇时间的增多是社会进步的标志,也是传承文化的一个载体(马惠娣、张景安,2004)。

古代社会虽然也存在着旅游活动,但并不是很普及,同时,人们在主观上也没有意识到自己是在旅游。旅游活动不能普及的原因有许多,比如交通工具、道路条件等。在现代技术发展以前,人类对自然的征服是有限的。但另一个重要的原因就是,古代人就生活在唯美的大自然中,不需要像现代人那样为了逃避城市生活或过于快节奏的生活而想回归大自然。

在后面部分谈到的旅游动机的研究,也离不开社会条件的变化。通过旅游,身体得到放松、健康得到改善、心情变得愉快、精神得到满足,但更重要的是,自己生活所处的环境和社会条件的变化使得旅游、度假、休闲成为必要。有关旅游动机的研究均指出了社会环境变化对旅游动机的影响。

勒内·巴雷特热研究旅游需求时注意到:"面对许多要考虑的因素,强烈的愿望是提出分类。但立即出现了一个难题:已有的标准之间的分类线仍是模糊的。"然而,确定说明旅游需求发展的几大组因素是可能的,无需寻求完美无缺(罗贝尔·朗卡尔,1998:21)。

以下介绍的旅游需求因素可列入这类函数式中:

$$Y = f(X_1, X_2, \cdots, X_k)$$

函数式中的 Y 是从出发地到指定的目的地的旅游需求,X_1, X_2, X_k 是指个人或社会所提供的促使旅游需求可能的个人或社会条件。f 是与因素 $X_1, X_2, \cdots, X_k$ 相关联的运算函数。用这样的函数式可估算出旅游需求的弹性变化,就是说其中一个因素的变化都会影响到旅游需求的变化。看来这种弹性尤其受到价格因素的影响。

1. 可支配自由时光

国家对带薪休假制的确认是促使现代旅游需求发展的最重要的因素。随着这个权利被引入更多的国家并涉及越来越多阶层的民众,便创造了大量潜在旅游需求存在的必要条件。随着现代化的推进,工作时间在不断减少,人们越来越重视自由闲暇时间。

2. 人口因素

不同人口有不同特征,其居民会有不同的行为。一般来说,生活在城市的社会群体更爱好旅游。其他特征,如年龄、性别、家庭状况、孩子数量等等,也影响着人们的外出决定。社会对度假更加重视,度假者行为会带来模仿效应,使越来越多的人加入到度假队伍中去。

3. 经济因素

在许多国家,个人(或家庭)可自由支配的收入大大增加,这有力地刺激了旅游消费。同时,旅游消费的固定成本(相对与绝对地)减少了。例如,空中运输对旅游业发展已成为重要的手段。由于其成本降低,越来越多的人在经济上开始能够承受它。

4. 组织和促销

旅游业是一种经济力量和一种引起国家关注的强大社会现实,国家将其作为达到文化、社会、教育甚至政治目标的一种工具,因而得到国家的重视。

这些条件提供了制度保证、技术保证,为大众旅游提供了条件。交通成本大为降低,规模经营成为可能。这些制度安排(如带薪假期)和汽车进入普通家庭都为多样化的旅行提供了可能,如周末露营短期度假。同时,相对安定的政治环境也为旅游提供了基本的保证,也使得各种多样化的、个性化的旅游得以发展。

(二)旅游动机的新趋势

有些人更愿意自己去旅行,如大量背包客都是独自一人出行。另外,人们也可能通过网络或旅游论坛结识志同道合的"旅友"。选择这种旅行方式的人常常是为了逃避常规的生活和寻找认识新朋友的机会,这有助于他们扩展自己的社会资本和人际网络。当然,也有不少人只是为了短暂地寻找"旅友",并不想在以后的生活中继续保持联系。在城市里,社会生活要比以前变得更非个人化和匿名化,而且人们日常交往的多半是陌生人而不是熟人。

在全球有越来越多的人喜欢通过旅行来享受生活乐趣,这种现象对经济产生了广泛的影响。人类的旅行态度发生了革命性的转变。原始人和从前很传统的人只有在极端情况的驱使下才离开自己的出生地。然而现代人对自身环境的依附已有了很大的松动,他们更愿意改变环境,尤其是暂时性的,并且有更强的能力去适应新环境。他们对新鲜的事物、景观、习俗和文化很感兴趣,而这只是因为它们与他们所熟知的一切截然不同。逐渐地,一个新价值观形成了:即崇尚新奇的经历。这种经历使今天的人们感到兴奋、愉快、满足,而过去它只能引起人们的恐慌。

生态旅游的增长是惊人的。其他显著的旅游趋势包括人们旅行的频率更高、假期更短、离家更近。这种旅游一般不远于100英里,历时两到四天。许多人试图在假期、旅行中摆脱压力。

老年人是很大的一个游客群体。他们更倾向于信赖旅行代理商,并且更倾向于远程旅行。目前,人们似乎可以通过个人电脑自行制定旅行安排,许多航线已经开始为老客户提供此项服务。旅行代理商也将尽力推销住所,告知游客他们将去往何处,可能要做的事情,哪些决定可以使旅途更为愉快、更有意义或是更加轻松。这种信息将取代诸如列车、航班、公共汽车价格时间表这样一般的公用信息(杰弗瑞·戈比,2000)。

人类学的角度对旅游业也有一些独特的视角。"旅游业"已经被人类学划分成一系列的类型:国内的、国际的、专注于景点的、宗教的、冒险的、民族的、探险的、教育的。游客也一样:从小资的FITs(free independent travelers,自由独立旅行者)到工人阶层的背包族,再到后来的嬉皮士。人类学家将社会生活分为工作期和闲暇期,并以此来探索旅游的意义。旅游象征了从工作世界及其常规化过程中所进行的仪式性分离。在假期里,一个人成了他自己的局外人。一个人在度假(Holiday)(在语源学上是"神圣的日子[holy day]")的人在精神上的终极渴望包括:爱、自我、他的过去、他的未来、健美的身体、健康、音乐、艺术等等。通过"玩耍"——一种短暂的"自由活动的气氛",其独特而迷人的节奏使人产生了一种关于完美的空间和世界的有限成就感——一个人自觉地需要再造和更新。经过这些经验和表演的舒缓和振奋,游客再回到工作中已经是一个全新的人了。旅行和年假或定期的假期并不是没有紧张和压力。"去个地方"、"呆在家里"、或简单地"什么都不做"也不是一定要用其他非日常的事件来解释:关系的终结,或到了透支的边缘(奈杰尔·拉波特、乔安娜·奥弗林,2005)。

第二节 旅游动机研究的理论框架

目前对旅游动机的研究文献主要可以分为以下三类。第一类是大量的从历史的、宏观社会学的角度对近几个世纪以来游客旅行原因作了解释和总结。第二类是从市场角度作的研究,主要为了预测和确认细分的目标市场。第三类,即通过心理学和微观社会学的角度进行的研究。

　　这一节将回顾近年来旅游动机研究的进展情况,包括马斯洛(Maslow)的需求理论在旅游动机研究中的应用、旅行生涯阶梯(Travel Career Ladder,TCL)和旅行生涯模型(Travel Career Pattern,TCP)、推力和引力理论、逃避与寻求理论、普洛格(Plog)的自我中心和多中心(Allocentrism/Psychocentrism)模型、苏娃托拉(Suvantola)的理论。

一、马斯洛的需求层次理论

　　马斯洛的需求层次理论主要是从社会学和社会心理学的角度对人的需求作了层次分析。有许多旅游研究都把他们的理论分析建立在马斯洛的需要层次理论之上,这是一个在世界学术和公共领域非常具有影响力的动机理论。

　　自马斯洛的《动机和个性》一书于1954年发表以来(介绍了需要层次理论),此理论已在心理学、教育、商业和其他社会科学领域产生较大影响。根据马斯洛的理论,所有人类的需要都由五个层次构成,开始于生理的需求,如饥饿、干渴和性别,然后逐步递增为安全、归属与爱、自尊和自我实现(如图4-1)。个人通常要先满足基本需求。在较低层次的需要得到满足后,层次结构中更高层次的需要才显得突出和紧迫。人类的需要的满足通常依循这个层次秩序。不过,也有例外。当较低层次的需求没有得到满足时,在个人的心灵方面的一些更高层次的需要也可能会占主导地位。

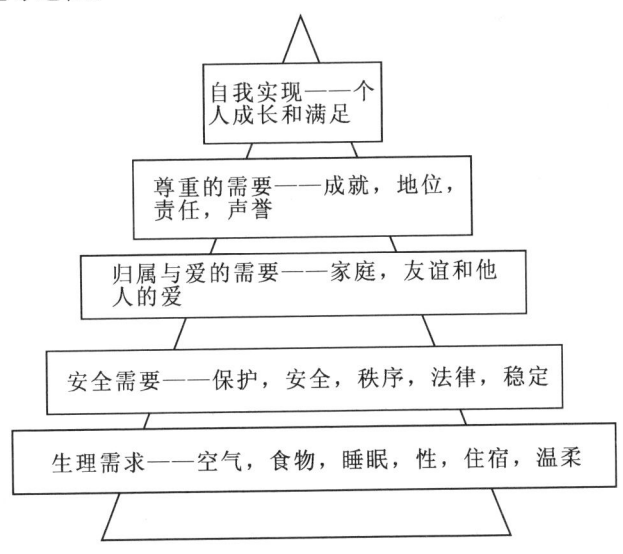

图 4-1　马斯洛的需求层次理论(Maslow,1970)

虽然马斯洛的理论原本是是临床心理学的,但后来也被应用于其他领域,如工业及组织心理学、咨询、市场营销和旅游等领域。皮尔斯把马斯洛的层次理论应用到了旅游动机和行为方面,并分析了 200 名在美国、欧洲,加拿大和澳大利亚游客的 400 例旅行经历(Pearce,1982)。每个受访者被要求写下一次正面的旅行经历和一次负面的旅行经历。旅游经验数据按照马斯洛的层次需要分为五类进行了分析和编码。对于正面的经历,每个得到满足的需求的满意度如下:生理(27%),安全(4%),爱(33%),自尊(1%)和自我实现(35%)的需要。对于负面的经历,五个层级的百分比是:生理(27%),安全(43%),爱(17%),自尊(12%)和自我实现(1%)。基于此信息,皮尔斯认为游客被吸引到度假目的地,最为关注安全,在保证安全的前提下,更多的重点则放在满足生理、爱与归属和自尊的需要方面。

马斯洛的动机理论广泛受到应用。但有学者批评这一理论没有包括一些重要的需求,如支配(dominance)、游戏(play)和进攻性(aggression),而这些方面可能更适合解释一些游客的行为。马斯洛(1970)还讨论了其他两个重要的需要:审美的需要、认识和了解的需要。但这些需要没被包括在层次的需求模型中。不过,从旅游角度来看,这些需要比其他层级理论中的其他需求更重要。人的旅行,是为了了解更多新的事物,并接触到美的事物。可惜的是,几乎所有的旅游研究都没有把马斯洛提到的这两个相关的人类需要因素应用起来。

层次需求理论也不能只简单地根据字面意思来理解。有些相同的事物或同样的事情对于不同的人来说可能意味着不同的经历和感受。皮尔斯(1982)报告中有 27% 记录的旅行的经历是与生理需要有关的。但有些生理的需求可能并不代表马斯洛所界定的那种生理需求。举例来说,澳洲的受访者评论说,她或他在新几内亚最享受的是食物。在这种情况下所表达的食物,并不代表马斯洛所界定的生理需要(即最基本的维持温饱的需要)。可以说食物满足了一定的审美需要,这是一种精神层次的更高的需求,表达了对当地美食或饮食文化的赞赏。

二、皮尔斯的 TCL 和 TCP 理论

马斯洛的层次需要理论被应用于旅游研究是旅行动机研究的一个重要里程碑。皮尔斯后来又在此基础上发展出了两个概念性的框架,即旅行生涯阶梯(TCL)和旅行生涯模式(TCP)模型。

旅行生涯阶梯(TCL)(Pearce and Caltabiano,1983) 的最初研究可以追溯到皮尔斯早期对旅游行为的研究工作(Pearce,1982)。当从正面和负面两方面来对旅行经历编码并分析数据后,皮尔斯(1982)报告说,老年人的回忆更多地是与正面的方面(如爱与归属的需要)和自我实现的需要相关,而年轻的游客更加注

重生理的需要。此外，那些更频繁出行的人更容易强调自我实现和爱与归属的需要。基本上可以说，TCL 模式是基于马斯洛的层次需求，是朝向自我实现目标的概念化梳理(Ryan,1998)。据 TCL 模式，游客的需要或动机以层次结构或阶梯形式组织，处于最低层次是放松的需求，然后依次是安全/保安的需要，关系的需求，自尊和发展的需要，这一秩序的最高级别是"自我实现"(self-fulfillment)的需要(图 4-2)。这一框架下的核心理念是个人的旅游动机随着他/她的旅行经验而变化。TCL 假设认为，人的旅行"生涯"(Career)随着他们的生命历程和积累的旅行经验而变化。当游客越来越有经验时，他们也越来越多地寻求更高层次需求的满足。很多人是系统地向不同阶段转移而形成可预见的旅行动机模式。有些游客可能会呈明显的"上升"阶梯式，而另一些可能会停留在某一水平，这取决于应变或限制因素，如健康和财政上的考虑。大体而言，TCL 理论指出，人们随着旅行经验的丰富而向旅游动机的更高层次迈进。(Lee and Pearce,2003)

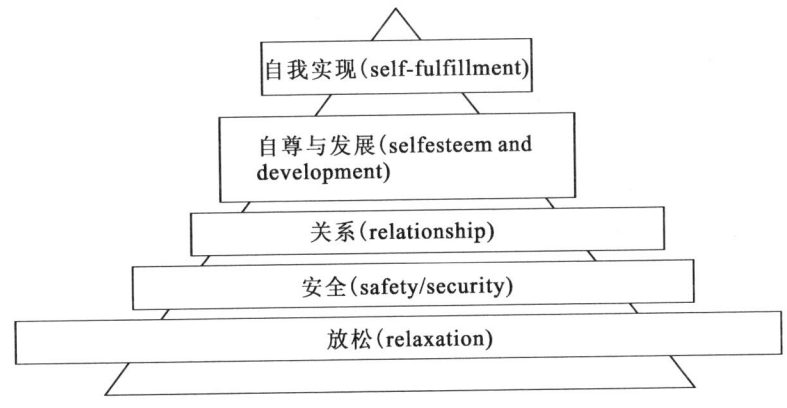

图 4-2　旅行生涯梯形(Ryan,1998)

旅行生涯理论被广为应用，甚至扩展到了商业咨询机构。尽管旅行生涯理论是引人注目的，但作为一个概念框架，仍没有有力的实证研究支持这一理论假设，甚至皮尔斯和他的同事们也未进行这方面的实证研究。瑞安(Ryan,1998)的案例研究也表明几乎没有证据支持皮尔斯的这个概念框架。瑞安(1998)认为，根据以往对旅游目的地的访问显示，游客并没有增加其旅行动机的层级。

另一个概念框架——旅行生涯模式(TCP)——最近由皮尔斯和他的同事们(Lee and Pearce,2003;Pearce and Lee,2005)提出。虽然他们称 TCP 为调整版的 TCL，但新模式实际上是很不同的。李(Lee)和皮尔斯(2003)在西方(澳大利亚、英国和其他西方国家)和东方(韩国)两种文化背景下实际验证了 TCP 的框架。这两项对动机因素的研究产生了非常相似的结论。具体来说，在这两项研究中，14 个动机因素来自 74 个动机子项，其均值重要性排序有所不同。在韩国文化的背景下,由均值数来排名的动机因素是:(1)新奇性(novelty),(2)逃离/放松(escape/relax),(3)自我实现(self-actualization),(4)自然(nature),(5)亲属关系(kinship),(6)自我加强(self-enhancement),(7)浪漫(romance),(8)亲情—归属感(kinship-belonging),(9)自治(autonomy),(10)自我发展(在当地的参与)(self-development—host-site involvement),(11)怀旧(nostalgia),(12)刺激(stimulation),(13)孤立(isolation)和(14)承认(recognition)。当比较不同旅行生涯(经历)群体的动机分值时,出现高度趋同的结果。研究结果表明,在14个旅游动机因素中,在更高层次的旅行生涯模式层级的受访者更加重视外向型的动机因素,比如通过对当地社会的参与和寻求自然来获得自我发展。在较低的旅行生涯模式层级的受访者更专注于内在的动机因素,如自我增值、爱情、亲情(属于)和自主性。其他因素的均值在高与低旅行生涯模式层级并没有显示出显著性差异。不过,基于对其重要性的分析,这些因素可分为两个集群。一个集群包括所有旅客中最重要和最常见的动机因素,即新颖性、逃离/放松和亲属或关系,而另一个集群中包括对所有受访者都较不重要的动机因素(如怀旧、刺激、孤立和社会地位)。

在这些研究结果中,李和皮尔斯(2003)提出了旅行生涯模式的模型。该模型划分了三个层次的旅游动机,每个层次都包括不同的旅游动机。最重要的共同动机(如新颖性,逃离/放松,加强关系)是嵌入在核心层的。核心外围的是包括中度重要的旅游动机,这些动机由内在导向的动机(如自我实现)转向了以外部导向的动机(如自然和在当地的参与)。组成外层的是共同的、相对稳定、较次要的旅游动机(如怀旧、孤立、社会地位)。

李和皮尔斯(2003)进一步解释说,在旅行生涯模型各级的快乐旅行者(Pleasure traveler)都受到最重要和最中心的旅游动机的影响,如新颖性、逃离/放松和关系,同时也受到较次要的动机的影响,如孤立、怀旧和社会地位。不过,随着他们的旅行生涯的发展,随着社会阅历和旅行经验的丰富,旅游者的中度重要的旅游动机开始从内在导向的需求(如自我发展)转向外向型的需要(如体验自然和东道主的现场参与)。

与旅行生涯阶梯理论相比,旅行生涯模式对于旅游动机的研究提供了更有意义的信息和解释。然而,与旅行生涯阶梯理论相比,旅行生涯模式理论还处在发展阶段。旅行生涯模式的有效性需要进一步得到证实。

三、推拉因素理论

虽然迄今为止还缺乏一个被普遍接受的统一的旅游动机的理论(Fodness,1994),推/拉模型为许多研究者所接受(Dann,1977;Crompton,1979;Dann,1981)。推动因素是指内在的动机或力量导致游客寻找参与各种活动以满足他们的需求,而拉动因素是旅游目的地所产生的力量及游客所形成的有关旅游目的地的知识(Gnoth,1997)。大多数的推动因素是内生的动机,如解脱的愿望、休息和放松、声望(prestige)、健康和健身(health and fitness)、探险和社会互动。旅游目的地的吸引力,包括沙滩、康乐设施及文化景点(Uysal and Jurowski,1994),导致拉动因素出现。传统上认为,推动因素是重要的引发旅行产生的愿望,而拉动因素则被认为在解释目的地选择上更起作用(Crompton,1979;Bello and Etzel,1985)。

克雷姆顿(Crompton,1979)在快乐旅行者(pleasure traveler)之间确定了两类动机,即社会心理动机和文化动机。他从39个非结构式访谈资料的分析中归纳出9个动机。其中包括7个社会心理动机和2个文化动机。7个社会心理动机是:逃离日常的世俗环境、探寻和评价自我、放松、声望(prestige)、回归、加强亲情关系和促进社会的互动;2个文化动机分别是新奇和教育。克雷姆顿希望把这些动机与推拉因素联系起来。他认为,度假的推动因素是社会心理动机,而拉动因素是文化动机。测试显示,受访者将其中一个文化动机——新奇等同于好奇心、冒险、新的和不同的(Crompton,1979)。因此,这一分类似乎为动机贴了标签。如果一个人用"好奇"(curiosity)替代"新奇"(novelty),这一动机就更像一个推动因素。马斯洛(1970)讨论的好奇心(知道和了解的愿望)是一个人类的基本认知的需要。好奇似乎更适合作为一个推动因素。因此,除了将文化动机中的"新奇"作为一个吸引因素导致的这一分类上存疑外,克雷姆顿对9个旅游动机的分类是有见地的,也是对旅行动机的研究的重要贡献。

丹恩的动机理论基于两个概念:失范与自我提高(Anomie and Ego-enhancement)。他从社会学角度论证了失范和自我提高是两个重要的旅游动机(Dann,1977)。他进一步认为,这两个动机都是"推"的因素。"失范"代表了一种超越日常生活中孤立感觉的愿望,而旅游只是希望能"摆脱一切"。另一方面,自我提高来源于个人需要的层次。正如社会互动的需求,人们希望得到承认。

丹恩通过区分在巴巴多斯(Barbados)的"失范"游客与"自我提升"游客,用实证的方法检验了这两个旅游动机。"失范"的游客通常是年轻人、已婚、男性、有较高的社会地位,多来自小城镇和乡村的重游游客。"自我提高"的游客代表着这一谱序的相反一端。这类人群更有可能为女性、第一次造访的访客、处于较低的社会经济阶层,并更年长一些(Dann,1977)。

丹恩的研究也与马斯洛的理论相关。皮尔斯指出,丹恩对于"失范"的分析,是在重述马斯洛的爱和归属的需要,而"自我提高",可以说是自尊的需要。虽然对于"失范"和"自我提高"的关注提供了一些从社会对个人影响的角度对旅游动机进行的分析,分析只在非常有限的程度上揭示了复杂的旅游动机。虽然丹恩的分析加强了马斯洛的层次需求中两个动机的概念,但皮尔斯认为这一分析很难满足旅游动机的许多准则(Pearce,1982)。

根据定义,推拉模型是一个二分模型。奇怪的是,丹恩(1977)和克雷姆顿(1979)都不赞同这一本质特征。丹恩更钟情于"推力"的因素,认为"推力"是"拉力"的前因。此外,他认为,要回答"什么使游客旅行"这个问题时只会涉及"推力"的因素,而与"拉力"即目的地毫无关系。"失范"和"自我提高"的概念都来自于"推力"的因素,他并不认为这两者之间的关系是二分的。相反,他把"失范"和"自我提高"看作一个统一体。克雷姆顿还企图把从文化到社会心理的动机排列成一个谱序。

此外,一些学者对各种推拉因素之间的相互关系作了研究(Uysal and Jurowski,1994;Kim and Lee,2000;Klenosky,2002)。乌沙(Uysal)和尤若斯基(Jurowski)(1994年)及基姆(Kim)和李(Lee)(2000)利用因子分析和回归测试了"推力"和"拉力"间的关系。所有这些研究都表明"推力"和"拉力"两因素间存在相关性。

"推力"与"拉力"的概念被广泛应用于旅行动机的研究中。虽然大多数研究人员只是使用这一概念来分类和识别各种动机,但一些研究则聚焦于两者之间的关系。"推力"与"拉力"因素都是旅游动机的这一说法是有争议的。有相当多的研究者把"推力"和"拉力"概念区分开来,并接受"推力"因素作为旅游动机的主要作用力,而"拉力"因素被当作目的地或景点的属性。

另外,格雷(H.P.Gray)在休闲学领域也应用了这一理论。在他1970年出版的《国际旅行—国际贸易》一书中,提出了休闲旅行的两种驱动力:追求漫游(wanderlust)和追求阳光(sunlust)。他认为,追求漫游是人类的一种内在的本质特征,它催促着人们离开熟悉的环境和事物而前往异域他乡去观赏令人激动的异域文化和事物的欲望。相反,追逐阳光这种欲望的满足有赖于客观存在的能符合特殊意愿的优美的异域风光(例如,大批游客为"追逐阳光"而涌向加勒比海地区和地中海地区)。在这里,格雷把追求漫游解释成一种内在的"推动"因素,而把追求阳光解释成是对存在于异地的"拉动"因素做出的反应。这种认识的价值似乎主要在于提示导致游客心理失衡从而形成旅游行为的内驱力的内在机制。另外,格雷的模式把追求漫游和追逐阳光并列为两种心理品质,显得并不很完善。但这一模式揭示了游客的旅游行为是由内外两种因素的作用引起的,尤其是由二者的矛盾状态催生的(谢彦君,2004)。

四、逃避—追寻理论

旅游动机的测量是学者们所重视的一个问题。许多研究者都试图构建一套谱序来解释旅游动机。在休闲研究领域，曼内尔（Mannell）和艾索—阿荷拉（Iso-Ahola）(1987)提出了一个两维度旅游动机模型。根据该模型，两个动机力量同时影响个人的休闲或旅游的行为。换句话说，休闲旅游带来的心理惠益来自于摆脱日常和压抑的环境，而追求休闲的机会是为了得到一定的心理回报。更具体地说，曼内尔和艾索—阿荷拉认为，人们去寻求休闲或旅游活动的动机是为了摆脱以日常的个人或人际关系间的问题并获得个人或人际关系间的回报。个人回报主要包括自决权（self-determination）、能力或掌握（a sense of competence or mastery）、挑战（challenge）、学习（learning）、探索（exploration）和放松（relaxation）。人际间的回报主要是指社会互动。图 4-3 是说明曼内尔和艾索—阿荷拉的理论框架。

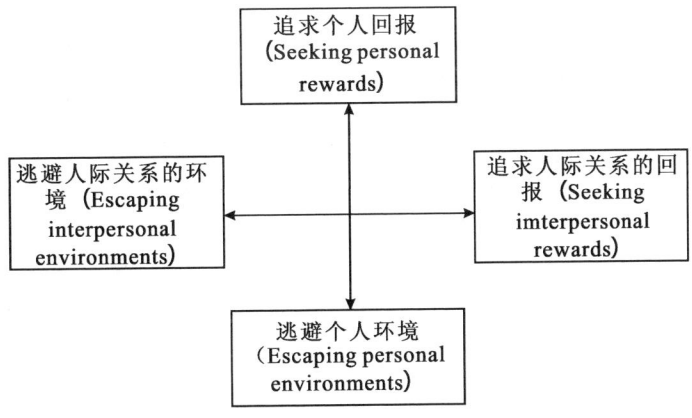

图 4-3　休闲动机的逃避与追寻理论（Mannell and Iso-Ahola, 1987）

曼内尔和艾索—阿荷拉（1987）认为，在大多数情况下，对于大部分人来说，旅游更多地意味着"逃避"，而不是以"追求"为导向的活动。以"逃避"为导向动机的休假，意味着人们为了回避他们过于刺激或不够刺激（过于平淡）的日常生活状况。那些为逃避过度刺激而去度假的人倾向于在度假期间参与较少的休闲活动，与为了逃避"不够刺激"的日常生活的人群相比更少重视寻求内在的回报。这个论点的背后是心理学的概念——最大化唤醒（optimal arousal）[①]。相对于"最大化唤醒"的是"最小化唤醒"（minimal arousal）。"最大化唤醒"对于理解旅游的动机非常重要。瓦勒斯（Wahlers）和艾日儿（Etzel）(1985)发现，游客的度假偏好

---

① 被应用于运动员状态研究等许多领域。如果运动员在 Optimal Arousal 状态，就会有最佳的表现和发挥。此概念在动机研究领域也广为应用，甚至有学者建立了"最大化唤醒"模型，详见 http://reversaltheory.org/_Archive/MotivPres_rt3.htm。

依赖于最优或理想的刺激(个人特质水平)和实际的生活方式刺激之间的差异。如果人们在日常生活中所得到的刺激低于他们的期待,则他们在休假时往往倾向于寻求刺激。在另一方面,如果人们在日常生活中所接受的刺激超过了他们的期待,则喜欢选择一个更宁静的假期。

如前所述,逃避/寻求理论主要是基于曼内尔和艾索—阿荷拉对休闲动机的研究。他们根据旅游的特征调整了休闲动机理论,并把旅游当成是一种形式的休闲活动。而在广义上,旅游和休闲是重叠的,但在许多方面旅游不等于休闲。旅游动机有一些新的特点,值得单独构建理论。因此,来自休闲研究的动机理论只可以解释部分旅游行为,但其他方面的旅游动机可能不会得到解释。比如,应当对人们的工作和生活环境有所了解,以了解其度假动机。更具体地说,人们的日常生活和工作中"唤醒"的程度,可能会对旅行动机的研究提供更有价值的信息。

五、自我中心和多中心型理论

普洛格(Plog,1974;Plog,2001)根据他在航空业的经验提出了有广泛影响的自我中心型/多中心型(allocentrism / psychocentrism)模型。在20世纪60年代后期,16家航空公司/旅游公司给普洛格提出一个问题:为什么相当多的美国人在一定时间内没有乘坐飞机?怎样能把更多的不愿坐飞机的人变成愿意坐飞机的人?经过深入访谈,普洛格(1974)发现,这些人有着共同的人格倾向,包括:(1)领域边界(territory boundness)——在一生中倾向于尽量少旅行;(2)忧虑感(generalized anxieties)——强烈的日常生活中的不安全感;(3)一种无能为力感(a sense of powerless)——感觉无法控制一生中的命运和不幸。他把具有这些倾向的人归为"自我中心型"。

随后的研究表明,在"自我中心型"的另一端有"多中心型"存在。具有"多中心型"气质的人是具有冒险精神并自我确信的。在"自我中心型"和"多中心型"之间的是"近自我中心型"(near-psychocentric)、"中间型"(mid-centric)和"近多中心型"(near-allocentric)。全国范围内的样本表明,"多中心型"与"自我中心型"维度呈正常的曲线分布,并轻微地向多中心型倾斜(图4-4)。最近,普洛格(2001)修正了他的模型,并重新界定"自我中心型"为"过于依赖型"(dependables),"多中心型"为冒险型(Venturers)。他认为,约2.5%的美国人可以归类为过于依赖型,而稍逾4.0%则为冒险型,其余介于两者之间:近依赖型,近冒险型和中间型(最大的群体)。

普洛格的模型在旅游的教科书中被广泛应用。该模型对旅游目的地的兴衰具有较好的解释力。基于此模型,普洛格(2001)认为,大多数目的地遵循一个可预测的、但又无法控制的发展模式,即:经历从开始发育到发育成熟,然后到老年和衰落。在每一个阶段,目的地都会吸引不同心理图谱组的旅客,他们将决定目的地的特点和是否成功。

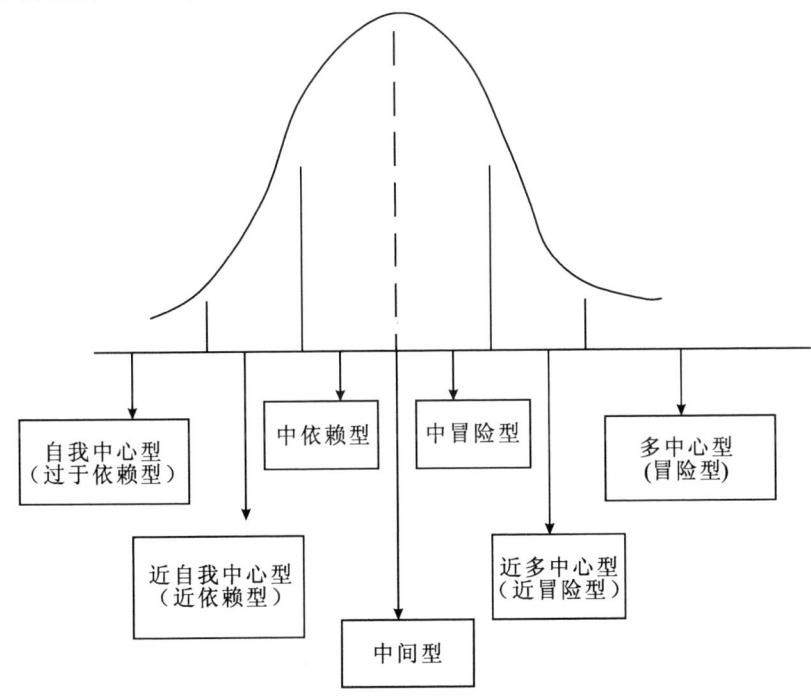

图 4-4 多中心型与自我中心型图谱分布(Plog,2001)

当一个旅游目的地刚开始发展时,很少有旅游业的支持产业存在,如酒店、饭馆和有组织的观光。在早期阶段,大量的游客还没有来,只有少数冒险者到达。当冒险者返回家园后,他们会跟朋友和亲戚谈到他们发现的最佳新景点。在这些朋友和亲戚中"近冒险型"的人则会访问他们刚刚听说的吸引人的地方。在正常的分布曲线上,近冒险型的人要远远多于"冒险型"的人数。由于大量的"近冒险型"游客的到来,使得需求增加,当地人对旅游业未来的发展变得乐观,开始兴建酒店、餐厅、商店,出售"本土"的商品和其他服务。

反过来,当"近冒险型"返回家并对目的地表示满意时,他们又把他们的信息传递给"中间型"的朋友,结果就创造了更大的需求。但是,由于"中间型"很少会影响"冒险型"或"近冒险型",他们会把他们的意见传递给其追随者(即近依赖型和依赖型)。于是,目的地逐渐发展,并成为典型的旅游目的地,开始对"依赖型"更具吸引力,但对"冒险型"的人不再有吸引力。随着这一曲线的变化,于是目的地"先受欢迎,再衰落"的过程可以得到解释。

普洛格(2001)认为,对于大多数目的地的理想的心理定位是近于中间"近冒险型"部分。如果一个目的地的规划者能了解这一心理曲线,他们就可以控制旅游业的发展和保持一个理想的市场定位。

虽然在旅游研究中为众人所共知,普洛格的理论对于旅游动机或旅游行为的预测探讨甚少。一些研究人员批评普洛格的理论,因为游客在不同的情况下因不同的动机在旅行(Andreu, Kozak, Avci, et al., 2005)。举例来说,度假者可能需要在一个"多中心型"的目的地冬季滑雪;不过,他们仍然需要在"自我中心型"的目的地度过他们的主要假期。曼卡尔(Mckercher)(2005)批评普洛格模型的有效性,他认为每个游客被吸引到旅游目的地,都与一个目的地具有独特的关系。一个目的地可以同时存在多个阶段普洛格的"多中心型/自我中心型"的图谱。然而,与其他游客类型的分类相比,普洛格的模型提供了更多旅游动机的解释。

六、"家"与"到达"理论

苏娃托拉(Suvantola)提出了"作为到达的旅行"(travel as reach)这一概念(图4-5)。"到达"恰恰与艾索·阿荷拉的"逃避"形成了对比。同时,苏娃托拉还批判了"推力"与"拉力"理论,认为不一定是因为这两种力量才激发了旅游的产生(Suvantola, 2002),为旅游动机提供了另一个视角的解释。

旅行的动机是要摆脱日常世俗的家务琐事,并寻找一种差异(difference)的可能性来满足"到达"(或"到达距离")(reach)的需要。这种差异性使得地方空间的改变非常有意义。因为导致改变的另一个地方(the other)是相对于每天都相似的"家"而言的。所以,对另一个地方的期待往往与"家"联系在一起。在家的日常生活与离开带来的期待之间的关系成为旅行动机分析的中心。这一关系也可说成是"家"(home)与"到达"(reach)之间的辩证关系。

旅行动机根植于日常生活,社会也对其产生重大影响。我们想去旅行不仅仅是由于一个或几个原因,而是因为这些原因背后的一个主题。"家"和"到达"就是这样一个主题。"到达"与生活的多个方面相关,而不止是指"空间上的"(spatial)到另一个地方。但因为地点(place)是一个包含所有的实体,一些非空间性的因素的目的的"到达"常常为被认为是空间上的原因。所以旅行可以是"到达",地方的变换很可能是偶然的而非最后"到达"的目的。这样就使得在概念上有可能区分两种"到达",一种"到达"的地方是偶然的,比如参加一个事件,而另一种"到达"则与地方息息相关,如出访之前的家。生活各方面的到达轻易地被理解成离开我们生活的地方(home place)。

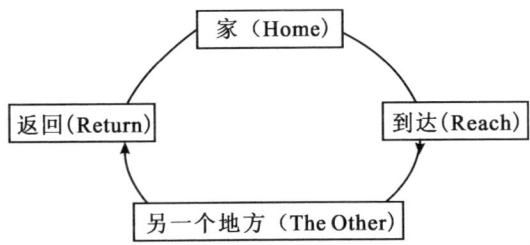

图 4-5 旅行从"家"出发到"另一个地方"并返回的环形图(Suvantola,2002)

七、其他

(一)对动机研究客观性的探讨

旅游动机研究一直是几十年来旅游研究的一个焦点。皮尔斯(1993)认为,虽然在休闲及旅游文献中有大量关于动机的文章,但只有少数几个理论被广泛采用。理论贡献不多的原因可能是因为旅游动机是一个复杂的心理构建过程,对它的研究还缺乏广泛接受的研究方法和验证测试手段。旅游动机的研究,出现了"研究者导向"的倾向。正如曼内尔和艾艾索—阿荷拉所指出的,在休闲研究的背景下(Mannell and Iso-Ahola,1987:322):"研究人员所做的是把种种分类的主题列出来,并要求游客结合自己的休闲活动参与程度来进行重要性排序。这些主题的分类是研究者预设好的,是对通常已经预知的原因的陈述,而不是对一种特定休闲体验的排序。"

在这些研究中,通常用因子分析进行数据处理来减少所分析的动机或尺度的子项。研究者认为,这些剥离出来的因素可以用来解释大多数时候大多数人的休闲动机。但这样一种路径忽略了休闲动机动态的一面。

在游客的类型学研究中也出现了类似的情况。旅游类型学中的一个问题是,研究结果更大程度上依赖于研究人员的解释。既然在旅游动机的研究上不可能完全排除研究者的影响,那么至少应当减少研究人员的主观性所带来的偏见。

(二)定量与定性研究方法的探讨

实证或定量常用的方法通常会先列出文献中所发现的动机项目,然后再将其整合到问卷中。通过邮寄问卷或通过其他调查方法获得数据,并通过各种统计技术,如因子分析、方差分析和回归分析产生分析结果。定量方法研究的可信度主要是依赖于问卷中所选择的动机项目。对于真正存在于一个游客心里的而没列在调查问卷上的动机因素,研究人员却无能为力。使用预先设定的动机因素是有问题的,因为没有方法来保证研究人员选择的是受访者认为的最重要的动机因素(Jewell and Crotts,2001)。

另一种研究旅游动机的方法是采用一种定性的方法。最常用的方法是以开放式问题结束的非结构化或半结构化访谈。投影技术也可能是适当的方法。通过对叙事记录的解码和内容分析得出结论。在旅游动机研究的探索阶段,定性方法可能会更有用,它有利于对人们旅行动机的真正原因提供有远见的信息。皮尔斯(Crompton,1979;Pearce,1982)等人都是从定性研究开始他们对旅游动机的探索的。

定量和定性的研究方法都不是完美无暇的,各自都有其优点和缺点。定性研究者声称他们的结果是建立在游客"自己的话"和"真实的经验"基础上的。不过,丹恩(1981)指出,一个主要的问题是游客自己可能不知道他们旅行的真正原因。丹恩通过四个陈述突出了这一问题:(1)游客可能不希望去反思(reflect)他们真正的旅行动机;(2)游客可能无法反思其真实的旅行动机;(3)游客可能不想表达其真正的旅游动机;(4)游客未必能表达其真正的旅行动机。

因为定性和定量相结合的方法可以是相辅相成的,使用这两种方法对一个特定的研究项目进行研究更可靠。在进行一项大规模的问卷调查之前,可以进行小规模的问卷调查和小规模的深度访谈。从深入访谈中得出动机因素往往比仅仅从文献中获得动机量表更精确。

第三节 旅游动机的实证研究

在上述理论基础上,学者们从各种不同视角、不同的研究路径、对不同国家、不同人群及特殊人群、特殊兴趣群体的旅游动机进行了大量的实证研究(Anderson and Shaw,1999;Clift and Forrest,1999;Hanqin and Lam,1999;Upchurch、Davies and Sverdlin,2000;Lee、Lee and Wicks,2004;Andreu、Kozak、Avci et al.,2005;Yoon and Uysal,2005;Jang and Wu,2006;Lee、Lee、Bernhard et al,2006;Poria、Reichel and Biran,2006;Hsu、Cai and Wong,2007;Maoz,2007;McGehee、Kim and Jennings,2007)。

一、利基旅游的旅游动机研究

利基旅游(niche Tourism)与特殊兴趣旅游(special interest tourism)在近几年的发展中呈上升趋势,并与大众旅游(mass tourism)相对应而出现。利基旅游与特殊兴趣旅游有许多相似的内容,但总体来说,利基旅游可以包括特殊兴趣旅游(Novelli,2005)。在全球化、同质化的世界里,利基旅游代表了一种多元化和差异性。"福特经济"(fordist economies)就是旅游研究中"大众旅游"的代名词,它意味着大规模、流水线式的、缺乏个性化的产品。利基旅游则是与此不同的、非大众化的旅游产品。

(一)对残障人士旅游动机的研究

瑞和瑞德对于残障人的旅行需求与动机作了一个探讨性的研究。研究认为,随着"美国人残疾人法案"(Americans with Disabilities Act,即ADA)和较早的"航空可进入性法案"(Air Carrier Access Act)的通过,美国市场促销工作人员开始关注到这一曾被忽视的市场。研究的对象主要是美国残疾人,他们的人数大约有3600万。研究人员采用了焦点访谈的方法,并作了问卷调查,问卷调查也包括了一部分一般的游客,但这些游客自认为在身体上都有某种程度的缺陷。通过问卷调查,被访问者认为口碑、互联网和旅行指南是他们计划旅行时最重要的信息来源。他们度假时很希望参加体育运动,他们身体方面的障碍并不一定影响他们享受旅行,相应的市场开发商可以考虑出台相关政策和措施来吸引这类人群,在规划时充分考虑到这类人群的特殊需要(Ray and Ryder,2003)。

(二)对节庆、事件、会展游客动机的探讨

克莱姆顿和麦克凯用"逃避—追寻"和"推拉"理论分析框架研究了参加事件、节庆活动的参与者的动机。问卷调查结果显示:文化探索、新奇/回归、恢复平衡、外部互动/社会化等是这些人参加节庆活动的主要动机(Crompton and Mckay,1997)。

李等也对节庆动机作了研究,他们认为,建立在动机基础上对节庆市场的细分研究对于市场促销很有帮助。研究使用了聚类分析的方法,探讨了游客类型及其满意度。结果显示,参加节庆活动的国内游客多受传媒如电视的影响,而国外的游客则受朋友和旅行社的影响,这也意味着可以针对不同的细分市场采取不同的促销政策(Lee,Lee and Wicks,2004)。

有学者对会展参加者的旅游动机、满意度、行为等作了研究。数据采自美国东南部的一个会展的参会者。结果显示了会展动机的5个维度:(1)活动与机会;(2)人际网络;(3)会展的方便性;(4)教育福利及(5)产品和交易(Severt,Wang and Chen et al.,2007)。

(三)博彩业

有学者(Lee,Lee and Bernhard et al.,2006)以韩国为例考察了博彩行业中赌客的动机。采用了聚类分析的方法对赌客的社会人口特征和行为变数作了研究。最后得出赌客动机的四个维度:社会化/学习、挑战、回避、获胜。"赢钱"是他们最基本的动机,但也伴随有兴趣(excitement)、刺激(excitement)、有趣(fun)

和其他个人的原因(personal needs)。聚类分析把赌客分成了四个类型:寻求挑战/赢钱者(challenge/winning seekers),只为赢钱者(only winning seekers),轻度赌博者(light gambling seekers),及多目的寻求者(multi-purpose seekers),并相应地研究了其市场策略及其与社会人口特征的关系。

(四)遗产旅游

杰娃和克罗兹(Jewell and Crotts,2001)采用了层级价值地图技术(Hierarchical Value Map—HVM technique)去探讨游客到遗产地旅游的动机与需要。他们抽取了到一个18世纪庄园参观的人群作样本。研究表明,这类人群更注重追求满意的休闲体验,他们有特定的动机和需求。可以根据他们的需要来进行市场促销,打造目的地形象并最优化游客的体验。还有一些学者从遗产管理的角度对动机和期望值作了研究(Poria,Reichel and Brian,2006)。

(五)其他

有学者用定性的研究方法对自愿者的旅游动机作了研究(Anderson and Shaw,1999)。也有学者对"打包旅游"的动机作了研究(Quiroga,1990),研究了团队游客的旅游动机、满意度。

还有学者(Qu and Ping,1999)对香港游轮游客的动机和满意度作了研究。研究者采用了结构式个人访谈的方法,系统地抽取了330个样本。研究结果显示,旅游动机的因素是"离开常规生活"(Escape from normal life)、"社交聚会"(Social gathering)和"美丽的环境和风光"(Beautiful environment and scenery)。

克里夫和福瑞斯(Clift and Forrest,1999)对同性恋的旅游动机作了研究。之前的研究较少观注这一市场。英国南部的562个同性恋者自填了问卷,评价了他们度假期间的性活动和性危险行为,确定了三个维度的同性恋游客的动机:同性恋者的社会生活和性、文化和景点、舒适和放松。

二、不同性别、年龄、阶层及国家或文化背景下人群的旅游动机的研究

旅游动机既有抽象的一面,又有具体的一面。当不同人群去同一个地方时,可能动机完全不同。不同的性别角色和年龄也会影响到旅游动机,而不同的文化背景和民族也导致了旅游动机的不同(Kozak,2002;Jang and Wu,2006;McGehee,Kim and Jennings,2007)。

尽管一个人可能有旅游的动机,但旅游的可能性还取决于一系列个人因素和供给因素。这些因素被称为需求的决定因素,并代表着一个旅游的"可能性参数"。例如,人们需要达到一定的可随意支配的收入水平才能参加旅游。这种可

随意支配的收入,甚至参加旅游的类型都将受到职业类型、生命周期的阶段、动机性、受教育水平和人格等因素的影响。

(一)性别

性别差异具有生物学的基础。在社会化进程中,性别间的生物学差异提供了一个框架,后者在社会中受到"文化雕琢"(吉登斯,2003:103)。

随着女性开始在生活的各个领域争取自己的选择权,她们在旅游和休闲领域也会享有自己的选择。但要消除女性所受的压迫,不仅需要平等,还需要让女性有自由选择的权利及控制自己生活的权利。事实上,待在家里的全职太太的工作时间往往比丈夫的长,能拥有的休闲时间比他们的少,也享受不到假期、病假、津贴和工资。

任何对休闲的研究都应考虑到社会化、生活变化与生活方式之间的相互影响。在女性一生中的不同阶段,随着角色、责任、生产中的主要问题、价值等的变化,休闲对她们的意义及她们在休闲中所面对的制约因素也会发生变化(卡拉·亨德森、黛博拉·拜尔列席基、苏珊·萧等,2000)。

休闲是一种自由和自我表达。女性对休闲的参与可以使她们摆脱限制性的性别角色与社会对她们各方面的规定,从而使她们得到赋权。女性的地位与休闲的地位是休戚相关的。休闲对女性生活质量的重要性是需进一步研究的一个问题。

麦格荷(McGehee)等(2007)对弗吉尼亚农场旅游中性别在旅游动机中的差异性作了研究。研究发现,男性和女性的动机是相似的,比如男女都追求独立、对社区有贡献、产品的多元化。然而,当讨论独立性时,女性更强调"减少花费"(expense-reducing),而男性则强调"收入诱导"(income-inducing),女性有更高的动机参与农业旅游或参观农场。

(二)年龄

自由时间是传统工业化社会对休闲的定义,它指的是一个人生活当中自己可以支配、可以用于自己想干的事的时段(杰弗瑞·戈比,2000:24)。老年人与年青人的旅游动机会有所不同。一个人的年龄和家庭环境对旅游需求的数量和类型会产生影响。这些因素很自然地互相关联并互相补充。在西方社会,一个具有高地位职业的人通常是高收入的中年人,并具有高于一般水平的带薪假日、受教育程度和机动性(克里斯·库珀、约翰·弗莱彻、大卫·吉尔伯特等,2004)。

在一个看重年轻、活力和身体魅力的社会中,老年人往往就变得不显眼了。然而近年来,人们对老年人的态度已有所转变。当然,老年人不可能恢复到古代社会的样子,即在团体中享有完全的权威和声望。但是由于他们开始在人口中占有较大比例,所以老年人获得了比他们过去多得多的政治影响力,而且他们已经变成一个强有力的政治集团(吉登斯,2003:158～159)。

越来越多的人开始把晚年视为充满机会甚至是值得庆贺的年龄段。这是一个展示终生成就的时期,同时允许个人继续成长、学习和探索。从养育孩子的责任和劳动力市场中解脱出来的这段岁月经常被称为第三年龄。这段时期比以往任何时候都长,其间个人可以自由地去过积极的、独立的生活——旅行、接受教育或学习新的技能。第四年龄(fourth age)则是指人们的独立性和完全自我照顾的能力都受到更严重的挑战的生活岁月。

江(Jang)和吴(Wu)(2006)对中国台湾老年人旅游动机作了研究。老年人市场规模的扩大、购买能力的增加和闲暇时间的增多吸引了旅游供给市场的目光。通过因子分析,确认了5个"拉力"因素和3个"推力"因素,其中,"对知识的追求"、"干净和安全"是最重要的推拉因素。回归分析指出,健康状况将会对中国台湾老年人的旅游动机造成影响。

徐(Hsu)等(2007)建构了北京、上海的老年人旅游动机模型。他们探讨了作为世界上发展中国家中老龄化程度最快的国家,同时又是一个正在崛起的全球旅游强国的老年人的旅游动机的情况。通过深入访谈获得了数据,采用了扎根理论的方法,研究构建了一个中国老年人的旅游动机模型。这一模型包括两个主要部分:(1)外在条件,如社会成就、个人财力、时间和健康,其中个人财力和时间可以通过家庭支持来得到调节;(2)内在愿望,包括改善生活状态、逃避常规生活、社交、对知识的追求、骄傲和爱国主义、个人回报和怀旧。

(三)阶层

一旦旅游的决定做出后,旅游的可能性和类型将由一系列相关的因素决定,包括生活方式因素、收入、职业、带薪度假、受教育水平和机动性等(克里斯·库珀,约翰·弗莱彻,大卫·吉尔伯特等,2004)。

社会学家习惯于主要依靠传统的阶级地位指标,如市场地位、与生产资料的关系和职业分析阶级定位。然而近年来有些作者认为,我们不应只依据或主要依据经济和就业状况来评估一个人的阶级地位,也要考虑生活方式和消费模式等文化因素。根据这种方法,我们现在所处的时代是与消费相关的,充满象征和标志的时代。在日常生活中这些象征、标志发挥着更大的作用。个体的身份在很大程度上以生活方式的选择为中心来建构,例如,穿什么、吃什么、如何照顾自己的身体、到哪里放松等,而不再像以前那样以就业状况等较为传统的阶级指标为中心来来建构。

法国社会学家皮埃尔·布迪厄(Pierre Bourdieu)认为可以根据不同的文化和经济资本(cultural and economic capital)来区分阶级群体。使个体区别于其他人的因素越来越不是基于经济或职业因素,而是基于文化品位和闲暇嗜好。在这个过程中,在资本主义体系内,"必需品"的增加是为了消费,而提供产品和服务的人数的增加都强化了文化与闲暇嗜好因素的作用。广告商、专卖商、时装设计师、时尚顾问、装修设计师、个人顾问、临床医学家和网页设计师都影响着一个日益扩大的消费者团体的文化品位和生活方式的选择。

(四)不同国家或文化背景

人们通常认为,背包客有着相同或相似的旅游动机而对其不加以区分,几乎没有研究关注背包客的起源及民族差异。虽然这一问题的研究已经有些固定化,但这并不意味着这些背包客是同质的。相反,他们比以往更加多样化和多面化,他们的文化和休闲活动可以很不同,他们的民族和文化背景差异很大,年龄和社会阶层也不尽相同。有学者对以色列的背包客的旅游动机作了研究(Maoz,2007)。结论认为,以色列的背包客有一种集体主义精神,他们没有与自己所属的社会隔离,也不是为了寻找另类的寄托。他们是为了更爱国,使自己区别于其他的民族和国家。来自不同国家的人对于自由、逃避等的理解是很不一样的。以色列的背包客乐于与朋友一起出行,而其他西方国家的背包客则喜欢独来独往。对背包客的进一步研究应注重其多元化的文化背景,才能更好地理解其行为和动机。

考扎克(Kozak)(2002)根据国家和目的地的分类对游客动机作了研究,目的是为了确定来自同一国家的游客在参观两个不同的目的地时旅游动机是否相同,以及来自不同国家的人参观同一目的地时旅游动机是否相同。因子分析得出四个动机组群:"文化(culture)"、"寻求快乐(pleasure-seeking)"、"放松(relaxation)"和"身体的(physical)"。德国的游客更乐于因文化和自然的原因而旅游,而英国的游客希望有乐趣并与同伴一起分享。到土耳其的游客通常有较强的文化动机。另一方面,有些旅游目的地的元素如海滩都得到来自不同国家和民族的人的青睐。考扎克还探讨了影响游客决策的因素差异。这些发现对于目的地管理和市场定位及细分市场策略有重要意义。这一研究是首次对到不同旅游目的地和来自不同民族国家的游客的旅游动机的比较研究,其所用方法和所得结论也对其他研究者有借鉴意义。

有学者分析了大陆游客到香港旅游的动机,研究认为,中国内地是香港旅游业最重要的市场。基于推拉因素分析框架,得出结论如下:内地游客到香港去的动机与以往的研究结论不同。研究还认为,旅行动机与社会人口因子之间有明显的相关性(Hanqin and Lam,1999)。

吉姆(Kim)等(2005)研究了美国、澳大利亚、日本、中国(内地)、中国香港这五种人群到韩国旅游的旅游动机的差异,也包括对旅游活动、出发前计划行程所需时间、使用的信息和停留时间的研究。研究结果显示,因不同的民族文化,不同人群的停留时间、使用的信息等都有明显的差异。在此研究的基础上,需要针对不同的文化细分市场,并制订相应的市场策略。

还有学者(Haukeland,1990)分析了非旅行者或不去度假的人群的社会差异。如果物质生活有困难,会限制他们度假的机会。另外,社会福利和度假旅行之间具有内在的联系,在这一社会政治视角下,度假应当视为一种社会权利。他以挪威的非旅行者为案例提出了一个对非旅行者的分类学和未来研究的假设。

总体来说,旅游动机是随着社会变迁而有所变化的。即使最基本的需求如温饱等不会变化,但在内在的精神层次的追求上也会有所不同,而由于外在社会的变化导致的人们旅游动机的变化也是现在特殊兴趣旅游兴起的外因,如压力过大、生活节奏过快等使人们要寻找一种与日常生活状态完全不同的另类生活。虽然有关动机的文献在旅游领域中仍然很不成熟,但动机无疑是解释旅游需求的实质性概念。尽管动机可以在"需要"的刺激和驱动下使人们外出旅游,但"需要"自身是不能产生的,需要是通过一个人的心理和周围环境,在人类活动因素的基础上产生的。还有一个整体性的问题:何种动机是先天产生的(好奇心、要求体验),何种动机是后天习得的,因为这类动机被认定是有价值或积极的(地位、成就)。

进一步阅读

MacCannell, D. (1999). The tourist: a new theory of the leisure class. London, University of California Press.

Maslow, A. (1970). Motivation and personality. 2e, New York, Harper and Row.

Pearce, P. L. (1982). The social psychology of tourist behaviour. Oxford, Pergamon Press Ltd.

Pearce, P. L. (2005). Tourist behaviour: themes and conceptual schemes. Clevedon, Channel View Publications.

Suvantola, J. (2002). Tourist's experience of Place. Hamsphire, Ashgate Publishing Limited.

思考题

1. 中西方不同历史时期,人们的旅游动机表现为哪些不同?

2. 马斯洛的需求层次理论主要分为哪五个层次?其后又提出了哪两个重要元素?

3. 马斯洛的理论被广泛应用的原因是什么?其不足又是什么?

4. 马斯洛的需求层次理论是怎样与旅游研究结合的？
5. 皮尔斯 TCL 理论的主要内容是什么？重要特点是什么？
6. 皮尔斯是如何在 TCL 理论的基础上发展出 TCP 模型的？
7. 丹恩与克罗姆顿的"推拉"理论的主要内容是什么？
8. 为什么有些学者认为"拉力"不是旅游动机？
9. 在你看来，"拉"与"推"两种因素之间的关系是怎样的？
10. 请解释 Anomie, Self-enhancement 的含义及其在研究中的应用。
11. "逃避—追寻"模型是以什么学科为背景的？其主要内容是什么？
12. "最大化唤醒"是什么意思？
13. 普洛格的模型起源于一项什么研究？其曲线的分布情况是怎样的？
14. 他人对普洛格模型的批判意见是什么？对普洛格模型的解释主要在哪些方面？为什么会广为应用？
15. 定量与质性研究方法在旅游动机研究中的应用是怎样的？
16. 旅游动机的研究对于旅游管理有何深意？
17. 试分析几种主要的旅游动机理论。
18. 不同文化背景下的人群，其旅游动机有何差异？
19. 旅游动机与民族性是否有关？
20. 老年人的旅游动机有何特点？
21. 以一种旅游动机理论为依据，设计一个旅游动机的具体研究方案。

参考文献

Anderson, M. J. and Shaw, R. N. (1999). A Comparative evaluation of qualitative data analytic techniques in identifying volunteer motivation in tourism. *Tourism Management* 20 (1): 99~106.

Andreu, L., Kozak, M., Avci, N. and Cifter, N. (2005). Market segmentation by motivations to travel: British tourists visiting Turkey. *Journal of Travel & Tourism Marketing* 19 (1): 1~14.

Bello, D. C. and Etzel, M. J. (1985). The rate of novelty in pleasure travel experiences. *Journal of Travel Research* 24 (1): 20~26.

Clift, S. and Forrest, S. (1999). Gay men and tourism: destinations and holiday motivations. *Tourism Management*, 20 (5): 615~625.

Crompton, J. L. (1979). Motivations for pleasure vacation. *Annals of Tourism Research* 6 (4): 408~424.

Crompton, J. L. and Mckay, S. L. (1997). Motives of visitors attending festival events. *Annals of Tourism Research* 24 (2): 425~439.

Dann, G. M. S. (1977). Anomie, ego-enhancement and tourism. *Annals of Tourism Research* 4 (4): 184~194.

Dann, G. M. S. (1981). Tourist motivation: an appraisal. *Annals of Tourism Research* 8 (2): 187~219.

Dann, G. M. S. (1983). Comment on Iso-Ahola's "Toward a Social Psychological Theory of Tourism Motivation." *Annals of Tourism Research* 11 (2): 273~276.

Gnoth, J. (1997). Tourism motivation and expectation formation. *Annals of Tourism Research* 24 (2): 283~304.

Fodness, D. (1994). Measuring tourist motivation. *Annals of tourism research* 21 (3): 555~581.

Hanqin, Z. Q. and Lam, T. (1999). An analysis of Mainland Chinese visitors' motivations to visit Hong Kong. *Tourism Management* 20 (5): 587~594.

Haukeland, J. V. (1990). Non-travelers: the flip side of motivation. *Annals of Tourism Research* 17 (2): 172~184.

Hsu, C. H. C, Cai, L. A. and Wong, K. K. F. (2007). A model of senior tourism motivations-Anecdotes from Beijing and Shanghai. *Tourism Management* 28 (6): 1262~1273.

Iso-Ahola, S. E. (1982). Toward a social psychological theory of tourism motivation: a rejoinder. *Annals of Tourism Research* 9 (2): 256~262.

Jang, S. and Wu, C. (2006). Seniors' travel motivation and the influential factors: an examination of Taiwanese seniors. *Tourism Management* 27 (2): 306~316.

Jewell, B. and Crotts, J. C. (2001). Adding psychological value to heritage tourism experience. *Journal of Travel & Tourism Marketing* 11 (4): 13~28.

Kim, S. and Lee, C. (2000). Push and pull relationships. *Annals of Tourism Research* 29 (1): 257~260.

Kim, S. and Prideaux, B. (2005). Marketing implications arising from a comparative study of international pleasure tourist motivations and other travel-related characteristics of visitors to Korea. *Tourism Management* 26 (3): 347~357.

Klenosky, D. B. (2002). The "pull" of tourism destinations: a means-End investigation. *Journal of Travel Research* 40 (4): 385~395.

Kozak, M. (2002). Comparative analysis of tourist motivations by nationality and destinations. *Tourism Management* 23 (3): 221~232.

Lee, C., Lee, Y., Bernhard, B. J. and Yoon, Y. (2006). Segmenting casino gamblers by motivation: A cluster analysis of Korean gamblers. *Tourism Management* 27 (5): 856~866.

Lee, C., Lee, Y. and Wicks, B. (2004). Segmentation of festival motivation by nationality and satisfaction. *Tourism Management* 25 (1): 61~70.

Lee, U. and Pearce, P. L. (2003). Travel career patterns: further conceptual adjustment of travel career ladder. *Proceedings of Second Asia Pacific Forum for Graduate Students Research in Tourism*: 65~78.

MacCannell, D. (1999). The tourist: a new theory of the leisure class. London: University of California Press.

Mannell, R. C. and Iso-Ahola, S. E. (1987). Psychological nature of leisure and tourism experience. *Annals of Tourism Research* 14 (3): 314~331.

Maoz, D. (2007). Backpackers' motivations: the role of culture and nationality. *Annals of Tourism Research* 34 (1): 122~140.

Maslow, A. (1970). Motivation and Personality, 2e, New York: Harper and Row.

McGehee, N.G., Kim, K. and Jennings, G. R. (2007). Gender and motivation for agri-tourism entrepreneurship. *Tourism Management* 28 (1): 280~289.

McKercher, B. (2005). Are psychographics predictors of destination life cycles? *Journal of Travel & Tourism Marketing* 19 (1): 49~55.

Pearce, P. L. (1982). The social psychology of tourist behaviour. Oxford: Pergamon Press Ltd.

Pearce, P. L. and Caltabiano, M. L. (1983). Inferring travel motivation from travelers' experiences. *Journal of Travel Research* 22 (2): 16~20.

Pearce, P. L. and Lee, U. (2005). Developing the travel career approach to tourist motivation. *Journal of Travel Research* 43 (3): 226~237.

Plog, S. C. (1974). Why destination areas rise and fall in popularity. *Cornell Hotel and Restaurant Administration Quarterly* 14 (4): 55~58.

Plog, S. C. (2001). Why destination areas rise and fall in popularity: an update of a Cornell quarterly classic. *Cornell Hotel and Restaurant Adminstration Quarterly* 42 (3): 13~24.

Poria, Y., Reichel, A. and Biran, A. (2005). Heritage site management: motivations and expectations. *Annals of Tourism Research* 33 (1): 162~178.

Qu, H. L., Ping, E. W. Y. (1999). A service performance model of Hong Kong cruise travelers' motivation factors and satisfaction. *Tourism Management* 20 (2): 237~244.

Ray, N. M., Ryder, M. E. (2003). "Ebilities" tourism: an exploratory discussion of the travel needs and motivations of the mobility-disabled. *Tourism Management* 24 (1): 57~72.

Ryan, C. (1998). The Travel Career Ladder: An Appraisal. *Annals of Tourism Research* 25 (4): 936~957.

Severt, D., Wang, Y., Chen, Po-ju and Breiter, D. (2007). Examining the motivation, perceived performance, and behavioral intentions of convention attendees: evidence from a regional conference. *Tourism Management* 28 (2): 399~408.

Suvantola, J. (2002). Tourist's experience of Place. Hamsphire, Ashgate Publishing Limited.

Upchurch, R. S., Davies, R. and Sverdlin, O. (2000). Motivation of the Russian worker: an evolutionary process. *Tourism Management* 21 (5): 509~514.

Uysal, M. and Jurowski, C. (1994). Testing the push and pull factors. *Annals of Tourism Research* 21 (4): 844~846.

Wahlers, R. G. and Etzel, M. L. (1985). Vacation preference as a manifestation of optimal stimulation and lifestyle experience. *Journal of Leisure Research* 17 (4): 283~295.

Yoon, Y. and Uysal, M. (2005). An examination of the effects of motivation and satisfaction on destination loyalty: a structural model. *Tourism Management* 26 (1): 45~56.

安东尼·吉登斯(2003). 社会学. 赵旭东,齐心,王兵,阎书昌等译. 北京:北京大学出版社.

保继刚、楚义芳编著(1999). 旅游地理学. 北京:高等教育出版社.

郭少棠(2005). 旅行:跨文化想像. 北京:北京大学出版社.

冯天瑜、何晓明、周积明(1990). 中华文化史. 上海:上海人民出版社.

杰弗瑞·戈比(2000). 21世纪的休闲与休闲服务. 张春波,陈定家,刘风华译. 昆明:云南人民出版社.

卡拉·亨德森,黛博拉·拜尔列席基,苏珊·萧,瓦列丽亚·弗莱辛格(2000). 女性休闲——女性主义的视角. 刘耳,季斌,马岚译. 昆明:云南人民出版社.

克里斯·库珀,约翰·弗莱彻,大卫·吉尔伯特,斯蒂芬·万希尔,丽贝卡·谢波德编著(2004). 旅游学(第二版). 张俐俐、蔡利平主译. 北京:高等教育出版社.

罗贝尔·朗卡尔(1995). 国际旅游. 陈淑仁,马小卫译. 北京:商务印书馆.

罗贝尔·朗卡尔(1998). 旅游经济. 董明慧,谭秀兰译. 北京:商务印书馆.

马惠娣,张景安(2004). 中国公众休闲状况调查. 北京:中国经济出版社.

奈杰尔·拉波特,乔安娜·奥弗林,鲍雯妍,张亚辉等译(2005). 社会文化人类学的关键概念. 北京:华夏出版社.

尼古拉·埃尔潘著(2005). 消费社会学. 孙沛东译. 北京:社会科学文献出版社.

彭兆荣(2004). 旅游人类学. 北京:民族出版社.

斯塔夫里阿诺斯(1999). 全球通史:1500年以前的世界. 吴象婴,梁赤民译. 上海:上海社会科学出版社.

索尔斯坦·凡勃伦(2004). 有休阶级论. 蔡受万译. 北京:商务印书馆.

王宁(2005). 消费的欲望. 广州:南方日报出版社.

王淑良(1998). 中国旅游史(上). 北京:旅游教育出版社.

谢彦君(2004). 基础旅游学. 北京:中国旅游出版社.

闫金亮、李吉跃(2008). 中国民众旅游动机和行为研究. 社科纵横 23(6):31～32.

尹德涛等(2006). 旅游社会学研究. 天津:南开大学出版社.

张宏梅、陆林(2005). 近10年国外旅游动机研究综述. 地域研究与开发 24(2):60～69.

郑宗清、赖正均(2008). 基于推力——拉力因素理论的大学生旅游动机实证研究——以华南师范大学学生为例. 华南师范大学学报(自然科学版)2:121～124.

互联网链接：

http://www.ecoturismolatino.com/eng/ecotravellers/alternative/articles/naturemotivationecoturismolatino.pdf

http://books.google.ca/books?id=WvolsIjZH3UC&pg=PA308&dq=tourist+motivation&sig=ACfU3U2pt6z—3Bzwbnt41O4TwPBfX0KQ8w

http://books.google.ca/books?id=ptdXNo2l3D0C&pg=PA30&dq=tourist+motivation&sig=ACfU3U1QunVLG-R8biw7Qf5ifGiRABE25w

http://books.google.ca/books?id=Z4iAl2CpQpQC&pg=PA9&dq=tourist+motivation&sig=ACfU3U1PVOPtXJimwdobK0Q4dNSsnIS32Q

第五章 旅游体验中的本真性问题

第一节 现代旅游中本真性问题的缘起

随着现代旅游的出现,西方旅游研究者和评论者便开始研究旅游与本真性之间的联系。旅游作为现代社会的一种"社会事实"(王宁,2006:126),已成为研究现代性(或现代社会)的一个重要领域。而本真性问题的探究也越来越成为旅游社会学家研究旅游与现代性关系的一个重要途径。

有关本真性的争论,源于对现代社会失真性(inauthenticity)的认识。托马斯·库克发起的大众包价旅游一度招致批评。美国历史学家珀尔斯汀(Boorstin,1964)在他的《形象》一书中就将这种(大众)旅游称为"伪事件"(pseudo-event),认为旅游者所经历的其实是被旅游工业设计好的、失真的旅游体验。相比较于珀尔斯汀的批评,美国社会学家麦肯耐尔(MacCannell,1989)则采取了积极的态度。麦肯耐尔(1989)认为旅游者生活在现代化、异化(alienated)的社会中,因而他们的旅游动机正是去寻找本真性。

珀尔斯汀和麦肯耐尔都认识到了现代性的阴暗面,指出现代(美国)社会是一个充满欺骗的、虚幻的和不真实的社会;而现代旅游者的行为正反映并体现了现代性所造成的这种不真实性。但两者由此得出的结论却截然不同。珀尔斯汀(1964)认为旅游企业设计了一个个"伪事件",制造了旅游目的地的假象,而旅游者亦满足于这些被设计好的、无意义的事件,其最终结果是"旅游者越来越远离目的地社会的本真现实;旅游变成了一个永远封闭的假象系统(system of illusions)"(Cohen,1988b)。不同于珀尔斯汀,麦肯耐尔(1973)则认为现代旅游者在接受自己所处的现代社会的不真实性和虚假性的同时,仍然在寻求旅行的意义——即了解旅游地居民的真实生活。他指出,对旅游者而言,其挑战在于在多大程度上他/她可以被允许了解或经历旅游地居民(others)的真实生活。在现代旅游中,旅游场景或旅游事件不可避免地被设计化、舞台化;而这种舞台化的表演以及由此引起的不真实的体验不是由于旅游者对"伪事件"的需求造成的,而是"旅游发展的结构化后果"(structural consequence of tourism development)(Cohen,1988b)。正是由于不断地寻求本真的旅游体验,麦肯耐尔(1973)将现代的旅游者称为"世俗的朝圣者"(secular pilgrim)。

珀尔斯汀和麦肯耐尔关于本真性的讨论和争论使得本真性问题成为自 20 世纪 60 年代以来西方旅游社会学研究中的一个核心概念。在研究中,本真性问题不仅涉及旅游与现代性、旅游动机与旅游体验、目的地文化产品的商品化、怀旧与遗产旅游以及旅游符号学等,其讨论也更拓展到市场营销领域,比如如何将"本真性"作为市场营销的一种手段。本章首先对旅游研究中本真性概念的发展阶段进行梳理,然后阐述这一概念在旅游研究应用中涉及的主要热点问题,旨在揭示本真性与旅游尤其是现代旅游的关系,以及它所反映的现代性的本质和深刻的社会现实。

第二节 西方旅游研究中的本真性概念

一、西方旅游研究中本真性概念的产生

高罗博(Golomb,1995:7)曾指出,"由于被运用于多个语境和层面,本真性是一个很难被定义的概念"。而要了解本真性与旅游的关系,又必须先了解本真性的含义。本真性(authenticity)一词源于希腊语的"authentes",意为"权威者"或"某人亲手制作"。对于本真性一词的最早运用是博物馆,这一概念是用来"鉴别博物馆所展示的艺术品是否与它们被宣称的一样,使得其价值与其出售的价格相符——或者,如果这件艺术品已被出售,其价值是否与人们对于它的仰慕程度相匹配"(Trilling,1974:93)。同时,这一概念最早还被西方哲学家借用来指人的存在状态,最有代表性的人物是海德格尔(Heidegger),其核心的主张是提出"诗意的居住",认为人们要通过"诗意的居住"来克服现代技术的危险从而回归人类的本真存在(赵静容,2005:113)。

在旅游研究中,本真性的含义最初主要是第一种,即博物馆语境下的本真性。比如说,判断旅游产品如工艺品、节庆、仪式、饮食、服装等等的"真实"或"不真实",其标准往往是"它们是否由当地人根据其习俗和传统来制造或表现的",从这个意义上说,"本真性意味着传统的文化及其起源(origin),意味着一种纯真(genuine)、真实(real)与独特(unique)"(Sharpley,1994,转引自王宁,2000:

48)。

然而,完全将博物馆语境下的本真性的含义运用于旅游的情境中,许多学者持怀疑批判态度。英国社会学家夏朴雷(Sharpley,1994)认为本真性这一概念在旅游的情境中是模棱两可的。一方面,本真性是基于某一旅游产品的有形性(tangible),用于区分某一文化产品或文化事件是真的亦或是假的、伪的;而另一方面,在区分无形(intangible)的旅游体验的真假时,本真性则是一个相对的概念,比如一段真实的度假经历或旅程是与其他相对不真实的旅游体验比较而言的。

汉德勒和萨克斯顿(Handler & Saxton,1988)通过区分旅游体验和旅游客体表达了与夏朴雷在理解本真性概念上的类似态度。他们指出:"一段真实的经历……是旅游者感到自己接触到'真实'的世界、同时在这一过程中发现'真实'的自己的一种经历和体验。"因此,仅仅将真实性固定在旅游客体上的本真性概念实质上将旅游体验中的这一概念简单化了。在对客观化的本真性概念批评的基础上,塞尔文(Selwyn,1996)进一步将对"真实世界"的体验分为"知识层面的真实"(authenticity as knowledge)即"冷真实"(cool authenticity)和"感觉层面的真实"(authenticity as feeling)即"热真实"(hot authenticity)。王宁(2000)在评价塞尔文的这种区分时提出要注意两者——"冷真实"和"热真实"——的内在联系。他认为,对"真实"自我的感性体验(即"热真实")并不一定源自对"真实"世界的认知(即"冷真实")。比如自然旅游,人们在自然旅游中体验到了"真实"的自我,但这种体验并不是基于对"真实"的客观世界的认知得来的。

可见,旅游研究中对本真性含义的界定从一开始便是颇有争议的。而综观西方旅游社会学文献,关于本真性概念的讨论正是一个不断进行的过程。对此,科恩(Cohen,1988a)认为本真性的概念本来就"不是静止的、固定的,它是可以商榷的(negotiable)"。下文将详细论述这一概念的发展过程。

二、西方旅游研究中本真性概念的发展

王宁(1999)曾总结了本真性概念的发展过程,并将本真性概念发展的各个阶段划分为:客观主义的本真性、建构主义的本真性和后现代的本真性,并在此基础上提出了存在主义的本真性(existential authenticity)。如表5-1所示:

表 5-1　西方旅游研究中本真性的类型、研究方法、主要特征和代表人物

本真性的类型	研究取向(Approaches)	主要特征	主要代表人物
客观的本真性	客观主义 Objectivism	客观主义的本真性是指"原作品"(originals)的真实。相对应地,旅游中真实的体验等同于对原作品真实性的认知体验(epistemological experience)	珀尔斯汀 Boorstin(1964);麦肯耐尔 MacCanell(1973)
建构的本真性	建构主义 Constructivism	建构主义的本真性是指旅游产品生产者和旅游者根据其自己的想象、期望、偏好、信仰和权力赋予旅游产品的某种真实。这种真实是"被投射"(projected)在旅游产品上的,也就是说,同样的旅游产品被赋予了多种不同的真实性。这种旅游产品的真实性实际上是象征意义上的真实性(symbolic authenticity)	布伦纳 Bruner(1994);科恩 Cohen(1988b);霍布斯巴恩和兰杰尔 Hobsbawn & Ranger(1983);科纳 Culler(1981)
后现代的本真性	后现代主义 Postmodernism	后现代的旅游者对"原物/原作品"(original)的真实性已不再关心。他们认同"不真实性",认为人们追求的是一种超真实(hyperreality)的"逼真"世界(verisimilitude)	伊科 Eco(1986);布西亚 Baudrillard(1983)
存在的本真性	存在主义 Existentialism	存在主义的本真性是指一种被旅游活动激活的潜在的"成为"的存在状态(existential state of Being)。存在的本真与被旅游的客体是否真实毫无关系,而是旅游者借助于旅游活动或旅游客体寻找本真的自我	王宁 Wang Ning(1999)

资料来源:根据 Ning Wang(1999)*Rethinking Authenticity in Tourism Experiencee*(《旅游体验中的本真性再思考》)一文整理而成。

如上所示,本真性概念的发展经历了从重视旅游客体的真实性到强调旅游主体真实体验的过程。在客观主义的本真性概念中,不管是珀尔斯汀所批评的"伪事件"还是麦肯耐尔所提出的"舞台化的真实",其衡量标准都是基于博物馆情境下的对旅游客体真实性的判断。他们的这一主张招致了多种质疑和批评。其主要批评在于本真性在现实中并不是非"黑"即"白",而是存在许多的不确定性。专家、学者所判断的不真实或"舞台化"对旅游者而言则有可能是真实的。

建构主义学者因而提出要将真实性理解为一种社会建构,其核心观点主要包括:(1)绝对客观的、静态的起源或"原物/原作品"是不存在的;因而没有一种"原物/原作品"意义上的绝对真实;(2)真实或不真实是一种人们看待、解释事物

的主观结果;因此对于真实的体验是多元(pluralistic)的而非单一的;(3)对于旅游目的地的不同文化和民族来说,真实性是旅游客源输出地的游客基于其期望甚至刻板印象对旅游目的地旅游产品所贴上的一种标签。科纳(Culler,1981)曾举例说明了这种符号学的视角,比如:人们认为的真正的日本文化是那些被标识出来的部分;而那些没有被标识出来的部分则不是代表日本文化因而被认为不值得去参观;(4)尽管有些东西最初被认为是人造的或不真实的,但随着时间的推移,这些东西会最终可能成为"新增的真实"(emergent authenticity)。比如科恩(1988)曾以美国迪斯尼世界为例说明真实性是一个逐步发展的过程,它是一个与语境相联系的概念。由上可见,建构主义者寻求的真实性不再是珀尔斯汀和麦肯耐尔所指的客观的真实性,而是一种符号的、象征意义的真实性,是社会建构的结果(Wang,1999)。

相对于建构主义者,后现代主义倡导者对客观主义的本真性观点的批评更加彻底。对他们而言,珀尔斯汀和麦肯耐尔所担忧的"伪事件"或"舞台化的真实"根本已不再是问题。伊科(Eco 1986)所提出的"超现实"代表了后现代主义倡导者对于旅游中的真实性问题的态度。伊科完全解构了原制品与复制品、符号与现实等之间的界限,进而解构了真实性的概念。他举例说,美国迪斯尼世界是完全基于想象和幻想创造出来的,它与真或假无关,但却受到游客喜爱。在伊科的"超现实"概念基础上,法国著名后现代主义倡导者布西亚(Baudrillard,1983:83)借用柏拉图的"虚像"(simulacra)来解释真实与虚像之间的关系。他认为虚像的发展经历了"伪造(counterfeit)——复制(copy)——仿真(simulation)"的过程,而现在的世界正是一个"仿真"构成的世界,它允许没有"原作品",没有"起源",没有"真实"的参照,而只是一系列形而上的编码符号。总之,后现代主义的本真性其实是对人造物、复制品和仿造品的认同,而基于"原件"的真实性已不复存在。

在后现代主义倡导者试图抛弃"本真性"概念的时候,王宁(1999)从存在主义理论的视角,提出了对立于客观的本真性的概念——"存在的本真性"。王宁认为存在的本真与被旅游的客体是否真实并无关系。在寻找本真的旅游经历时,旅游者在某些旅游活动的激发下,处于一种"成为"的存在状态(an existential state of Being),他们不关心被旅游的客体的真实性,只是借助于旅游活动或旅游客体寻找本真的自我。

王宁(Wang,1999)提出了个体内部的本真性(intra-personal authenticity)和个体与个体之间的本真性(inter-personal authenticity)两个存在的本真性的维度。首先,个体内部的本真性(intra-personal authenticity)包括两个层次:身体感觉和自我身份认同。王宁认为,人的身体是感觉和感官快乐的内在根源。在日常的劳动中,身体往往是自我控制、自我约束和操纵的对象/客体,而在旅游中,身体成为了"主体",成为了自己的主人。身体得到了真正的放松,身体的欲望也得到了极大的满足。正是这种短暂但超凡的身体体验使得人们从现代日常生活中的身体约束中解脱出来,成为个体本真性的表现。从另一方面来说,旅游经历还是一个寻找自我和自我身份认同的过程。对于大多数人而言,日常的工作和生活是压抑而又单调的,人们很难去追求"自我实现"。纳什曾宣称,现代性几乎将人类的所有活动都理性化了(Lasch 1981);而正是这种理性化、工作的程序化和对未来的过分预期造成了人们的"迷失感"(Giddens,1990)。人们既然无法在日常生活中自我实现,就转向旅游或探险以达到这一目标。例如,在登山或航海等自然旅游中,人们挑战了自我,更重要的是,在这种挑战自我的"畅快"(flow)体验中寻找到了新的自我。

其次,除了个体内部的本真性,人们也在寻找个体与个体之间的本真性(inter-personal authenticity)——它包括家庭陪伴下的旅行和旅游者的共同体(touristic "communitas")。王宁认为,家庭旅游是体验个体与个体之间本真性的一个典型案例。对大多数旅游者来说,假期是旅游者团体(如家庭)达到或强化其团结和归属感的一个机会;在休闲旅游中,人们不仅从观光、事件或表演中获得愉悦,同时也强烈地体验到了一种人与人之间真实、自然的情感联系和家庭中的真正亲密关系。旅游者的共同体的概念来自于特纳(Turner,1973),它指朝圣者在其旅程中,在寻找一个被赋予最神圣价值和最高情感的中心。他们在寻找的过程中同时进入到这样的一个共同体。这个共同体的特点是一个与日常强制性工作区分的"阈限"(liminality)。在这个共同体中,成员原有的社会、经济、政治身份和角色消失了,取而代之的是平等的、自然的、友好的和真实的关系。

由上可见,存在主义的方法强调的不再是客体的真实性,而是个体通过旅游活动所达到的一种自我的本真的状态。正如伯格(Berger,1973)所指出的,存在的真实性是一种特殊的"存在"状态,这种状态中个体成为了真实的自我,这与现代西方社会中人们在公共领域和公共角色中"真我"的丧失是对立的。

"存在的本真性"解释了即使被旅的客体完全是假的,游客可能还是在追求一种真实性,即一种替换的、由旅游活动激发的存在的本真性。对此,金与佳玛尔(Kim & Jamal,2007)通过美国德克萨斯复活节案例验证了这一概念的有效性。人工的、明显商业化的德克萨斯复活节常常被指责为导致肤浅的(superficial)(Boorstin,1964)、不真实的(inauthentic)(MacCannell,1976)或假冒的(simulated)(Eco,1986)的旅游体验的原因;但在这一案例中,研究者通过对忠实游客的调查,发现结果并非如此。事实上,这一"商业"活动使游客获得了超凡的身体体验,重建了新的自我,也帮助建立了参与者之间真实自然的关系(旅游者共同体)。这些重游的忠实顾客正是通过参与这一活动获得了一种自我的本真体验(Kim and Jamal,2007)。

尽管如此,对存在主义本真性持批评观点的学者仍然认为,这种本真性在强调旅游者追求本真的自我的同时,却忽视了东道主社会(李旭东,张金岭,2005:4)。李旭东和张金岭认为,单纯的存在的本真性不能推导出人们旅游他文化的原因,真实性的重新定义不能离开被旅游的客体,尤其对于民族旅游而言,客体的真实性也许比主体的本真更为重要;同时,客体的真实也并非与主体的本真毫无关系。

另一学者 Wang Yu(2007)也指出,客体的本真性与存在的本真性(与自我相关的本真性)之间并非毫无联系;而且,通过某种机制这两种类型的本真性是可以相互转换的。Wang Yu 因而提出了本真性有三个层次——客体、自我(主体)和家。她认为,除了客体层面的本真性和自我(存在)的本真性之外,与家相联系的本真性(home-related authenticity)也是理解旅游者追求本真性的一个重要维度。与麦肯耐尔提出的旅游者想逃离常居环境、寻找"他者"文化的旅游动机相对立,Wang Yu 认为,旅游者也在通过旅游寻找甚至建构自己的家(园)。Wang Yu 在对云南省丽江遗产旅游的调查中发现,游客不仅希望找到差异化的、独特的、有异国情调的旅游目的地,同时也希望寻求一种舒适、熟悉、隐私的、如家的感觉以及一个真实的自我。这正如詹姆斯·克里弗德(Clifford,1997:2~3)所理解的,"居住是集体生活(collective life)的基础,而旅行只是一种补充;对根的需要是先于旅行的";人们其实是在"行走中居住"(dwelling-in-travel)。

需要指出的是,这种居住并不是单一固定的,它不是一个简单的寻求某种固定的、最初的家或自我的过程;它其实是指"家的创造"(making home)——它是即生的、多元的、想象的、短暂的以及与客体相联系的;这种旅游体验中的"家/自我的感觉"事实上是不断被建构的。如厄里(Urry,2000:134)所言,居住离不开多种客体的支持,它们不仅是"(现实)存在的或缺失的物品"而且是"想象存在的物品"(imagined presence)。因此,在 Wang Yu 所调查的丽江纳西家庭旅馆中,纳西文化的真实性以一种想象的方式被建构出来——一方面,游客认为接触到了(也许只是部分的)真实的旅游客体(由东道主提供的);另一方面,游客在体验旅游客体的过程中感受到了"家/自我"的意义(由旅游者自己建构的)。从这一点来说,东道主社会(旅游客体)和旅游者(旅游主体)事实上共同建构了"原真"的丽江纳西遗产。

Wang Yu(2007)将这种本真性理解为"定制化的本真性"(customized authenticity)。其本质包括了两个因素:(1)事先对"他者"的想象——这种本真性主要是与客体相关的,而且是受大众传媒、旅游文献、旅游指南等影响的;(2)一种内在的对"家的感觉"的追寻——也就是说,旅游者在旅游的情境下会不由自主地、潜意识地寻找一种与他们常居环境相似或熟悉的东西。在这种情况下,东道主社会总是会根据旅游者的需要创造和提供符合旅游者需要的本真性的旅游产品。而由于旅游者在其旅行中这种对"家"和自我的内在追求,使得他们能够接受东道主社会为他们定制好(或度身定做的)的旅游客体。

Wang Yu 提出的定制化的本真性(customized authenticity)的概念事实上是一种客体(东道主社会)和主体(旅游者)共同建构的本真性。这个概念强调了客体和主体的互动,更重要的是它解释了建构的、舞台化的遗产文化何以被旅游者所接受。而且,与其他学者理解的"真实性是我者与他者、这里与那里、现在与过去、熟悉与陌生、变化与静止、破碎与完整、世俗与神圣等二元概念的逻辑辩证"(李旭东,张金岭,2005)不同的是,Wang Yu 认为对本真性的追求不仅是对他者文化的追求,同时也是对"家/自我"的寻找和建构。从这一点上说,Wang Yu 超越了对"本真性"概念的二元理解。但与此同时,定制化的本真性的问题在于,当这种二元对立消除后,东道主社会是否可以提供每个个体旅游者认同的本真性遗产文化以及如何提供。这种定制化的本真性必然是多元的,而最终的结果可能就如 Wang Yu 自己所说的:在旅游地"旅游者可能随处发现也可能无法在任何地方发现'本真的纳西文化'"。

综上可以看出,本真性概念的发展过程是一个对概念理解不断深化的过程。事实上,不管是旅游客体的本真性、旅游主体的本真性还是建构的本真性,它们都是互为补充而不是互为替代的,在不同的语境下对不同类型的本真性的运用有不同的侧重。而随着本真性的概念的发展,"本真性"在旅游研究中的应用也越来越广泛。下文将从"本真性、旅游动机与旅游体验"、"本真性与文化商品化"、"本真性、怀旧与遗产旅游"以及"本真性与旅游符号学"等几个方面来分析说明本真性在旅游研究中的核心问题。

第三节 "本真性"理论在西方旅游研究中的应用

一、本真性、旅游动机与旅游体验

如前所述,珀尔斯汀和麦肯耐尔都批判了现代社会的不真实性;但两者的区别在于珀尔斯汀认为大众旅游者已放弃了对本真性的追求;而麦肯耐尔则认为旅游者的旅游动机恰恰是对本真性的寻求。麦肯耐尔(1976)将戈夫曼剧场理论中的"前台—后台"拓展到旅游情境,将旅游景观系统分为6种类型(转引自肖洪根,2006:163~164):第一舞台是戈夫曼所界定的"前台"(front stage),即旅游者极力回避的社会空间;第二舞台是"旅游前台"(tourist front stage),换言之,就是经过加工和装饰后,在形式和功能上"貌似后台"的旅游社会空间,如四壁挂满了渔网和捕鱼工具的海鲜餐馆;第三舞台称为"经过彻底地组织包装而看起来完全像后台的一个前台"(a front region that is totally organized to look like a back region);第四舞台是对"既不表演也不观看的局外人(即当地人)开放的后台空间(a back region that is open to outsiders);第五舞台是经过简单准备可供游人"进入"和"观赏"的后台,如一般意义上的"闲人免进场所";第六舞台是戈夫曼所界定的"后台"(back region),即可唤起旅游意识和神秘遐想的社会空间。麦肯耐尔认为,旅游者的旅游动机正是不断地穿越第一到第五舞台而达到最后的阶段——即真正的后台。

英国社会学家夏朴雷(Sharpley,1994)认为,珀尔斯汀和麦肯耐尔描述的旅游者在现实中是两种极端,也就是说,那些在旅游决策过程中毫不考虑本真性问题的旅游者和只为寻求本真的文化和社会的旅游者都是少数。从寻求本真性的意义上说,大部分旅游者的旅游动机是介于两者之间的。

夏朴雷进一步指出对本真性的追求程度与对现代社会的异化(alienation)的意识程度有关。他指出,现代社会的许多成员(旅游者)并未经历或意识到伴随着现代社会资本主义工业化而产生的异化。比如,许多人可能完全满足于他们现在的生活,接受并与现代生活保持一致,如认可产业工作的单调化和程序化以及认同将物质主义作为其成功的标准等。总之,他们生活的中心已深植于现代化的生活,因而并未产生与社会的异化感。而相对应地,另一部分人对现代社会导致的异化感则更加强烈,比如知识分子。科恩(1988a)曾指出,知识分子(intellectuals)比中产阶级更能意识到与现代社会的异化。而且,旅游者与社会的异化感越强,旅游者对旅游经历中的"本真性"就越追求,而他们因此对本真性标准的界定也就越严格。举例来说,游憩型的游客认为真实的产品或事件对于探索型的游客来说,则有可能完全是舞台化的、欺骗的。甚至,即使游憩型的游客知道某一表演是舞台化的,他/她仍可以接受这一表演,并认为它是真的。

科恩(1979)因而从景观的本质和旅游者对景观的印象这对二维动态关系出发,建构了旅游情形的类型框架,并提出了"旅游空间与舞台猜疑"理论,如表5-2所示:

表 5-2 旅游情形的类型

景观的本质(Nature of Scene)		旅游者对景观的印象(Tourist's impression of Scene)	
		真实(real)	舞台化(staged)
	真实(real)	(1)真实(authentic)	(3)真实的否认(denial of authenticity),即舞台猜疑(staging suspicion)
	舞台化(staged)	(2)舞台真实(staged authenticity),即隐藏性旅游空间(covert tourist space)	(4)人造性(contrived),即开放性旅游空间(overt tourist space)

资料来源:Cohen,1979:26(转引自肖洪根,2006)。

夏朴雷和科恩的观点都反映了,旅游者对旅游景观的认知以及对本真性的追求是因个体而异的。旅游者个体意识到社会异化的程度决定了其在旅游经历中对本真性的追求程度。因此,运用"本真性"分析旅游者旅游动机时需要强调的是,本真性并不是一个既定的、可测量的质量标准;它是一种"被认知的本真性"(perceived authenticity),即它依赖于它所关心的产品与作为个体的旅游者之间的关系。

在这一点上,皮尔斯和莫斯卡多还提出,对本真性的认知和体验还取决于在旅游的情境下旅游者与当地居民的关系。他们提出了 9 种旅游体验中的本真性,反映了旅游者"本真性"体验与旅游地场景、当地居民的互动关系。他们认为,在很多情况下,用旅游场景中"前台—后台"的区分来理解旅游中的真实体验是不恰当的甚至是无关的。举例来说,旅游者在"前台"(比如针对游客的表演)中遇到"前台的人"(比如表演者)所体验到的真实程度可能与在"后台"(当地居民的家)遇到"后台的人"(当地居民)是一致的(Pearce and Moscardo,1986)。

总的看来,西方的研究表明,简单地将旅游者的旅游动机归结为对本真性的追求是理想化的。事实上,真实性可能是、也可能不是舞台化的,旅游者旅游经历的真实与否重要的是"整体的游客体验"以及这种旅游体验之于个体旅游者的意义。不同的旅游者有着不同的知识、旅游经历和期望,因此,游客是否满意其旅游经历不仅取决于旅游地的环境,同时还取决于游客对旅游地环境的认知以及个体游客对本真性的不同需要(Pearce and Moscardo,1986)。

二、本真性与文化商品化

珀尔斯汀(1964)在早期便表达了旅游对文化产品的影响。他指出,当面对外来观众时,旅游中的仪式会被删减、修饰以适合游客的口味。而格林伍德(1977)则第一个研究了旅游导致文化商品化的问题。他指出,商品化的文化产品丧失了它们对于当地居民的内在含义和意义,这最终会导致文化生产者生产这些文化产品的热情。而针对游客的表演也已变成一种为金钱的演出,其内在意义已丧失。他举例说，在西班牙富恩特拉比亚（Fuenterrabia）的阿拉德（Alarde），一场纪念1638年战胜法国人入侵的仪式由于旅游的开发，为了让大量游客目睹这一仪式，当地政府规定每天表演两次。结果是，这场仪式完全变成了一种商业的旅游吸引物，对表演者来说丧失了它本身的意义。

麦锡森和沃尔（Mathieson and Wall，1982:159）也同意旅游发展必然导致目的地社会的文化改变的观点。他们还区分了三种吸引游客但容易发生改变的文化形式：(1) 静态的文化形式：如历史遗迹、纪念碑或传统手工艺品；(2) 体现在目的地社会居民日常生活和活动中的文化形式：如生活习俗；(3) 动态的文化形式：它包括人的参与，如宗教仪式、狂欢节或传统节日。麦锡森和沃尔认为，在旅游的过程中，所有这些文化形式都会经历文化涵化（acculturation）和变迁的过程，都会有不同程度的改变。当东道主社会的传统手工艺品在旅游中以大众生产的形式出售给游客时，它们的"艺术形式与其原有的涵义之间出现了断裂"，大量产品质量或文化内涵被破坏的"机场艺术"（airport art）出现。比如中国西藏和尼泊尔用于装饰佛教寺庙的唐卡和绘画，现在已大批量生产，游客可以在加德满都（尼泊尔首都）随处买到，甚至可以在西方国家的一些专门商店和市场买到。此外，在那里还同时出售多种来自亚洲和南美洲地区的文化工艺品。麦锡森和沃尔指出，这种出口贸易尽管在一定程度上使人们更加了解和欣赏这些艺术形式，但它也同时切断了这些产品和它们的文化根源的联系。

持反对意见的科恩则并不完全同意格林伍德提出的"旅游会导致文化商品化"的观点，同时认为格林伍德所说的"一旦文化商品化，其意义就会丧失"的论断有些夸大。科恩举出反例——民间音乐人，认为他们尽管是为了钱而为观众表演，但他们同样可能因为有展示他们艺术的机会而激动；为可以展示他们的（音乐）能力而骄傲。因此，不能说他们因为被付了钱而参加演出，就因此丧失了音乐之于他们的意义（Cohen 1988a）。

科恩还从建构的角度，提出了"新增的本真性"（emergent authenticity）的概念（Cohen，2004:109）。他认为本真性和文化一样，本来就不是静止的，而是一个社会建构的概念。文化的生产不仅要面向当地居民（locals），而且在发展的过程中，要面向外来公众（external public）。在面向外来公众的时候，文化生产者可能在文化产品中加入一些新奇而"本真"的元素以吸引他们。这一过程（即格林伍德所说的文化商品化过程），在科恩看来，不一定破坏了文化产品的内涵；相反地，提供给旅游者的文化产品为当地人获得了新的内涵，而且原有的内涵未必消失——它成为了民族或文化身份的标志，也是在"外来公众"面前的一种自我展示方式。麦克基恩（McKean，1976）的文章支持了科恩的观点。麦克基恩分析了印度尼西亚巴厘岛的仪式表演，认为他们的仪式表演有三类观众：神职人员、当地居民和旅游者。他的研究发现，面向旅游者的表演并没有影响到仪式之于前两种观众的意义。而且，为游客表演增加了当地居民的收入，也增强了表演者的技巧和改进了表演设备，实际上保护了当地文化。

科恩认为保护当地文化恰恰是文化商品化的积极意义的表现。在他看来，首先，文化商品化的过程往往发生在某文化的下降期，而非繁荣期。在这种情况下，旅游市场的出现很大程度上保护了濒临灭绝的民间艺术和文化传统（格拉本 Graburn，1976）。其次，即使文化商品化出现在某一文化的兴盛期，它给当地文化和文化传统带来的改变对当地居民来说并不如局外的分析家那样明显。当地居民往往会在"新"、"旧"传统之间找到一种内在联系。

有鉴于此，夏朴雷（1994）在谈到"本真性与文化商品化"问题的时候，提醒有三点值得注意：(1)由于经历和期望不同，不同的旅游者对本真性有不同的认识和理解。大部分旅游者会采取一种比人类学家更宽容的态度和宽松的标准看待旅游中的"本真性"。因此，许多的文化生产形式，不管是物质产品还是表演，尽管是为游客需要而被创造的，游客仍将其视为"真实的"；(2)旅游引起的文化商品化往往保护并再造了当地的传统和"本真"文化。而且，文化本来就是不断发展、并有多种表现方式的；(3)一般而言，决定将文化商品化的不在于消费者，而在于生产者。正如科恩（2004）所认为的，在假设文化商品化带来的各种毁灭性后果时，应该有更多的研究站在东道主社会的角度来评估旅游者和当地居民对这一问题的认识，要提倡主位（emic）研究、过程（processual）研究和比较（comparative）研究的方法。这样的话，"本真性"与"文化商品化"将不一定是互相排斥的，而更可能的是，文化商品化是文化发展的必经阶段。

三、本真性、怀旧与遗产旅游

在讨论本真性概念的同时，不难发现，本真性事实上无可避免地与过去、从前、前现代发生联系。如麦肯耐尔所言，现实与本真性总被认为在别处：它只存在于其他的历史时期和其他的文化之中。他所暗示的是在现代社会中，只存在于过去的时代和场景中的传统与本真性已不复存在（MacCannell 1973）。

怀旧（nostalgia）原被看为是二战中美国士兵的一种心理病，而现在，"怀旧是由对现在的不满和对未来的担忧而引起的。面对社会的衰落和分裂（disintegration），过去似乎变成了一种更值得追求的境界"（Sharpley，1994；157～158）。人们正是因为处在不真实的现代生活中、处在工业社会造成的异化、失范和生态环境的劣质化和人际关系的疏远化（王宁，2000）的条件下，因而产生了一种驱动力——去别处寻求真实的现实和意义。最终，"过去的场景或生活"便成为了一种重要的旅游吸引物。正如丹恩（1994：55）所说，"如今大量的时间和精力都被用于寻找过去，了解甚至回到过去从很大程度上被认为比混乱的现在和可怕的未来更有价值、更美好"。

赫里森（Hewison，1987）认为，正是这种缅怀过去的狂热兴趣的兴起直接促进了遗产工业的产生。厄里（Urry，1990）举例说，如今在英国，怀旧非常盛行，几乎每个城市、城镇都在鼓励建设博物馆和遗址中心，几乎每两个星期都会有新的博物馆出现。丹恩分析了怀旧被应用于旅游的四种表现——饭店、博物馆、"臭名昭著"的场址以及工业中心，以此说明旅游业试图唤起游客的一种深植于过去的真实体验。他指出，无论是饭店、博物馆、"臭名昭著"的场址以及工业中心都试图再现历史，再现基于过去的"真实"和现实（Dann 1994）。

对这种"怀旧的遗产旅游"，持批判态度的学者认为，在"遗产工业"创造的"遗产旅游"中，关于过去的神话被创造了——过去被创造成旅游者希望和喜欢看到的样子，而不是它本来的样子（Wheeler，1992）。因此，游客找到的"现实"，不是基于过去的现实，而是对过去的现代演绎（Wright，1985；Hewison，1987；Lumley，1988 & Walsh，1992）。夏普雷（Sharpley，1994）在此基础上进一步提出，本真性既存在于过去，也存在于现在。随着越来越多的国家的发展和现代化，他们新出现的文化和现代性同样应该被看成是真实的。将真实性定格在过去只会使得旅游越来越成为一种幻想和神话，而目的地社会为了适应旅游者需要而对其社会文化"真实性"的再现，也会因而变得不真实和毫无意义。

希尔弗（Silver，1993）通过分析第三世界国家旅游中的对"本真性"的营销说明了夏普雷的观点。他发现，旅游业和其操纵者在营销中往往将西方社会与第三世界对立，把后者构建为前者的"他者"。这个"他者"从某种意义上代表前现代社会，代表过去，是西方旅游者想象的"未被开发、破坏过的天堂"、"未被发现的处女地"，代表着本真的文化。而对第三世界旅游地的居民来说，只有当他们保持落后甚至某种程度的原始时，他们对（西方）旅游者而言才是具有吸引力的。事实上，这种真实在很大程度上是旅游业操纵的、一种被过滤之后的真实。随着发展中国家进一步工业化和西化，被西方旅游业促销和销售的"真实性"已越来越远离其现实，而游客所得到的"真实"只不过是对旅游宣传册的印证。

可以看出，相当一部分西方旅游社会学者对现在的"遗产工业"（遗产旅游）是持怀疑态度的；而对基于"本真性"的营销更是批判的。当然，也有另一部分学者把这种遗产工业的兴起看成一种必然，而且认为有它的积极意义。温塔尔（Lowenthal，1985，转引自吉野耕作，2005）认为遗产工业就是对过去的创造，而这种对过去的"创造"是一种常态。他指出，古老的建筑物与工艺品总是以适应新时代意图的形式而变换，此时，意识到过去的"创造"过程是至为重要的。厄里（Urry，1990；吉野耕作，2005）则指出，如果没有文化遗产产业，对于并非学者的普通人如何把握过去?他论述道,与阅读传记、历史小说的行为相比,很难断言文化遗产的体验有什么特别的问题。吉野耕作(2005)则把这种文化遗产的创造称为"新历史主义"手法,指出它实际上是"通过全球化消费社会中文化遗产的创造,维持、促进了民族自我认同意识中的与过去的连续感"。这种对于传统的创造在他看来是有积极意义的——它促进了民族文化的连续性和民族自我认同意识。

不论对遗产工业(旅游)是肯定或是否定,对于旅游业或是旅游者的未来挑战在于,应该站在东道主社会的角度来看待和理解其文化和真实性,否则,若从旅游者自身的文化和社会出发给出"真实性"的标准并在旅游中去寻求这种标准的话,其结果可能恰恰是适得其反。

四、本真性与旅游符号学

在前面的论述中已提到,"本真性"不是文化产品的一种固定的属性或条件,它是"值得商榷"的一个标准,很大程度上依赖于个体旅游者与文化吸引物之间的关系。在旅游中,旅游文化产品如某一纪念品或某一节庆被游客认为是"真实"的,往往不是因为游客了解这一文化产品的文化内涵和其所代表的意义,而是因为它的"不寻常"和"特别"。因此,对游客来说,"差异化成为了'本真性'的一个标志"(Sharpley,1994:141)。

在旅游符号学中,强调的是"能指"(the signifier)和"所指"(the signified)之间的关系。"能指"往往是一些物品,而"所指"则是抽象的东西(比如财富、地位、成功等等)。比如劳斯莱斯车,在人们看来不仅仅是一辆车,而是财富、地位和成功的标志。科纳(Culler,1981)将符号学用于考察旅游者体验的真实性。在《旅游符号学》一文中,他认为大部分游客更关心去寻找某一文化吸引物或活动所代表的符号或印象,而不是去了解它本身的意义和作用。游客想看到或愿意接受的"真实"其实是某种不寻常的、超越日常生活体验的、可以让他们结束旅程后回家回忆起来的东西。也就是说,"本真性"变成了某种符号,而旅游活动,不再是对真实的寻找,而是对符号的寻找。

同时,在夏普雷(Sharpley,1994)看来,旅游者与旅游吸引物之间的关系并不是简单的、直接对应的关系。也就是如麦肯耐尔所说,观光者与观光物之间的首次接触并不是观光物本身,而是代表观光物的一些有标志意义的东西,如一个纪念品、一张照片,甚至地图上的一个名字。这种标志/符号(marker)提示游客哪些是值得看的,即旅游吸引物。因此,科纳认为,真实的东西必须先被符号化以代表是真的,是值得一看的。如果它不是被标记或区分出来,它就不是一个著名的吸引物(Culler,1981)。这也就是说,在旅游中,只有被证明过是真实的,才可能说某一吸引物或某一旅游经历是真实的。

从旅游符号学者的观点看来,旅游中的"本真性"往往是一个具有讽刺意味的词:旅游地中一些更接近传统意义的"真实"的吸引物,由于没有被标记出来,便被当作是不真实的。游客选择的往往是那些被标记出来的、被证明是真实的、但其实不一定真实的吸引物。于是,游客再一次在现代旅游中掉进了旅游工业为其所设计好的"本真性文化"的主题剧院里。

结语与启示

从西方关于"本真性与旅游"的研究文献看来,"本真性"似乎就是一个泡沫;而旅游者对"本真性"的追求也似乎其实只是一个乌托邦式的梦想。但西方社会学者借用这一哲学概念分析现代旅游现象,揭示的恰恰是这一现象背后隐藏的深刻的社会现实。如王宁(2006:129)曾指出的,"旅游反映了人们对现代性的'好恶交织'的心理"。事实上,从某种程度来说,"本真性"同样反映了人们对旅游的"好恶交织"的心理。一方面,"本真性"表达了人们对旅游的美好期望,表达了人们希望通过这一"神圣旅程"回归自然,回归本真;而另一方面,"本真性"又反映了人们在现代条件下对旅游的失望和不满,旅游工业给人们带来的只是"虚像",只是被设计好的"伪"的真实。而旅游这一现代社会现象,也正是在这种现代性所带来的矛盾中不断发展、深化的。

同时,西方旅游研究中对于"本真性"概念的深入探究使得这一概念成为理解纷繁复杂的旅游现象的一种视角。从客观主义的本真性、建构主义的本真性、后现代的本真性、存在主义的本真性,到定制化的本真性,本真性概念的发展过程说明了"本真性"本身并不是一个"静止、客观、固定的标准"或"某种产品或吸引物的固有属性",它往往是主观的、建构的以及不断发展和被创造的。

西方旅游学研究领先我国许多,就"本真性"这一西方概念而言,我国的旅游社会学研究者首先有一个将概念本土化的过程,包括在我国区别于西方的不同的社会背景下探讨这一概念的有效性;其次,在我国的旅游实践中,如何从"本真性"这一视角分析旅游业发展中的现实问题,比如文化商品化、旅游目的地发展与遗产保护、旅游产品营销等问题,也将是一个长期的挑战。而对本真性理论在西方旅游研究中应用的关注,也将对我国诸多文化旅游资源的开发产生重要的指导意义,如西双版纳傣族泼水节,目前在傣族园中已成为日日可见的旅游产品,对表演者来说它丧失了本身的意义,但旅游者是否关注其真实性?丽江纳西古乐的表演者们在商业表演的同时,相信民间音乐人尽管是为了钱而为观众表演,但他们同样可能因为有展示他们艺术的机会而激动,文化商品化并没有让其意义丧失。因此,从这样的角度来看,对旅游业发展中的真实性的研究当有重要的现实意义,也值得学界关注。

进一步阅读

Boorstin, D. J. (1964). *The Image: A Guide to Pseudo-Events in America*. New York: Atheneum.

Cohen, E. (1988). Authenticity and Commoditization in Tourism, *Annals of Tourism Research*, 15(3): 371~386.

MacCannell, D. (1973). Staged Authenticity: Arrangements of Social Space in Tourist Settings. *American Journal of Sociology*, 79: 589~603.

Sharpley, R. (1994). *Tourism, Tourists & Society*. Huntingdon, Cambridgeshire: ELM.

Wang, Ning (1999). Rethinking authenticity in tourism experience, in *Annals of Tourism Research*, 26(2): 349~370.

思考题

1. 什么是本真性？本真性与旅游的关系是什么？
2. 解释旅游研究中本真性概念的发展阶段及其主要特征。
3. 存在的本真性指的是什么？举例说明这一概念的适用性。
4. 什么是舞台化的真实？
5. 为什么说对本真的寻找从某种程度上说是对符号的寻找？
6. 为什么说本真性反映了人们对旅游"好恶交织"的心理？它与现代性有无联系？

参考文献

Baudrillard, J. (1983). *Simulations*. New York: Semiotext(e).

Berger, P. L. (1973). "Sincerity and Authenticity" in Modern Society. Public Interest (31): 81~90.

Boorstin, D. J. (1964). *The Image: A Guide to Pseudo-Events in America*. New York: Atheneum.

Bruner, E. M. (1989). Tourism, Creativity, and Authenticity. *Studies in Symbolic Interaction*. 10: 109~114.

Clifford, J. (1997). *Routes: Travel and Translation in the Late Twentieth Century*. Cambridge, Mass, Harvard University Press.

Cohen, E. (1979). Rethinking the Sociology of Tourism. *Annals of Tourism Research*, 6(1): 18~35.

Cohen, E. (1988a). Authenticity and Commoditization in Tourism, *Annals of Tourism Research*, 15(3): 371~386.

Cohen, E. (1988b). Traditions in the Qualitative Sociology of Tourism, *Annals of Tourism Research*, 15(1): 29~46.

Cohen, E. (2004). *Contemporary Tourism Diversity and Change*, Elsevier.

Culler, J. (1981). Semiotics of Tourism, *American Journal of Semiotics*, 1:127~140.

Dann, G. (1994). Tourism: the Nostalgia Industry of the Future, in Theobald, W. (ed), *Global Tourism: the Next Decade*, Butterworth Heinemann.

Eco, U. (1986). *Travels in Hyperreality*. London: Picador.

Giddens, Anthony. (1990). *The Consequence of Modernity*. Cambridge: Policy Press.

Goffman, E. (1959). *The Presentation of Self in Everyday Life*. Harmondsworth: Penguin.

Golomb, J. (1995). *In Search of Authenticity*. London: Routledge.

Graburn, N. H. H. (1983). *The Anthropology of Tourism*. Annals of Tourism Research 10: 9~33.

Greenwood, D. (1989). Culture by the Pound: An Anthropological Perspective on Tourism as cultural Commoditisation, in Smith, V. (ed), *Hosts and Guests, The Anthropology of Tourism* (2nd edition), UPP, Philadelphia.

Handler, R and W. Saxton. (1988). Dissimulation: Reflexivity, Narrative, and the Quest for Authenticity in "Living History". *Cultural Anthropology*, 3(3):242~260.

Hewison, R. (1987). *The Heritage Industry: Britain in a Climate of Decline*, Methuen, London.

Hobsbawn, E. and T. Ranger (1983). *The Invention of Tradition*, Cambridge: Cambridge University Press.

Kim, H. and Jamal, T. (2007) Touristic Quest for Existential Authenticity. *Annals of Tourism Research*, 34(1):181~201.

Lowenthal, D. (1985). *The Past is a Foreign Country*, Cambridge:Cambridge University Press.

Lumley, R. (ed) (1988), *The Museum Time-Machine*, Routledge, London.

MacCannell, D. (1973). Staged Authenticity: Arrangements of Social Space in Tourist Settings. *American Journal of Sociology*, 79:589~603.

MacCannell, D. (1976). *The Tourist: A New Theory of the Leisure Class*. New York: Schocken Books.

MacCannell, D. (1989). *The Tourist: A New Theory of the Leisure Class* (2nd edition), Shocken Books, New York.

Mathieson, Alister and Wall, Geoffrey, (1982). *Tourism: Economic, Physical and Social Impacts*, Longman, Harlow.

McKean, P. (1989). Towards a Theoretical Analysis of Tourism: Economic Dualism and Cultural Involution in Bali, in Smith, V., (ed), *Hosts and Guests: The Anthropology of Tourism* (2nd edition), UPP, Philadelphia.

Nash, Dennison. (1981). Tourism as an Anthropological Subject, *Current Anthropology* 22(5):461~481.

Pearce, P. L. and G. M. Moscardo (1986). The Concept of Authenticity in Tourist Experiences. *The Australian and New Zealand Journal of Sociology*, 22:121~132.

Selwyn, Tom. (1996). Introduction. In *The Tourist Image: Myths and Myth Making in Tourism*, Tom Selwyn, (ed.), pp. 1~32. Chichester: Wiley.

Sharpley, R. (1994). *Tourism, Tourists & Society*. Huntingdon, Cambridgeshire: ELM.

Silver, I. (1993). Marketing Authenticity in Third World Countries. *Annals of Tourism Research*. 20:302~318.

Trilling, L. (1974). *Sincerity and Authenticity*. London: Oxford University Press.

Turner, V. (1973). *The Center Out There: Pilgrims' Goal*. History of Religion 12:191~230.

Urry, J. (1990). *The Tourist Gaze*. London: Sage.

Urry, J. (2000). *Sociology Beyond Societies: Mobilities for the Twenty-first Century*. London and New York: Routledge.

Walsh, K. (1992). *The Representation of the Past: Museums and Heritage in the Post-Modern World*, Routledge, London.

Wang, N. (1999). Rethinking authenticity in tourism experience in *Annals of Tourism Research*, 26(2): 349~370.

Wang, N. (2000). *Tourism and Modernity: a Sociological Analysis*, Oxford: Pergamon.

Wang, Y. (2007). Customized Authenticity Begins at Home. Annals of Tourism Research, 34(3): 789~804.

Wheeler, M. (1992). Applying Ethics to the Tourism Industry, *Business Ethics*, 1(4):227~235.

Wright, P. (1985). *On Living in an Old Country*, Verso, London.

吉野耕作（2005）.文化民族主义的社会学——现代日本自我认同意识的走向,商务印书馆,62~66.

李旭东 张金岭（2005）.西方旅游研究中的"真实性"理论.北京第二外国语学院学报,1:1~6.

马凌（2007）.本真性理论在旅游研究中的应用.旅游学刊,10：76~81.

王宁（2006）.旅游、现代性与"好恶交织".尹德涛.旅游社会学研究.南开大学出版社,120~138.

肖洪根（2006）.旅游社会学理论体系与国外旅游社会学研究动态.尹德涛,旅游社会学研究.南开大学出版社,139~178.

张朝枝,马凌(2008),原真性理解:旅游与遗产保护视角的演变与差异.旅游科学,22(1):1~8.

张朝枝,马凌,王晓晓,于德珍(2008),符号化的"原真"与遗产地商业化——基于乌镇、周庄的案例研究.旅游科学,22(5):59~66 页.

赵静容（2005）,诗意栖居的本真性——论海德格尔在现代性进程中的"返乡之途".南京师大学报(社会科学版),1(1):113~117.

第六章 旅游吸引物

第一节 旅游吸引物的概念及内涵

旅游吸引物是旅游研究中的一个重要内容。正如 Pigram(1983)所言,没有吸引物,旅游将不存在。从本质上看,旅游吸引物是指"吸引旅游者离开家去其他/'非家'(non-home)的地方旅游的所有要素,它包括景观,活动以及经历"(Lew,1987:554)。

在西方的旅游研究中,旅游吸引物往往不仅是一个客观的独立存在,它更是一个吸引物系统(attraction system),它是从属于整个旅游系统之下的一个子系统(Getz,1986;Leiper,1990)。这个系统有几个组成部分并相互联系和作用。比如,Leiper(1990)认为旅游者并不只是传统意义上的"旅游吸引物"的消费者或使用者,他还是旅游吸引物系统的一部分;而 Pearce(1991)和 Lawton(2005)也认为,在旅游吸引物的定义中,不可忽略的还有旅游经营者的作用,因此他们认为,旅游吸引物是"吸引管理者和旅游者注意的,有特殊的人类或自然界特征的知名事件、遗址、区域或相关现象"(转引自胡抚生,2008)。

不难看出,西方旅游研究对于吸引物概念的界定强调了旅游吸引物的人为建构及系统的观点。也就是说,旅游吸引物之所以成为吸引物,是因为旅游经营者和旅游者的感知和认同。因此,社会学家麦肯耐尔(MacCannell 1976)早期便提出,旅游吸引物应该包括三个部分:旅游者、旅游地/景点以及旅游地/景点的标识物或形象(marker or image)。Gunn(1972)的定义也与麦肯耐尔相似,只是用"核心吸引物"(nucleus)的概念代替了"旅游地/景点",Gunn 认为旅游吸引物是由三个因素组成的系统,包括:旅游者(人的因素)、核心吸引物(核心的因素)和标识物或标志(信息的因素)。而另一旅游学者 Leiper(1990)同样继承了旅游吸引物系统的观点,并在此基础上分析了三者之间的互动关系,即旅游者、核心吸引物和标识物是如何相互关联而作用于吸引物系统的,其模型如图 6-1 所示。

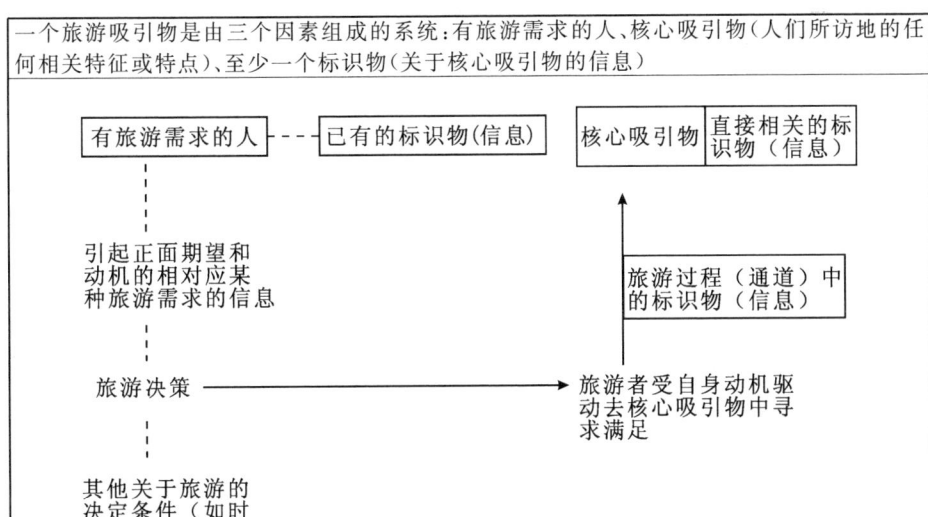

图 6-1　旅游吸引物模型（Leiper，1990）

可以看出，在 Leiper 的模型中，对于一个旅游吸引物而言，三个因素都是不可或缺的。正如 Leiper 举例所说的，假如没有旅游者去参观伦敦塔的话，那么伦敦塔就不会被看成一个旅游吸引物；而标识物也是旅游吸引物不可缺少的信息系统，旅游者正是因为这些信息才产生了对旅游吸引物的需求。

根据旅游吸引物系统的观点，卢（Lew，1987：555～564）进一步指出，在旅游吸引物的划分中可以有三种不同取向的分类框架：(1)依据表意的方法（即一个地方的基本属性，包括自然风光、任何有命名的景点、气候、文化和社会风俗等），可以将旅游吸引物分为自然吸引物、人造吸引物以及自然与人造相结合的吸引物；(2)依据组织的方法（即地理的概念，着重以吸引物的空间的、容量的和时间的属性来分类），旅游吸引物可以分为个人的和团队的吸引物；和(3)依据认知的方法（即通过旅游者的认知和体验来对吸引物进行分类），旅游吸引物可以分为安全的和冒险的吸引物。

总的看来，西方的研究表明：旅游吸引物不仅是天生的或历史的遗产，也不仅仅是指旅游吸引物本身，它更是一个建构的系统，这个系统包括旅游者、核心吸引物和标识物。而从社会学的角度，要了解旅游吸引物，就必须了解这个系统各个要素之间的关系,它的内在属性以及它被建构的过程和社会意义,下面将详述。

第二节　旅游吸引物的属性和价值

旅游吸引物之所以能够吸引人,不是因为人们见到它之后才被吸引,而是在没有见到它之前就对其产生了渴望。可见,旅游吸引物的吸引力,不能仅仅从其客观属性来判定,而必须同时从其符号属性来分析。吸引物之所以成为吸引物,首先离不开其独特的客观属性(如:黄山的险峻挺拔),但这种客观属性仅仅是某物成为吸引物的前提或潜在条件。只有当人们形成了有关某个客体的形象(image),这个客体才在现实的意义上成为吸引物。

事实上,从以往研究中的旅游吸引物系统观点可以看出,旅游吸引物与旅游者之间并非简单的直接对应关系。旅游吸引物的标识物(marker)往往是拉动旅游者前去旅行的重要动力。从这个意义上说,旅游吸引物的符号化过程就显得非常重要。MacCannell(1976)早在 20 世纪 70 年代便提到了吸引物的符号生产过程。他将这一过程称为景观的"神圣化"过程。MacCannell 认为,"景观的神圣化"与"旅游朝圣者"的"仪式化心理"是吸引物建构和旅游发展的动力机制。他指出,景观的神圣化过程一般包括给景观命名(naming)、确定范围和提升(framing and elevation)、装饰(enshrinement)、机械化再生产(mechanical reproduction)和社会再生产(social reproduction)等五个阶段。在这一过程中,旅游吸引物不仅仅是简单的、随意的物质的呈现,而是经过加工、被赋予意义和某种价值感的景观。

在 MacCannell 看来,旅游吸引物就是由一个个符号组成的,也就是说每一个景观或景点都是由一系列的象征性的标识物所标志出来的。"符号是将某种事物呈现给某人的信息总和"(MacCannell,1976:109)。在很多情况下,旅游吸引物值得去看,往往不是因为景观或景物本身,而是因为关于这一景观或景物的信息(符号意义)让人们觉得值得一看。MacCannell(1976:113)给出了一个来自纽约的典型例子:"当一小块月球上的石头被放在美国国家历史博物馆展出的时候,一天中就有 42,195 人到博物馆来参观,这个游客数是博物馆单日接待的最多人数。在参观中,有一个 13 岁的男孩评论到,'这石头看上去就是那种你能在中央公园随意捡到的东西;但它很酷,因为它来自月球'。"

这个例子很好地说明了在旅游游览中,最重要的因素也许并非景观/物本身,而是与景观/物相关的信息,也就是代表景观/物的符号。因此,我们可以看到,许多著名的景点之所以成为大众欢迎的旅游吸引物,不仅是因为其本身的景观,而且是因为它的符号意义。比如说,美国的自由女神像(美国的象征),巴黎的艾菲尔铁塔(巴黎的象征),中国的长城(中国的标志)等。当然,对景观信息的选择和赋予景观符号价值的过程不仅仅是人为建构的过程,它更多的是社会建构的结果。社会建构往往会在一定的社会条件下,依据某种社会与理想的需要,去建构某一旅游客体,使之成为承载某种社会价值与理想的符号。在下一节中将对这一社会建构过程进行详细说明。

总的看来,由上分析可以看出,吸引物包括两个方面的属性(双重属性),一方面,它具有某种独特的客观属性;另一方面,它具有符号属性。如果说,吸引物的客观属性是人们难于干预的,那么,吸引物的符号属性则是建构的产物和结果。

相对应地,旅游者在消费旅游吸引物的过程中,往往会受到两种属性的影响,前一种属性代表的是旅游吸引物的绝对价值,而后一种则往往是旅游吸引物的相对价值。相对价值是因不同的旅游者而不同的,也就是说,不同的旅游者对旅游吸引物所代表的符号化的价值认同也是不同的。在实践中因而可以看到,一些对某些游客有吸引力的景点对另一些游客来说却毫无兴趣。比如旧金山的金门大桥(目前已成为旧金山的标志性景点和符号之一),有些游客认为到了旧金山,就必须游金门大桥,但另一些游客则抱怨,"这里有什么可看的?Verrazzano Narrows 桥比这里的大多了"(MacCannell,1976:112)。

在这个例子中可以看到,那些喜欢游览金门大桥的游客接受的是这座桥作为旧金山标志的符号属性和意义(尤其对于那些喜欢在"标志性建筑"前拍照表示"到此一游"的游客而言,金门大桥是一个必游的景点);而那些抱怨的游客否定的则是这座桥的客观属性——也就是认为它的独特性不够,与其他桥相比不够壮观。

不同的游客依据旅游吸引物的不同属性对旅游吸引物的价值有着不同的理解。这里首先需要了解一下价值的概念。在日常使用中,价值意味着能够满足某种欲望的客体或客体的性质(作田启一,2004:13)。在经济学领域,一般认为能够满足欲望的东西就有价值,比如,食物、衣服、房屋、图书、绘画等都有价值。而在经济学以外的领域,包括社会学领域,一般则认为只有"通过抑制平时的欲望所获得的东西才有价值"(作田启一,2004:14)。这种价值往往指的是稀有价值,在这个意义上,一般的图书和绘画没有价值,只有那些一般人无法创造的学术杰作和艺术作品才被认为是有价值的。

与作田启一观点类似,古典社会学家齐美尔认为,应当把价值和效用区分开来。事实上,齐美尔(2002)早在《货币哲学》一书中便阐述了价值的定义。他认为,价值是指得到或实现它需要作出牺牲的客体所具有的满足之义。在齐美尔的理解中,如果不经过任何困难就能达到客体的话,价值就不会发生。这正如作田启一(2004)举例说的,为什么对有些人来说,攀登高山会产生强烈的美感呢?是因为它需要不凡的努力和冒险为代价。而稀有的古董或艺术品之所以具有刺激(和吸引力),其原因之一是发现和得到这些东西很困难。

由此可见,旅游吸引物对于旅游者具有某种价值,往往是因为它能给旅游者带来某种区别于日常体验的超凡体验(extraordinary experience),而且旅游者需要付出努力和代价才能获得这种体验。从价值的角度来看,这一方面说明,旅游吸引物,区别于其他的日常景观,要具有某种稀有价值的客观属性;另一方面,它需要旅游者付出一定努力和代价才能获得。在这个意义上说,旅游价值往往依赖于旅游者与旅游吸引物互动产生的价值。当然,在旅游者获取旅游吸引物的价值体验之前,首先接触到的是旅游吸引物被建构的符号意义和价值。因此,总的看来,旅游吸引物的旅游价值往往是取决于它的绝对价值(具有某种稀有价值的客观属性)、符号价值(代表某种社会价值和理想的意义建构)和消费价值(旅游者在消费过程中获得的价值)的结合。

从这个角度上看,世界级的自然、文化遗产(包括物质的和非物质的)往往是那些绝对价值、符号价值和消费价值都高的旅游吸引物。对于这一类吸引物,除非经历重大的改变和突发事件,否则其吸引力和旅游价值不容易改变或衰退。

第三节 旅游吸引物的社会建构

以上提到了旅游吸引物的建构与符号属性往往代表着社会的价值理想和选择,那么,社会价值理想对于旅游吸引物的建构是如何发生的,而这些符号化的价值理想又是如何转移到旅游消费者身上的,下面本节将从动态发展的角度,对旅游吸引物社会建构的过程和本质进行说明分析。

如上所述,社会对吸引物的建构作用的体现之一,就在于吸引物的符号化过程。借助于大众媒体和市场营销手段,旅游客体成为某种社会的价值与理想的符号。一般而言,在社会建构的角度下,关于旅游客体的符号化过程包括两个方面:第一,以大众媒体、大众传播和教育等知识传播过程相联系,社会分别赋予不同的客体以某种价值与意义,从而使得这些客体成为社会的价值与理想的承载符号,并成为社会中的神圣客体;第二,在旅游开发过程中,旅游开发者借助市场营销手段而树立某一旅游客体的形象,提升其旅游价值,赋予其神圣意义。

至于旅游客体的意义如何向旅游消费者转移,Belk 等人(1989)做了论述。他们认为,从消费者行为的角度看,人们可以通过消费赋予其购买的物品或活动以意义并使其神圣化。他们指出,"任何东西都有可能被神圣化;神圣化的过程在很大程度上是一个投资的过程"(Belk、Wallendorf & Sherry 1989:13)。他们分析了在物品的消费过程中,消费者可以通过仪式、朝圣的旅程、特质赋予、礼物馈赠、收藏、继承以及权威认可等方式赋予物品神圣的意义。

可见,旅游吸引物的符号建构和旅游者对旅游吸引物的消费,事实上是社会价值理想的建构和意义转移过程。一方面,在旅游客体的符号化过程中,来自社会世界的某种神圣价值与理想被转移到旅游客体中;另一方面,旅游者通过消费和体验代表着某种神圣价值与理想的旅游客体,获得了非凡的体验并表达了对符号化的社会价值的认同。

McCracken(1988)的"意义转移模式"(见图 6-2)有助于说明旅游吸引物的符号建构和意义转移过程。根据 McCracken 的观点,消费者对商品的消费过程,不但是对商品性能的使用过程,而且是对商品的符号意义的消费过程。而商品的意义是从文化世界里"转移"过来的。商品生产者通过两种手段来进行这种意义转移,一是广告,二是时尚。正是由于商品成为文化意义的符号,因此,消费者对商品的消费过程同时也是对商品的意义的消费过程,也就是说,通过商品消费,将商品的意义转移到消费者身上。在这个过程中,消费者一般是通过四种仪式来进行意义转移的:交换仪式、占有仪式、修饰仪式、剥夺仪式(McCracken 1988:71~89)。

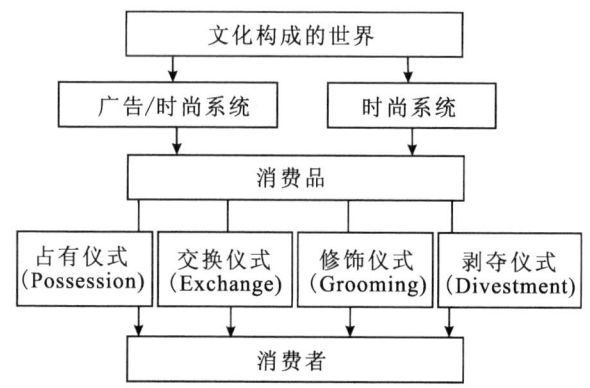

图 6-2 McCracken(1988)的"意义转移"模型

注:▭ 代表意义所在;→代表意义的转移

受到 McCracken 的"意义转移模式"(图 6-2)的启发,笔者认为,旅游客体的符号化过程同样涉及"意义的双重转移"。第一重意义转移是人们将社会世界中的神圣价值与理想转移到旅游客体上,使这一旅游客体成为承载某种神圣价值与理想(意义)的符号与象征,从而成为旅游吸引物。第二重意义转移是旅游消费者在体验旅游吸引物过程中,将旅游吸引物所代表的神圣价值与理想(意义)转移到消费者自身上。第一重意义转移过程涉及社会对旅游吸引物的意义的集体建构过程。第二重意义转移涉及旅游者个体对旅游吸引物意义的消费过程。而每一次旅游消费,都是对旅游吸引物的意义的再生产过程,如图 6-3 所示:

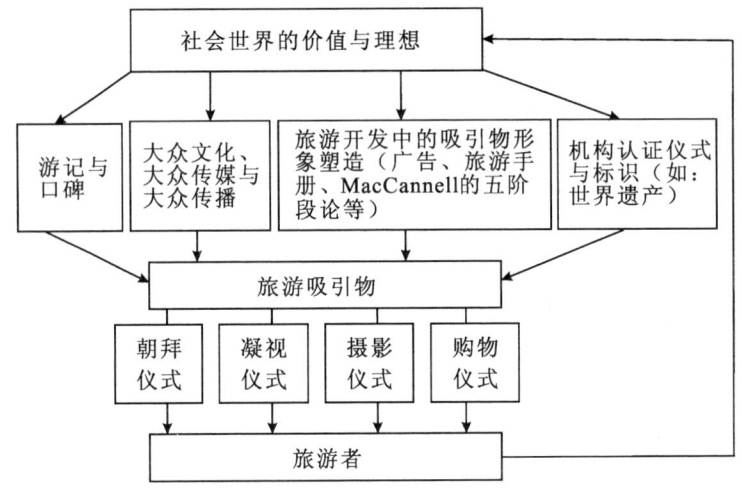

图 6-3　旅游吸引物的"价值建构与价值转移"图

注:□代表意义和价值所在;→代表意义和价值的转移

从图 6-3 可以看出,在吸引物的意义建构和价值转移中有两个过程:一个是旅游吸引物的文化生产过程,这个过程主要是由旅游产品开发者/生产者完成的。它是将社会/文化世界的意义价值转移到旅游吸引物,并赋予其某种消费价值的商品化过程;而另一个过程则是旅游吸引物的消费过程,这个过程是由旅游消费者完成的。在这一过程中,旅游者通过对旅游吸引物的朝拜仪式、凝视仪式、摄影仪式、购物仪式(如:购买纪念品)等,将吸引物主观化、情感化,旅游者与旅游吸引物进行无言的对话与交流,并在旅游者内心产生移情(empathy)作用,而作为吸引物替代品的旅游纪念品,也成为个人的价值收藏。旅游纪念品和摄影图片是旅游吸引物的意义向旅游者转移的见证物,并可在日后不断重温。

值得注意的是,旅游吸引物的符号化过程包含了双重匹配过程(图 6-4)。第一重匹配是旅游吸引物与社会的价值与理想类型的匹配过程。不同类型的价值与理想,需要与不同类型的旅游客体(吸引物)匹配。比如,有关本真性的价值与理想,一般与经济不发达的社区、纯朴的民风、传统的民俗或历史比较悠久的文物等旅游客体相匹配;有关崇尚自然的价值,一般与自然景观相匹配;而有关想象与幻想的价值,则往往与迪斯尼乐园、环球影城等主题公园相匹配等等。第二重匹配是旅游吸引物与旅游者类型的匹配。不同的旅游者,寻求不同类型的旅游吸引物,并体验不同类型的旅游价值。旅游的过程,正是通过对旅游吸引物的崇拜,而获得某种价值体验和精神力量,并进而将自我提升到一个理想的境界的。可以说,旅游吸引物的价值向旅游者转移的过程,就是旅游者的"精神充电"的过程。正如从麦加朝圣归来的信徒获得了精神力量一样,旅游者从旅游吸引物归来也体验了一种超越日常状态的精神境界。在此意义上,旅游或旅游者对旅游吸引物的体验,是人生中一种周期性的赋予生活以意义的制度(Graburn,1989)。

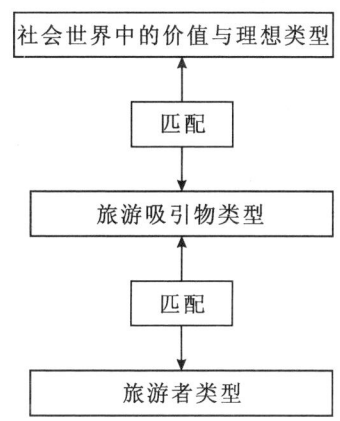

图 6-4　价值与理想、旅游吸引物与旅游者之间的双重匹配过程

上述意义的双重转移过程说明了旅游吸引物的动态变化与循环过程。之所以如此,是因为社会的价值与理想是随着社会的变化而不断变化的。相应地,随着社会的价值与理想的变化,主流旅游者所热捧的旅游吸引物类型也在变化、更替与循环。例如,由于18世纪的理智主义(intellectualism)和19世纪工业革命的盛行,英国出现了浪漫主义的价值与理想。在这种价值的支配下,昔日被认为是恶魔和盗匪藏身的森林,被当作充满魅力的吸引物;而昔日被看作险恶的大海,也被当作充满浪漫情调的吸引物。同样是在英国,在19世纪末和20世纪初,海水浴被当时的医疗界认为具有治疗和健身的效果,因此,Blackpool和Scarborough这两个海边胜地成为当时著名的旅游吸引物。但是,随着与海水浴相关的医疗神话的破产,这两个景点便逐渐走向衰落(Wang,2000)。由此可见,旅游吸引物是具有生命周期的,之所以如此,并非仅仅因为人们在感官上厌倦了某种类型的吸引物,而主要是因为社会的价值与理想发生了变化。正是由于价值与理想的变化,人们需要寻找新的旅游客体作为这种变化了的价值与理想的符号。而价值与理想恰恰是随着社会与文化的变迁而变化的。可见,旅游客体成为旅游吸引物,在某种程度上是社会建构的产物。

第四节 社会变迁与旅游吸引物

如上所述,旅游吸引物一方面是社会建构的产物,另一方面,它是随着历史发展和社会文化的不断变化而变化的。也就是说,在一个历史时期中具有吸引力的吸引物,在另一个时期则被人们所遗忘;反之,有些在一个历史时期内不成为吸引物的景点则被后人所热捧。旅游吸引物的这种变动性,意味着旅游吸引物不仅是多个要素构成的复杂系统,而且随着社会价值理想的变化和选择,旅游吸引物也呈现出不断变化的特点。正如英国社会学家夏普雷所说,"吸引物的变化反映了社会发展与旅游之间的关系的变化"(Sharpley,1994)。它同时也意味着我们不能从静态的角度,而必须从动态的角度来对看待旅游吸引物。下面将对不同社会条件下的旅游吸引物建构和变化进行分别阐述。

一、现代旅游背景下旅游吸引物的建构

麦肯耐尔(1976)认为,现代的旅游者为了摆脱现代性所带来的技术的危险,而去异地寻求在现代性条件下丧失的本真。在他看来,旅游者常居地所代表的现代性与旅游者去旅游的目的地所代表的传统性是对立的。旅游者是在这种对"他者"的寻求中找到了旅行的意义,感受到了非现代性的旅游景观与活动所带给人的意义和神圣感。从这个意义上说,现代的旅游者是"世俗的朝圣者"。麦肯耐尔认为,那些在现代社会丧失了"自我中心"(own center)以及无法过一种"本真"生活的人往往会希望在"他者真实的生活"的审美体验中重新寻求意义。这样的旅行,是对现代性所带来的虚无感(nihilism)和意义的丧失的弥补,期待的是在对"他者、非现代"的旅行中重新获得意义。这个旅行的过程是对"对立于现代性"的另一种意义的寻找。

在麦肯耐尔随后的研究中,更多的旅游学者都在沿着旅游地与客源地存在"我者和他者"对立的路径来建构旅游吸引物的,也就是说,只有保持与旅游客源地的差异,才是有吸引力的。Weisskopf(1983:98)认为,人们对现代性产生厌倦

感的原因是由于现代世界是一个理性的、去魅(disenchantment)的世界,因而丧失了它的吸引力。Cooper(1993:103)则将旅游目的地形容成为"文化财富"(cultural appraisals),认为目的地相对于客源地的文化独特性非常重要。

在现代旅游的情境下,这种对立的本质其实是在建构与现代性相对立的非现代性的吸引物。人们在现代性所带来的异化、失真的情况下,认为只有在传统的旅游吸引物中,只有在缅怀过去中才能重新回到本真的状态,才能寻回曾经的美好。麦肯耐尔把那些将"非现代"(non-modern)和"前现代"(pre-modern)的吸引物融入"现代"的做法称为"博物馆化"(museumization)。这种"博物馆化"的过程恰恰使得这些吸引物丧失了其本真的特征而变得更加"舞台化"。在科恩看来,这些"博物馆化"的吸引物成了那些"娱乐型"游客的游憩场所,而这些游客正是那些接受现代的、世俗的世界观,而且满足于那些"貌似真实"(as if)的吸引物的旅游者。而真正寻求本真吸引物的游客则会对这些吸引物避而远之。

由上看来,在社会学领域,现代旅游背景下的有关旅游吸引物的讨论是基于对现代性的批判,旅游者的旅游动机往往是"逃避现代性"。而这一背景下的旅游产品以及旅游目的地常常必须是旅游者想象中的"未被开发的处女地",这样才是被旅游者所接受的。比如对于遗产旅游的讨论,常常采用"原真性"的标准,但这种"真实"的判断往往是基于对过去的判断与建构,采用的是一种静态的吸引物的视角。一旦旅游地发展成为与旅游者客源地有着相似现代性特征的目的地,这个遗产便开始丧失了其魅力。

从这种建立在"我者与他者"、"现代与非现代"对立上的吸引物理论看旅游者的行为,可以发现现代旅游的推力是"现代性所带来的负面后果",拉力是"目的地所代表的非现代、本真与美好"。正是现代性中的"黑暗面"使得人们越来越难以忍受而选择旅游作为"逃避的一种方式"(Rojek,1993)。与此同时,"别处的真实"始终在诱导着人们去旅行。

不难发现,非现代的吸引物代表的是基于过去的、自然的、本真的、田园牧歌式的、感性的价值,这些价值引导着人们不断在怀旧中寻找在现代条件下丧失的意义。夏普雷认为,"怀旧是由对现在的不满和对未来的担忧而引起的,面对社会的衰落和分裂(disintegration),过去似乎变成了一种更值得追求的境界"(Sharpley 1994:157~158)。因此,在对现实和现代生活失望的情绪中,过去往往被建构成为一个美好、神圣的意义中心,而代表过去的吸引物也因而成为人们心中向往的目的地。

尽管如此,虚假的对于过去的建构,却打破了人们关于过去的美好的幻想。现代旅游业的发展和大众旅游冲击的结果是,许多景点只是一个个"假象系统",早已丧失了其"原真性"。无论是"博物馆"式的对过去的建构还是舞台化的传统表演,真实的过去似乎已成为人们始终追逐但又不可企及的梦想。当然,对于不同的旅游者,对于这样的旅游体验的评价有所不同。在珀尔斯汀看来,大众旅游者所得到的不过是被设计好的、伪事件中的琐碎的、肤浅的旅游体验,他们接受并满足于这样的体验;而麦肯耐尔则始终相信人们想要追逐的是一种本真的、朝圣般的体验。科恩认为分歧的原因在于他们其实是不同类型的旅游者。他进而将不同旅游者的旅游体验模式分为五类:娱乐型、转移型、体验型、实验型和存在型。科恩指出,珀尔斯汀所批判的虚假的旅游体验反映的是娱乐型体验和转移型体验的旅游者,对于这类旅游者而言,他们"得到了他们真正需要的东西——消遣娱乐的乐趣"。因此,"真实性很大程度上是无关紧要的"(Cohen,2004:71)。这些旅游者根本就不追求、也不在乎真实性。而只有那些"体验型"的游客,也就是麦肯耐尔所描述的"世俗的朝圣者",才会要求更为深刻的、真实的旅游体验。

不管对"虚假建构"的传统吸引物是否持批判态度,不难发现,在现代旅游条件下,珀尔斯汀、麦肯耐尔和科恩所讨论的旅游体验以及意义的寻找始终是在与真实的"过去"、与"传统"发生联系。正如麦肯耐尔所说的,"在别处,只是不在此地,不在此时,也许就在那边的什么地方,在另一个国家,另一种生活方式里,在另一个阶层中,也许,在那里就能找到一个真实的社会"(1989:41)。

二、后现代语境下的旅游与旅游吸引物

如果说现代旅游条件下的旅游吸引物的建构是基于"传统与现代"、"我者与他者"的对立的话,那么从最近的研究中可以发现,在后现代语境下这种对立则开始变得牵强。后现代尽管是个难以被定义的概念,但在旅游的情景中,夏普雷(1994)认为,后现代最突出的表现便是"去差异化"(de-differentiation)。这种"去差异化"既表现在时间上,即对过去的保护、呈现以及再创造使得"过去"与"现在"之间差异的界限开始变得模糊;它也表现在空间上,即许多目的地社会的城市化(cosmopolitan)特征导致了种族之间、宗教之间和文化之间的"去差异化",最终使得这些城市趋向同质化。

夏普雷进一步指出,"去差异化"对人们旅游行为的影响是明显的。尽管传统意义上的人们离开常居地去异地旅行的方式仍是现代旅游中最典型的方式;但新兴的一些旅游目的地和旅游吸引物表明:"旅游目的地(人们进行旅游活动的地方)已经变得与人们日常的社会生活场所越来越没有差异,这也就是说,人们对旅行中对环境改变的需求消失了"(Sharpley,1994:233)。

城市旅游的兴起即是一个典型的例子。在英国,几乎每个城市和乡镇都在将其作为旅游目的地来促销,而人们也非常热衷去这些城市旅游目的地旅行;更重要的是,在这些城市旅游的游客往往就是这个城市的居民。比如在20世纪90年

代,英国的"Bradford"这个城市,每年都会有600万人选择在他们自己居住的城市旅行(Sharpley,1994:233)。这种旅游表明,旅游目的地与游客常居地之间的差异("我者"与"他者"的对立)已显得不再重要,而人们并不离开自己的常居地,他们既是这个城市的居民也是游客。

与此同时,在后现代"去差异化"的条件下,人们选择的旅游吸引物可以"不再依托差异化的景观实体,人们日常工作、娱乐、休闲、运动等活动的场所都可以作为旅游地"(潘秋玲,丁蕾,2007:26)。比如工厂和其他一些工作地点都可以成为吸引物;而一些大型的购物场所由于提供多种不同类型的活动,每年也吸引着成千上万的人。在厄里(Urry,1990,转引自Sharpley,1994)看来,这样的购物场所也已成为新的吸引物。他举例说,加拿大西部的爱德蒙顿购物中心在1987年就吸引了900万人前往,它目前已成为继迪斯尼和迪斯尼世界的第三大最受欢迎的旅游目的地。

随着新兴城市吸引物的兴起,我们可以注意到其不同于传统吸引物的明显特征。除了上面提到的与人们日常生活、工作息息相关的场所,如工厂、购物中心等之外,我们可以看到一些展示现代性技术所创造的成果和奇迹(miracle of modernity)的吸引物。比如主题公园,它正是运用高科技的手段技术复制、再现或创造了人类的文明及其成果。而现代的展览(比如车展)则是一个更典型的例子。现代的展品与人们的现代生活息息相关,展示的都是最新的、最时尚的产品。这些产品带着人们进入了一个科技文明给我们带来的奇妙的世界,多种产品在一个展览中集结,在齐美尔(2001)看来,这些展品不仅具有功能上的价值,当它们以特定形式集结在一起的时候,也代表了各种文化形式的集合,而这种集合使得展览不仅是一个贸易的平台,更成为一个具有审美功能的空间。而这样的审美的空间,对于人们来说,尤其是追逐时尚的人们来说无疑是具有吸引力的。

可以看出,如果说旅游是在寻求与日常生活不同的非凡体验(extraordinary experience)的话,那么传统的吸引物是把这种非凡体验与人们不可能回到的过去发生联系;而现代的吸引物(如主题公园、购物中心、现代展览等)则往往把人们的体验与当下的生活、甚至与将来联系起来。

珀尔斯汀、麦肯耐尔和科恩解释了人们去旅游的推力是"对现代性所带来的黑暗面的失望"以及"对现实的逃避";但却没有关注到人们对于现代性积极的一面的拥护和追捧。从另一个角度看,这也是人们对于现代吸引物所代表的科技、理性、进步的价值认同。伴随着现代性而来的科技进步和技术革新,"现代的世界及其系统给人们带来了许多新奇的体验方式"(Urry,1995:144)。比如交通工具的快速移动对于人们体验现实世界有着重要影响。这些影响包括人们看到的自然与城镇景观往往是通过一个框(如车、飞机等的窗户)实现的;景观变成了一系列快速移动的如电影幻灯片般的景致等等。这些体验带给人们的不仅是其"主观感受方式的改变,同时也是他们对自然、景观/物及其社会的审美意义上的欣赏方式的改变"(Urry,1995:144)。

在这样的体验中,人们追求的不再是传统吸引物中的真实感和怀旧,而是事物(景物)甚至社会生活的"美感化"。视觉消费因而成为了近年来非常普及和流行的一种消费(包括旅游消费)形式,尤其是在"主题化"环境(themed environment)(Urry,1995:149)的创造中。例如主题公园便是一个这样的"主题化"的景观。在这个被创造的环境中,许多景观的外表看起来比真的还真,伊科(Eco,1986:44)将这种"真实"称为"超现实"。他分析说,"迪斯尼告诉我们,科技能够带给我们比自然更多的真(现)实"。这种仿真的现实塑造在购物中心和世界展览会中也非常普遍。比如上面提到的世界上最大的购物中心——加拿大西部的爱德蒙顿购物中心,这里占地110公顷,有628家商店,110个餐厅,19家电影院,有着一个19层楼高玻璃圆顶的水上公园,以及四艘游艇的室内湖,此外还有有各种主题房间的酒店,比如经典罗马式的房间,"一千零一夜"的阿拉伯式的房间,波利尼西亚主题的房间等等,这些都极大地满足了人们对视觉体验的需要,因而吸引了世界各地的游客。

除了技术再造的现代化人造景观所带来的美感体验外,在现代的吸引物中,人们还体验到了一种由创造和创意带来的超凡感受。这种对创意和创造的价值认同表明了人们"求新"的渴望。社会学家坎贝尔认为,在现代社会,人们不断被激起对"新奇"的欲望,认为"熟悉的事物不能令人感到满意,而那些尚未被体验过的事物就被认为可以体现渴望梦想的实现"(坎贝尔,2003:283)。因而,在他看来,提供新奇的、虚构的刺激物可以对人们个体想象的虚构情境产生情感影响(比如购物中的消费者),这就是坎贝尔所描绘的一种"白日梦的实践"。这种白日梦的重要性就体现在"它会促进渴望,或者会扩散一种渴望体验目前生活所不能提供的'更多事物'的不满足感"(坎贝尔,2003,283)。坎贝尔举例说,现代的广告所传达的信息正是不断将人们带入一种理想化的自我形象和想象之中,使人们试图从新的产品体验中得以美梦成真。

在旅游的情境中,人们在"超现实"的旅游吸引物中获得的正是这种求新的、白日梦般的实践。不管是现代购物中心,还是时尚展览,或是有着世界各地微缩景观的主题公园,人们沉浸在"自我陶醉"(self-illusory)的想象性享乐体验之中。在这里,旅游者的感受与他们的现实生活以及对未来的憧憬有着紧密的联系,但这些最终又往往无法在现实生活中实现。于是,"由白日梦、渴望、求新欲望、消费、幻灭和再生的欲望所构成的一个循环周期"(坎贝尔,2003:283)引导着人们一次次去消费,去旅游,去体验。

由上分析可以看出，现代旅游条件下传统的旅游吸引物的建构是基于人们的"怀旧"心理。人们出于对现代性所带来的压力和人与人关系异化的不满，而去"他处"、去"传统"的旅游目的地重新寻找已经丧失的意义感；而后现代语境下现代的旅游吸引物满足人们的却是人们的"求新"体验。现代生活和现代化的技术条件，消除了地理空间的、时间的界限，在带给人们超现实的美感和新奇体验的同时，不断激起人们白日梦似的幻想，在这种幻想中，人们一次次地实现了理想化的自我。

总的看来，不论是传统吸引物，还是现代吸引物，它们都代表了社会的某种价值与理想，充当了某种价值与理想的符号。传统的吸引物代表的是基于过去的、自然的、本真的、田园牧歌式的、感性的价值；而现代的吸引物代表的是科技、进步、发展、创造、理性的价值。不同社会条件下的旅游吸引物的建构不仅反映了其代表的不同的社会价值和理想，也反映了不同时期旅游者对某一旅游吸引物所代表的符号化的价值认同。随着社会主流价值与理想的变化，人们追捧的吸引物类型和旅游形式也不一样，旅游吸引物因而呈现出不断变化的动态特征。

结语与启示

吸引物的建构是意义和价值建构的过程，也是吸引物的符号化过程。不同的旅游吸引物往往代表了不同的社会发展条件下的意义和价值认同。时代不同，社会背景不同，社会的主流价值与理想也不相同，与之相对应，社会所热衷的旅游吸引物类型也不同。可见，旅游吸引物不但具有"物理寿命"，而且具有"社会寿命"（王宁，2001），后者源于社会所赋予的吸引物的价值与理想（即：符号化过程）。随着这些价值与理想的变化，原来的吸引物就会被抛弃，人们会选择新的吸引物来代表新的价值与理想。旅游吸引物于是呈现出不断更替与循环的动态特征。

上述旅游吸引物的符号化过程能帮助解释旅游目的地的生命周期。旅游目的地的生命周期，不能仅仅从旅游吸引物本身的物理特性来看，而必须从社会的价值与理想的变迁的角度来分析。正是由于旅游吸引物体现了社会的价值与理想，旅游目的地才获得了社会生命。随着这些价值与理想的变化，旅游目的地的生命周期就可能终结。所以，只有把握了社会的价值与理想的变化趋势，旅游开发才能具有预见性，避免盲目性。

最后，对旅游吸引物的旅游价值的评级，也不能离开它的符号属性或文化属性。仅仅从旅游吸引物的客观物理特性来评价旅游价值，常常不能反映市场状况。例如，许多景点有极高的文物价值，但是参观者极少，消费者不买账，原因就在于消费者市场还没有形成有关历史遗产的价值。随着经济发展和生活水平的提高,人们必然会形成对历史遗产的价值,到那个时候,门庭冷落的文物就有可能游人如织。因此,旅游吸引物的旅游价值可以从两个角度测定,一个是绝对价值(即吸引物的客观属性),一个是相对价值(即吸引物反映了旅游市场的价值与理想,即符号价值)。前者是不变的,后者则是随时代的变迁而不断变化的。

进一步阅读

Leiper, N. (1990). Tourist Attraction Systems, *Annals of Tourism Research*, 17(3): 367~384.

Lew, A. (1987). A Framework of Tourist Attraction Research, *Annals of Tourism Research*, 14: 533~575.

MacCannell, D. (1976). *The Tourist: A New Theory of the Leisure Class*, New York: Schocken Books.

Pearce, P. (1991). Analysing Tourist Attractions, *Journal of Tourism Studies*, 2(1): 46~55.

Gunn, C. (1972). *Vacationscape: Designing Tourist Regions*, Austin: University of Texas.

思考题

1. 什么是旅游吸引物和旅游吸引物系统?
2. 旅游吸引物的双重属性分别指什么?如何理解旅游吸引物的符号属性?
3. 解释旅游吸引物的社会建构过程。
4. 为什么说旅游吸引物是动态变化的?社会变迁对旅游吸引物的变化有何影响?

参考文献

Belk, R. W, Wallendorf, M. & Sherry, J. F, (1989). The Sacred and the Profane in Consumer Behavior: Theodicy on the Odyssey. *The Journal of Consumer Research*, 16(1): 1~38.

Eco, U. (1986). *Travels in Hyperreality.* London: Picador.

Graburn, N. H. H. (1989). Tourism: the Sacred Journey, in V. Smith (ed.), *Hosts and Guests: the Anthropology of Tourism* (2nd edition), Philadelphia: University of Pennsylvania Press. 21~36.

Gunn, C. (1972). *Vacationscape: Designing Tourist Regions*, Austin: University of Texas.

Hewison, R. (1987). *The Heritage Industry: Britain in a Climate of Decline*, Methuen, London.

Lawton, L. J. (2005). Resident Perception of Tourist Attractions on the Gold Coast of Australia. *Journal of Travel Research*, 44(2): 188~200.

Leiper, N. (1990). Tourist Attraction Systems, *Annals of Tourism Research*, 17(3): 367~384.

Lew, A. (1987). A Framework of Tourist Attraction Research, *Annals of Tourism Research*, 14: 533~575.

MacCannell, D. (1976). *The Tourist: A New Theory of the Leisure Class*, New York: Schocken Books.

McCracken, G. (1988). *Culture and Consumption*, Indiana University Press.

Pearce, P. (1991). Analysing Tourist Attractions, *Journal of Tourism Studies*, 2(1): 46~55.

Pigram, J. (1983). *Outdoor Recreation and Resource Management*, Beckenham: Croom Helm.

Sharpley, R. (1994). *Tourism, Tourists & Society*, Huntingdon, Cambridgeshire: ELM.

Urry, J. (1990). *The Tourist Gaze*, London: Sage.

Wang, N. (2000). *Tourism and Modernity: a Sociological Analysis*, Oxford: Pergamon.

胡抚生(2008). 国外旅游吸引物理论研究综述. 北京第二外国语学院学报(旅游版)，3: 31~37.

柯林·坎贝尔. 求新的渴望. 载罗钢，王中忱主编(2003). 消费文化读本. 中国社会科学出版社，第266~284页。

马凌(即出). 社会学视角下的旅游吸引物及其建构. 旅游学刊.

潘秋玲，丁蕾(2007). 后现代社会下的旅游新趋势. 人文地理，22(5)，24~28.

齐奥尔格·齐美尔著(2001). 费勇等译. 时尚的哲学. 文化艺术出版社.

齐奥尔格·齐美尔著(2002). 陈戎女等译. 货币哲学. 华夏出版社.

王宁(2001)，消费社会学. 社会科学文献出版社.

作田启一著，宋金文著. 边静译(2004). 价值社会学. 商务印书馆.

第七章　旅游地形象的社会建构

20世纪70年代以来,旅游地形象一直是中外学界的热门话题,且多集中于形象的策划、测量与管理,寻求市场营销效果是研究的出发点。随着越来越多的人文社会科学分支介入旅游研究,许多新的研究视角和研究方法也被引入,其中包括符号学方法、话语分析、表征分析等等。旅游地营销实践本身也成为研究的对象。在学者们看来,目的地形象塑造不但是一个营销过程,而且也是地方形象的社会建构过程。

第一节　旅游地形象的塑造与表征

本节将列举若干旅游地营销案例,剖析表征在营销文本里的具体运用,阐述表征在旅游地形象建立中所表演的重要角色,然后以关键词之形式论述表征背后的权力意义。

这里,首先简要介绍两个相关概念。

■ 表征(representation)

一般地,"表征"(representation)(也译为"表述"、"再现")是一个修辞学、符号学和传播学的概念,是指制造符号,以代表被表征对象的意义的社会化过程,以及这一过程的产物。"表征"也可以理解为将一种抽象的意识形态概念纳入具体形式(也就是不同的"能指")的过程(John Fiske等,2004)。这些社会化过程包括讲话、写作、摄影、广告、印刷、录像、电影、磁带等。

■ 旅游地的图像表征

"图像"一词主要来自西方艺术史译著,通常指"image"、"icon"、"picture"和它们的衍生词。后期图像学论著中,表述"图像"的常用词是"image"。image的几种主要词意可借以理解图像学对"图像"概念的设定①：

①心像、印象，指图形在观看者心中构成形象认知的心理过程。

②塑像、肖像、圣像，也包含有图形程式的意义，与icon同。

③映像或翻版、复制、相似的形象，表明图像的传播性能。

④在心里对形象的描绘。

根据这一设定，"图像表征"对应的英文表达是"image representation"，其含义是指旅游产品营销人员(供方)以及旅游者群体(需方)利用各类视觉符号进行图文修辞，并通过摄影比赛、摄影画册、网络等渠道进行传播，塑造旅游地形象的过程。

另外，与"表征"和"图像表征"这两个概念密切相关的还有"文本"(text)这一概念，它是指传播活动中必不可少的符号与符码所组成的某一表意结构，是指那种具有自身的物质形态、依赖其发送者或接收者、因此由表征性符码(representational codes)所组成的一则讯息(利贝卡·鲁宾等，2001；约翰·费斯克，2001)。书籍、录音(影)带、书信、照片、旅行游记甚至一篇讲话、记录等都可以视为文本。另外，"文本"一词更多地是源于符号学和语言学，隐含着"意义生成与交换的核心"这样的定义。因此，一个文本便由一个运行于许多层面的符码网络所组成，能根据读者的社会—文化经验产生不同的意义。换言之，文本是有问题的，需要进行分析。

西方学者认为，旅游业的发展历史受制于一定时空范围内的社会经济结构和经济制度，以及决定这种经济制度和结构的政治结构和意识形态。某一"地方"(place)之所以成为旅游目的地，成为旅游者消费的对象，实际上是历史的选择，是当地政府、旅游开发商与销售商、土著居民(indigenous people或host)以及游客共同地、社会性地重构原地方后形成的一个"非真实世界"，它反映了一定社会阶层和社会集团及其代表人物的意志。

一、旅游地营销与形象塑造

利用摄影图片进行旅游地的视觉营销一直是旅游企业所重视的策略。针对明信片、旅行指南、导游手册中的摄影图片进行符号学、修辞学、叙事学、语用学的分析，可以揭示出旅游地如何被视觉表征(visual representation)，以及如何被社会性地构建(socially constructed)。这方面，西方学者的工作成果较多。

---

① 付爱民.现代图像学引论.TOM美术同盟. http://arts.tom.com/Archive/1004/2003/10/24-40186.html. 查阅时间：2005/01/15

(一)旅游地是一个"意象"

Caroline E. 等人以苏格兰旅游委员会(STB)为例,试图回答物质景观如何实现话语转换,成为导游手册里的图片影像这一问题(Scarles E.,Caroline E,2003)。研究发现,在导游手册里,旅游空间被设计、转化成某种视觉表征需要经历三个媒介传播过程:市场调研机构提供游客需求信息,并由此提出形成苏格兰地方特色的关键性图符(icon);专业摄影师运用技术和社会文化知识选择性地拍摄景物;导游手册编辑设计人员使用媒介话语精心编排出一个极具劝服功效的导游手册,最终完成影像表达。三方在整个过程中都需要遵循当代社会关于旅游发展、关于导游手册角色的约定。作者不无幽默地描述导游手册编辑设计人员的工作之一就是将合适的东西放在合适的页面里,以引起游客注意,让他们想到:"哦,这很有趣",或者"嗯,这地方看来值得一去!"

据此,Caroline E. 等人认为,地理背景并不能单纯地决定一个地方是否成为旅游目的地。对某一地方而言,不是其自我评价,而是外来因素合力对它进行的描绘使其成为人们所说、所观看到的"地方"。即,旅游地实际上是一个"意象"(image),它由旅游运营商"经营"(operate),由市场营销人员"包装成型"(model),再由旅游者"使其具有生命力"(perpetuate)。供需双方共同建造了一个地方"神话"(myths)。

(二)自然界是一系列值得拍摄的机会

旅游资源管理、生态环境保护、可持续旅游一直是国内外旅游研究的热点。学者凯芮·克罗宁(Cronin K.)以加拿大杰士伯国家公园(Jasper National Park,简称JNP)这一典型的生态旅游地为研究对象,却一改不少学者从旅游地生态与环境监测、生态评价、旅游者行为管理等入手进行研究的惯例,而是收集有关JNP的旅游营销图片,对它们进行内容分析,解析图像中具体的构图元素和修辞手法,探究图像所隐喻的自然资源管理人员、旅游开发经营人员对JNP生态环境的认知,以及资源利用的主张,由此剖析该旅游地生态环境问题的深层原因(Cronin K.,2003)。

Cronin K. 注意到,导游手册、明信片、旅行指南里关于JNP的图片的画面"主角"始终是广阔无垠的原始森林或其他自然景观,似乎刻意避免出现人类活动的痕迹,以塑造JNP"未被侵染的、纯净的、新奇刺激的野生环境"之形象。但这显然违背公园的发展实情:其旅游业发展得十分红火,某些地段和景点常常游人如织。同时在导游手册里,人们满眼看到的是公园内一长串适合拍照的景点,以及相应的取景角度和时间说明。对此,Keri Cronin 不无讽刺地写到:"在旅游营销文本里,自然界变成了一系列值得拍摄的机会(photo-opportunities),导游手册简直就是一个为摄影发烧友服务的向导。"另外,研究者还发现,JNP的管理政策也大多是从有利于旅游发展的角度制定的,常常为取悦游客而人为干涉生态系统的自身循环。例如,公园有禁火规定,每年干燥季节里自然燃起的山火都会被立即扑灭,并在最短时间内原地补种树苗或草坪,目的就是保证游客的眼睛和照相机镜头所观察到的都是一片生机盎然的绿色世界。

Keri Cronin 进一步揭示,旅游营销图像树立的 JNP "自然绝境"的形象诱使更多的游客前往观光体验。当这些被"艺术化、唯美化"的旅游广告图片"洗脑"后的游客大量涌入时,很难期望他们能够自觉意识到 JNP 所面临的环境压力,以及过度的旅游、拍摄行为可能导致何种生态损害。研究者总结道,为了 JNP 的旅游业发展,公园管理者、旅游批发商和游客等群体的态度和行为都是"以人为中心的",他们不约而同地将人与自然对立起来,认为野生地是一个非人类世界,人类可以不断地征服和利用它。就这样,摄影和旅游营销图像"进入了国家公园的生态过程",并在其中起到不容忽视的消极作用。

JNP 案例证明:但凡被营销者贴上"生态旅游地"标签的地方,永远维持"处女的"形象和状态就成为他们的重要任务。因此,地方是表征的结果,被如何表征则受控于人类社会的选择。

(三)明信片是一种"社会能指"

加斯帕拉克·K.S.(Sanja Kalapos-Gasparac)将前南斯拉夫克罗地亚共和国的首都札格勒布市(Zagreb)作为研究对象,比较了 20 世纪初到二战和二战后这两个历史时期内札格勒布市明信片中影像的不同。研究发现,在第一段时间里,当地人一直有"札格勒布市是欧洲中心"这一地方认同感。明信片里的影像大都是展示该市精美绝伦的教堂、高贵典雅的文化场馆、古典厚重的城市雕塑以及奢华迷人的贵妇人等,那些五色琉璃、世界名画、人体线条、蕾丝花边等构图要素无时不在传递札格勒布市浓厚的浪漫主义文化气息。而二战后,作为社会主义共和国的首都,明信片里的影像则更多地想树立"新札格勒布"、"人民的札格勒布"的形象,各种能集中反映"繁荣"、"进步"、"平等"、"祥和"、"兄弟手足情"等社会主义特质的生活场景成为明信片的画面主题,且这些特质通过陪衬物、拍摄角度、画面色彩以及文字说明等手段逐一凸显出来。

同时,研究者还发现,以上两个不同历史时期的明信片都形成了强大的劝服、诱导功效,它们为游客量身定做了一个札格勒布市,通过符号和象征规定和指导了游客如何选择该市的旅游景点、如何欣赏城市风景、如何选择拍摄对象、如何产生"合适"的情感以及日后如何形成"应有的"记忆等。当然,两个历史时期的旅游者,也都分别认为自己欣赏到了当时札格勒布市的精华所在。

这一案例表明,明信片很容易被人们操纵,它是政治、审美、修辞的合力结果,是具有多种意义的强有力的"社会能指"(social signifiers)。无论是二战前的浪漫之都,还是二战后的社会主义新城市,札格勒布市都是城市管理者(政府部门)、旅游开发商、景点销售商以及游客等一起为自己精心重构的一个旅游地,他们共同策划并联合演出了一幕戏剧,所有演员各取所需:旅游产品的供给方获得金钱,旅游产品的购买方获得畅快、愉悦或刺激等体验。

(四)"东方化"东方

过去几十年里旅游业的大规模发展,使得旅游地文化与全球化表征之间产生了许多难以平衡和调和的难题,西方有不少学者以萨义德所论述的"东方化"东方的思想来看待旅游表征中暗含的西方世界论说东方的话语模式。其中,学者彼得·勃恩兹(Burns P.)进行的有关阿拉伯世界与西方世界的冲突的案例研究很有价值(Burns P.,2003)。

Burns P. 分析了发行于19世纪、以中东地区阿拉伯/伊斯兰"他者"世界为画面主角的六张摄影明信片,通过图像内容分析逐个阐释明信片里所表现出来的"东方化"现象:

第一,1948年前,身穿传统民族服装的纯洁无瑕的小女孩儿暗指游客正在进行的是一次神圣之旅,其中充满了人道主义意味。而1948年,以色列宣布成立后巴勒斯坦失去家园成为难民,肩扛羊羔、面带微笑的巴勒斯坦牧羊人形象暗指偏远地方的贫困、田园乌托邦式的"未开化"和"离家"与"回家"的对比,开心的笑靥给阅读者传递的信息是:画面主人对困苦的生活好像并没有什么强烈感受,他对事物的思考与心灵体验是简单的。这是一种明显的西方人思考东方人的模式。在明信片的设计者和图片拍摄者看来,小姑娘和牧羊人们,即"他者"世界,只是西方游客休闲活动中的消费对象而已。

第二,三个阿拉伯男性商人的画面显然是一个舞台化表演结果,他们手托着腮、闲躺着,身旁放着空的破旧的篮子。这是一个典型的西方话语里的东方人形象:"懒惰的阿拉伯人"。

第三,身穿伊斯兰传统长袍、头戴面纱的劳动妇女,用现代女性主义者的话语,面纱代表一个复杂的、尚未解决的政治与社会问题。而两个坦胸的埃及姑娘(明信片估计生产于1920年时代)暗含挑逗、色情意味,是殖民时代对东方女性态度的一个典型描写,充分证明了性别统治与殖民政治之间的同质同源性。男人对于女人的"自然"优势直接对应于西方对非西方的优势。

有意思的是,研究者还对比分析了一张1956年的明信片,发送者对家里亲人所写的话语表达了这样一个信息:旅游地(土耳其)一派和平气氛,但却充满了欺骗。意即与图片营造的旅游地环境相反,实际上当地人欺骗游客,所作所为都是非真实的,使得该游客已迫不及待地想回家了。

Burns P. 总结道,明信片的视觉叙述话语表明,在殖民时代,旅游地人民和他们的生活被模式化地简化成一些物件,这些物件只不过是供游客视觉消费,或者用来进行道德教诲的装饰品。

二、表征背后的权力意义

近年来,文化研究领域(也包括人类学、社会学、传播学等)日益推崇"关键词"之研究思路。从西方学者的诸多研究案例中抽取、归纳他们频繁使用的核心概念,将十分有助于我们洞察旅游地被表征和社会构建的基本特征和实质,本书作者视这些核心概念为"关键词"。通过串连、参照、对比、整合这些关键词,能够较为清晰地梳理出西方学者关于该议题的一条理论主线。

(一)抽取关键词

旅游地的表征以及旅游地形象社会建构的核心概念有五部分:

第一部分属于旅游地表征问题的研究基点,或者是一个理论分析工具,主要有"表征/被表征"、"观看/被观看"这两对关键词。

第二部分是西方学者用以解释旅游地表征和社会建构过程中的人及其行为的核心概念,主要包括"发送者/接收者"(sender/receiver)和"编码/解码"(incode/decode)这两对关键词。

第三部分是西方学者进行旅游营销文本分析时重点使用的概念,包括"图符"(icon)、"符号"(sign)和"符码"(code)等。

第四部分是西方学者揭示旅游营销文本如何激发人们产生旅游动机时所频繁使用的核心词汇,包括"表征"、"隐喻"(metaphor)、"叙事"(narrative)、"修辞"(rhetoric)、"象征"(symbol)、"意指"(signification)、"能指/所指"(signifier/signified)等。

第五部分是西方学者用以回答旅游地表征和社会建构过程之本质的核心词汇,包括"文化再生产"(cultural reproduction)、"话语"(discourse)、"权力"(power)等关键词。

(二)阐释关键词

上述五类关键词深刻揭示出旅游地被视觉化表征和社会性构建的原因与过程,其间有复杂多样的政治缘由和意识形态问题。

第一,"表征/被表征"。它表明旅游地营销者和旅游者(表征的主体)与旅游地居民及其文化(被表征的客体)之间的关系。旅游,原本就是一个"看"与"被看"的过程,游客正是通过欣赏旅游地不同于自己日常生活的自然景观和文化景观而获得审美、愉悦、刺激、新鲜等情感体验。表征的主体与被表征的客体之间存在着某种权力之争。"表征/被表征"这一对概念其实就暗含有这样一个观点,即,二者之间可能存在着某种不平等。显然,"表征/被表征"是回答"旅游地如何被表征?其中的社会建构过程和意义是什么?"之问题的基本出发点,所有相关论述都由此深入展开。

第二,"发送者/接收者"和"编码/解码"。它们描述了旅游营销文本与游客之间的一个基本的传播过程:广告设计者以满足游客需求的原则对旅游地景观进行重新设计,精心拍摄广告图片并撰写文字说明(即编码),然后以明信片、导游手册等形式销售或赠送(即发送)到游客那里;游客阅读和理解这些营销文本,并做出自己对旅游地景观和吸引力的判断(即解码),决定是否出游。

第三,"图符"、"符号"和"符码"。这是社会批判、传播学以及视觉文化理论中常见的核心概念。其中,口头语言、书面语言、人的动作与姿态、服装、建筑、饰物等所有的社会与文化活动或产品都可以视为符号;而符码则是这一套受制于使用它的文化成员明确或不明确赞同的规则的符号系统。换言之,文化成员不仅借助于这些符号和符码去表达、传递和构建某种意义,同时也有意无意地采用固有的文化惯例和规则破译并理解这些符号、符码。基于此,整个社会生活得以延续和推进。显然,旅游广告的设计者(我们完全有理由将其扩展到旅游产品的开发商、经营商)和旅游广告的阅读者(包括潜在游客和实际到访游客)都是这样一些文化成员,他们共同通过某些符号、符码来完成旅游产品的供给与消费。于是,在西方学者分析明信片或导游手册里的旅游营销图片时,画面主角、色彩、拍摄视角、背景物、附加文字等各个要素就被他们视为回答旅游地如何被表征和社会建构的理想切入点,国家公园的原始森林、城市街头的灯饰图案、女性衣裙的蕾丝花边等也都成为一系列符号被逐一探测和解释。

第四,"表征"、"隐喻"、"叙事"、"修辞"、"象征"、"意指"、"能指/所指"。通过这些词汇揭示了一个事实:旅游营销图片其实就是使用一系列符号,通过隐喻、修辞、象征等手段引起旅游者的情感共鸣,促使他们产生旅游的欲望。例如,一望无际的绿色森林(森林是一种符号)象征生态旅游地的处女地性质;贵妇人华美的衣帽(衣帽是一种符号)隐喻城市古典文化;海浪、悬崖、野生动物意指未被征服的自然界绝景,等等。

第五,"文化再生产"、"话语"和"权力"。这些关键词揭示出旅游地被表征和社会构建的最本质问题——如何生产意义?如何使意义合法化?谁掌握了权力?首先,这里需要分别解释"文化再生产"和"话语"的含义。它们是从文化研究和批判理论转借过来的概念,带有某种"后学"倾向。

"文化再生产"表示文化领域作为一个各阶级为争夺社会利益而在意指方面进行不断斗争的场所所发挥作用的方式。其结果是文化在任何时代都或隐或现地有利于解释支配阶级的利益,有利于他们的表意实践。于是,文化再生产就是使统治阶级集团利益的社会权威自然化与合法化的过程。同时,什么能够得到再生产不是一个可预知的结论,而是特定空间与时间中运行的文化力量此消彼长的结果。

同样,在文化研究和批判学派那里,"话语"也决不简单地等同于"语言"。前者本身兼有名词和动词两种属性,同时指涉思想和传播的交互过程与最终结果。同时,话语是社会化、历史化及制度化形构的产物,它体现着权力关系,而意义就是由这些制度化的话语所产生的。话语包括电视和新闻这些媒介话语,以及诸如医学、文学和科学等制度化的话语,因此,话语是一种社会控制力量,各种话语无不体现着社会权势的意志,无不对应着特定的权力机构。

借鉴文化研究和社会批判的上述观点,揭示出旅游地被表征和构建为某种非真实世界的深刻内涵,即,刻意设计、规划和选择性拍摄旅游地景观,然后通过明信片、导游手册等旅游营销方式将其大量复制和广泛传播,并最终强烈地影响游客的消费决策和体验,这一切行为说到底就是一种文化再生产。同时,这样的文化再生产并非随意或偶然发生的,而是文化产业的各个相关机构(institutes)(如旅游行政管理部门、图片社、出版商等)通过国家各项发展政策、经济法律制度等共同界定和规范了旅游者的凝视主体地位和旅游地居民及其文化的凝视客体地位,其后暗含着复杂的制度化、政治化操纵意味。换言之,旅游营销图片就是媒介话语的一种具体形式,它具有强大的说服和洗脑功能;旅游者掌控了话语权,他们决定了究竟哪一地方能讲故事,为谁讲,以及如何讲。

至此,我们就可以勾连到第一类关键词"表征/被表征"进行初步总结:正是因为要满足旅游者观光、凝视和消费的需求,旅游地才被表征和社会性地建构为游客所希望的"模样"。它们或者是罗曼蒂克化,或者是污名化。迎合旅游者的凝视偏好是塑造和强化旅游地形象的根本动力之一。

(三)全球化与地方化并存:旅游地形象之实质

国际旅游业的迅猛发展与当代社会呈现的四个特征有密切关系。它们分别是:第一,新的快速旅行和运输方式;第二,新技术使得电视、电信、电脑、电子消费品、出版和信息服务融合成一个互动式的信息工业,从而改变了人类的时空距离关系;第三,跨国资本的全球性运作,使一切国家的生产和消费都成为世界性的;第四,消费文化的形成,使得文化具有鲜明的消费性、流行性和娱乐性。同时,国际旅游为当今社会普遍存在的"现代性乡愁"提供了舒解的方法和渠道。这具体表现在:因为厌倦城市的喧闹、冷漠和鼓噪,人们喜欢上了乡村的田园诗生活;因为恐惧空调、纯净水和维C药片会逐渐吞噬我们的身体乃至灵魂,大家热衷于沙漠暴走和雨林探险;因为担忧电玩、肥皂剧和娱乐时尚杂志令自己变得愚钝和脂粉气太浓,人们希望去亲近原生态文化;等等。换言之,当代社会里的文化乡愁具有一种"家的意识形态"(ideology of home)性质,让人们产生某种"无根"或"无家可归"的感觉,造成人们彼此之间的"疏离"感和"忧郁"感。旅游者的好奇心或新鲜感,是因为他们对传统的、地方性的东西已经极其陌生的缘故。

有需求,就有供给。反过来,有市场营销给你不停地洗脑,就有无休止的消费欲望被挑逗出来。对旅游者来说,旅游目的地必定是独特的、区域的、地方性的。名山大川、残垣断壁、荒墓古塔、神庙兽刻、奇俗异礼……无论它们是多么的名扬四海、魅附八方,它们也总是会坐落于某个地方的。因此,整个国际旅游业发展的基础条件就是一部分国家必定成为目的地,而一部分国家必定成为客源地。其中,那些"有幸"成为目的地的国家或区域,必定是被纳入到世界经济和世界文化一体化过程中了(即实现了全球化,对应的英文表达为 globalization);另一方面,它们也只有同时强调地方性、甚至竭力"创造"出令人难忘的地方性(即全球各个区域都努力实现地方化,对应的英文表达为 glocalization,也可以称为"再地方化"),才能持续地从游客手中获得经济利益。因此,在旅游地那里,全球化和地方化是并存共进的,二者共同保证了该地方能够较长久且顺利地从国际旅游业中获得经济收益。

特别地,对处于第三世界的旅游地而言,一方面,全球化这把"双刃剑"并非总是它们主动需求的结果(更多的是被动接受),它在带来充足的外国资本、先进的技术和管理经验的同时,也可能实质性地剥夺了这些国家争取自主发展的权利;另一方面,关于地方化,与其说是第三世界国家逃离西方强权统治的主动行为,倒不如说是它们在全球化强大攻势下的某种谈判策略。旅游地形象,根本就是为迎合那些西方游客的审美和消费偏好而预设的地方"神话"(myths),也根本就是全球化和地方化共同作用的结果,是文化殖民主义的一个具体表现。

第二节 案例分析:旅游地的空间生产与形象建构

目前学术界已有共识,即,旅游的本质特征是游客暂时性地离开日常生活地而前往异地游览与体验。相对于陈式化的日常生活而言,旅游地无疑是一个陌生而有趣的社会空间,外来游客对旅游地景观的视觉表征就是该空间的文化形式之一,它包括游客拍摄的图片、图片传播方式以及产生的社会意义等。显然,旅游者的这些行为对旅游地形象之树立和传播有重要贡献。本节将通过一个中国本土研究——元阳梯田旅游地形象构建论述旅游地的空间生产过程及社会意义。

元阳梯田分布在云南省红河州元阳哈尼族彝族自治县(简称"元阳县")境内。该县位于云南南部、红河南岸、哀牢山脉南段的中心地区。全县无一平川,山高路险、沟壑纵横、交通梗阻,世居哈尼、彝、汉、傣、壮、苗、瑶等七个民族,少数民族人口占总人口的 87.7%。据县政府公布的数据,截至 2003 年年底,全县农民人均年纯收入只有700余元,尚有10.9万人尚未解决温饱,属国家级贫困县。

梯田稻作是元阳县最重要的农业生产方式之一,哈尼族、彝族等少数民族有红河哈尼族彝族自治州向国家有关部门递交了红河哈尼梯田申报世界自然和文化双遗产的正式文本。2004年6月在苏州召开的第28届世界遗产委员会会议上,红河哈尼梯田被世界遗产中心正式受理。

每逢冬春季节(每年11月初至次年4月初),元阳哈尼梯田放水养田,云海、云雾和梯田景观等构成美轮美奂的光影世界。早在20世纪80年代初,就有国内外的摄影爱好者陆续前往元阳进行艺术创作。近十年来,以元阳梯田为主角的摄影图片更是频频在国内及世界级摄影比赛中荣获大奖,元阳梯田因此名扬海内外。

一、旅游地居民的基本生活状态

元阳县世居的哈尼、彝、汉、傣、壮、苗、瑶等七个民族虽然有混居情况,但大体上是按照不同海拔分层次居住的(见图7-1所示):从海拔最低的144米到600余米称为"河坝区",多为傣族居住;从600米左右到800米左右称为"峡谷区",多为壮族居住;从800余米到1400米称为"下半山区",多为彝族居住;从1400米到2000余米称为"中上半山区",多为哈尼族居住;2000米以上称为"高山区",多为苗、瑶族居住;汉族则散居于城镇和公路沿线。其中,哈尼族、彝族聚居的中半山区是元阳主要的梯田耕作区,也是目前主要的梯田旅游区。旅游者能够接触到的村寨主要有两类:

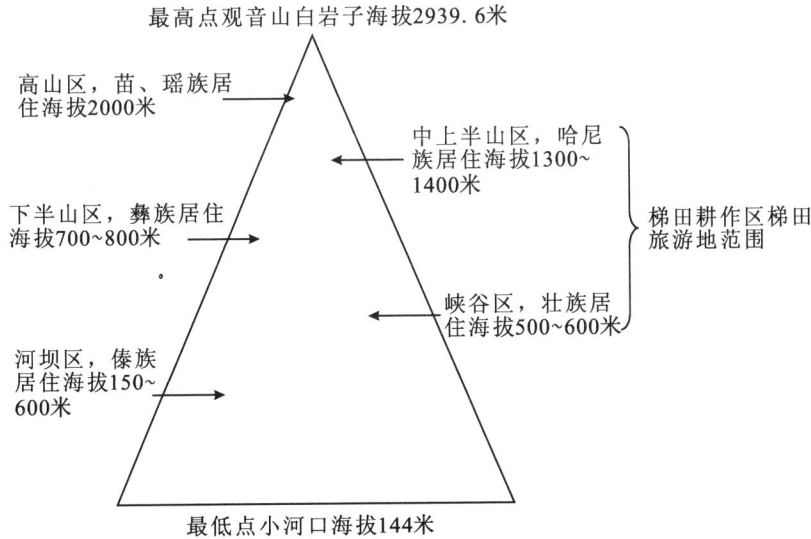

图7-1 元阳各民族分布情况

第一类，是县政府确定的三个正建和待建的民族旅游文化(示范)村，即箐口村(哈尼族聚居，已建成并正式对游客开放，对应的旅游产品名称为"箐口哈尼族民俗文化生态旅游村")、哈播村(哈尼族聚居，待建，预期名称为"哈播民族饮食文化村")和勐品村(彝族聚居，待建，预期名称为"勐品彝族歌舞文化村")。

第二类，是临近梯田风景旅游区的公路沿线村寨，因可进入性较好，它们也是外来游客到访频度最高的村寨，主要有普高老寨和全福庄(大寨)。

（一）梯田是哈尼人生存之本

元阳县包括哈尼族、彝族在内的多个民族都耕种梯田，但因其中的哈尼族人口最多、梯田面积最大、耕作技术最精湛、梯田开垦历史最悠久而极具代表性，人们就冠之以"哈尼梯田"来统称元阳梯田及其文化。在长达1300余年的发展过程里，梯田已成为哈尼人物质生活的依托、自然人生观的桥梁、社会人际关系的纽带和民族精神的源泉。梯田是哈尼人生存之本。

首先，从物质生产角度看，耕种梯田就是哈尼族民众的基本生存方式。例如，对箐口村和哈播村的从业人员构成分析显示(见表7-1)，两村的农业从业人员分别占其劳动年龄内的乡村从业人口的96.93%和91.74%，其中，种植业又分别占其劳动年龄内的乡村从业人口的76.64%和91.63%，工业、建筑业、交通邮电仓储业、批发贸易业以及餐饮业等行业的从业人员比例相当低。

表7-1　箐口村、哈播村乡村从业人员构成（2003年）

箐口村从业人员	哈播村从业人员
乡村从业人口(劳动年龄内):685人* 其中①农业从业人员:664人(占从业人口总数的96.93%。其中，种植业525人；林业1人；牧业48人) ②工业从业人员:2人(占从业人口总数的0.29%) ③建筑业从业人员:1人(占从业人口总数的0.14%) ④交通邮电仓储从业人员:0 ⑤批发贸易、餐饮从业人员:0	乡村从业人口(劳动年龄内):920人* 其中①农业从业人员:844人(占从业人口总数的91.74%。其中，种植业843人；林业1人) ②工业从业人员:17人(占从业人口总数的1.85%) ③建筑业从业人员:6人(占从业人口总数的0.65%) ④交通邮电仓储从业人员:23人(占从业人口总数的2.50%) ⑤批发贸易、餐饮从业人员:20人(占从业人口总数的2.17%)

资料来源：新街镇土锅寨村委会、俄扎乡哈播村村委会。

＊土锅寨村委会、哈播村村委员提供的数据有出入，导致箐口村、哈播村乡村从业人口有误。

其次，该区域农户的经济收入也基本来自于梯田。例如，对箐口村经济收入构成的调查发现(见表7-2)，该村2003年的农业收入占到其经济总收入的52.34%，其中，种植业收入又占到农业收入的71.66%，且全部为粮食作物(即稻米)收入，若加上林业、牧业和渔业等收入，则属于第一产业的收入占到其经济总收入的78.

34%;而工业、建筑业的收入(属第二产业)只占到其经济总收入的6.53%;运输业、商饮业和服务业的收入(属第三产业)也仅占到其经济总收入的12.95%。

表7-2 箐口村农村经济收入构成(2003年)

农村经济总收入:82.65万元
其中:
1.农业收入:43.26万元(占总收入的52.34%)
(1)种植业收入:31万元(其中粮食作物收入:31万元,即种植业收入完全由粮食作物收入构成,且占农业收入的71.66%)
(2)其他农业收入:2.86万元(占农业收入的6.61%)
2.林业收入:6.8万元(占总收入的8.23%)
3.牧业收入:11.15万元(占总收入的13.49%)
4.渔业收入:3.54万元(占总收入的4.28%)
5.工业收入:1.9万元(占总收入的2.30%)
6.建筑业收入:3.5万元(占总收入的4.23%)
7.运输业收入:4万元(占总收入的4.84%)
8.商饮业收入:2.6万元(占总收入的3.15%)
9.服务业收入:4.1万元(占总收入的4.96%)
农民外出劳务收入:3万元(占总收入的3.63%)

资料来源:元阳县新街镇土锅寨村委会。

(二)贫困是梯田景区农户的最大问题

表7-1和表7-2同时还反映出一个客观事实,在美轮美奂的梯田风光背后,农户的经济收入十分有限,生活艰难。元阳县政府公布的数据显示,2003年,元阳县农民人均年纯收入757元,人均占有粮326千克,按新的脱贫标准计算,全县尚有10.9万人未解决温饱[①]。针对箐口村、哈播村和勐品村等三个已建或待建的旅游文化示范村的调查结果是,截止2003年末,箐口村、哈播村和勐品村等三个村寨的人均耕地面积(包括水田和旱田两种)分别为1.03亩、0.67亩和0.85亩,人均占有粮分别为327千克、280千克和288千克,农民人均年纯收入也分别只有549元、661元和654元(2000年中国贫困人口的标准为625元)(见表7-3)。

表7-3 元阳在建和待建的旅游文化村概况(2003年末)

村寨	行政隶属	户数(户)	人口(人) 合计	人口(人) 男	年末耕地总资源(亩) 合计	年末耕地总资源(亩) 水田	年末耕地总资源(亩) 旱田	农民人均年纯收入(元)	人均占有粮食(千克)
箐口村	新街镇土锅寨村委会	178	834	450	858	453	405	549	327
哈播村	俄扎乡哈播村村委会	340	1517	771	1022	647	375	661	280
勐品村	攀枝花乡勐品村村委会	294	1401	762	1196	732	464	654	288

注:表中三个村是遵循当地人的日常习惯称谓,从行政隶属管理上说,应该严格地称为"箐口村村民小组"、"哈播村村民小组"和"勐品村村民小组"。

资料来源:新街镇土锅寨村委会、俄扎乡哈播村村委会、攀枝花乡勐品村村委会。

[①] 元阳县农业信息网.http://www.hhyyagri.gov.cn/index.asp.2005/4/11查。

梯田景区内箐口村、哈播村、勐品村、普高老寨以及全福庄(大寨)等村寨中收入较低农户的家庭概况见表 7-4 所示。

表 7-4 受访农户家庭概况

	受访者	家庭概况
箐口村	李晓强（男，23岁，大专文化）	现在家庭主要成员有母亲、继父、弟弟。姐姐、姐夫和两个外甥则一家另过。家里没有电话和电视，口粮只够吃八、九个月，没有其他经济收入，家中住房多年失修且不够住，他去年七月由红河学院大专毕业后与一个外甥暂时借住在村里人不用的蘑菇屋内。他上大学期间贷款 3000 元，至今未还，也未找到合适工作，目前在家耕种梯田
	李文才（男，36岁，初中文化）	现在家庭主要成员有 80 余岁的父母亲、妻子和两个儿子，其中长子在元阳一中上初中，次子才三岁。以耕种梯田为主，口粮基本够吃，年收入 600 元。2000 年购买了电视，但因没有天线，收不到电视信号，只能看录像。2001 年装了电话。从去年夏天开始，刚离婚不久的年近 50 岁的大哥搬来与他们同住
	小李（男，34岁，初中文化）	现在家庭成员母亲、妻子和一个两岁的儿子。曾离婚，现任妻子没有领取结婚证，家里没有电视和电话，口粮基本够吃，年收入 600 余元
哈播村	马南山的妻子（女，41岁，小学文化）	除他们夫妻俩外，现有家庭成员还有近 80 岁父母和两个分别为 18 岁和 13 岁的儿子，其中长子外出打工，次子读小学六年级。长虹牌 21 英寸彩电是亲戚送的。他们夫妻过去一直在西双版纳打工，去年因父亲患有白内障几近失明，被村里领导劝回来照顾老人。家里没什么经济收入
勐品村	李姓老奶奶（女，80余岁，文盲）	儿子前年去世后，儿媳妇离家出走，留下两个小孩。目前李奶奶没有任何经济收入，靠村里人接济过活
普高老寨	陆金放（男，35岁，小学文化）	现在家庭主要成员有妻子、一个八岁儿子和一个四岁女儿，其中儿子在胜村乡上小学三年级。家里有电视，没有电话，口粮基本够吃。他有木匠技术，平时在村寨里揽一些零活
	卢光明（男，40岁，文盲）	现在家庭主要成员有 80 余岁的母亲、妻子和一个一岁的女儿。家里有 1 亩梯田，0.8 亩旱地。口粮仅够吃十个月左右，没什么经济收入，房屋年久失修漏雨，目前暂时借住在邻居闲置的蘑菇屋内。2002 年开始修建新房，仅盖到一半就因没钱而停止。家里没有电视和电话
全福庄	小王（男，15岁，小学文化）	现有家庭成员为父母、两个哥哥和一个姐姐，其中姐姐已出嫁。家里耕种梯田收获的粮食仅够吃七、八个月。家里没有电话、电视。他小学毕业后就跟随两个哥哥在个旧一家锡矿打工，月收入 200 元，后来村里抓"普九教育"，责令其父母将他叫回村读书，但仅读了三个月后又辍学
	李姓小姑娘（女，12岁，在读小学四年级）	现有家庭成员父母、一个哥哥和两个姐姐，其中，一个姐姐出嫁，另有一个姐姐和哥哥外出打工。母亲常年生病，家里口粮基本够吃，准备明年盖新房给哥哥结婚

资料来源：根据 2004 年 9 月入户访谈内容整理。

其中,普高老寨陆金放在谈到家里目前开销时,这样说道:

  现在孩子上学是一个大头花费,我们压力很大的。我们都想小孩子多读书,也想他们以后在外面找工作。都圈在这里有什么好处?种梯田日子不好过啊。现在红河学院毕业的已找不到工作了,所以想他以后读更好的学校。小孩读书,一年学费要四、五百元,每星期伙食费要四、五十元,我们拿出来还是有困难的。种梯田苦啊,仅够吃饭的,没什么活钱……

箐口村马南山的妻子则这样认为:

  我才从版纳来这里,我以前在勐腊,这边情况也不了解。家里田地太少了,就是有想法也没办法做,因为没钱。猪也没有,鸡也没有……不知怎么办呢!老人看病是最大开销,还有就是想搞点家庭养殖业,可买猪崽的钱都没有,唉!

至于电视、电话、报纸、广播等这些与外界交流与联系的重要工具,各农户家里都比较缺乏。例如,箐口村的李文才谈到自己家里的情况时说:

  电费一度六毛钱,我家每个月一般用到17度,最高的时候有30度呢。彩色电视是2000年买的,我们家买不起锅[①],所以就收不到电视台,平时可以放些录像看,村里有七、八十家里买电视了,其中买锅的有十几家吧……。看什么报纸啊?从来不看!村里也没有啊。没听过什么广播节目,那些年轻人喜欢玩桌球,也有赌个小钱什么的。没什么意思,我不喜欢。

而勐品村的村支书卢学福则这样介绍全村的情况:

  村子里以前有三十多户有电话,去年村里电话交换机坏了,现在都不能用了,还没人来修。我们村干部都用手机。

至于辍学问题,尽管元阳近年来一直都致力推行"普九"政策,各乡镇也出台了不同的减免学费等规定,但适龄学童辍学现象还时有发生。访谈时,全福庄的小王这样解释自己一再地主动辍学的理由:

  知道他们免我学费,可我觉得上学没什么用,我也听不懂老师讲课的内容,在个旧那个矿上每月还有200多元钱呢!只是我力气小,如果个子再长大点,钱会挣的更多……

从这些农户的叙述中可以发现,口粮紧张、基本没有现金收入、受教育程度低、疾病、学童辍学、缺乏接受外界新信息的渠道等是困扰他们的主要问题。这些问题互为因果,综合作用的结果就是农户的生活窘迫。

[①] 指电视的室外天线。

二、元阳梯田旅游地的游客类型

元阳梯田最初为外界所知的确切时间已无从查询,但可以肯定的是,20 世纪 80 年代那幅表现云海梯田的摄影作品是元阳梯田日后名扬天下的始发点。如今,元阳的游客可细分为摄影人、背包客、个体性大众旅游者(individual traveler)和休闲度假者等四种类型(见表 7-5)。

表 7-5 元阳国内游客类型简述

类型及出现时间		旅游动机	年龄与客源地	旅游行为
摄影人	职业摄影师;摄影发烧友	梯田风光摄影	各年龄段都有;游客来源地分布较广;收入较高;多从事艺术、文化传媒业、IT 业等	重游率高;对旅游服务设施没有需求;有相当一部分人是以自驾车形式到达
非摄影游客	背包客;自助旅游者	(1)自然资源保护主义者:摄影不是第一目的,为了感受纯粹、自然、简单的生活状态	30 至 45 岁左右;主要来自于国内沿海发达省区;有较高收入和较高学历	喜欢与众不同,追求生活品位;注重资源、环境问题,喜欢与当地人亲密接触;经常使用互联网上传梯田照片、写游记;重游比例较高;对摄影比赛不感兴趣
		(2)漫游者:摄影不是主要目的,追求自由、新奇和刺激	18 至 25 岁之间;主要由沿海发达省区的大学生、刚工作不久或无固定职业的年轻人构成;收入不一定很高	猎奇心理较重;不一定重游元阳;经常使用互联网上传梯田照片、写游记
	个体性大众旅游者	摄影不是主要目的,看重的是尚未全面开发旅游而保存完好的原真文化	年轻群体;来自于国内各大城市	借助旅行社解决从出发地到元阳县城的交通食宿问题,景区游览线路自主决定;不一定重游;通过网络、口头传播等表达游后感受
	观光度假者	摄影不是主要目的,希望体验田园气息、放松身心	各年龄段都有;主要是昆明等临近城市居民	家庭或朋友结伴出游;多为自驾车;主要有欣赏梯田风光、野餐、露营、徒步、参观箐口民俗文化村、品尝民族饮食等休闲度假活动

三、旅游者对元阳梯田的表征

现有四类游客对元阳梯田的图像表征可概括为唯美梯田、现代人的"返璞"情结以及"我们"与"他们"等三类主题。

(一)唯美梯田

这类影像的突出特点就是画意风格的、沙龙性质的唯美主义,职业摄影师和摄影发烧友是这类图片的主要创作者。

拍摄者主要从四个方面来表征元阳梯田,即线条、层次与光影,人与地,恢弘壮观和象形写意,画面主角就是层层叠叠的梯田和缥缈迷离的云海,耕种梯田的当地人很少出现或只是梯田中的点缀,其中,图片的题名"天上人间"、"水墨山庄"、"田棚——山里人的别墅"、"浓淡总相宜"等都集中反映出摄影人的构图偏好,而位于攀枝花乡勐品村的"老虎嘴"梯田因拍摄效果神似于一匹奔马,而更受到摄影人的热情追捧,"这就是奔马图!"等题名就形象地折射出拍摄者捕捉到圈里人流传已久的最佳拍摄角度后的喜悦和夸耀之情。同时,数码相机的广泛使用,使得摄影人对元阳梯田的图像表征更趋于完美,在他们看来,视觉上的冲击比所谓摄影的真实性更重要。

深度访谈表明,对于这种目前图像表征元阳梯田沙龙摄影风格,摄影人的态度还是有细微差别的。其中,职业摄影师以及那些痴心于艺术创作的业余爱好者注重的是"颗粒、纹理和质感"等技术性操作,很少使用且不屑于使用数码相机。访谈中"构图"、"透视"、"景深"、"色彩"、"线条"、"光影"等词汇出现的频率相当高,"我们是搞摄影的!这是艺术!"、"像我们摄影人……"等等也是他们着力与其他群体相区别的典型话语。而在那部分自称"玩摄影"的发烧友群体看来,元阳梯田更多的是索尼P71、佳能S30、富士S304等"好家伙比拼"的结果,顶级的专业性器材和眼下流行的数码产品都是他们津津乐道的话题。至于图像的人工处理(PS)现象,他们认为已不再是"应该与否"的问题,而是应考虑如何做得更巧妙。更值得思考的是,这一群体对那些甜得发腻的"糖水画"①、唯美主义表征十分认可,他们认为"拍的照片美、玩得开心"正是元阳梯田吸引人的原因。

(二)现代人的"返璞"情结

除了摄影人的唯美主义凝视特征外,日益增多的背包客(环境主义者、漫游者和个体性大众旅游者)以及来自于附近城市的部分休闲度假客等,更多的是借摄影图片来抒发他们的"返璞"情结。

与上述摄影人不同,作为旅游地的先锋游客,这一群体不再以梯田为画面主角,他们喜欢走街串巷,捕捉集市上身着艳丽的传统民族服饰的妇女和儿童,同时,现代城市里已不多见的引火绳、手工布鞋等都成为他们拍摄和表征的目标。深度访谈表明,现代人的"返璞"情结是促使旅游者到访元阳梯田的一个重要原

---

① 系当下网络流行用语,在摄影发烧友圈子里,该词常用来形容那些经过后期人工处理后色彩、用光、构图比例等都完美无缺的风景照片。

因。请看下面的访谈实录：

> 我是1995年3月第一次看到元阳梯田图片的，好美的一个地方啊，当年12月我就来了，但我不是摄影发烧友，就是想看看哈尼人究竟是怎样生活的！简单点好啊，日出而作，日落而息，让我想起了家乡的生活。

——深圳游客李先生

> 上班太累、太烦了，所以就拉着朋友溜出来走走。元阳不错，梯田漂亮，人更朴实，昨天还在街上吃烤豆腐呢。一桌人，谁也不认识谁，亲热地挤在一起，有意思！比平时勾心斗角的办公室里舒服多了。更新鲜的是，老板娘用数石子的办法来记我们吃的豆腐有多少。什么意思？不懂吧！告诉你，人家是这样，每位顾客都对应一个小碗，吃一块豆腐，老板娘就往小碗里丢一粒石子，最后结账时数石子就可以了！民风纯朴吧?!我看了半天才明白啊！可以上中央电视台的"正大综艺"节目呢，哈哈……

——北京游客蒙先生

"深圳磨房"论坛上，游客在交流关于元阳梯田的感受时，也用如下诗句表述元阳梯田是他们圆梦的地方：

> 能不能骑着木马浪迹天涯？
> 能不能用一个开关控制感情？
> 能不能画一个圈代表完美生涯？

综上所述，从摄影人的"唯美梯田"里当地人的"缺席"(absence)，到背包客、休闲度假者的"返朴"情结，当地人那种基于旅游者凝视偏好下的"呈现"，元阳梯田已逐渐远离了其稻作系统的最初意义。

(三)"我们"与"他们"

在元阳梯田图片中，还有一类图片特别值得关注，即外来游客如何通过表征元阳来认知自己，认知他人。这类图片又可以细分为三个系列："主客交往"、"大写元阳"和"游者自画"。调查表明，环境主义者、漫游者和个体性大众旅游者是这类图片的拍摄者。作为元阳梯田旅游地的先锋游客群，他们强调与当地人的交流，喜欢深入接触他们的生活，使得这一游客群体凝视的目标不同于摄影人和休闲度假者。

在"主客交往"系列里，外来游客与当地人之间因服饰、神情、肢体语言等明显不同而形成鲜明的对比。第一，在某些外来游客看来，他们拍摄元阳梯田是合理而自然的，不会也不应该受到被拍者的反对，因而他们的镜头畅通无阻；第二，在外来旅游者制作的影像里，梯田的主人是作为"他者"出现的，是被"我们"表征的对象。在"大写元阳"系列里，游客对元阳各村寨里的标语和牌示显示出浓厚的兴趣，几幅图片勾勒出梯田美景背后元阳当地人的真实生活：温饱问题、辍学、打工、高文盲率等。

当进一步探究先锋游客缘何将照相机镜头对准光鲜梯田背后民众的愁苦生活时,他们是这样表述的:

> 蘑菇屋里其实黑乎乎的,进去半天才看清有几个人,不少人家里什么像样的家具都没有。但从屋外拍出来的图片很好看!呵呵,符合现代审美潮流!
> ——江苏游客万先生

> 说实话,我想过摄影镜头是否具有侵略性这个问题,我是学文艺学的,2000年硕士毕业,苏珊·桑塔格的《论摄影》大学里就读过,对于镜头就好像枪、好像男性生殖器之类的比喻我也曾经听说过。……可我还是在元阳拍了不少这样的照片,其实我很矛盾,我承认自己有猎奇的心态,他们的生活与我们反差太大了,可又不想失去捕捉精彩画面的机会,绝对是视觉冲击!
> ——深圳游客李先生

一篇游记则这样写到:

> 两天的元阳摄影之旅虽然时间不长,却带给我全身心投入创作的巅峰体验。我拍了元阳,元阳便成了我的"藏品",这似乎也是别一种浪迹天涯的"收藏法"。
> ——张元辉

从以上话语可以看出,尽管外来游客对元阳当地人艰难的生活状态表现出一定程度的关注和同情,但满足好奇心、寻求"异族情调"仍然是主要的旅游动机。对游客而言,元阳梯田以及耕种梯田的人始终只是被拍摄(photographee)、被游览(vistee)、被表征的客体而已。

在"游者自画"系列里,与"大写元阳"沉重的画面相反,这类图片的画面和题名都传递出游客轻松、休闲、自在的心情。

综上所述,旅游者正是通过拍摄旅游者、拍摄当地人来认知自我、认知"他者"的,从某种意义上说,旅游者需要元阳梯田以满足他们凝视的需求,存在了千百年的梯田稻作系统逐步发育成为旅游地是历史选择的结果。

四、元阳梯田旅游地的空间生产

在旅游者表征下,元阳梯田已不再仅仅是所谓的稻作系统了,相反地,它的形象日益丰富化。在摄影人那里,元阳梯田是"光影圣地"、"摄影天堂"的代名词;在背包客、个体性大众旅游者和休闲度假者那里,元阳梯田是一个"边远的"、"神秘的"、"充满了异族情调的"地方,是"人间仙境"和"精神乐园"的符号。同时,与元阳梯田的地方形象一起变化的,就是旅游客源市场。元阳梯田的游客主体类型从最初的单一的摄影人,逐渐演变到如今的摄影人、背包客、个体性大众旅游者和休闲度假者并存的状态。从这一点我们可以看出,旅游者的表征是通过嵌入当代社会的审美文化、消费文化中,并依赖大众传媒机构等社会组织结构的运行而实现的。

(一)空间生产过程

人类的观看行为从来都是社会性的建构过程。对于同一个景观,参观者可能作出截然不同的解释。摄影人、背包客、早期大众旅游者和休闲度假者有着不同的旅游动机。当他们凝视元阳梯田时,对梯田文化景观也就有着各自不同的解读和表征。然后,再通过大众传媒、网络和人们的日常交往等传播渠道影响更多的人对元阳梯田的认知。元阳梯田地方形象的传播过程见图 7-2。

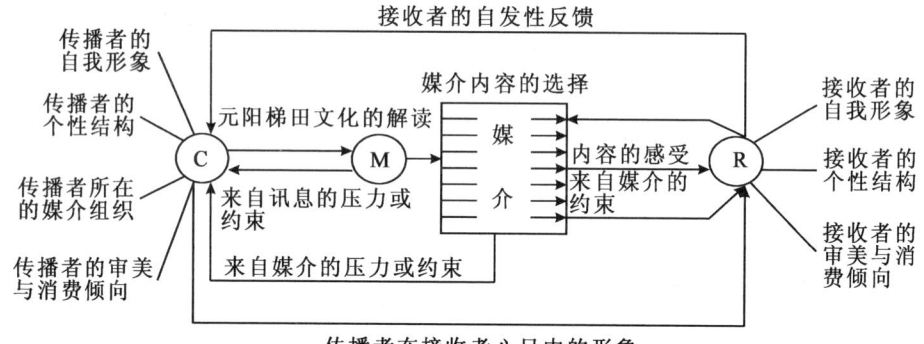

C:传播者(包括摄影人、背包客、个体性大众旅游者与休闲度假者等)
M:经过传播者编码后的元阳梯田文化的信息(包括图片、游记等文本)
R:接收者(对信息进行解码的人)

图 7-2 元阳梯田地方形象的传播过程

从图 7-2 可以看出,传播者、信息、媒介和接收者是元阳梯田旅游地空间生产的四个基本要素。

首先,在传播者方面,主要有四个因素影响他们对元阳梯田景观的解读和编码,即传播者的自我形象,传播者的个性结构,传播者所在的媒介组织,以及传播者的审美与消费倾向。这可以视为"传播者的传播行为",是旅游者凝视的文化作用过程的起始点。其中,在确定元阳梯田景观中哪些"适宜"或"需要"进行图像表征时,那些供职于大众传媒机构的传播者是明显不同于业余摄影爱好者和背包客的,他们的构图标准在某种程度上受到了其工作群体的规范和价值观的限制。所谓摄影的真实性、记录性功能已基本不复存在,最大程度地提高图片的广告劝服才是他们的拍摄原则。例如,有两位受访者就曾这样解释道:

我在国内一家知名摄影杂志社工作,我的任务就是把元阳梯田拍美喽!否则读者怎么喜欢看?谁还来买你的杂志?为了一个恰到好处的云海景观,等十天、二十天那是常有的事,我就租住在多依树景点附近的村寨里……

——北京某摄影杂志记者徐先生

最近,我们社里要搞一期国内自助旅游线路介绍专刊,元阳是重头戏之一,那我当然得抓住读者心理来拍照片啊!他们喜欢民俗的东西,我就想办法找那些老艺人啦、传统工艺啦、民族服饰啦;他们喜欢新鲜刺激,我们也就搞点让人看一眼忘不掉的东西。无所谓高深艺术,也就是一个缝缝补补的活儿!完全是商业行为。

——北京某旅游杂志社编辑车先生

至于传播者自身的审美与消费倾向,就更直接影响了他们对元阳梯田景观的编码。

其次,在接收者方面,主要有三个因素影响他们对所接收信息的解码,即接收者自我形象、接收者的个性结构和接收者自身的审美与消费文化倾向。其中,接收者对自己的社会角色和价值观的认知,以及接收者的心理和性格特征等都构成了他们解码时的背景环境,使得他们总是有意无意地对接收到的信息进行筛选和吸收。同时,接收者自身也受到一定的审美文化和消费文化的浸染,这些先入为主的意识必然会影响其解码行为。

再次,在媒介方面,调查表明,不同游客群体选择不同的大众传播媒介,其中,职业摄影师通常选择专业摄影杂志、旅游杂志、时尚休闲杂志等,摄影发烧友、背包客、个体性大众旅游者等则更喜欢使用网络传播形式,如网络影展、自由贴图区、论坛等。这些媒介具有不同的优点和局限性,不仅传播者在编码时会考虑接收者要求的感知类型、接收者在时间和空间上与媒介结合的程度等,而且接收者在解码时也同样会受到来自媒介的约束或压力。

最后,上述传播行为并不是单向的,经常会发生接收者的自发性反馈,使得传播者们在编码(制作元阳梯田景观信息,如摄影图片等)时总会不自觉地考虑接收者可能产生的反映;对接收者而言,传播者在接收者心目中的形象也同样会影响他们的解码行为。

另外还需要说明的是,所谓传播者和接收者只是相对而言。虽然摄影人在最初阶段(如20世纪80年代)的确是元阳梯田形象的传播者,但就目前实际情况而言,摄影人、背包客、个体性大众旅游者、休闲度假者以及潜在游客群体等都同是传播者和接收者。正是他们彼此之间的相互交织、相互影响才构成了旅游者凝视的文化作用过程。

(二)"唯美表征"与元阳梯田形象的片面化

改革开放以来,沙龙摄影的开展为我国普及摄影活动,提高摄影技艺,丰富民众文化生活等方面发挥了重要作用,也由此培养出一支越来越庞大的业余摄影爱好者队伍。更值得关注的是,近年来,在中国的摄影文化中,由于受"日常生活审美化"和"审美日常生活化"的影响,审美的功用越来越凌驾于摄影的所有功能之上,专事以审美为主的沙龙摄影甚至已成为很多业余摄影爱好者唯一追求的摄影风格。

前文已有论述,摄影人对元阳梯田景观的表征方式就是唯美主义的沙龙摄影风格,而这些图片的一个重要而普遍的现象就是线条与光影是构图主题。当地人很少出现在画面里,即所谓"只见梯田,不见人"。针对这一事实,笔者曾在元阳梯田一著名观景点进行现场访谈,向五位受访游客提出同一个问题:"您是否主动了解过梯田背后的人?"得到的回答分别是:

> 我知道耕种梯田的人日子很苦,好像很多家庭一年下来才有五、六百块收入,有些家庭口粮都不够吃。可我来这里只是喜欢梯田风光摄影而已,他们跟这个应该没什么关系吧?
>
> ——广州游客叶先生

> 我还没想过这个问题,不大了解哈尼族文化,看了很多图片,里面很少有人物出现的,就觉得元阳梯田很美,像世外桃源一样,呵呵,就直接发烧奔这里了。
>
> ——江苏游客魏先生

> 主动了解?做不到啊!嗨!你不知道,那些人好像认为被拍照不吉利,或者怕羞,把脸扭过去,要不就是张口要钱!昨天在黄草岭就碰到过,要十块钱呢,三、五块还差不多。呵呵,不过,最后我还是给了,因为我有预感,那张片子肯定不错!如果能获奖,给多少钱也值啊!
>
> ——江苏游客万先生

> 主动了解倒没有,但网上有不少哈尼族、彝族姑娘的照片,那些少数民族服装多漂亮啊!这次来就想买一套回去。
>
> ——上海游客郭女士

> 唔,男人们基本上都汉化了,没什么特点,妇女和小孩倒还是当地人打扮,其实政府应该管理啊,这才能吸引游客来啊!唉,不过,这样对他们也不公平,谁都想发展嘛!
>
> ——昆明游客刘女士

显然,对于笔者所提问题的含义,江苏游客万先生、上海游客郭女士和昆明游客刘女士都是从旅游、摄影的角度去理解了,所做的回答也就显得"答非所问",但这也从侧面反映出一点:在他们眼里,当地人只是被游览、被拍摄的客体;而广州游客叶先生和江苏游客魏先生则是听明白了笔者的问题,其中,广州游客叶先生的回答表明他认为"当地人与元阳梯田摄影没什么关系,拍摄元阳梯田是艺术创作活动"。江苏游客魏先生的回答则引出了另外一个重要问题：那些当地人缺席的唯美主义的摄影作品，已使得人们对元阳梯田景观的认知出现片面性、肤浅性和不真实性之倾向，梯田人地系统里的"人"这一要素也因此可能或消失，或表面化。

当然，把目光集中在美丽大自然上，这本身表达了人们的一种美好情感，是无可厚非的好事。但是，那些对沙龙摄影不完全恰当的理解和过分追求，根本不考虑摄影的"现场感"和"真实感"，甚至用沙龙观念去涵盖一切等做法，就很可能使摄影艺术走进误区，只能看到"无穷无尽的白云飘飘和潮起潮落，连篇累牍的贡嘎雪山和额济那沙漠胡杨，以及没完没了的元阳梯田和坝上白桦"，严重限制摄影创作的健康发展。更重要的是，当这样模式化的照片成规模地出现，并罩上艺术的光环后，它们又会反过来进一步规范、驯化我们认知事物的眼光，甚至歪曲我们对世界本真状态的理解。如今，这种"抹去"或"省略"了当地人的唯美表征偏好已成为构建元阳梯田地方形象的最主要的力量之一。元阳梯田也由此而逐渐演变为一个地方神话，它的历史、社会发展以及甚至当地人都隐身在美轮美奂的云海梯田背后。

（三）元阳梯田文化的"他者化"

背包客、个体性大众旅游者以及休闲度假者始终是在挑选与自己惯常生活内容显著不同的所谓"对立面"（即与现代城市生活、现代工业文明所不同的传统的梯田农耕文化）进行表征的，并以旁观者的角度对当地人的所谓"异族文化"现象作出解释，将元阳梯田表征为他们希望的样子；同时，游客在这一过程中设定、确证和认同自己。这是人的社会性的内在规定，他们需要这种表征。国外学者在关于旅游动机的研究里，就发现旅游者希望通过旅游活动而达到"自身社会化"、"与人交流"和"自我确定"之目的。

同时，权力一般是指"支配、控制与顺从的根源、方式与关系"，在其制度化与组织化的形式中，权力被认为是局限在政治上的公共领域的。但是，在互动的所有社会关系与时间中，在建构与划分个体与群体之间、群体与群体之间、个体与个体之间的相互关系上，权力其实又都"潜在地或实际地发挥作用或发生冲撞"。显然，从目前外来游客与元阳当地人之间这种表征与被表征的现状来看，二者彼此之间实质上存在着一种权力的心理学关系。在这种关系中，作为表征主体的外来游客是优越于被表征的元阳当地人的。通过旅游者对"对立面"——元阳梯田及其当地人的审视，这种视觉关系中的权力关系得到内化和加强。视觉的快感由此产生，外来游客的审美与消费欲求也得以满足。

（四）空间生产的实质

无论是"唯美表征"还是"他者化"，旅游者的表征都并不是一种个体行为，而是依托那些生产和传播文化产品的机构与服务而实现的一种复杂的旅游欲求潮流（或称旅游消费时尚），所有与之相关的技术成就、社会组织与社会分工都在其中有所贡献。这些机构与服务不仅包括专业摄影杂志、观光旅游杂志、时尚休闲类杂志等为代表的大众传媒机构，也包括影像艺术公司、广告公司、信息服务部门，以及互联网等新媒体，是我国目前大力发展的所谓"文化产业"的主要组成部分。因此，从更广泛而完整的意义上讲，旅游者表征更表现为一个物质的技术性的制作过程，有关元阳梯田的图片从内容的创意（即编码和被拍摄）到被公众阅读是一个由生产、流通、交换和消费等基本环节构成的社会性生产。在我国现有的文化产业发展政策里，该过程具有市场条件下的经济运作特征，并体现一定的社会秩序与规则。在这一社会性建构过程里，有两点需要关注：

第一，职业摄影师的角色。

访谈得知，那些主要供职于专业摄影杂志、图片社、观光旅游杂志和时尚休闲类杂志等的职业摄影师，其实也常常同时是杂志社的编辑或记者。在厄里的论述里，这些人属于"专业人士"。正是他们"制造了不同于日常生活的新奇的白日梦"，并帮助人们"如何正确凝视"。在布迪厄看来，这类群体则是"新型小资产阶级，是所谓的"符号精英"（symbolic elites）。他们对时尚有非常强烈的追求和认同，所从事的职业也绝大部分与符号和表征有关，例如媒体、广告、设计等。他们充当了文化中间人的角色。而在费瑟斯通那里，他们的本质是"文化媒介人"，是现代消费社会的产物，更制造了时尚或消费的偶像。

唯美主义梯田图片的符号价值有两个来源，一个来自艺术评价体系，另一个来自消费价值话语体系。就元阳梯田的图像表征过程来看，职业摄影师的工作在这两个体系中都有所体现。在追求艺术造诣的同时，他们也深谙市场操作规则，善于利用自己手中掌握的大众媒体力量，并依托国家文化产业政策的肯定和强大的社会网络，将"唯美梯田"的表征偏好向潜在游客市场推销，规训、引导人们对元阳梯田文化的解读，从而成功营造一个关于"天梯"的地方神话。同时，他们这种审美至上的话语霸权也一定程度地引导了消费主义价值观（如前文提及的"唯器材论"和"炫耀性消费"），吸引更多的业余爱好者加入这种唯美表征中。于是，众多业余摄影爱好者所一直推崇的艺术活动与审美活动实质上已蜕变为一种关于符号与影像的大众化生产过程。审美经验也更多地为消费快感所取代，元阳梯田也由此而成为旅游者消费的对象。

第二，话语权。

对于话语与权力的关系，福柯曾有过极为精辟的论述。他指出，话语中隐含着权力，话语的实践隐含着权力的运作；话语具有某种权力般的支配作用，首先在于话语本身就有一种给事物标定秩序的作用。在任何社会里，话语一旦产生，立刻就受到若干程序的控制、筛选、组织和再分配。

在与元阳当地人之间进行表征与被表征的"权力的心理学"之争中,外来游客是处于相对主动、相对强势地位的。显然,旅游者通过图像表征、传播而建构的元阳梯田或"光影圣地"、或"精神乐园"、或"人间天堂"的地方形象,其实就是一种能集中表达他们的审美与消费偏好的话语。该话语也得到了一定社会制度及相关政策的支持。

由于摄影人、背包客和休闲度假者不同的表征方式,元阳梯田依次形成了以"光影圣地"(第一种表征)、"精神乐园"(第二种表征)和"田园风光"(第三种表征)等为核心内容的三种地方形象。客源市场结构也由此从最初的单一的摄影人群体,逐渐演变到摄影人、背包客和休闲度假者等各群体并存的多元化态势。正是由于旅游者凝视的文化作用力和经济作用力的实施,元阳梯田从一个普通的稻作生产系统逐步发育成为一个叠加了旅游功能的新的人地系统。这是图像表征的结果,是旅游者凝视的结果,也是历史选择的结果。

进一步阅读

Lefebvre, H. (1991). The Production of Space (translated by Donald Nicholson Smith). Blaclwell.

布迪厄(2001). 社会空间与象征权力. 载包亚明主编. 后现代性与地理学的政治. 上海教育出版社.

厄里著. 李康译(2003). 关于时间与空间的社会学. 载特纳主编. 社会理论指南(第二版). 上海人民出版社.

思考题

1. 如何理解旅游目的地形象是社会建构的产物?
2. 旅游摄影图片是如何被用来塑造旅游目的地形象的?
3. 为什么说旅游形象的塑造涉及权力因素?

参考文献

Bourdieu P. (1984) Distinction: A Social Critique of the Judgement of Taste. London: Routledge: 83~86.

Burns, P. (2003) Six Postcards from Arabia: A Visual Discourse of Colonial Travels in the Orient. Tourism & Photography: Still Visions-Changing Lives. An international conference. Sheffield Hallam University, United Kingdom.

Crang, M. (1998). Cultural Geography. London and New York: Routledge.

Cronin, K. (2003). On Not Seeing the Forest for the Trees: The Ecological Implications of Tourist Photography in Jasper National Park. Tourism & Photography: Still Visions-Changing Lives. An international conference. Sheffield Hallam University, United Kingdom.

Gasparac, K. S. (2003). A City's History in Postcards Zagreb Now and Then. Tourism & Photography: Still Visions-Changing Lives. An international conference. Sheffield Hallam University, United Kingdom.

Harvey, D. (1989). The Condition of Postmodernity. Oxford: Blackwell.

Harvey, D. (2001). Spaces of Capital: Towards a Critical Geography. Edinbulgh Vniversity Press.

Harvey, D. (1985). Consciousness and the Urban Experience. Oxford: Basil Blackwell and Johns Hopkins University Press.

Harvey, D. (1996). Justice, Nature and the Geography of Difference. Oxford: Basil Blackwell.

Lefebvre, H. (1991). The Production of Space (translated by Donald Nicholson Smith). Blaclwell.

Turner, L. & Ash, J. (1975). The Golden Hords: International Tourism and the Pleasure Periphery. London: Constable.

Prebisch, R. (1962). The Economic Development of LatinAmerica and its Principal Problems. *Economic Bulletin for LatinAmerica*, 7(1):1.

Prebisch, R. (1959). Commercial Policy in the Underdeveloped Countries. *American Economic Review*, 11(4): 251.

Prebisch, R. (1974). Towards a New Trade Policy for Development. New York: United Nations.

Scarles, E. & Caroline, E. (2003). Mediating languages: The processes and practices of image construction in tourism brochures of Scotland. Tourism & Photography: Still Visions-Changing Lives. An international conference. Sheffield Hallam University, United Kingdom.

Soja, E. W. (1996). Thirdspace: Journeys to Los Angeles and Other Real and Imagined Places. Oxford: Blackwell.

Stephan Feuchtwang(2004). Making Place: State Projects, Globalisation and Local Responses in China, by (ed.). London: UCL Press.

Wegner, Phillip E. (2002). Spatial Criticism: Critical Geography, Space, Place and Textuality. Julian Wolf reys (ed.). Introducing Criticism at the 21st Century. Edinburgh: Edinburgh University Press.

爱德华·W. 苏贾著. 王文斌译(2004). 后现代地理学——重申批判社会理论中的空间. 北京:商务印书馆,15~115.

安德烈·冈德·弗兰克(1993). 世界中心从东方向西方的位移. 世界经济译丛.

安德烈·冈德·弗兰克著. 高戈译(1999). 依附性积累与不发达. 北京:译林出版社.

布迪厄(2001). 社会空间与象征权力. 载包亚明主编. 后现代性与地理学的政治. 上海:上海教育出版社.

大卫·哈维著. 阎嘉译(2003). 后现代状况. 北京:商务印书馆.

厄里著. 李康译(2003). 关于时间与空间的社会学. 载特纳主编. 社会理论指南(第二版). 上海:上海人民出版社.

福柯,雷比诺著(2001). 空间、知识、权力——福柯访谈录. 包亚明主编. 后现代性与地理学的政治. 上海:上海教育出版社,1~17.

福柯著(2001). 不同空间的正文与上下文. 载包亚明主编. 后现代性与地理学的政治. 上海:上海教育出版社.

福柯著. 严锋译(1997). 权力地理学——福柯访谈录:权力的眼睛. 上海:上海人民出版社.

高峰(2007). 空间的社会意义:一种社会学的理论探索. 江海学刊,(2):44~48.

何雪松(2005). 空间、权力与知识:福柯的地理学转向. 学海(6):44~48.

何雪松(2006). 社会理论的空间转向. 社会,26(2):36~48,206.

吉登斯著. 李康、李猛译(1998). 社会的构成. 三联书店,195~262.

李蕾蕾(2005). 当代西方"新文化地理学"知识谱系引论. 人文地理,20(2):77~83

利贝卡·鲁宾等著. 黄晓兰等译(2000). 传播研究方法——策略与资料来源. 北京:华夏出版社,181~183.

陆扬(2005). 析索亚"第三空间"理论. 天津社会科学,(2):32~37.

罗兰·罗伯森著. 梁光严译(2000). 全球化:社会理论和全球文化. 上海:上海人民出版社.

潘泽泉(2007). 空间化:一种新的叙事和理论转向. 国外社会科学,(4):42~47.

庞蒂,里兹(2001).女性主义、后现代主义和地理学——女性的空间.载包亚明,主编.后现代性与地理学的政治.上海:上海教育出版社.

齐美尔(2002).空间社会学——社会是如何可能的.载齐美尔社会学文选.桂林:广西师范大学出版社.

唐晓峰(2005).文化转向与地理学.读书,(6):73~79.

唐晓峰,李平.文化转向与后现代主义地理学——约翰斯顿《地理学与地理学家》新版第八章述要.人文地理,2000,15(1):79~80.

特奥·托尼奥·多斯·桑托斯著.杨衍永等译(1999).帝国主义与依附.北京:社会科学文献出版社,301~302.

王兴中,刘永刚(2007).人文地理学研究方法论的进展与"文化转向"以来的流派.人文地理,22(3):1~6,11.

吴庆军(2002).当代空间批评评析.世界文学评论:46~49.

信砚(1996).人类中心主义与当代生态环境问题.自然辩证法研究.(12)

杨念群主编(2001).空间·记忆·社会转型.上海:上海人民出版社.

伊曼纽尔·沃勒斯坦著.黄光耀等译(2003).沃勒斯坦精粹.南京:南京大学出版社,167~168.

伊曼纽尔·沃勒斯坦著.尤来演等译(1996).现代世界体系(三卷).北京:高等教育出版社.

约翰·费斯克等编撰.李彬译注(2004).关键概念——传播与文化研究词典.北京:新华出版社,241~242.

约翰·费斯克著.王晓珏,宋伟杰译(2001).理解大众文化.北京:中央编译出版社,28~59.

第八章 主客关系与旅游凝视

对于人类的旅游活动,学者们所探讨的主客关系主要是指外来游客(即客人,guest)与旅游地东道主(即主人,host)之间的相互认识、态度、行为以及由此所产生的影响,并形成一系列理论。其中,当地居民对旅游业和旅游者的感知和态度的理论,主要有愤怒指数和社会承载力理论;旅游者对东道主的态度与行为的理论,主要有旅游凝视理论;阐述二者相互作用的理论,主要是社会交换理论。本章首先通过两组概念阐释何谓主客关系,然后重点介绍愤怒指数、社会承载力理论、旅游凝视以及社会交换理论等几个理论。

第一节 陌生人

20世纪早期,现代社会学理论奠基者之一乔治·齐美尔(Georg Simmel)在考察大都市生活特征时提出了"陌生人"概念(王铭铭,2006)。他认为,陌生人"被固定在一个特定空间群体内,或者在一个他的界线与空间界线大致相近的群体内。他在群体内的地位是被这样的事实所决定的:他从一开始就不属于这个群体,他将一些不可能从这些群体滋生的素质引进了这个群体"。在社会学意义上,"陌生人"是双重意义的统一,即作为脱离任何既定的地域空间的漫游,又固定在一个地域空间点出现,其矛盾身份的辩证统一体现在"人与人之间的任何关系的接近和距离的统一"。陌生人必须来自外部,并作为一个暂时的"内部人"与常住社区者产生相对的意义。但同时,陌生人也必须保持他在身份上与社区的疏离,以保持作为陌生人的客观性。后来,在"陌生人"概念的基础上,美国社会学家帕克又提出"边缘人"(marginal man)概念,将其定义为"一种文化杂糅的产物,他们生活在两种不同文化的边缘,但是并不能完全融入其中"。作为一种主要的工作方式,田野调查使得人类学家(是陌生人,也是客人)进入某一异文化领域(主人)时遭遇到身份问题,更引发了人们讨论人类学家在主客交往和知识生产中所扮演的角色和承担的使命。特别地,当人类学家从西方世界走出、迈入陌生地时,主客间的关系更紧密地与文化霸权、后殖民主义等话题联系在一起。可以认为，旅游者是陌生人，也是客人。截至目前，关于旅游活动中主客关系的研究工作和成果里，人类学家的"陌生人"视角占相当比重。

第二节 主人社会的感知与态度

旅游地居民对旅游业和旅游者的感知与态度是国外旅游社会学研究的主要内容之一。有学者指出，这种感知和态度受内、外两大因素影响。外在因素指目的地特征，如旅游发展速度、旅游者类型、旅游者的比率及季节性变化；内在因素指目的地主人的特征，如参与旅游的程度、社会经济特征、居住地距离旅游中心的远近、与到访游客间的文化或精神距离、居住时间的长短以及他们对社区发展的不同态度。还有学者认为，影响居民感知和态度的因素是主客交往的类型和程度、旅游业对社区的重要程度、个人对旅游业的依赖程度，以及社区旅游发展的总体程度等(Murphy,1985)。

一、愤怒指数理论

1976年，Doxey根据在巴巴多斯和加拿大尼亚加拉湖区的案例调查指出，随着旅游的不断发展，当地居民对外来旅游者的态度一般会经历愉悦(euphoria)、冷漠(apathy)、恼怒(annoyance，对物价上升、犯罪、粗鲁及原有文化准则遭受到的破坏表示愤怒)直至对抗(antagonism，公开地或隐蔽地对游客进行冒犯)等4个阶段。基于此，旅游对目的地的社会文化影响则可以划分为以下五个阶段：

融洽阶段——随着旅游发展，当地居民显示出最初的激动和热情，旅游者很受欢迎。

冷漠阶段——旅游业不断扩张，从事旅游服务被看作是赚钱的重要手段，当地居民与游客之间的关系变得商业化。

恼怒阶段——旅游业发展趋于饱和，当地居民感受到大量游客涌入后给原有社会文化带来威胁，态度就随之变得反感和愤怒。

对抗阶段——旅游被认为是目的地各种不良社会问题的根源，当地居民开始明显或隐蔽地对外来游客表示敌意，将游客看作是他们盘剥的对象，游客体验下降。

最后阶段——地方文化已逐渐失去原有特色，旅游业的各种消极后果越来越严重,旅游者开始转向新的旅游目的地。

愤怒指数理论提出后,得到学界关注,陆续有一些研究案例验证和发展了该理论。例如,有学者认为,在某些情况下,第一阶段里的愉悦和热情可能会是"怀疑(suspicion)"和"防备(self-guard)"。同时,尽管对抗在许多旅游区、尤其是游客剧增的地方都可见到,但对游客的敌意并不是必然和普遍的结果,当地人很可能学会了与外来游客之间的谈判技巧,对旅游者的某些怪异行为显示出宽容。

后来,巴特勒、凯勒等人对该理论又有进一步的深化。凯勒研究发现,由于旅游地不断发展,建设旅游设施和吸引物需要越来越大的投资额,给非本地的外来机构的权力渗入提供了条件,使得不少服务设施(如大型酒店、宾馆和旅行中介等)的所有者都逐渐由地方演变为国家甚至国际大财团、跨国公司,经济漏损现象日趋严重,地方居民的影响力也随之减弱。当本地居民意识到他们越来越无法控制本地的社会、经济和文化发展时,对旅游发展和外来游客的态度也变得越来越反对。加拿大学者巴特勒则在1980年更为系统而概括地将旅游地发展划分为探索、参与、发展、巩固、停滞、衰落(或复苏)等六个阶段,并逐一指出各个阶段当地居民与旅游者和旅游业发展状态之间关系的不同特征。该理论被称为"旅游地生命周期理论"而得到学者们的公认和广泛应用。

二、社会承载力理论

生态学家这样定义承载能力:一个明确的种群在特定的生活环境中和在可预见的未来中能够受到养护,同时又不对这个种群主要依赖的生态环境造成永久性破坏。大量旅游者的到来对目的地产生的积极影响的确令人兴奋,但事实是当旅游者的数量超过某种极限后也会出现各种负面效应,如生态环境恶化、旅游景点垃圾堆积、文化涵化或商品化以及旅游者满意度下降等。这说明旅游者的数量和旅游活动程度存在某一极限,超过这个极限的旅游者将不应该被容纳或接受。换言之,此时该地的旅游发展已达到了饱和状态,不能再持续下去。于是,生态学上的"承载能力"之概念就被借以考察某地的旅游发展,成为进行旅游业决策的重要手段之一,如旅游地环境承载力、经济承载力、社会承载力等。其中,旅游地社会承载力可以理解为是在对旅游地社会文化环境未造成不可承受的改变和旅游者的体验质量未造成不可接受的下降的前提下,该旅游地能够接待的最大的旅游者人数。当旅游地的发展超过其社会承载力后,社区居民对旅游业和外来游客的态度就会由旅游发展初级阶段的支持转变为反对。

目前学界的共识是,决定社会承载力的当地因素有:社会结构、文化传统、经济结构、政治结构等;决定社会承载力的外来因素有:旅游者的特征、旅游活动的类型等。大量案例研究表明,发生在社会文化领域的"改变",具体有移民、生活标准（如通货膨胀，收入分配/住房）、社会价值观（如犯罪、吸毒、卖淫）和传统习俗（商业化，虚假的社会环境）等。而旅游者的体验质量的"下降"则通过测量游客满意度获得。但截至目前，运用该理论进行定性描述较多，实现令人信服的定量分析却不多见。单就衡量到访的旅游者数量而言，就不能简单地理解为"游客人数"，目前不少旅游地管理者所采用的方法是"旅游单位"。它是一个建立在经过加权的旅游者数量基础上的标准化的概念。加权系则是在全面、合理地考察以下因素后确定的：旅游者平均停留天数、旅游者的地理集中性、旅游地的季节性、旅游活动类型、特定地点的可进入性、基础设施的使用程度和闲置程度、经济体系中各个生产部门容量的闲置程度等。至于当地居民的承受程度的定量调查也绝非易事，即便有所结果，如何在地方发展政策中体现出来也是个难题。基于此，近年来"利益相关者"、"社区参与"理念越来越得到重视；保证居民参与旅游管理、畅通居民发表意见和建议的渠道以及主张"增权"于当地居民等措施成为学者、地方政府以及旅游企业共同的努力方向。而评估旅游地的社会承载力仍然是重要的决策途径之一。在大多数情况下，它与环境承载力、经济承载力等一并成为缓解主客矛盾冲突、保证目的地可持续发展的技术手段。

三、社会交换理论

20 世纪 60 年代初，美国社会学家霍曼斯汲取了经济学、特别是"经济人"假设的基本原理，创立了社会交换理论。"公平分配"是其中的一个基本概念，也是社会交换的基本原则。在霍曼斯看来，在社会交换中，人们都要对成本与报酬、投资与利润的具体分配比例做出判断，都希望得到的报酬或利润与付出的成本或投资成正比。而社会交换的参与者通常主观判断成本与报酬的比率是否"公平"，判断的标准有两个，一是社会交换的参与者以往的经验，二是社会交换的参与者的比较群体。如果在现在或将来的行动中，报酬或利润比过去下降了，行动者就会感到不公平。同时，人们倾向于更多地同那些与自己联系紧密的、比较相似的人进行比较。后来，为了克服功能主义忽视研究人的理论缺陷，以及弥补霍曼斯理论只局限于微观层次方面的不足，社会学家布劳又对该理论进行了修正。他认为，社会交换是一种有限的活动，它指个人为了获取回报而又真正得到回报的自愿性活动。这种活动基于相互信任的基础而存在于关系密切的群体或社区中。同时，布劳还区分了经济交换与社会交换、内在奖赏和外在奖赏的差别，引入了权力、权威、规范和不平等诸概念，使交换理论在更大的范围内解释社会现象。后人评价道，布劳的社会交换理论从微观到宏观系统地追溯了交换现象的各种发展过程及其影响，从而形成一种归纳过程取向的社会结构理论。

20 世纪 80 年代末，社会交换理论被学者引用到旅游影响研究。例如，萨顿

(Sutton)曾这样描述旅游者与当地居民之间的关系:"前去充分享受的访问者与相对静态的、满足这些访问者的需求与愿望的东道主之间的一系列相遇"。同时,这种相遇是短暂的、不可重复的和非对称的;双方都是为了获得当下的满足而不是为了保持持久的关系。依据社会交换理论,当旅游地居民与旅游业之间资源交换的程度很高且处于平等地位,或者虽然不平等,但是倾向于居民一方时,他们对旅游业会持积极支持态度;反之,如果资源交换虽然平等,但交换程度很低,或者地位不平等,那么居民的态度就可能转为消极反对。

研究表明,在那些民族旅游型目的地,旅游者起初被视为传统的主人/客人关系的一方,受到土著居民免费的热情款待,但随着他们数量的剧增,特别是部分当地居民先行在旅游服务中得到经济收益,从而引起居民间的不平等后,原来没有商业观念的居民会纷纷加入到旅游服务中去,不仅他们彼此之间形成竞争,更使得主/客之间原来自愿的互惠关系转变为建立在经济报酬基础上的商业关系。正因为如此,双方都不必考虑他们现在的行为对将来相互之间的关系会产生什么影响,没有必要也没有可能建立一种相互信任。结果自然是,这种关系就为欺骗、盘剥和不信任大开方便之门,因为双方都可以很容易地逃避这种敌意和欺骗所造成的后果。同时,出现"舞台化表演"也就不难理解了。更有甚者,有案例研究表明,有些地方还会出现萨顿所说的"对旅游者的掠夺现象"。当地居民不放过掠夺每一个遇到的旅游者的机会,不考虑他们的行为会对客流会造成什么长远影响,而对旅游者的歧视、充满敌意、行为异常和轻微犯罪等现象也时有发生。

第三节　旅游凝视

在西方文化中,人类的"观看"实践总是与政治及意识形态或隐或显地纠缠在一起的,"谁在看"、"看什么"和"怎么看"从来都不是纯粹的生理过程,而是有着复杂内容的社会行为。作为一种具体的观看方式,"凝视"(gaze)也是一个涉及认识与被认识、支配与被支配等非对等权力关系的概念。这可以追溯到黑格尔的《精神现象学》。按照黑格尔的看法,人类的历史开始于两个具有自我意志的个体之相遇。双方都在凝视对方的过程中,从"他者"的眼中看出了自己的欲望:想让对方承认并接受自己的欲望。正是在凝视者与被凝视者的相互运动中,人才得以把自己改造成为认识主体、凝视主体,把被凝视对象"他者化"(othered),改造成为认识客体、凝视客体,人类原初的主、客体关系,即"主—奴关系"才由此建立起来。随后,在文艺学、美学以及近年来十分活跃的视觉文化(visual culture)研究领域里,"凝视"更多地作为一种批评术语而被用以考察诗歌、小说、绘画、照片、电影、电视以及广告等艺术作品里暗含的主体(凝视者)的强势与客体(被凝视者)的无力和被动性。例如,男性对女性身体的凝视,西方对东方异国情调的凝视等。

1992 年,英国著名的社会学家约翰·厄里[①](John Urry)提出"旅游凝视"[②](tourist gaze)概念。根据他的表述,"旅游凝视"与法国著名思想家、哲学家米歇尔·福柯(Michel Foucault,1926—1984)在其著作《临床医学的诞生》(1963)中讨论的"临床医生的凝视"有着某种联系。当然,福柯的"凝视"是从国家治理技术这一政治学研究领域考察的。他对当代理论的贡献之一是关于现代资本主义社会里微观权力(micropowers)如何运作的分析,提出了"知识—权力"之命题。除"临床医生的凝视"外,福柯在《疯癫与文明》(1961)和《规训与惩罚:监狱的诞生》(1975)等著作里对"凝视"在现代资本主义社会的权力网络中的重要功能都有过一系列相关阐述[③],只是面对强权统治、文化与意识形态的软权力压迫等沉重话题时,"凝视"更多地转义为"监视"和"监控"。

一、福柯有关凝视的论述

在《疯癫与文明》一书中,福柯以考察疯癫和精神病院建立的历史来探讨现代社会如何建构自己的特殊知识体系——精神诊疗学,以实现对疯癫者的区隔、控制和规训。他认为"凝视"在其中扮演了重要角色:凭借精神诊疗学的知识评判,理性社会将疯癫者识别出来,并将其收治进了精神病院,暴露在医生和社会其他正常人的凝视之下(福柯,2003)。

在《临床医学的诞生》一书中,福柯关注的是身体规范而非精神控制。他从医生对病体的凝视入手,剖析病人与医生、医学、医院以及社会之间如何建立起密切关系,揭示出这样一个事实:现代社会里,医学因制度化而具有强烈的政治意识,进而与政治共谋,对疾病和社会进行强有力的监控。医学凝视不仅是一种科学劳动和现代医疗实践,更是理性社会对异己进行规制的基本手段(福柯,2001;于奇智,2002)。

---

① 国内文献里也有译为"洱瑞",见王宁:《旅游、现代性与"好恶交织"——旅游社会学的理论探索》,《社会学研究》,1999 年第 6 期。

② 国内学术界也有译为"旅游者的凝视",台湾、香港学界则多译为"观光客的凝视"。本书作者认为译为"旅游凝视"更为合适,对此,本章后面内容有进一步解释。

③ 在福柯作品的英译本里,此概念对应的英文是"gaze";而福柯这三本著作的中译本中则主要译为"凝视",也有个别版本译为"注视"。

在《规训与惩罚：监狱的诞生》一书中，福柯探讨了现代知识论述在监狱建构过程中的具体实践，旨在解析现代社会对于作为"他者"的罪犯的处置策略。他发现，前后不到一个世纪的时间里，惩罚方式发生了变化，即"作为一种公共景观的酷刑消失"了，惩罚逐渐不再是一种公开表演，肉体痛苦也不再是刑罚的一个构成因素，取而代之的是陪审团制度、以改造教养为主的看守所以及因人量刑的现代监狱。他犀利地指出，社会对罪犯的惩罚貌似趋于温和化和人道化，其实这不过是司法规训技术更加微妙化、隐蔽化和合法化了。尤其重要的是，这种"惩罚行为的全新道德"使得社会对罪犯的身体控制已悄无声息地转化为对普通民众的灵魂、思想、意志和欲求的全面监控。在探讨以上现代刑罚制度的演进轨迹时，福柯同样对凝视的功能始终保持关注。他援引边沁18世纪末期所设计的"全景敞式监狱系统"（panopticon），并以它为起点，以谱系学方法逐步解析了现代社会凝视（监视）无所不在的实质，得出"在环形监狱式的社会里，禁闭是无所不在的盔甲"之深刻论断（福柯，1999）。

对福柯上述有关凝视"的论述，有几点需要进一步阐释和强调。

第一，福柯反对知识是中性的和客观的实证主义观点，以及知识是解放全人类的力量的马克思主义观点。他关于权力与知识之关系的经典论断是："权力和知识是直接相互连带的；不相应地建构一种知识领域就不可能有权力关系，不同时预设和建构权力关系就不会有任何知识"。换言之，知识是与权力控制分不开的，任何时期的"知识型"同时就是权力机制，旨在使统治的结构获得合法性。基于这种理论主张，福柯那里的"凝视"就是权力网络将现代社会同质化的关键步骤之一。凝视的目的就是区隔异己、规训社会，凝视所凭借的标准就是所谓理性社会认可并掌控的各类知识和话语。因此，凝视是一种软暴力，它未触及客体的身体，却桎梏客体的灵魂，迫其符合凝视主体的要求。

第二，对于权力，福柯明确抛弃了那种自下而上的压抑性、支配性、主宰性和统治性的含义，也拒斥权力为国家机器专属和为阶级斗争服务的现代宏观理论。他认为权力的本质并非它的压迫性而是其生产性，它在不断地把人们塑造成符合一定社会规范的主体的同时，也创造了社会真实，生产了自身的欲望和需求。

第三，正因为权力本质上具有生产性，对于权力的体现——凝视，福柯在强调其甄别、区隔、监控和规训社会公民的同时，也重申了凝视的积极意义：它客观上具有社会生产性和人类进步意义。

二、厄里的旅游凝视理论

通过《旅游者的凝视：当代社会的休闲与旅游业》（厄里，1990；厄里，1992）、

《消费地方》(厄里,1995)和《游览的文化——旅行及其理论的转变》(Roje,C.,Urry,J.1997)等三本著作及其他相关论文,厄里精心构建了"旅游凝视"概念,体现出其后现代主义倾向。

关于旅游凝视的性质,厄里指出:

第一,"反向的生活"性。在"如何定义旅游"这一问题上,厄里并不同意丹尼尔·波斯丁(Daniel J. Boorstin)的旅游"伪事件"说(pseudo-event),也不赞同丹恩·麦肯奈尔(Dean MacCannell)关于旅游者"追求真实性"的主张。厄里认为,问题的关键在于"差异性"。换言之,人们之所以不定期地离开日常生活地和工作地而到异地旅行,就是希望通过凝视那些与自己世俗生活完全不同的独特事物与景观,以获得愉悦、怀旧、刺激等旅游体验。

第二,支配性。在厄里看来,尽管还存在嗅觉、味觉、触觉等旅游体验,但视觉支配或组织了体验的范围,凝视是旅游体验的中心。

第三,变化性。不同的历史时期,不同的社会,以及不同的社会群体里,旅游凝视是存在差异、发展和变化的,这皆归因为他们的平时生活经历不同,这同时也是人们存在不同旅游动机和旅游消费偏好的重要原因。

第四,符号性。厄里认为存在这样一个循环,即"人们在家阅读旅游营销广告、看电视,然后实地游览和拍照,再回家看旅游地的图片广告和影视作品……"。旅游就是一个收集照片、收集符号的过程。旅游凝视就是某特定景点意义符号的生产与消费。当看见两个青年男女在巴黎街头接吻时,旅游者凝视的就是"永恒浪漫的巴黎";当看见英国某一农庄时,旅游者凝视的就是"真正的古老的英格兰"。

第五,社会性。厄里认为,现代社会里,某些专业人士(professionals)负责不断地生产出旅游凝视的常新目标,他们与大众传播媒体、旅游书籍、营销图片等共同定制、操纵和掌控了旅游凝视。即,旅游凝视被社会性地组织和系统化了。

第六,不平等性。厄里认为,社会依据代际、性别和族群等因素呈现分层,即社会具有阶层性,这使得到访游客与旅游地居民之间的"看"与"被看"的关系隐含着一种实际的不平等。旅游者的摄影行为以及他们对目的地的视觉表征驯服和规定了凝视的对象(旅游地居民及其文化),其中包含着权力/知识的关系。

关于旅游凝视的类型,厄里提出表8-1所示的五种,并认为其中最主要的是"浪漫主义的"(romantic)和"集体主义的"(collective)这两种类型。

表 8-1 旅游凝视的类型

类型	特征	说明
浪漫主义的	孤独的 持续不变的沉浸 与幻想、敬畏、灵韵相关的凝视	多是中产阶级,热衷于欣赏自然界奇观。常称为"traveller",如自助旅游、背包客、探险旅游等
集体主义的	共同体行动 一系列的短暂相逢 凝视常见的东西	多是工人阶级(或称产业工人阶层),喜欢集体狂欢的方式,如海滨度假地
观望的	共同体行动 一系列的短暂相逢 走马观花、收集不同的符号	大众旅游,全包价旅游
环境的	集体的组织 持续不变的和说教的 扫视以便做调查和指导	绿色旅游
人类学的	孤独的 持续沉浸的 扫视与积极的阐释	人类学家

可以看出,厄里的"旅游凝视"其实是一种隐喻的说法。它不仅仅指"观看"这一动作,而是将旅游欲求(needs)、旅游动机(motive)和旅游行为(tour 或 travel)融合并抽象化的结果,代表了旅游者对"地方"(place)的一种作用力。在这种作用力下,旅游接待地会尽量迎合外来游客的欣赏口味,以获得经济效益。

"地方"是厄里研究旅游凝视的重要的切入点。他这样写道:"我对'地方'的社会学分析十分痴迷",希望通过探究地方来揭示"人们如何体验彼此间的社会关系",以及"那些距离相对更远的人们之间如何相互作用"等问题。对旅游与"地方"之间的议题,厄里提出了消费地方(consuming place)和文化变迁的观点:

第一,游客所消费的其实就是符号意义所建构起来的特殊性。而权力的运作和地方特殊性的建构(即旅游地形象)有着密不可分的关系。这种建构常需要符合并勾引旅游者凝视的欲望。于是,筛选与排除某些景点、意象便成为建构旅游欲望、树立旅游地形象的重要过程。

第二,旅游地因旅游者的到访而被消费,其结果就是该地方被社会性地重构。同时,地方要为外来游客和当地居民提供各种各样的消费服务。旅游地空间由此被界定出来。

第三,随着外来旅游者不断地凝视和消费,该地方的原本状况(如表现在工业、历史、建筑物、文学和环境等方面)将会被逐渐磨损、吞食或耗尽,以至于最后演变为一个"完全被消费的地方"(all-consuming place),产生多种地方性情绪。

第四,旅游实质上是文化自身的"游历",这个过程就是文化变迁。

随后,厄里又对旅游凝视与全球化的关系进行了论述,指出当下出现"全球化凝视"(Globalizing the Gaze)之趋势。他认为,面对全球性的、针对"地方"的生产与消费现象,一种"旅游业的反思"(tourism reflexivity)正逐步成形。各个地方有意识地、主动地开发自身的物质和符号性资源来发展旅游业,这意味着被凝视者(东道主)已不再是观光客凝视下表演的客体;相反地,他们在其中勇于回望,进而在"骚动的世界秩序中定位自己"。因此,旅游作为一个与资本主义、国家形成以及种族接触同时并进的现象,昔日那种主人/客人、被观光者/观光者、目的地/客源地等二分式的分析方法可能难以适用。人类的旅游行为也同样经历和促进了全球化与地方化这两个过程。现代社会里,旅游、"旅游凝视"正日益成为一种社会变迁力量。

关于厄里的旅游凝视概念可以总结出几个要点:

(1)凝视的功能在于构建空间(指福柯所说的医院、学校、军队、监狱,以及厄里所说的被旅游者消费的旅游地),旅游地形象实质上是游客的一种观看方式,旅游地形象的建立就意味着旅游地空间的形成;

(2)空间是权力运作的基础,旅游地说到底就是一个能满足游客消费需求的"容器",在那里旅游者凝视的权力得到充分保证;

(3)旅游凝视不仅是一种施加于旅游地的压力,它更具有生产性,旅游地获得经济、文化与社会的收益;

(4)旅游凝视就是在各类专业人士(如广告设计专家、摄影家、旅游产品策划专家、营销专家等)的规训和指导下进行的,并内存和依靠于当代社会的知识体系和国家运行策略中;

(5)旅游凝视是旅游地文化变迁的起因之一。

应该指出,厄里的"旅游凝视"理论多是针对西方游客到第三世界国家旅游而提出的,其中暗含有若干殖民地(国家)与被殖民地(国家)之间剥削与被剥削的意味。中国面对的却是越来越热闹的国内旅游所引起的凝视问题,积极进行本土研究具有重要意义。

三、双向凝视

自1990年以来,"旅游凝视"被作为一种基本的研究思路和理论工具被广泛引用,西方游客、同性恋者、白种人旅游者中的男性群体等与东道主之间关于"凝视"与"被凝视"的权力之争是讨论的重点。当然,也有学者指出了该理论的若干不足:

第一,厄里如此强调视觉感受在旅游体验中的核心地位令人质疑。很明显,有不少旅游活动,例如滑雪、攀岩等探险旅游和体育旅游项目中,视觉方面的感受并非排在旅游体验首位。因此,有学者指出,"旅游凝视"似乎更适宜作为研究自然风景旅游现象时的理论工具。

第二,厄里强调"差异性是理解旅游现象的关键"这一点也有待商榷,至少当今旅游业界发展过程中出现的"麦当劳化"(McDonaldization)和"迪斯尼化"(Disneyfication)趋势就说明了"差异性"未必是旅游吸引物的唯一要义。人们的旅游动机和行为实际上远比在视觉上追求自然界的胜景更为多样化和复杂化。

第三,厄里虽然指出旅游者的凝视具有历史性和社会性,但他在解释旅游对旅游地的影响时,似乎只强调旅游者对旅游地文化和居民的单方面凝视,同时暗指旅游者的凝视一直处于主动、支配地位。但事实很可能是,凝视是双方互有的。同时,随着旅游地的不断演进,在主/客之间的交往关系中,当地人的力量逐渐增大起来,它会反过来对旅游者的凝视产生重要影响。在这一点上,厄里所表述的"旅游凝视"缺乏动态的、客观的解释力。当然,厄里在《旅游凝视:当代社会的休闲与旅游业》第二版里对这一点已做出某些修正,但仍有学者认为他的某些结论值得商榷。

第四,厄里构建的"旅游凝视"概念虽然来源于福柯,但他却并没有围绕旅游凝视行为去讨论凝视者与被凝视者之间存在的权力关系,使人们在理解这一概念时不可避免地产生迷惑。

鉴于此,又有学者对该理论进行了修正和拓展。其中,一位以色列学者最近提出"当地人的凝视"(local gaze)和"双向凝视"(the mutual gaze)之概念,并着重考察了当地人的凝视与旅游者的凝视之间如何相互作用,以及产生何种影响,提高了"凝视"理论的实际应用价值(Maoz,2006)。

第四节 照相机镜头下的主客关系

旅游本来就是一种"观看者"与"被观看者"的关系。依据厄里的论述,摄影是旅游凝视的有形化和具体化。因此,我们可以通过照相机这一"旅游者的眼睛"来考察旅游者作为客人如何行使其"观看者"和"拍摄者"(photographer)的特权,旅游地的当地居民又是如何在镜头前表达"被观看者"和"被拍摄者"(photographee)权力的。从一定意义上讲,照相机其实同时作用于旅游者和东道主,是摄影镜头将二者紧密地联系起来。这种关系可以用"旅游者—摄影镜头—东道主"加以表示。

一、旅游者的窥视欲

西方学者的研究证明，多数旅游者认为旅行时随心所欲地拍摄照片是他们的最大乐趣之一，更是一种固有权利，别人不得干涉。例如，学者理查德·查尔芬(Richard M. Chalfen)在访谈游客时发现，有些旅行者这样概括自己旅游摄影的三条准则：第一，随身携带总是充足电的照相机；第二，拍下一切可能拍到的景物；第三，从不会让任何人、任何东西阻挡"我的"最佳的取景角度。因为这是"上帝授予每个拍摄者的权利"(God-given right)——"无论何时，无论何地，拍下你想拍的"(Chalfen R. M., 1979)。

然而，自从摄影作为一项伟大的发明被人们接受以来，就从来没有停止过对尊严、隐私、平等、公正等等的争论。精神分析法的创始人弗洛伊德(Sigmund Freud)的理论中有一"视淫"(scopophilia)概念，指人们通过窥视色情场景而获得愉悦感。西方的批评家们将此概念移用于考察人类的摄影行为上。例如，苏珊·桑塔格将照相机命名为"人的知觉处于获取状态时最理想的武器"，她犀利地指出："摄影与窥淫一样，是在巧妙地 ——往往也是明显地—— 鼓励正在进行的事情继续进行下去，不管是什么事情。拍照——至少要拍到一张好照片—— 意味着对事物保持不变的面目发生兴趣，并把一切能使被摄对象产生吸引力的事物表现出来——必要时包括别人的痛苦与不幸，假如这恰好是摄影者的兴趣所在"。对此，摄影家自身也有认同，摄影大师迪奈·阿尔布斯(Diane Arbus)就曾这样写道："我一直把摄影当作一件下流的事情——这也是我最喜欢它的原因之一。"在旅游研究领域，旅游者也不止一次地被隐喻为"偷窥者"(voyeur 或 voyeuristic)。"自由拍摄"的心理其实就是与旅游者的窥视欲紧密联系的，能否实施、如何实施则属于伦理道德范畴的问题，更是一种政治权力的比较。过去，当西方白人旅游者到非洲等被殖民的国家或地区，或者欧裔美国人到印地安人保护区进行民族旅游或文化旅游时，由于游客具备心理优势，他们往往将当地人或景物当作纯粹的消费对象看待，自由拍摄心理和窥视欲实现起来可能不会遭到被拍摄对象的非常强势的抵制。

同时，人类本来就有"伸长脖子到处寻求目标"(rubber—necking)的好奇心，其中当然也包括对各种消极性意外事件的关注，如西方游客对非洲、东南亚以及太平洋岛屿等旅游地居民的奇怪风俗、贫民窟等都还有强烈的窥视欲。也就是说，在旅游活动中，旅游者除了追求那些愉快、幸福或狂欢等体验外，也同样会对黑暗、丑陋、奇异怪诞、暴行、灾难感兴趣，追求困惑、沮丧、愤怒和悲伤等不良情绪。对人类复杂的情感需求而言，二者都不是坏事。客人的消费偏好在某种程度上也诱发主人社会去竭力挖掘售卖一些所谓的吸引物以获得经济效益。

二、东道主的恐惧、抵抗与协商

面对具有强烈"窥视欲"(voyeuristic needs)的旅游者,以及他们长驱直入的摄影镜头,东道主常常表现出或逃避、或抵抗、或迎合和表演等多种态度和行为,内含在其中的,则是主/客间关于双方利益权衡的此消彼长的心理战术。著名学者 Dean MacCannell 的一番话深刻地揭示出其中的微妙所在:"旅游者和当地人之间的关系是暂时性的和不平等的,任何一种暂时性的、表面化的和不平等的社会关系都是引起欺骗、剥削、不信任、不诚实和模式化行为的基本原因"。换言之,面对镜头的无形压力,旅游地土著居民的态度是逐渐改变的。一般地,随着旅游业的发展,当地人对镜头的态度是由因陌生而产生的恐惧,到私人生活被侵扰所产生的反感,再到有条件的抵抗(文化抵抗)、控制和配合。其中的不真实和模式化行为不仅仅是因为经济利益驱动,更是权力、种族和政治斗争的结果。

例如,在秘鲁,面对游客的摄影镜头,当地妇女常常逃走。在她们看来,游客回家后,这些照片很可能被当作垃圾一样随意丢掉,有时这些照片甚至只是能引发他们回味奇异性体验的刺激物。某些爱斯基摩妇女则搭起棚架不让游客看到她们劳作的场面,或者雇用出租车把海豹拖回家加工,以拒绝游客拍照,避免自己"不幸"成为西方游客日后看着那些旅行照片时取笑或嘲弄的对象。另外,一位印地安妇女的话也很有代表性:"对他们(指白人游客,笔者注)来说,我感觉自己只是一个影像,我不是一个人,一个姑娘,甚至一个印地安人。你知道我是谁吗?我是一头北美水牛!"显然,印地安人不愿甚至非常生气自己被拿着照相机四处搜索的游客归类于一个社会问题或一个充满"罗曼蒂克"意味的"他者"(Other)。

我们知道,关于原住民,西方人[①] 长久以来有这样一种定论:"土著都害怕照相机会掳去他的灵魂。"然而,美国学者 Janet Hoskin 认为,我们应该从历史的语境来剖析这一言论产生的背景和原因。由此,他提出两个疑问:

第一,土著是否真的都相信"照相机会掳去人的灵魂"?他们真的很恐惧吗?

第二,是否一直是西方人相信"土著都认为照相机会掳夺人的灵魂"这一说法并在所到之处有意宣扬和强调?

经过调查,Janet Hoskin 发现:第一,其实"土著都认为照相机对掳夺人的灵魂"这一说法是来自于西方人(多数是那些在土著区长时间生活的人类学家)之口,目前还没有可信服的、充分完整的论据表明土著人都相信照相会使他们的灵魂被偷走;第二,"土著都认为照相机对掳夺人的灵魂"这一说法从中东、非洲传到中国,从巴西传到到印度尼西亚,实际上是在暗示土著生来就是被拍摄、被

---

① 这里特指作为旅游者的"白人"(Whites)或"欧洲人"(Europeans)。

观看的对象（而不是拍照的那一方）；第三，现代西方人同样不愿被照相机侵扰，或许"掳去灵魂"之说根本就是一个西方化的怪念头。

于是，Janet Hoskin 认为，西方人不停地四处宣扬、重复"土著都认为照相机会掳去他们的灵魂"这一言论，无非是一种借势扩张自己能力的表现，是游览者因自身心理优势所臆造出的谎言，也是对文化差异的误导，是一种霸权的殖民话语。

至于东道主的谈判（negotiation）策略，具体而言，是指他们在尽力保证自己的生活不会完全被照相机侵扰的同时，也常常采取所谓"影像调适"（image adaptation）的方法，最大限度地向游客展示旅游地环境中"合适的"、"真实的"场景、建筑物或日常生活，确保能够持续吸引旅游者到访，最终获得经济收益。例如，土著的印地安人对游客常表现出一种"礼貌的冷淡"（polite distancing）。在出售工艺品时，如果游客拍照，他们一方面设法维护自己的尊严，另一方面也常常采取幽默的方式，巧妙地处理某些尴尬的情形，以缓解与外来游客之间的紧张和不愉快，尽力使游客满意，配合他们拍照。而那些熟悉环境的当地摄影师（研究者称其为"影像商贩"image vendor，或"文化掮客"culture brokers）可以在最佳拍摄地点、拍摄时间等方面为外来游客提供具体而实用的帮助，甚至为外来摄影师做模特，以此获取报酬甚至谋生。同时，他们在游客与本地人的交往与沟通方面起到媒介作用。从某种程度来说，这些人是当地文化发生"涵化"（acculturation）的"催化剂"（catalyst）和"缓冲剂"（buffer）。

学者 Matthew J. Martinez 以美国新墨西哥州北部的 Pueblo 印地安人为例，阐明当地人对外来游客摄影镜头的态度是逐渐改变的这一事实。例如，在 1935 年到 1975 年的"汽车旅游"时期，尽管印地安地区是重要的旅游地，印地安人还是禁止一些特有文化被开发成旅游产品供人们消费，一些景物、仪式甚至整个印地安社区都禁止拍照。到了 20 世纪 80 年代后，印地安村落开始自己制作明信片、导游手册和旅行指南，以全面推销自己的社区。如今，即所谓后现代主义和全球化旅游的时代，新墨西哥州的印地安人对旅游的态度又开始有所低调，他们在确定自己与旅游的关系时显示出更多的主动权，不仅严格管理旅游者的参观游览行为，更专门制定了针对商业化摄影和普通游客业余摄影的具体管理条例，有些印地安村落甚至完全禁止游客进入。

同时，西方学者还特别注意到，非洲部分国家常常专门包装、出产一些"人造村庄"（artifical villages），里面安置服装多彩、经验丰富的"村民"充当游客拍照的道具。在美国，类似的模拟展示也出现在供旅游参观的巧克力制作工厂、阿米什人（Amish）的村庄等旅游点。在这些地方，游客是禁止拍摄"真物"（real thing）的，当地人主要是提供那些"伪造的真实性"（fabricated authenticity）供旅游者拍摄。著名学者 Valene Smith 认为,这种"模型文化"(model culture)是东道主面对日益扩大的旅游活动可能带来破坏性后果的调整策略。他论述道:"东道主社区在决定游客的拍摄内容方面已行使了较过去更为主动的权利,他们正在摸索形成合适的主客关系,既不会消除游客兴趣、减少旅游收益(通过照相机的使用限制),又建立了相对的隐私空间。"

另外,也有西方学者称这种现象为"舞台化真实"(staged authenticity)的"谈判策略"。他们认为,游客追求"真实性"的心理,实际上助长了"舞台化真实"愈演愈烈。因为游客要求土著在镜头前身着"典型的民族服装",展现当地人特有的神情姿态,而若当地人了解了游客的摄影动机和行为后,他们就会给游客足够的机会去满足其尽情拍摄"典型的"、"舞台化的"当地人生活。自然地,土著居民也会要求游客给予最好是物质形式的回报,以奖励他们在照相机前"恰如其分"的表现。如此一来,双方之间互惠互利的关系也就建立了。但有趣的是,并不是所有的游客都会意识到当地人希望得到报酬。

三、将游客模式化

旅游营销文本和旅游者都存在将旅游地当地人及其文化"模式化"、"套语化"(stereotyping)处理的现象。其实,西方学者的研究发现,这种行为是相互的,东道主同样也有将外来游客模式化、套语化表征的倾向。

例如,土著人也将旅游者视为"他者",不愿意这些外人了解自己的宗教秘密,禁止游客拍照,认为那会使仪式的超自然功力消失。又如,Deirdre Evans-Pritchard 研究了土著美洲人如何凝视(gaze)白人旅游者。结果发现,在印地安人民间故事里,白人是消费主义的奴隶。一位大学生(是土著美国人)就这样告诉他的笔友:"如果可能,白人连他的祖母都可以卖掉。"

另外,土著美国人还经常嘲弄白人旅游者的伪善、对金钱的贪婪和对当地文化的不理解。有位加利福尼亚印地安人曾经创作过这样一幅漫画,画面上一名身穿 T 恤衫的游客正拿着照相机卖力地对着三根图腾柱拍照,而那其中一根柱子背面赫然写着"日本制造"。显然,这是在嘲弄天真而容易受骗的旅游者,他们是如此想体验(集中反映于拍摄留念)真正的印地安人文化,以致都来不及辨认一下图腾柱的真假。不过这又何妨呢?回家后那张照片就可以证明他看见了真正的土著人的图腾柱。当然,在讥讽白人盲目的"收藏欲"的同时,印地安人也在嘲弄自己:他们已不再制作自己的图腾柱,他们任由这些合成的东西存在,以替代本民族自己的宗教文化的原生产品。另外,这幅漫画还表明,被旅游者拍下来的印地安文化常常只是游客自己选择看的景物,那些他们认为"最象印地安人的"人文事象,其实往往并不总是真实的东西。

显然，印地安人这种反向的模式化的后果是不一样的。毕竟，旅游者只是逗留一周就回家的，而印地安人却是为了生活要继续做游客凝视（tourist gaze）下的"印地安人"。印地安人将游客模式化是为了反抗和保护自己，并获得经济获益，游客将印地安人模式化则是西方种族中心主义作怪，是为了消费和满足其窥视欲。

四、PPI 分析框架

著名旅游社会学家埃瑞克·考恩（Erik Cohen）运用现象学理论和社会交换理论中的"陌生人"概念，构建出拍摄者与被拍摄者之间相互作用（photographer-photographee interaction，简写为 PPI）的一个理论分析框架，成为目前解释"旅游者——照相机——东道主"三者之间关系的一个重要结论。

考恩认为，PPI 区别于其他类型的人际关系的最主要的特征是"模糊"。造成这种模糊的主要原因有三点：

第一，常常是单方面的行为。例如，拍摄者趁人不备时抓拍街道上的过路行人（即所谓"a candid picture"）。社会交换理论认为：个人在交换行为时，必定考虑过可能牵涉的利益和赏酬。换言之，在交换过程中，个人必先加以估量自己与他人互动所可能产生的利益。如果在交换过程中双方不能得到满足的结果或赏酬，则没有交换的必要。这种情形就引发出一个有意义的问题：PPI 能否看成一种"社会交换"类型？如果是，那么拍摄者应该给被拍者什么样的回报才合适？

第二，对另一方的态度。拍摄者可能将被拍摄者视为一个对象，例如身穿具有异国风情服装的土著是最适合的拍摄对象。问题是拍摄者可能将被拍者本来具有的主观性有意进行了"客体化"（objectivize），例如拍摄者搜寻、捕捉、抓拍那些在他最能体现当地人特征的面部表情、身体姿态等等。这样反过来看，就可能引起 PPI 中产生紧张因素，因为被拍者可能认为这种"客体化"是对其私人空间的一种非法侵扰，甚至认为这是个"商业化"（commoditivization）行为。这种情况在那些被殖民化的群体中可能较为常见，他们一般沦为一架照相机凝视的对象，供另外一部分人使用（如西方白人旅游者）。

第三，最后产品的使用。PPI 从其本质上说都发生在瞬间或者某一短暂时间。但与其他相互作用关系不一样的是，它却产生了一个永久性的后果——一张可能有无数观众的照片，事实上，照片总是存在潜在的公开性——被一些未经允许的人看到，而被拍者往往无法对此控制，土著不愿意被游客拍照就是因为他们担心拍摄者会把照片给别人看而被嘲笑或损害家族荣誉。

旅游者在目的地停留时间有限，与当地人接触短暂，且可能不会再有机会重游，因此一般地游客都尽可能多拍照片，也不会太在意当地人的感受。然而，从所引发的社会交换问题而言,旅游者与当地人之间的这种PPI甚至比那些双方接触时间相对较长的PPI的更多。社会交换是建立在交换双方有来有往的基础上的,责任和义务并不是立即发生和兑现的,其实它更是相关者之间的相互信任。可是游客与当地人之间却不同,责任与义务可能永远都不会兑现。

另外,一般地,陌生人逗留的时间越长,他们对环境的感受就越细致,拍摄出的照片也相对不那么千篇一律。而游客作为停留时间很有限的陌生人,他们只有捕捉当地文化中那些在他们看来最典型的、最真实的,当然也是最明显的、最容易辨认出的的特点,去体验、消费和拍照。也正因为这样,他们容易将地方文化"模式化"(stereotypization)。大众旅游者更是如此。

进一步阅读

罗岗,顾铮主编.视觉文化读本.桂林:广西师范大学出版社,2003年

周宪著.视觉文化的转向.北京:北京大学出版社,2008年

尤尔根·哈贝马斯著.曹卫东译.交往行为理论(第1卷)(行为合理性与社会合理性)/哈贝马斯文集.上海:上海人民出版社.2004年

苏珊·桑塔格著.艾红华,毛建雄译.论摄影.长沙:湖南美术出版社,1999年

罗伯特·莱顿著.他者的眼光:人类学理论导论(修订版).北京:华夏出版社,2005年

思考题

1. 如何从社会学视角来理解旅游中的主客关系?
2. 分析旅游凝视中所体现出来的权力关系。
3. 如何理解摄影是一种旅游凝视?

参考文献

Albers, P. C. & James, W. R. (1988) Travel Photography: A Methodological Approach. Annals of Tourism Research 15: 134~158.

Albers, P. C. & James, W. R. (1983). Tourism and The Changing Photographic Image of The Great Lakes Indians. *Annals of Tourism Research*, 10(1): 123~148.

Albuquerque, K. (1999) Jerome McElroy TOURISM AND CRIME IN THE CARIBBEAN. *Annals of Tourism Research*. 26(4): 968~984.

Amrikazemi, A. (2003). Geotourism and Photography. 【M/CD】.

Sheffield Hallam University, United Kingdom.

Andriotis, K. (2006) HOSTS, GUESTS AND POLITICS: Coastal Resorts Morphological Change. *Annals of Tourism Research.* 33(4): 1079~1098.

Aramberri, J. (2001). THE HOST SHOULD GET LOST: Paradigms in the Tourism Theory. *Annals of Tourism Research.* 28(3): 738~761.

Berno, Tracy (1999). WHEN A GUEST IS A GUEST: Cook Islanders View Tourism. *Annals of Tourism Research*, 26(3): 656~675.

Butler, R. W. (1997). The concept of carrying capacity for tourism destinations'. in Tourism Development: Environmental and Community Issues, Cooper, C. P. and Wanhill, S. R. C. (eds), Wiley, Chichester. 11~22.

Butler, R. W. (1980). The concept of a tourist area cycle of evolution: Implications for management of resources. *Canadian Geographer*, 24(1): 4~12.

C. 赖特·米尔斯 著(2005),社会学的想像力.陈强,张永强译.北京:生活读书新知三联店.

Chalfen, R. M. (1979). Photograph's Role in Tourism—Some Unexplored Relationships. *Annals of Tourism Research*, 6(4): 435~447.

Clark, D. J. (2003). The Picture Economy, Indigenous Photography, and the Majority World【M/CD】. Sheffield Hallam University, United Kingdom.

Cohen, C. B. (1995). Marketing Paradise, Making Nation. *Annals of Tourism Research*, 22(2): 404~421.

Cohen, E. (1992). Stranger—Local Interaction in Photography. *Annals of Tourism Research*, 19(2): 213~233.

Cooper, C. (1994). the Destination Life Cycle: an Update Tourism. the state of the art. Edited by A. V. seaton. John Wiley & sons. 1994: 340~346.

Doxey, G. V. (1976). When enough's enough: the natives are restless in OID Niagara. Heritage Canada, 2(2): 26~27.

Erb, M. (2000) UNDERSTANDING TOURISTS: Interpretations from Indonesia. *Annals of Tourism Research*, 27(3): 709~736.

Farrell, B. H. & Twining-Ward, L. (2004). Reconceptualizing Tourism. *Annals of Tourism Research*, 31(2): 274~295.

Getz, D. (1983) Capacity to absorb tourism:concepts and implications for strategic planning. *Annals of Tourism Research*, 10(2): 239~262.

Graburn, N. H. (1983). The Anthropology of Tourism. *Annals of Tourism Research*, 10: 9~33.

Haldrup M. & Larsen J. The Family Gaze[J]. Tourist Studies, 2005, 2(1): 23~45.

Harrison, D. (1995). Development of Tourism in Swaziland. *Annals of Tourism Research*, 22(1): 135~156.

Hunter, C. (1997). Sustainable Tourism as an Adaptive Paradigm. *Annals of Tourism Research*, 24(4): 850~867.

Johnson, P. and Thomas, B. (1994). The nation of capacity in tourism: a review of the issues'. in Progress in Tourism, Recreation and Hospitality Management,. Cooper, C. P. and Lockwood, A. (eds). Wiley, Chichester. 297~308.

Laxson, J. D. (1991). How "We" See "Them" —Tourism and Native Americans. *Annals of Tourism Research*, 18: 365~391.

MacCannell D. (1984). Reconstructed Ethnicity: Tourism and Cultural Identity in Third World Communities. *Annals of Tourism Research*, 11: 375~391.

MacCnnell, D. (1976). The Tourist — A new Theory of the Leisure Class. New York: Schocken Books. 154.

Maoz, D. (2006). The Mutual Gaze. *Annals of Tourism Research*, 33(1): 221~239.

Mathieson, A. and Wall, G. (1982). Tourism: Economic, Physical and Social Impacts. Longman, Harlow.

McGregor, A. (2000). Dynamic Texts and Tourist Gaze: Death, Bones and Buffalo. *Annals of Tourism Research*, 27(1): 27~50.

McNaughton D. (2006). THE "HOST" AS UNINVITED "GUEST": Hospitality, Violence and Tourism. *Annals of Tourism Research*. 33(3): 645~665.

Mellinger, W. M. (1994). Toward a Critical Analysis of Tourism Representations. *Annals of Tourism Research*, 21(4): 756~779.

Moeran B. (1983). The Language of Japanese Tourism. *Annals of Tourism Research*, 10(1): 93~108.

Moscardo, G, Pearce P. L. (1999). UNDERSTANDING ETHNIC

TOURISTS. *Annals of Tourism Research*. 26(2): 416~434.

Nash, D. (1984). The Ritualization of Tourism—Comment on Graburn's The Anthropology of Tourism. *Annals of Tourism Research*, 11: 503~522.

Papatheodorou, A. (2004). Exploring the Evolution of Tourism Resorts. *Annals of Tourism Research*, 31(1): 219~237.

Pritchard, A. & Morgan N. J. (2000). Privileging the Male Gaze: Gendered Tourism Landscapes. *Annals of Tourism Research*, 27(4): 884~905.

Pritchard, A. & Morgan, N. J. (2003). Contemporary Postcard Representations of Wales【M/CD】. Sheffield Hallam University, United Kingdom.

Pritchard, D. E. (1989). How "they" see "us": Native American images of tourists. *Annals of Tourism Research*. 16(1): 89~105.

Rojek, C. & Urry, J. (1997). Touring cultures—Transformations of Travel and Theory. London: Routledge. 1997.

Ryan, C. & Martin, A. (2001) Tourists and Strippers: Liminal Theater. *Annals of Tourism Research*, 28(1): 140~163.

Ryan, C., Hughes, K. & Chirgwin, S. (2000). The Gaze, Spectacle and Ecotourism. *Annals of Tourism Research*, 27(1): 148~163.

Snepenger, D. J. (2003). TOURISTS AND RESIDENTS USE OF A SHOPPING SPACE. *Annals of Tourism Research*. 30(3): 567~580.

Stansfield C. (1978). Atlantic City and the Resort Cycle. *Annals of Tourism Research*, 5: 238.

Thyne, M., Lawson, R., Todd, S. (2006). The use of conjoint analysis to assess the impact of the cross-cultural: exchange between hosts and guests. *Tourism Management*, 27: 201~213.

Urry J. The Tourist Gaze—Leisure and Travel in Contemporary Societies [M]. London: SAGE Publications Ltd, 1990. 2~36.

Urry, J. (1995). Consuming Places. London: Routledge, 21~34.

Weaver, D. B. (1993). Grand Cayman Island and the Resort Cycle Concept. *Annals of Tourism Research*, 29(2): 9~15.

Weaver, D. B. (2000). A Broad Context Model of Destination Development Scenarios. *Tourism Management*, 21: 217~224.

Yiannakis, A. Heather Gibson (1992). Roles Tourists Play. *Annals of Tourism Research*, 19: 287~303.

保罗·诺克斯,史蒂文·平奇 著.柴彦威,张景秋等译. (2005),城市社会地理学导论. 北京:商务印书馆.

金惠敏(2005). 从主体性到主体间性——对西方哲学发展史的一个后现代性考察. 陕西师范大学学报(哲学社会科学版),34(1):47~59.

刘丹萍(2004). 旅游者、摄影节(比赛)与目的地营销——某旅游地案例定性分析. 旅游学刊,19(4):57~63.

罗兰·巴特著. 许蔷蔷、许绮玲译(1999). 神话—大众文化诠释. 上海:上海人民出版社,35~67.

罗兰·巴特著. 赵克菲译(2002). 明室——摄影纵横谈. 北京:文化艺术出版社,9.

米歇尔·福柯著. 谢强,马月译(2004). 知识考古学. 北京:生活·读书·新知三联书店,46~57.

苏珊·桑塔格著. 艾红华 毛建雄译(1998). 论摄影. 长沙:湖南文艺出版社,1998,23~46

瓦尔特·本雅明著. 王才勇译.(2002). 机械复制时代的艺术作品. 北京:中国城市出版社,78~85.

瓦伦·史密斯主编. 张晓萍,何昌邑等译(2002). 东道主与游客——旅游人类学研究. 昆明:云南大学出版社,36~39.

王莉,陆林(2005). 国外旅游地居民对旅游影响的感知与态度研究综述及启示. 旅游学刊,20(3):87~93.

王铭铭(2006). 作为"陌生人"的人类学家. 西北民族研究,3:133~138.

肖洪根(2001). 对旅游社会学理论体系研究的认识(上). 旅游学刊,(16)6:16~26.

杨春时(2002). 文学理论:从主体性到主体间性. 厦门大学学报(哲学社会科学版),1:17~24.

约翰·伯杰著. 戴行钺译(1994). 视觉艺术鉴赏. 北京:商务印书馆,1~3.

周宪(2008). 现代性与视觉文化中的旅游凝视. 天津社会科学,(1):111~118.

第九章 旅游现象中的性别问题

一男、一女、一个小孩组成了当代中国的典型家庭；
彪悍的、硬朗的男子汉形象；
毕业时，女大学生找工作四处碰壁的尴尬；
电视广告，香车，美女，以及一旁对此颇为陶醉的男人；
……

显然，这就是平时生活中我们常常遇到的有关男男女女的景象，太过熟悉了，不必多言。然而，事情真是这样吗？事情原本就该这样吗？我们从中得到什么、又失去什么呢？

从呀呀学语到长大成人，我们学会并接受了日常生活的技巧、信念和社会运行规则——最初长辈都告诉我们那叫常识。无论日子过得艰难还是幸运，常识都影响了我们理解世界和自我的方式，甚或堂而皇之地成为很多人充分信赖的生活依靠。在这种情形下，人们被削弱了疑问、反省甚至批驳的主动性和努力程度，即便感慨不合理、不公平，个体也往往选择低头接受或无奈认命。

值得欣慰的是，社会学能够启动我们的自我意识和反叛精神。其实，男人、女人以及男人与女人之间的诸多问题和习惯性动议都是可以、更是应该重新认识的。借助于社会学的分析视角，我们可以将熟悉的事物陌生化，细致地审察其中内含的意识劝导、思想规诫以及权力控制。为了活得更明白，或许每个人都应该主动地去训练自己的"社会学想像力"。旅游，作为现代社会最引人注目的社会现象之一，其间自然不乏有关男人与女人的各种学术问题，对研究者的社会学想象力的确是一个很好的锻炼。

第一节 社会学的性别理论

当谈到性别差异时，首先需要甄别一下"性"（sex）与"性别"（gender）这两个概念。一般地，社会学家使用"性"这一术语指称限定男人和女人身体的解剖学和生理学方面的差异,或者指人类的性行为;而性别则是指男性和女性之间心理、社会和文化的差异。按照理论演进过程看,社会学在性与性别的问题上主要有三类观点:

第一,男女行为差异具有生物学基础;

第二,性别社会化及性别角色学习理论;

第三,性与性别都不具有生物学基础而完全是由社会建构,其中强烈推行者当属女性主义社会学的观点。

一、性别角色理论

(一)性别角色之概念

"角色"一词原是戏剧、电影术语,原意是指演员在戏剧舞台上或电影中依据剧本所扮演的某一特定的人物。个体社会化的结果,就是个人与其社会地位、身份相一致的、符合社会期望的一套行为模式及相应的心理状态——社会角色(social role)的习得和扮演。关于角色的研究,目前学术界形成了两种逻辑取向:第一,以美国人类学家林顿(R. Linton)为代表的结构角色理论,认为地位和相应的一系列期望组成了潜在的社会结构,这些期望又通过角色承担者个体自我的角色理解能力和角色扮演能力来传递,最后又通过个体的具体角色行为来实现;第二,是以特纳(J. Turner)为代表的过程角色论。他主要以社会互动作为基本出发点,围绕互动中的角色扮演过程展开对角色扮演、角色期望、角色冲突与角色紧张等问题的研究。可以看出,社会角色既有社会地位结构的规定性的一面,又是一个社会行动的动态过程,两个理论主张其实是互补的。同时,随着人本身的成长和发展,每个人在不同的阶段都要扮演不同的角色,这是人类生存所需;社会生活的多元化又使同一社会生活阶段的个体要同时扮演几种不同的角色。其中,性别角色(sex role)的习得和扮演就是个体社会化的重要结果之一。

性别角色是指由于人们的性别不同而产生的符合一定社会期望的品质特征、思想方式和一定行为模式。个体在社会生活过程中逐渐学会按照自己的性别角色规范行事,"男人"和"女人"的角色是性别角色,是个体社会化的结果之一。该理论认为,一定的社会文化形成了对两性的生物属性、心理特质和角色行为的较为固定的行为规范和价值准则,即性别刻板印象。这种性别刻板印象是性别角色社会化的影响因素之一,会受到家庭、社会期望、大众传播媒介以及学校教育等外部因素的影响。例如,婴儿从出生之日起,父母就已经按照他(她)的性别用不同的方式培养、教育,对穿衣打扮、玩具、说话方式、行为表现都有不同的要求。子女本身则表现出性别认同,即女孩模仿母亲,男孩模仿父亲。儿童进入学龄期后,学校和社会也从多方面加强两性的角色差异,不仅教师对不同性别学生的升学期望、课余活动、体育锻炼项目有不同的要求与内容，而且供学生学习的教科书也表现出对男女的不同期待。大众传播工具对于男女角色社会化也有重要影响，大多强调传统的两性角色行为规范，使观众和读者自觉或不自觉地接受这种规范并按其行事。另一方面，性别刻板印象一旦形成，它又会反过来深入到家庭文化、社会期望、学校教育中，对人们的心理和行为产生广泛的影响。

（二）主要理论和观点

有关性别角色的理论，影响较大的主要有西格蒙德·弗洛伊德（Sigmund Freud）的精神分析论、玛格丽特·米德（Margaret Mead）的文化人类学理论、阿尔伯特·班杜拉（Albert Bandura）的社会学习理论和劳伦斯·柯尔伯格（Lawrence Kohlberg）的认知社会化理论和布洛克（Block J. H.）的性别发展阶段论。这里仅做简要介绍。

弗洛伊德在解释性别自认和两性差异时认为，在性心理发展的前两个阶段，即口腔阶段和肛门阶段，男孩与女孩的发展方式相同，表现为对母亲的依恋。到了生殖阶段，儿童的注意力便转移到了生殖器，性别开始分化。男孩形成恋母情结，即男孩渴求独占母亲的欲望，以及对父亲抱有敌意，形成了一种复杂的精神状态。男孩同时开始对父亲认同，逐渐获得性别自认，继承父亲的角色规范。女孩形成恋父情结，因为当女孩发现自己并不具有外显的男性生殖器时，她感到自己被阉割过，她因此责怪母亲，而转向父亲，女孩便以母亲的角色自居。弗洛伊德认为，在这一阶段男孩与女孩逐渐形成各自的"自我"与"超我"，但是女孩的恋父情结不如男孩的恋母情结那样解脱得彻底，所以，女性的超我发展不成熟。女孩的人格有被动性、受虐性和自恋性三个特征。

20世纪30年代，人类学家玛格丽特·米德从人类学角度考察了处于自然状态下的新几内亚三个原始部落社会中的人的性别角色分化情形。结果发现，在德昌布利部族，标准的性别角色特征是男柔女刚；在蒙杜古莫部族，不论男女都具有刚毅、凶悍的性格；在阿拉佩什部族，则男女均具有温柔顺从的性格。米德由此得出结论：男女的个性特征与他（她）们具有的生理特征之间没有必然联系。性别角色特征不是天生的，而是通过在不同文化中经过系统的性别角色社会化形成的。每一社会都选择了一些奠定在生物性性别基础上的男女心理特点并加以肯定和强化，选择另一些加以否定和惩罚，男人才成了男人，女人也才成了女人。

班杜拉的社会学习理论认为，直接强化、模仿和观察学习是性别角色定型的基础。通过社会化才能学习到性别角色。父母按照自己的性别角色规则，对男孩与女孩有区别地施加直接或间接的压力。当儿童做出与性别相符的行为时，便给予奖励，不符合时，便给予惩罚，从而使儿童形成了性别角色行为。而且，儿童通过观察学习和模仿得到性别角色行为。父亲或母亲最可能成为儿童模仿的榜样，而且把这一认同的趋势泛化到其他与自己性别相同的人,从而就把与自己性别相同的人作为模仿的榜样,所以儿童获得了某些性别角色。

柯尔伯格的认知理论源于皮亚杰的有关观点。柯尔伯格指出,儿童大约 4～6 岁时就具备了性别恒常性和性别自认(即知道自己永远是男性或女性,并主动地与同性榜样认同),这是获得性别角色的关键和基础。随着认知的发展,儿童逐渐形成了"男性特征"和"女性特征"的观念,并且当他(她)理解自己的性别及其含义后,就努力使其行为与他(她)的性别角色观念相符。由于智力的成熟和发展,儿童可以达到自我的社会化,自己选择与性别适合的行为。

布洛克把男性化和女性化看作人格两种成份的展现:一种是指个性化、自我肯定和自我扩张的倾向;另一种是与集体和谐、为集体利益压制个人利益、合作和寻求与集体的一致性的倾向。布洛克认为,第一阶段的儿童是自我中心的,他们希望从父母限制中独立出来;第二阶段,服从规则和角色变得越来越重要,由于男女孩受到不同的社会化压力,性别角色开始分化,男孩需要控制和压抑他们的情感中脆弱的部分,女孩则要压抑她们的攻击性;第三阶段是儿童达到内省和自我意识的阶段,这个阶段保持着性别角色;第四阶段(成年期),人变得自立、自知,"自我"中的男性化和女性化因素被整合,这种整合状态被称作"双性化(androgyny)"。根据布洛克的观点,性别角色的内容由儿童的文化和社会环境所决定,如果向儿童提供不同的文化和社会经验,其性别角色内容和模式也会随之改变。

以上五种理论从不同的角度论述了性别差异形成的基础。它们各自有自己的理论前提:精神分析理论强调自然遗传的因素,社会学习理论和文化人类学理论强调社会环境的重要性,认知社会化理论强调有机体内部状态和文化因素之间的交互作用,布洛克的性别发展阶段论注重考察性别角色的开端、发展和成熟的过程。显然,与生物决定论不同,性别角色理论的核心观点是:遗传基因、生理上和解剖学的不同并非决定性因素,男女两性差异主要来自文化差异和社会学习,性别是后天学来的。

二、女性主义社会学·社会性别

(一)女性主义社会学

女性主义(Feminism)起源于 60、70 年代女性主义运动"第二次浪潮"的政治风暴,它本身先是一种社会政治运动,是将妇女解放运动从社会、政治领域扩展到历史、文化、学术领域。其产生的最初动因是,资产阶级民主革命胜利后,女性发现自己仍处于社会权力系统之外,并没有得到启蒙运动许诺的"自由、平等、民主、博爱"口号的兑现。女性主义理论并非一个严密完整的思想体系,泛指欧美国家中主张男女平等的各种思潮,不同理论派别之间对各种问题甚至还有较大的分歧,但基本共同点是都认为现存社会结构是以"男权"为基础、为出发点的。与同时代风靡西方的反主流文化浪潮相契合,女性主义带有很强的反主流意识和批判意识,因而常常被归类为批判理论或后现代主义的一种。它不仅在政治、经济、社会层面上向男性争取平等权利,而且要从根本上撼动现存社会、文化秩序,解构传统历史话语,重塑历史,建构新的文化秩序。女性主义的重要特点是以女性视角观察,对性别身份的范畴进行考察,着眼于社会文化分析,解释两性不平等现象的根源,寻求解决途径。

20 世纪 70 年代初,女性主义学者对社会学中由于结构功能学派的倡导而广为应用的性别角色理论提出批评,并指出性别角色理论至少有三个相互关联的弱点:

(1)性别角色理论作为社会理论是值得质疑的,因为它将一个生物术语与一个社会术语连接在一起,暗示社会是循着自然倾向发展的,而生物性别的差异又总是可以通过更加高级的社会角色的形式显现出来。因此性别角色理论总是热衷于研究性别差异问题,从而落入男性角色和女性角色的僵化的二元框架。

(2)性别角色理论没有实现将个体与社会有效地连接起来的承诺。社会决定论强调个体是由他们的社会角色决定的,因此人类无法摆脱性别角色的规定。然而无论是人的行为符合或违反了角色规定,性别角色理论总是责难那些受害者而不是性别体系本身。从社会化的角度看,性别角色理论规定了社会化的要求,使符合者受到奖励、违反者受到惩罚,而社会化者的期待又强化了这种角色规定,因此性别角色理论使社会结构溶解在个体的行动当中。

(3)性别角色理论最根本的弱点是无法说明性别关系中存在的权力、不平等和冲突。角色理论假定在界定地位阶层和角色期待时,起作用的是公正的、非个人的"标准化因素"。它忽视了这种明显存在的可能性,即那些制定角色规则的人是从他们自身利益出发的。因此女性主义主张彻底摒弃"角色"这一不合适的概念,并以社会性别之概念取而代之,从而使社会性别成为女性主义社会学的重要概念之一。

随着当代女性主义运动的深入以及女性主义对各学科的日益渗透,西方社会原来那种代表了处于优势地位的"白种男性"的政治、经济和文化"话语"受到越来越猛烈的抨击。无论是功能主义者还是冲突主义者,在两性问题上,主流社会学都是一贯以男性的经验和利益为基础,符合父权制结构的社会机制以及性别主义(sexist)的范式。女性主义社会学的某些观点对主流社会学形成强烈抨击。

（二）社会性别概念

女性主义学者桑德拉·哈丁(Sandra Harding)将社会性别概括为三种含义(Harding,1986,转引自吴小英,2001)：

一是个体或个人性别。这是性别身分认同的核心,也就是人们意识到自己是男性或女性,并将某些现象与男性气质或女性气质联系起来的性别认知。这种认知开始于童年时代,而建构一个性别化的自我意识的进程终其一生。

二是结构性别。也就是作为社会组织和结构的总体特征的性别。劳动的性别分工、职业的性别分隔都体现了这种制度性的性别,还有教育、司法、宗教、医疗等几乎所有国家体系的构造都体现了性别关系。

三是符号或文化性别。也就是在特有的社会文化情境中作为男性女性的规范性含义。例如公共领域与私人领域的二元划分提供了使男女之间不平等的权力关系合法化的统治的意识形态。所谓"男子汉"和"贤妻良母"的说法则规范了婚姻生活中隐匿的一种权力关系。

20 世纪 80 年代末,美国历史学家、后现代女性主义者琼·W·斯科特(Joan Scott)对"社会性别"概念的分析颇有影响。她给社会性别的定义是这样的："(社会)性别是组成以性别差异为基础的社会关系的成分；(社会)性别是区分权力关系的基本方式。"

20 世纪 90 年代以后,受黑人女性主义、第三世界女性主义、同性恋女性主义的挑战,一些女性主义学者不再仅仅专注于社会性别,而是将社会性别与种族、民族、阶级、性倾向等概念结合,具体分析研究各阶层、各种族及不同性倾向妇女的处境。这样,女性主义便超越了社会性别的二元对立思维,在更广阔的视野上去审视性别、审视男人和女人。"社会性别"这一概念的内涵也在不断扩大。今天,它已不再是男人和女人的代名词,更不是男人和女人的角色代码,而是一种社会关系、一种社会结构,是表示权力关系的一种途径。相应地,女性主义社会学也不仅仅是批判主流社会学里的男性霸权和男性中心主义价值取向,它更是致力于重新诠释传统的社会研究议题和框架,试图创建一种以女性经验为基础的女性主义的社会研究模式。

第二节　社会学视角下的旅游现象性别框架

人们探讨旅游活动的经济、社会—文化和环境意义已经有较长历史了。但纵观目前这些学术研究和政策制定工作,似乎都存在一个缺憾,即不能很好地把旅游过程作为一个整体来看待,因而也就忽视了它作为一个整体过程所具有的若干重要主题,譬如说内嵌在旅游活动中的社会关系和过程,以及社会关系和过程视域里的旅游活动。本节将致力于构建一个旅游社会学视角下的性别研究框架,因为它们实际构成了社会关系和社会过程的一部分。

一、旅游:一个定义

目前,学术界关于旅游的定义可以分为两类。一是量化旅游活动及其后果,回答旅游活动在经济、文化、社会和环境等方面的具体表现;二是采用社会学和人类学等理论、更宽泛地理解旅游活动中内在的社会结构和关系。其中,属于第二类的旅游定义主要有:

(1)从工作或居家活动(work/home)来考察旅游活动。旅行一定不是因为工作而进行的,它是人们工作状态之外的行为;同时,旅游一定是离开家以后发生的各种事情,谈到旅游首先意味着人们发生了某种空间移动。因此,旅游是休闲时间的一部分,是不同于家庭和工作生活的一种活动,能够使人们在另一个地方度过一段时间。

(2)从日常生活/非同寻常(ordinary/extraordinary)二分法来考察旅游活动。旅游者追求的是他们在惯常生活中无法获得的非凡的旅游体验。而旅游者与目的地东道主之间在社会—文化和经济等方面的差异是由于二者有着不同的可自由支配的收入和休闲时间。

(3)旅游业充满一系列符号、象征物、白日梦和幻想。旅游业就是出售这些白日梦和消费文化。

旅游具有多种定义之事实表明,无论是国际旅游还是国内旅游,旅游业都具有这样一个特征,即缺乏某一明确的消费产品。它更多的是一个综合体。该综合体由服务(包括食宿、餐饮、交通、游览解说等),文化,能够提供不同活动空间的地理特征,以及诸如氛围和好客等构成的无形因素等组合而成。

社会如何运行?谁真正拥有权力?在现行社会分配制度下谁真正获益?谁不能获益?这些是社会学需要回答的重要问题。透过社会结构的表面去洞察实质,正是社会学的任务和魅力所在。在阐述旅游现象时,社会学其实一直在两种神话里来回摆动:旅游是上帝所赐;旅游是魔鬼。而对于国际旅游,学者们更愿意用五个大"S"来描述,即阳光(sun)、性(sex)、景点(sights)、拯救(savings)以及奴性(servility)。探究这些主张或结论背后的社会现实,性别、社会性别是无法忽视的要素之一。那么,用社会学的语言给旅游下一个定义,可以是:旅游是一种涉及人们购买东道主特别的社会关系和结构的活动,其间充满了有关性别、阶级、种族、代际、教育等因素的特有的社会行动。若再聚焦到性别分析话题,那就是:

旅游是一个过程,是性别化了的旅游者和性别化了的东道主之间发生的所有关系和行为。

二、旅游现象中的男性/女性

过于狭隘的旅游的定义和理论工作框架可能使人们忽视不同社会构建行为的内在本质,以及旅游现象中内在蕴涵的更广泛的权力关系。分析全球的、国家的和地方的各个层次上的旅游业发展现象,可以发现,复杂多变的、等级化的和不平等的社会关系构成旅游发展过程。这个过程的所有方面都体现出不同的社会关系,其中性别关系是一个重要因素。虽然不能说旅游过程再次强化了性别差异和不平等,但也必须承认,男人和女人都不同程度地卷入其中,旅游过程不可避免地充满了权力、不平等和控制。

探讨旅游现象中的男性/女性问题,可以分成两条线来看。第一条线是不考虑旅游消费活动,那么无论是在旅游者居住、生活的客源地里,还是东道主社会,都原本就存在着男/女性别关系;第二条线是旅游消费活动引起了所谓的主客关系,使得男性游客与女性东道主、女性游客与男性东道主、以及东道主社会里的男/女之间发生一系列新的变化。如果分别以 Mg 和 Fg 代表旅游者中的男性和女性(各取自客人、男人和女人所对应的英文单词的第一个字母),以 Mh 和 Fh 代表东道主社会里的男性和女性(各取自主人、男人和女人所对应的英文单词的第一个字母),那么旅游现象里的男/女性别关系可以用图 9-1 来表示。

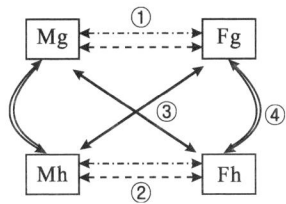

图 9-1 旅游现象中的男性/女性

①表示第一类关系。即,不考虑旅游消费活动,旅游者群体和主人社会里原本存在的男性/女性关系,公式为 Mg—Fg 和 Mh—Fh。

②表示第二类关系。即,旅游消费活动引起的游客群和主人社会里男性/女性关系,公式为 Mg—Fg 和 Mh—Fh。一般地,人们分析较多的是旅游开发前、旅游开发后主人社会里男/女两性社会关系(Mh—Fh)的变化,关于 Mg—Fg 的探讨并不多见。

③表示第三类关系。即,旅游消费活动过程中,男性游客与女性东道主之间(Mg—Fh),以及女性游客与男性东道主之间(Fg—Mh)的社会关系。这类关系

常与性旅游(异性之间的性服务)有关联。

④表示第四类关系。即,旅游消费活动引起的游客群和主人社会里男性/男性、女性/女性关系,公式为 Mg—Mh 和 Fg—Fh。这类关系主要指游客与东道主之间的同性性关系(同性之间的性服务),或者除性关系之外的其他社会关系。

围绕以上四类关系,我们需要回答这样一系列问题:

(1)社会性别作用下的旅游者有何特征?

(2)旅游活动对主人社会的性别关系的影响有哪些?种族、阶级或者性别是如何彼此结合(be articulated)在一起的?

(3)主客之间因性别关系所引起的更广泛意义上的不平等和控制问题有哪些?又暗含什么意义?

三、旅游现象性别研究概念性框架

1994年,学术界第一次出版了关于旅游业里的性别话题的研究成果。1995年,世界著名的旅游研究学术刊物《Annals of Tourism Research》策划了性别研究专题,一批重要论文问世。迄今为止,西方学者关于旅游现象里的性别分析已取得不少成果。其中,Vivan Kinnaird 和他的合作者 Derek Hall 指出,理解旅游业里的性别问题至少应该有三点(转引自 Kinnaird,Hall,1995):

第一,旅游发展过程是从性别化了的社会中建构的,而这个社会又根据性别关系确定了人与人之间的等级顺序。相应地,主人和客人社会所认同的男子汉气质和女子气质的相互结合是旅游业类型和保持国际旅游产业经济和政治发展规程的重要组成部分。

第二,在所有那些有着旅游活动的社会里,性别关系形成了相互联系的经济、政治、社会、文化和环境问题;反之,在这些社会里,那些彼此联系的经济、政治、社会、文化和环境问题又构成了性别问题。

第三,由于旅游活动中的种族、阶级和性别关系,使得权力、控制和平等性等议题彼此关联在一起,旅游者追求所谓独特性和非凡之体验是通过等级化的阶级关系和全球化的政治经济活动得以实现的。

基于此,Vivan Kinnaird 和 Hall 认为社会学视角下旅游现象性别研究的概念性框架应该从以下三方面进行:

第一,性别化的旅游者(gendered tourists)。

第二,旅游系统里的性别不平等。重点考察国际旅游的背景下第三世界的旅游业。

第三,性别化的旅游市场营销(gendered tourism marketing)。

第三节　性别化的旅游者

一、旅游动机、决策与消费偏好

(一)旅游动机

旅游是一个有性别差异的社会产物,与旅游发展有关的所有因素都与性别有关。不少研究证明,尽管旅游者具有放松、逃避、文化欣赏等共同的动机,但某些情形下男性/女性旅游者的旅游动机的确存在显著差异,并常常与购物、美(整容)、减肥修身等女性特有的消费行为联系在一起。

例如,不少研究发现,购物是促使女性出游的拉动动机之一,女性往往因为希望获得痛快的、时尚的、优雅的、奢华的购物体验而出境旅游,从而满足她们追求时髦、流行、炫耀等的心理需求。这一点估计男士可能永远无法理解。有学者曾经指出(Bocock),消费与女性有着特殊关系,现代资本主义社会里,生产和消费的二元对立关系主要通过性别加以区隔,即男人生产,女人消费,因此,女性的消费是资本主义社会分工中重要的一环。如果采用女性主义社会学视角来看这一现象,就可能断定天经地义的背后其实是父权思想对社会生活各方面的肆意浸淫,包括旅游消费动机。

又例如,近年来,纯粹是由于做美容、整容手术而出游的现象越来越多,女性更是这一细分市场的消费主体。显然,她们的出游动机也是很多男士所没有的。随着韩国整型技术的日益成熟,中国、蒙古国、日本等国女性常常选择去韩国休闲度假的同时也了却游览该国各名胜古迹观光的心愿。至于欧美、台湾等单身或自助女性旅游者,她们的动机主要有体验、逃避、冒险、放松、社会交往、自尊、自由与独特、自我表现等。相比之下,男性游客很少有女性游客上述那些细腻的、复杂的心理动机。

另外,关于后文提到的所谓性旅游,男性/女性游客在具体动机方面也存在若干差异,这里不再赘述。

(二)信息搜集与决策

旅游产品不能被提前试验和控制,决策和消费在时间和空间上是被分离的。同时,在消费者行为研究中,有学者建议,商品可以分为搜寻到的性质和体验到的性质。其中,搜寻性质是指商品"通过购买前的检验,消费者就能确定的特征",体验性质是指商品里那部分"不能在购买前确定的特征"。依据这种分类方法,旅游是一个信心的商品,提前评估它的质量是不可能的。旅游产品销售机构依赖于与旅行者之间进行信息交换,通过各种渠道去营销产品,才能建立起消费关系。另外,旅游产品由一系列基础产品构成,由大量的提供者提供,产品的合并过程也是信息增强的过程。所以,购买前掌握足够的消息对消费者而言非常重要,而加强对旅游者信息搜寻经验和信息质量的偏好研究就是一个主要的研究主题。

以往研究表明,在信息环境宽松的结构下,人们找到和接受信息的能力彼此之间变化很大(Chang & McDaniel,1995)。其中,知识水平和搜索技术(MacGregor,1999)、能力(Chang & McDaniel,1995)、性别(ChanLin,1999;Mantovani,1994)、学习者的控制(Dillon & Gabbard,1998;Mac-Greggor,1999)、学习者的风格(Shute,1993)以及兴趣(Tobias,1994)等是影响搜索结果的几个主要因素。那么,关于旅游者的信息搜寻与加工过程,研究者们就有一个迷惑性问题,即,是否性别差异能够相应地转变为不同的信息搜寻过程类型以及判断类型?

男人和女人存在很多不同,性别因而常被用作产品和服务市场细分的基础。为了使所提供的产品和服务能够迎合到每一性别的独特需要和渴求,营销者往往需要理解两性之间在本源和心理方面的差异。2001年11月,加拿大旅游协会(the Canadian Tourism Commission,CTC)在美国和加拿大进行了不同性别的人在使用旅游网站时的内容偏好、搜寻行为调查,目的是评价在线旅行购买行为,为旅游营销机构选择更有效的互联网广告渠道和广告内容提供数据支持。结果发现,男/女两性在信息态度、旅游网站功能偏好等方面存在许多差异。例如,在选择目的地时,女性比男性更愿意使用更多的在线和非在线的信息来源,她们会登录更多的网站,详尽地、精心地搜寻外在信息。同时,女性更喜欢不同类型的网络功能和内容范围。女性没有男性那样多的网络信息搜寻经验。对女性而言,似乎用户友好功能和更广泛的信息内容对女人来说显得更重要。虽然多数网站的功能和内容是基于性别中立之特征来设计的,但由于女性可能比男性更乐于使用更多的信息,而男性一般不那么依赖于外界信息来进行判断和决策。其结果是,女性对网站功能的要求会更积极。在今天这样竞争激烈的环境下,在网络上以合适的方式放置一个合适的信息就显得极为重要。营销者可能通过创造出性别—敏感性的网站内容和表现方式获得好的效果。基于此,旅游业营销者应该开发出性别—敏感性的在线交流策略。若目标是男性,就需要突出一两个独特的特征。相反地,若目标是女性,则要注重普遍的特性的传播。

那么,如何解释男性/女性旅游者在消息搜寻和处理方面的差异呢?或者说,究竟是生物构造还是社会因素造成男性/女性旅游者表现出这些差异呢?

首先,从生理因素讲。我们知道,人类大脑被划分为两个半球,每一半球在功能上有着特殊优势之特征:左半球擅长于语言能力,右半球擅长于空间感知。最近的临床和实验研究表明,相对于男性而言,女性的这两个半球布局更对称,男性则似乎右半球更有优势。可以假定,生理结构上造成的两性间的认知差异影响了信息搜寻偏好和在网络上成功搜寻和操纵信息的能力。有证据表明,对于科技,女性比男性体验的程度要慢,对科技的动机也要慢。同时,男人被认为是"选择性的处理者",在判断前,他们经常不会陷入到对所有可获得的信息的全面分析过程中。相反地,他们似乎依赖于多种启发式的细节里,这些启发包括一个暗示,意味着一个特别的推论。这一过程意味着男人经常将他们的选择和判断建立在所有可获得信息的选择性的子集上,他们更依赖于自己的意见。于是,男性做决定要比女性快,他们只依赖于那些很容易得到的信息。而且,男性集中于那些具体的、客观的提示(例如形状和物质特性等)。相对地,女性被认为是"广泛的处理者",在判断前,她们试图评价所有的可获得的信息。她们总是试图非常努力地分析所有可获得的信息,除非她们限于记忆的能力做不到。也就是说,女性更通过外界信息而不是自己的判断来处理信息。另外,可能由于大脑生理结构上的差异,使得男/女两性对语言、文字、图像等的理解也各有所长。例如,女性比男性更倾向于参与到旅游产品广告中去,她们更喜欢用描述性术语,对色彩和信息细节额外关注。男性更偏好于对旅游产品信息的总体评价,女性则更注重信息内容的细节。

其次,很多学者强调,性别(gender)是社会建构的。它是建立在社会看待某人的基础上,即什么样才是男人,什么样才是女人。基于社会宏观环境的训练、规制和授权,男性往往具有很多经验、知识和兴趣,是积极的学习者,长于内在的控制。技术是社会关系的产品,因此新的改革、新事物的传播在不同社会群体是不同的(Edward,1995;Wajcman,1995)。由于男女的社会地位不同,男性比女性也更容易获得接近新技术的机会。在这种情况下,男人对信息和交流技术产品往往怀有更浓厚的兴趣(例如影碟机,移动电话和计算机等),并且对最新技术产品显示出更多的喜爱(Mitchell & Walsh,2004)。同时,这也使得两性在技术采用率方面(如计算机和互联网的使用)等可能存在差异(Bimber,2000)。男人比女性对计算机更感兴趣,平均水平下这会影响到他们对互联网的使用(Shashaani,1997)。有调查表明,在如何将网络使用与日常生活混合在一起这一问题上,男人与女人差别很大。72%的男人认为网络是寻找个人娱乐的好地方,66%的妇女有此看法。同时,男人比女人更喜欢将上网活动作为一个频繁的和规律性的行为。他们上网更频繁:79%的男人每周至少上一些新的网站,而有此行为的女性只有63%。相比之下,女性更乐于上网与朋友和家庭交流。64%的妇女每周会有几次与朋友和家人通过网络聊天,而男性有此行为的比例是59%。也就是说,社会赋予男性更多的自主权,鼓励他们习惯依据自己的想法做事,而女性常被希望是顺从的、细心的和被动的。于是,在对旅游信息的搜集与处理上,男人往往很快做出决策,而不是尽可能地搜集所有的相关信息,他们更富有逻辑性。而女性似乎更容易被说服,更浪漫,更靠直觉做事。旅游者,的确是被性别化的,他们的各个行为都脱离不开社会结构的作用。

(三)消费偏好

男性/女性在旅游消费偏好方面有一些差异。例如,Laing(1987)针对英国游客的研究发现,男性倾向于以一种被动的方式行动,如放松、日光浴,以及游览旅游设施等。相反地,超过一半的女性喜欢更积极的活动,如散步、购物或参观历史性景点和文化景点等。Nell Carr对某度假村中的男女旅游者进行调查,得出的结论是女性在度假中喜欢购物、照相、宾馆周围散步,而男性喜欢有锻炼项目的活动,喜欢吃当地食品、太阳浴和进行有目的旅游。同时,还有案例研究发现,女性在旅游时比男性更愿意投入纪念品的赠与和选择上。女性是旅游纪念品的主要购买者,其中约有70%纪念品被家庭主妇购买。更有趣的是,女性游客常常乐于把与旅游纪念品店主以及纪念品生产者之间的相互交流作为自己旅游经历的一部分,她们一般都对观察工匠们示范蜡染、木雕等技巧非常感兴趣。同时,大部分研究表明,女性的旅游购物多是香水、化妆品、艺术品、珠宝和服装等。

另外,为了更好地了解女性商务市场的特点和需求,探究哪些因素会影响她们选择入住的饭店。美国几所大学联合对1000名女性商务人员和专业人士进行抽样调查,问题涉及旅游酒店的十大要素,即舒适、停车、保安、服务、赠品、价格敏感、安全、个性化、公共区和消防。结果表明,女性游客认为最重要的是饭店的干净程度、舒适的床和枕头、客房内的烟雾探测器、防盗门链和门锁、停车场照明。这一案例或许传达一个信息:舒适与安全对大多数女性游客而言将极大影响她们的旅游体验和满意度。

至于休闲行为的性别差异,又有不少研究案例。例如,Roberts(1983)宣称,观看和参加体育活动多是青年男子的行为,青年女子一般是不大涉足的。而且,Deem(1986)提出,与男孩子相比,女孩子花很多休闲时间在跳舞、购物和看亲戚等活动上。1995年教育部的一项研究说明,在休闲时间里,女孩子用于购物的比例大于男孩子,而男孩子用于体育活动的比例要大于女孩子。性别角色不是通常人们所指的男女性别,而是根据人的体质、性格、行为表现和能力区分男女的概念。它是指由一定的文化所认定的适合于男性和女性的行为系统,同时还包括那些被看作是构成男性和女性的基本的态度和情感。男人与女人的休闲行为的差异一定程度地与他们所生活环境的社会文化习惯和价值体系有关,也就是性别角色在起作用。例如,妇女常常不大被鼓励去参加某类活动,因为该活动已经被社会性地构建为男子气质,休闲活动的性别差异可能也有助于确定和保持性别意识。

然而，必须认识到，男女休闲和旅游活动的表面化差异可能并不是普遍的。实际上，有些女性，特别是那些有职业的、单身妇女，她们的休闲和旅游偏好不是基于家庭生活的，且也并不比男性同伴少。同时，某一社会的社会文化标准和价值观系统的特征也经常发展变化，青年男子和女子正变得越来越相似，旅游和休闲活动方面的性别界限越来越模糊。例如，一项关于青年男性和女性在英国西南部某海滩度假地的休闲活动差异的案例研究表明，16岁到35岁的青年男子与女子在休闲行为上的确存在差异，但并不如人们想象的那样严重。又如，有一项调查显示，青年人选择去海滨度假，其主要原因不是日间活动，而是与夜生活有关。所有被调查者都回答在度假期间自己至少去过一次夜总会，游客大多关心自己在夜里喝了多少酒，跳了多长时间的舞。与男人一样，女性游客也承认夜间休闲活动是她们假期的中心内容。换言之，在俱乐部和夜总会里喝酒、跳舞是游客度假最主要的两个原因，男女不存在显著差异。

二、危险感知

心理学将人的认知（cognition）定义为个体主动寻找信息和接受信息，并在一定结构中进行信息加工的心理过程。这一过程包含感知、注意和思维等心理状态，并导致个体行为的产生。在旅游感知方面，我们一般讨论的有地理空间感知，安全感知，服务质量感知（满意度）等。相比起男性来，女性常被认为是柔弱的、需要保护的，限于篇幅，下面仅探查男性/女性游客在安全感知（危险感知）方面究竟是否存在显著差异。

大多数研究结论认为，女性对公共休闲空间的使用受到她们一般情形以及特殊情形里对冒险的感知。这个过程似乎特别表现在黑夜里女性独处之时（Whyte & Shaw，1994；Green，Hebron & Woodward，1987）。男女在感知危险时存在性别差异这一论断得到 Rountree and Land（1996：1390）的研究结果支持，他们认为"比起女性来，男性很少在公共场合感到不安全"。因此，女性比男性较少用公共休闲空间（Mowl，1994；Feltes，1997）。为避免公共休闲空间的危险，妇女可能会邀一个伴侣同去（Smith，1987）。

旅游者行为研究中，男/女游客的危险感知更是一个重要议题。原因至少有两条，一是旅游者离开日常生活所熟悉的环境空间移动到陌生的旅游地，原本就对当地的人与事缺乏安全感；二是游客的安全感知可能会影响到他们对旅游地游览空间和时间的使用方式（Valentine，1992；Rountree & Land，1996；Feltes，1997）。但遗憾的是，目前很少有关于游客在旅游目的地感知危险以及危险的组成部分的研究工作，学者 Neil Carr 2001 年的一项工作值得一提。

伦敦是英国最受欢迎的目的地之一，1995年有2.4亿国际游客和国内游客到访伦敦。同时，伦敦尤其得到青年游客的喜爱，他们年龄多在15岁到34岁之间，1995年占到伦敦所有游客的57%（BTA/ETB，1996）。但是，与世界上其他城市一样，伦敦也同样遭受到诸如犯罪和其他反社会事件的消极影响。人们一般认为男性是强大的、勇敢的，女性是弱小的、胆小的。那么，聚焦于旅游者，这种性别差异存在吗？它又受制于何种社会因素呢？Neil Carr在伦敦青年旅店发放问卷，并进行深度访谈，系统研究了青年游客在英国伦敦度假时面对危险的态度和行为，考察不同性别面对危险的不同态度。

研究发现，第一，白天没有一个游客认为伦敦是非常危险的。28.6%的游客认为他们没有感知到切实的危险。同时，男性与女性在感知白天伦敦的危险程度方面不存在多少差异。第二，游客白天感知到的危险要低于他们在夜间感知到的危险。感觉夜晚伦敦有危险或有点危险的人中，女性比男性的比例要高。相比之下，男性比女性更倾向于认为伦敦实际上没什么危险，或者只是低程度的危险。这种差异表明，在公共空间里，男性比女性更不容易感到自己处于危险之中。第三，统计数据显示，对男性而言，他们在白天和黑夜里感知到的危险的程度没有什么差异；但女性却感觉到夜晚比白天的危险程度要大。相比之下，只有少比例的妇女认为伦敦的夜晚有较低的危险或确实没什么危险。

基于此，我们认为，在影响旅游者感知危险存在的因素上，性别并不是唯一的因素，但男性和女性也不能视为同质的群体。长期的社会生活已使得旅游者明晓自己应该是一个男人还是女人，即使是进行愉快的旅游活动时也必须如此。

三、同性恋旅游

在研究者眼里，人类性行为是一个严肃的学术问题。同性恋旅游也完全可以作为一个严肃的学术问题来对待。酷儿理论至少能够呼吁人们尊重同性恋者，而代表性社会学前沿的"主体建构"视角能够帮助人们理解同性恋旅游者的若干行为。

（一）同性恋旅游现状

西方几乎每个国家每年都要举行同性恋大游行。其中，加拿大多伦多的同性恋大游行目前已经连续举行达30多年，号称北美最壮观的性事，场面之华丽，气氛之感人，让异性世界的人们羡慕不已，更是每年吸引百万计的世界各国游客，成为当地经济的一大支柱。在亚洲，泰国和新加坡的旅游业竞争十分激烈，两国千方百计吸引外国游客。随着社会对同性恋者的兴趣和宽容度日益增加，近年来两国争取成为"亚洲同性恋之都"的角逐也在加剧。泰国每年都举办亚洲最大型的嘉年华会，设有最有活力和最开放的同性恋会所，还举行每年一度的同性恋选美会。

在异性恋占主导地位的现代社会,有关同性恋旅游者的案例研究并不多见,但也基本阐述出该消费群体的某些特征。

首先,在旅游动机方面,除了放松、观光、增加知识外,同性恋者的特有动机是得到同性恋的社交活动,更活跃的性行为以及自我认同。他们希望通过旅游获得认同、归属感和释放平时被压抑的性紧张情绪,找到新的性伙伴。同性恋旅游者渴望在目的地得到与异性恋一样的待遇,并得到社会的认可和尊重。

其次,在消费需求方面。同性恋旅游者大多收入丰厚、年纪轻、受过高等教育、消费层次高。同时,男同性恋一般情况下没有孩子,而且男人收入比女人要高,因此男同性恋更喜欢旅游,是旅游业主要关注的对象。一般地,男、女同性恋旅游者都希望在表明自己的性取向时能得到酒店的接受和欢迎,服务员的态度、酒店性质和环境都会影响他们对酒店的体验效果。

据估计,仅在美国,同性恋旅游市场总值就高达650亿美元。同性恋旅游者对旅游产品的需求已经引起了一些公司的注意,并已经有了专门针对同性恋旅游者的旅行产品、运动会、杂志等。近年来,包括英国、瑞士、新加坡、丹麦等在内的不少国家都视同性恋旅游为一个颇具开发潜力的细分市场,纷纷大力宣传他们各自特别对同性恋者提供的旅游产品和服务,包括网站、旅行社及旅游线路、导游手册、休闲节庆活动等。人们称其为优待同性恋的旅游产品和目的地(gay-friendly travel products and destinations)。1995年,同性恋旅游业这个名词被提出。2006年,德国柏林旅游业展会上专门辟出了一个同性恋旅游业展区。同年,巴塞罗那旅游业展览会上也辟出一个区作为同性恋旅游业的展区。可以预见,同性恋旅游将越来越成为世界各国所关注。

(二)性社会学研究视角之发展

从学术史来看,关于人类性欲望(如人们通常所说的异性恋、同性恋、双性恋等性欲指向)、性行为模式的研究,国际学界先后经历了科学主义、社会文化影响模式、建构主义等三个阶段(潘绥铭,黄盈盈,2007)。当然,这种硬性的划分未必十分妥当,三个阶段彼此之间目前也还存在相互交叉和互动之事实。

第一阶段,科学主义,也就是性本质主义。"性"被看作是一种存在于个体身上的、普遍的、自然的、本能的冲动。一切性现象和性活动,包括社会中的"性问题",都可以而且只能够用生物学来解释,在实验室里测定,通过医学来改善。

第二阶段,社会文化影响模式。实证主义、科学主义指导下的性问题研究充其量只是"自然的性"和"自然的人",其结论不能很好地解释现实生活中的各种困惑。于是,性科学主义的内驱力、普遍性和本质性等假设受到质疑和挑战,一些人类学家开始强调社会文化因素对于性行为、性习俗的影响,他们的理论也因此被称为"性的文化影响模式"。这种模式盛行于20世纪20年代并影响至今。由此模式始,人们不再单纯强调性取向、性模式的生物学本质,而是开始重视"性"的社会文化成分。

第三阶段,建构主义。它强调,"性"并不仅仅是个体的内在驱动力的作用结果,更主要的是由具体的历史环境和社会环境所催生;社会文化的建构不仅影响个体的主体性和行为,同时也通过性认同、性的定义、性的意识形态以及对于性的管理来形成集体的性经验。通过这一视角,人们开始思考"性"是如何被历史文化所建构、被实践参与者所理解和标定。

建构主义发展到现在,"性的主体建构"作为一个研究视角被越来越多地提及。在研究者与被研究者的相互关系中,主体是对对方——也就是实践的从事者——的指称。它强调,若想解释生活于特定文化背景下的人们的性认同和性实践,研究者对被研究者应该有这样一个基本态度,即,整个研究活动应该以实践者的感受和体验为主,而不是以研究者的设计为主。同时,研究者需要忘掉所谓"客观",把自己的研究放在人际互动和互构中来进行、表述及评价。

"性的主体建构"视角同时也是性社会学的一个学派,它有两个重要观点。

第一,"性"并不是一种"可测定的客观存在",它只能存在于主体对它的具体感受之中;或者说,只有确实被某个主体所感受到的那些东西,才足以构成该主体(个人、群体、文化等)的"性"。它是主体依据自己的感受、认知和自我反馈所做出的种种标定、解释和评价的总和,以及由此而产生的种种日常生活实践。

第二,"性"是意义化的。"性"虽然会带来种种生物学意义上的结果,但是对于人与生活来说,更重要的是它可以对于主体以及各种相关物产生各式各样的价值和意义。以个人为例,一个人不仅要标定什么是"性",而且必须赋予它某些价值和意义,才能够成为他(她)自己的确实存在的"性"。

(三)酷儿理论

西方主流文化对同性恋者有一贬义称呼"queer",即"酷儿"(音译,原有"怪异"之意)。"酷儿"这一概念作为对一个社会群体的指称,包括了所有在性倾向方面与主流文化和占统治地位的社会性别规范或性规范不符的人。"酷儿"这一概念指的是在文化中所有非常态(nonstraight)的表达方式,这一范畴所有非常态的表达方式,这一范畴既包括男同性恋、女同性恋和双性恋的立场,也包括所有其他潜在的、不可归类的非常态立场。目前,国内学者中,李银河女士对酷儿理论的研究较为全面。这里就主要转介她的一些重要论述(李银河,2002)。

酷儿理论不是指某种特定的理论,而是多种跨学科理论的综合,它来自史学、社会学、文学等多种学科。"酷儿理论"这一概念的发明权属于著名女权主义者罗丽蒂斯,她是美国加州大学桑塔·克鲁斯分校的教授。酷儿理论最初见于

1991年《差异》杂志的一期"女同性恋与男同性恋的性"专号。

酷儿理论的第一个重要内容是向异性恋和同性恋的两分结构挑战，向社会的"常态"挑战。所谓常态主要指的是异性恋制度和异性恋霸权，也包括那种仅仅把婚内的性关系和以生殖为目的的性行为当作正常的、符合规范的性关系和性行为的观点。对于学术界和解放运动活跃分子来说，把自己定义为"酷儿"，就是为了向所有的常态挑战，其批判锋芒直指异性恋霸权。

长期以来，人们以异性恋为常态，以同性恋为变态。在20年前，社会还认为同性恋是某种疾病，人们想给他们治病，想理解他们，或诅咒他们。这不是同性恋者个人的问题，而是社会结构问题。在这种社会规范的统治之下，异性恋者憎恨同性恋者，同性恋者也因为自己的"不正常"而长期自我憎恨。在对生理性别、社会性别和性倾向的严格分类的挑战中，巴特勒的"表演"理论有着特殊的重要性。她认为，人们的同性恋、异性恋或双性恋的行为都不是来自某种固定的身份，而是像演员一样通过铲除异性恋以外的一切欲望，扼杀掉一切其他选择的可能性，异性恋霸权的社会建构了一种性欲与性感的主体。社会性别的表演将身体的一部分器官性感化了，仅仅承认它们是快乐的来源。在异性恋倾向的建构过程中，人们认为只有身体的这些部位是用来制造性快感的。

酷儿理论的第二个重要内容是向男性和女性的两分结构挑战，向一切严格的分类挑战，它的主要批判目标是西方占统治地位的思维方法，即两分思维方法。有些思想家把这种两分的思维方式称作"两分监狱"，认为它是压抑人的自由选择的囹圄。

酷儿理论自觉地跨越了各种性类型的尊卑顺序，它的中心逻辑是解构两分结构，即对性身份或性欲的非此即彼的划分。这个具有反讽意味的概念"酷儿"并不指称某一种性类型，就像男同性恋或女同性恋这样的身份，而是指这样一种过程：性身份和对欲望的表达能够摆脱这样的结构框架。

同性恋者或许比社会上其他任何一个群体都更重视主体建构的过程和结果，到那些对同性恋者友好的地方度假休闲，对同性恋者来说具有更深刻的意义。当然，我们不排除有相当比例的同性恋旅游者更喜欢利用外地游览的机会享受性放纵的快乐。这必定是令同性恋旅游目的地政府和民众最头疼的事情之一。

第四节　旅游系统里的性别不平等

社会不平等是指同一个社会里个体成员间存在着社会影响力或社会威望的

差异性。社会不平等是普遍现象,而性别不平等也一直是人们关注的焦点问题之一。本节将介绍旅游系统里性别不平等现象,并探究背后的深层原因。

一、职业性别区隔

职业隔离是指构成劳动力队伍的各个群体(包括不同的性别、种族和民族)在数量上是不同的,如果一种职业所包含的劳动力构成相异于不同人口相对于劳动力人口的相应比例,就说明在这种职业中存在着职业隔离。而职业性别隔离则是指劳动力市场中存在"女性"职业和"男性"职业的现象。很难准确地评价旅游发展所提供的就业机会,因为它涉及经济领域的许多方面。这里,我们主要考虑旅游业的直接就业(如在餐饮业、住宿业或旅行社等机构)情形。结果发现,无论是业界具体表现,还是学者们的理论分析和个案研究,旅游业都被认为是职业性别区隔最为显著的行业之一。当然,职业性别区隔并非旅游业独创,它只是社会普遍现象在旅游业中的表现而已。

(一)虚假的"善待女性"产业

旅游业并非它自己标榜的那样是"善待女性的行业"(female-friednly industry)。相反,旅游业内很多工作都是性别化的。一般地,职业性别区隔可分为两个维度,即水平的职业性别区隔(horizontal segregation)和垂直的职业性别区隔(vertical segregation)。

水平的职业性别区隔是指某一职业的性别构成明显地偏于男性或女性,国外有学者称其为"性别刻板化"(Gender stereotyping)(Fiona Jordan,1997)。很多案例证明,旅游业所提供的雇佣工作类型常常是有性别划分的。这具体表现在两方面:

第一,女性在旅游业的高就业率。例如,一案例研究调查普通民众对旅游业的看法时,曾问及被访者这样一个问题,"你认为在旅游业里就业最重要的因素是什么?"许多人都回答说年龄和性别是旅游业就业的两个重要因素。还有人甚至直言,青春、美貌、苗条、乖巧、活泼等潜台词其实隐藏在旅游企业招工条件明文规定的背后。也就是说,女性是受到旅游企业欢迎的。

第二,女性与男性从事的具体工作内容不同。有研究者宣称,旅游业中超过50%的男性从事专业的、管理的或监督管理的岗位,妇女则总是被安排在那些传统的女性领域里。例如,英国酒店业和食宿业里,女性主要从事那些能充分发挥和利用她们"天生具有的"家居技能和充满女性气质的工作,即普通职员、零售商店服务员、餐厅和酒店客房的服务员、厨房小工以及清洁工等,且这些工作常被认为是不稳定的、低报酬的和低层次的。相比之下,男性多从事行李搬运工、飞机或轮船乘务员等。

1986年3月24日,美国《华尔街日报》的《企业女性》专栏出现一个新词——"玻璃天花板"(the Glass Ceiling),用来描述女性试图晋升到企业或组织高层所面临的障碍。玻璃天花板现象的基本含义是,组织中的女性或少数族群顺着职业生涯发展阶梯慢慢往上攀升,当快要接近顶端时,自然而然就会感觉到一层看不见的障碍阻隔在她们上面,因此她们往往就只能爬到某一阶段而停止不前。这并非因为她们的能力或经验不够,或是不想要其职位,而是在针对女性和少数族群的职场升迁方面,组织或公司总是要设下某些障碍,这些障碍甚至有时看不到其存在[①]。

"玻璃天花板"现象用学术概念来界定就是垂直的职业性别区隔,即依据职位(或地位)、责任、收入等指标来排序,各级别的企业员工人数呈金字塔形,其中位于金字塔塔顶(意为高层管理者)的多为男性,塔底(意为中低层从业者或管理者)的多为女性。由于旅游业的复杂性和异质性,使得概括旅游业就业情况本身存在若干不合理性。为避免统计口径方面的可能争议,这里仅以餐饮业和酒店住宿业为论述对象,就可以发现,垂直的职业性别区隔十分显著,许多妇女从事的是处于底层的、季节性的、兼职的重复性劳动,且很少享有劳动福利,也很少有人能到升迁到最高管理层,或者那些报酬好的、有技术含量的岗位。有一针对接待业的调查数据表明,中层/较高级的职位里只有4%的妇女,而最高层职位上只有1%的女性。许多被调查的女性认为,目前该行业内部存在一个所谓平等机会的氛围。尽管女性员工占大多数,但管理层仍是男性掌控的天下,妇女多是被放置在一个没什么技术的领域,使得她们对经济的贡献也不大,同时经济报酬也偏低。

近年来,世界各国都将发展旅游业作为拯救各种不同类型的地方经济的一种万能药,使得妇女在旅游业里不容乐观的就业情况随之更加恶化。如今,已有不少学者批评旅游业能够带来大量的就业机会这一说法,认为该言论忽视了这些就业机会的本质和条件,宣称旅游业是"善待女性的"产业,其实是一句谎言。

(二)旅游文化的实质:性别歧视

面对旅游业内职业性别区隔之事实,不少旅游业管理者解释说是旅游业各类业务的特殊性需求所导致,并坚持认为保证足够数量和比例的年轻女性员工对于旅游企业来说至关重要,因为这会涉及公司的形象、提升旅游服务质量等。有位经理就这样说:

"女性更适合从事服务行业,因为她们有足够的耐心。她们是天生的护理者。"

[①] 玻璃天花板效应,互动百科网,址 http://www.hudong.com/wiki,2008年10月13日查阅。

另一位经理则表示,顾客更愿意与女性服务者打交道,因为她们很容易沟通。同时,女性更放松些,她们不像男人那样态度强硬。也有人甚至争辩道,正是因为该行业的工作充满魅力,才使得很多女性乐意接受那些恶劣的工作条件。其实,这些辩解的话目的在于将目前旅游业女性就业态势合理化,是在为该行业恶劣的劳动条件找借口。研究证明,旅游业里如此明显的职业性别区隔,特有的旅游文化起了很大的推动作用,并使其合法化。

一般地,旅游业是一个依靠通过形象创造幻想的产业,"放松"、"享受"、"舒适"、"柔软"、"浪漫"、"刺激"以及"愉快"等等词汇与它联系在一起,广告语也常常被设计为"包揽您梦想的人"、"逃离的提供者"等。而传统的性别差异将男性塑造成旅行者的形象,把女人塑造成旅游地东道主的形象。这种社会建构使得国家政府和旅游组织将妇女描述成服务之角色,女性服务员也就被或明或暗地当作吸引旅游者到访的诱因。简单地说,旅游企业可分为两种类型,一是个体性质的(或家族的)企业,二是多家股东参与的企业。调查显示,这两类旅游企业的文化都是致力于通过非正式的渠道和方法将性别主义合法化,阻止女性在工作中取得进步,并防止她们的各种变化。于是,在人们眼里,旅游业内的大部分工作适合于女人而不是男人。对妇女固有的女性气质和居家劳动技能的开发利用显得理所应当。对寻找工作的妇女来说,旅游业工作的充满魅力的形象有着特别的吸引力,常常能够补偿少得可怜的酬劳和有限的竞升机会。从这一点出发,现代旅游文化可以概括为"男性消费者—女性服务者"之关系式。当然,这里"男性消费者"应该进一步界定在"西方白人男性"身上。由男人掌握的权力控制和决策直接导致了旅游业里对女性的剥削(Richter and Enloe,1998)。

从女性主义观点看,现代社会旅游文化的实质是性别歧视,它使得人们对女性员工受到的不公正待遇熟视无睹,也使得旅游业里职业性别区隔状态有增无减。

(三)旅游企业内部的员工竞升体系

酒店、餐饮业以及旅行社等旅游机构常常通过内在化的、制度化的以及合理化的手段和方法实现职业性别区隔,有学者称其为"职业区隔的恶性循环"(vicious circles of job segregation)。其中,员工的竞升体系需要仔细研究。

很少有旅游企业具备正式的晋升程序和提升标准。缺乏结构化的过程使得员工晋升决策受到很多主观因素的影响和制约。绝大多数被调查机构都宣称自己的员工培训和晋升体系体现出任人唯贤的原则。然而,事实却是,一些女性被访者批评说,评估某个人的能力常受到诸如个性冲突和固有的女性气质之概念等因素的影响。缺乏正规化的员工晋升制度,以及在员工培训方面少得可怜的经济投入,似乎都破坏了某些女性职员的自信心。她们认为自己进入管理层的机会受制于该行业目前的晋升体系和制度。还有些女性也不大情愿去申请管理层的职位,因为她们认为自己并不能胜任。例如,一位女性主管这样说道:"一些妇女没有信心去申请主管岗位,因为她们没有接受过培训,同时所有的管理者都是男人。"这进一步造成行业内部男性掌控全局的态势变得更加合理化。没有正式的晋升程序,更加削弱了对那些性别化的组织结构进行有效控制。同时,缺乏具体的目标和检测体制使得目前这种不平等态势通过"组织的惯性"(Organizational inertia)得到再生产。

同时,无论哪一地方,只要有必要,旅游企业(公司)就会以各种方法证明现有管理框架和员工晋升体系的合理性,目的就是使现存雇佣结构以及相应的劳动力分配合理化。概言之,男人掌握的权力控制和决策直接导致了旅游业里对女性的剥削。

二、主客交往:性旅游

关于承认旅游与性之间存在关系,学者们都保持本能的沉默(Cohen,1982;Crick,1989;Hall,1991b)。即使有人宣称并没有多少事实能证明或否定妓女与旅游业之间存在着肯定的联系,但这种关系其实已有很长的历史了(Turner and Ash,1975)。正如迈阿密(Miami)已经成为罪恶的同义词一样,阳光,大海,沙滩和性已经与旅游度假地联系在一起了。

性旅游是旅游业中最令人关注和引起轰动效应的议题之一。西方学者所研究的性旅游,一般还是与来自西方的人(包括日本人)、常常是男性,以及到第三世界旅游等联系在一起。同时,他们关注最多的是东南亚(如泰国、菲律宾或韩国)的性旅游。

从定义上讲,性旅游是指:旅游的主要目的和动机是到目的地寻求商业性质的性愉悦和性关系。尽管不可能得到准确数据,但有人认为,独自一人从日本、美国、澳大利亚以及西欧等国到亚洲旅游的男性游客有70%～80%的人是为了性娱乐(sexual entertainment)(Gay,1985)。

学术界承认,研究性旅游是困难的。它主要有如下原因:

(1)旅游业妓女属于非法活动,且经常与犯罪联系在一起,很有可能使研究者和研究对象处于危险之中。妓院老板,犯罪黑帮,联合企业以及警察和政客们都希望研究对象隐蔽起来摆脱公众审视。

(2)缺乏一个普适的方法上的和哲学上的框架,用来解释由性别、生产的、再生产的以及关于性旅游的社会关系等构成的复杂网络。

(3)蔑视妓女这一现象的广泛传播抑制了学者行动,也阻止了被调查者的可靠性。

同时，人们还认为，由于旅游业妓女所具有的几个特点而使得分析性旅游变得更加复杂。这些特征有：

(1)临时妓女，依据经济需要，她们可能时而出卖色情，时而又不做此事。这可能被认为是不完全的商业化，她们与性伙伴之间的关系是本质模糊的(Cohen,1982)。

(2)妓女(尤其是电召女郎)是通过中间人来工作的，她们也常常在自己的住处接待旅游者。

(3)工作在妓院里作为抵押的妓女常常因为要偿还某个债务或减少租金等而被卖掉。她们其实是一种奴隶，其身体没有经过本人同意也能被当作商品而被买或卖。

(4)妓女常常在空间上、经济上和社会特征上介于当地人和旅游者之间，这一点经常被许多学者忘记，他们往往谴责所有的旅游业妓女。

(一)男性游客与主人社会妇女的关系

目前，东南亚是旅游者性旅游的主要目的地，如火如荼的国际旅游业也因此受到很多批评。依据不同的性别、文化和社会因素等，一个国家与另一个国家性旅游的本质变化很大。例如，Rogers1989年报道，泰国90%的童妓是女性，斯里兰卡则90%是男性，菲律宾有60%的童妓是年轻的男孩子。这里，我们主要依据男性游客与主人社会妇女(Mg－Fh)的关系来考虑问题，并不涉及色情行业里的男性服务者。

1.东南亚性旅游发展阶段

一般所说的东南亚性旅游，主要涉及泰国、菲律宾、越南、老挝乃至韩国等国家。这是该地区旅游业的尴尬之处。尽管政府一再回避，但旅游业是伴随着色情业发展起来的事实已经是公开的秘密。例如，泰国在拥有"微笑国度"之美誉的同时也被称为"亚洲妓院"。1957年，泰国有妓女2万人，到了1964年增至40万人，在20世纪80年代早期为50万到100万之间(Phongpaichit,1982;Taylor,1984等)。2002年，泰国各地共有280万人靠色情行业为生，其中大约80万人在18岁以下，提供色情服务的场所有6万个。2004年，从业人数已增加到近300万人，而实际数字可能要比统计数字高出许多[①]。研究表明，似乎没有其他哪一个国家能像泰国一样被旅游者将旅游动机如此明确地与性联系在一起(Cohen,1988)。至于韩国的kisaeng旅游(kisaeng tourism)，更是有增无减。最初，韩国人所说的kisaeng或kisaeng girl是指与日本的艺妓(geisha)一样从事相似社会功能的韩国女性。现在，该词在韩国是指那些专门面向日本游客提供性服务的女

---

① 人民网,http://world.people.com.cn/GB/3873601.html,2008年10月21日查。

人(Hall,转引自 Kinnaird,1995)。

韩国艺妓旅游主要有三种形式。一是修建艺妓场馆,在主要城市地区,面向游客服务。二是日本商人和游客在韩国旅游时,韩国艺妓陪伴同行。该行为被认为是与日本海外商业行为一体化的组成部分,或许与二战时期韩国妇女被迫做慰安妇有着暂时的相似性。三是韩国艺妓被出口到日本。1978年,尽管没有将大量的登记在册的性工作者计算在内,韩国也至少有十万名从事旅游服务的姑娘。根据 Gay1985 年的估计,韩国可能有 26 万妓女,她们中的绝大多数人都来自偏远的、处于该国经济生活边缘的乡村地区。

至于消费者,西方游客一直是东南亚色情业的常客。许多西方游客干脆就在这里安家,供养当地性伴侣,每年回来住上几个月再回去。近年来,亚洲游客也呈上升趋势,日本和韩国甚至组团到东南亚买春。2004 年 9 月,韩国《性买卖特别法》正式生效,韩国全部取缔全国 69 个"红灯区"。为躲避政府的审查,韩国人将"业务"转向了东南亚。部分韩国旅行社通过互联网推出赴海外买春的"嫖妓观光团",完全以买春为目的安排行程。旅行社可以让客人在韩国国内挑选外国女孩并预订。而日本旅行社早在上世纪 70 年代初期便开始以嫖妓为招牌,吸引男性顾客。这类嫖妓旅行团通称"妓旅团",专门到东南亚嫖妓。有一些出版社还出版图文并茂的买春手册。

根据诸多案例,西方学者认为东南亚性旅游可分为四个发展阶段(Hall,1991a):

第一阶段,土著妓女时期。她们包括沦为小妾(或非法同居的)的人,以及抵债的妓女。在这些父权家长制国家里,这些性关系为人们所接受。

第二阶段,经济殖民主义和军国主义时期。妓女成为统治的正式机制,也是满足占有者性需求的手段之一。例如,从朝鲜战争到越南战争结束,再到占领我国台湾,美国大兵实际上刺激了台北市 Shuang Cheng Street 中心地段的旅游业妓女的出现与发展。相似地,在菲律宾苏比克海军基地和克拉克空军基地,大约有 12000 名登记在册的和 8000 名未登记的舞女为美国军队提供性娱乐服务(Claire and Cottingham,1982:209),这种状况一直持续到两个基地被关闭。这一阶段里,当地政府和占领者认为土著妇女和男性占领者之间的性关系是合法行为。因此,也鼓励了那些主人地区依赖于将提供性服务作为他们家庭收入之一。

第三阶段,性关系的商业化。国际旅游者成为海外军人的补充消费人群。例如,直到菲律宾克拉克空军基地被关闭前,澳大利亚犯罪份子向位于该基地附近的 Angeles City 的性产业追加投资,其目的就是为美国现役军人和澳大利亚游客提供性服务。Bacon(1987)报道说,"澳大利亚人现在与该基地附近 500 家酒吧中的60%以上的酒吧和7000名妓女有着经济利益上的关系"。在第三阶段,性旅游已经成为一个正式机制,通过它,政府希望达到一个更远的国家经济目标。

第四阶段,即现在,东南亚大多数国家正在经历工业化过程。尽管许多地区经济物质水平都有了提高,旅游业妓女仍在广泛传播。

2. 政府的态度

性旅游是东南亚国际旅游的一个主要构成部分,被当地政府作为外汇的一种资源而既公开又隐蔽地鼓励着。例如,菲律宾妇女研究学会(the Philippine Women's Research Collective)1985年报道说,性旅游是该国第三大外汇来源。而韩国政府也在韩国妇女被商品化的过程中扮演了重要角色。韩国原有不平等的性别关系在日本殖民时期被强化,然后被政府通过各项政策有意识地维持下来,说白了就是政府为了国家经济目标在剥削妇女的身体。例如,20世纪80年代初,韩国政府面向性工作者开展了"定位工程"(orientation programme),即要求韩国艺妓只有在获得了从业证书后才能进入酒店工作。同时,妇女们被告知,对她们自己和国家来说,她们与外国游客之间的充满色情意味的交往对话行为并不是卖春,而是表达她们的英勇的爱国主义精神(Gay,1985:34)。而1988年的首尔奥运会,韩国政府向全世界展示出其现代化的正面形象、营销韩国的文化和自然吸引物的同时,仍然或明或暗地将韩国艺妓旅游作为吸引日本男性游客到该国旅游的一个主要因素而宣传。

近年来,韩国妇女团体(诸如韩国教堂妇女联合会等)一直将性旅游和二战期间日本军队的"慰安妇"放在一起讨论,试图使日本人的性旅游能引起人们关注,更希望能借此激发起人们反对日本性旅游的情绪(Hicks,1993)。妇女团体指出,政府针对韩国艺妓所进行的所谓"定位工程",其实是与二战期间日本人强迫十万韩国妇女组成"慰安妇"向日本军队提供性服务的行为相似(Yoyori,1977;Matsui,1987b)。她们说,"我们所能发现的唯一差异,是两个行为发生时所处环境的不同,一个是在日本人入侵的日子里,另一个是现在,在一个独立自主的国度里",其结果就是"将性行为从身体与精神的关系转变为主体——客体的关系,其中主人是购买者,客体是被出售的女性"。她们指出,这种通过出售我们的女性的肉体和灵魂、以获取外汇的性剥削不仅剥夺了韩国妇女的尊严,也是对全人类的公然侮辱。

然而,韩国政府似乎处于不想破坏韩国与日本之间的经济关系的痛苦之中,向妇女团体提供的支持少得可怜。现今韩国精英所主张的官僚主义和父权家长制的制度结构只能继续使现在的性别关系永远存在下去,这也使得韩国艺妓旅游得以存在和发展。当然,韩国官方近日有声明表示,自从2004年9月采取措施打击卖淫活动后,韩国妓院的数量已急剧下降,因此坚决抗议美国国会研究所在

2008年初发布的世界性旅游目的地国名录中把韩国列为其中[①]。

至于泰国的情形,有调查表明,泰国大约有3000名妓女携带艾滋病病毒,世界健康组织估计泰国感染的人数在4万5千人到5万人,相比之下,官方公布的数据是1万4千人。在清迈等旅游中心,体检结果表明,该地区每两个妓女中就有一人携带艾滋病病毒(Robinson,1989)。尽管政府对外宣称他们十分关注控制艾滋病,但是宣传性服务是泰国向游客进行市场营销的一个重要元素,泰国的旅游管理部门在报道该国引起艾滋病和其他性传播疾病的原因和后果时总是显得非常小心和谨慎(Corben,1990),也没有设法改变泰国性旅游目的地之形象,更没有向那些被迫以妓女行业维持生活的人提供其他经济和社会支持机制(Hall,1993)。例如,1989年,为了吸引更多的女性游客,同时也为了抵消泰国性旅游和艾滋病的形象,泰国旅游局主席和泰国公共卫生大臣特别策划了一个"女性到访泰国年"的运动(Ford and Koetsawang,1991)。他们这样解释自己的意图:

"我们希望那些她们的男人已到过泰国进行性旅游的国家的女性来我们泰国看一看。我们希望她们看到她们的男人是如何剥削那些未受过教育的妇女和儿童的。我们希望他们的女人来看看那些优秀的泰国女人,鼓励泰国女人起来反抗她们所遭受的野蛮行为和不尊重。更多的行动必须从泰国妇女自己开始,否则这个国家仍然被看作是这个世界的妓院"。

去泰国旅游的外国游客中超过2/3的人是单身男人。为阻止艾滋病的传播,泰国政府加强了对某些游客的强制体检,并在酒店和飞机场分发避孕套,提出"使妓女身体康复,使妓女有技能"等口号。同时,公共健康大臣还给妓院工作人员颁发健康卡,上面显示持有者的个人背景和包括艾滋病在内的性传播疾病方面的体检结果(Corben,1990)。结果,为期三个月的健康卡只不过是控制艾滋病的间接手段,对性旅游几乎起不到什么阻止作用。相反地,健康卡可能更加吸引游客去某一地区或某一妓院,同时也使得腐败行为的可能性增加(如给性产业的从业人员发放健康卡)。更令人吃惊的是,此活动开展不久,该大臣就遭到泰国某些旅游业成员的严厉批评,并由此引发一些冲突(Hail,1992)。

长期的健康问题,艾滋病和其他性传播疾病,以及性旅游的社会影响都是十分巨大的,它是泰国经济和社会发展的一个潜在的定时炸弹。为了对抗这个定时炸弹,泰国政府必须克服官员们的腐败行为,以及改变那些关于性和妇女地位的文化态度。完成这个任务并不容易,除非政府采取强硬的行动,否则,不仅泰国的旅游业将遭到重创,而且泰国的经济发展也会被破坏。

---

① 环球网,2008年10月21日查。

4. 东南亚性旅游的成因及实质

在世界各地都在打击性产业的今天,东南亚成了一个相对自由和安全的"天堂"。在东南亚,政府对色情行业基本持默许态度,因为这给国家带来了大量的外汇。在泰国,旅游业被称为"无烟"工业,很多华侨用谐音讽刺其为"屋檐"工业。另外,性服务相对低廉的价格也是吸引周边国家游客的重要原因[①]。

性旅游是东南亚旅游产业的重要组成部分。它的发展有一系列原因。

首先,东亚很多地区原有的性别关系是性旅游得以繁荣的基础。泰国的妇女长期处于从属地位,父权家长制的佛教文化使得阶级分层,并将妇女排斥在政治权力之外(Phongpaichit,1982;Thanh-Dam,1983;O'Malley,1988)。事实上,渗透到泰国社会的婆罗门教文化(Brahminical culture)的重要元素允许纳妾和一夫多妻变成合法的现象,并且已创造出一个现成的框架,在此框架下性旅游能够被政府和地方精英们所接受。二战期间,泰国、菲律宾等东南亚国家被美军设为海军休假基地,很多当地人被迫为美军提供性服务。二战后,性产业便在东南亚渐渐兴起,并为当地人所接受。东南亚各国许多政府都或明或暗地向旅游者传达这样一个信息:"我们顺从的姑娘们正在等着满足男性游客的需要。"上至国家决策管理层,下至企业老板甚至老百姓,东南亚部分国家容忍性旅游现象的存在,其实反映了那些主张性别等级的群体的意愿,并保证他们这种意愿的实现。

其次,战后的军国主义化,使得东南亚某些国家被纳入到世界经济一体化进程中,并为性旅游的发展提供了某种条件。东亚地区许多新近独立的国家对经济发展的渴望,使得它们将旅游业作为争取外汇收入的来源之一,原本就有的性别关系容许很多妇女被当作商品一样被买卖以达到经济目的。而新的国际劳动力分工,以及第一和第三世界的经济关系只能加剧这些国家原有的性别不平等。

再次,经济边缘化和种族不平等是引起妓女现象的原因之一。例如,泰国城市和乡村之间的差距继续加大,现实的生活水平持续低状态,现存的性别关系继续被军国主义国家所维持,绝大多数妓女不是中国的汉人(Han Chinese),而是泰国的玻利尼西亚人、马来人等土著居民,后者多居住在偏远的乡村地区(Sentfleben,1986),穷苦出身的姑娘们只能以其自然的物资来装备泰国的性产业。相似地,在菲律宾旅游者夜生活异常繁荣的地区,那些活跃在酒吧里的姑娘大多来自经济上处于边缘化的乡村地区,她们大多出生于低收入家庭(Wihtol,1982)。根据菲律宾妇女研究协会的报道,在马尼拉,这些姑娘几乎承担整个家庭近四分之一的生活费。

反过来,尽管东亚性旅游目前呈现出下降趋势,但在那些父权制国家里,现

---

① 人民网,http://world.people.com.cn/GB/3873601.html。

代社会的大众旅游中主人—客人之间本质的不平等只能加剧性别的不平等,性旅游也进一步深化了对妇女的剥削,并更加制度化。因此,有学者指出,虽说在旅游者到来之前,东南亚妓女已经明确存在了,但问题是,无论是旅游者是否来了,性旅游都依存于并进一步加剧了主人社会原有不平等的性别关系,它获得了该国政府和世界经济一体化的支持。

近年来,东南亚性旅游呈现下降趋势,但这主要是由于艾滋病的传播引起消费者的恐惧,而不是出于对性工作者的关怀,更不是性别关系和经济关系发生了深刻变化。实际上,旅游业仍将继续是该地区的一个重要产业。要想改变这种状态,必须在主人国家和国际旅游业里进行彻底的变革

概括地说,性旅游其实是东南亚地区结构性不平等的多样性表现之一。从国家内部而言,它是该国原有性别关系的必然表现和强化措施,从国际关系来看,它是不平等的特殊表现。

5. 关于性旅游的理论解释

许多研究者在性旅游方面都是聚焦于旅游者与妓女之间的关系,即人与人之间关系的动态变化,并特别考虑到权力问题。有关该问题的理论概念化目前主要有两个相互争论的视角,即,一部分学者认为妓女是性的受害者,这属于激进的女性主义;另一部分学者则可以归为女性主义的自由派,他们坚持认为妓女是被授权的性的行动者。

很多旅游研究文献是以激进的女性主义视角,责骂找妓女的男性消费者为剥削者和不正常的人。在研究性旅游对社会层面的政治和经济影响时,有学者采用马克思主义观点,认为这是女性身体的客体化和商品化。在给性旅游命名时,创造出"食客的天堂"("Parasite's Paradise")之词汇来描述性旅游者与妓女之间权利的不平等。在分析性旅游者的动机时,也有学者赞同 Robert Steller 的观点,指出"女性敌意"是男性性冲动的主要引发因素。而臭名昭著的性旅游,其消费者就是肮脏的男权至上的人的丑恶行为,是对女性的极大侮辱。若再考虑国际范围内各国政治、经济与文化的相互关系,则大众旅游语境下的性旅游就是一种罪恶的剥削和侵略行为。

Ryan(1999)在分析性旅游时表达出对女性主义自由派观点的支持。他说,剥削可能发生在性旅游中,但激进的女性主义学者可能没有考察很多其他方面的因素,诸如寻找认同等动机。Ryan 由此提出自己关于性旅游的模型,其中的关系是基于两个关键维度:自愿的/被剥削的(voluntary/exploited)和商业的/非商业的(commercial/noncommercial)。2000 年,Ryan 激烈地批评了激进女性主义将男性敌意(male hostility)解释为男性游客的主要动机。相反地,他相信男性旅游者在与妓女相互作用时,他们存在着多种非常不同的目的。而且他认为,与其

说是许多性工作者感觉到被剥削,倒不如说是她们有一种控制男性的权力的感觉。

(二)女性游客与当地男子的关系

如果把性旅游只界定在男性游客与主人社会里的妇女,那就大错特错了。因为还有一个重要现象,那就是其实还存在一个女性旅游者的性旅游市场。最近几年,人们发现有越来越多的北美/欧洲女性到南半球欠发达国家度假,并与当地的男性(一般指沙滩男孩,beach boys)发生性关系。牙买加,巴巴多斯岛(Barbados),厄瓜多尔,冈比亚以及希腊等,都可能成为这些女性游客的"快乐天堂"。与研究 Mg−Fh 之主客关系时不同,学者们在认识 Fg−Mh 时,陷入了一个怪圈。即他们在争论这种性关系究竟是出于爱还是商业目的。

例如,在研究牙买加的女性旅游者时,有人创造出"浪漫旅游"(romance tourism)这一术语,用来取代"性旅游"(Pruitt,1993)。他们选择此概念是因为基于他们的观察,似乎女性游客和当地男性都更愿意将彼此之间的关系定位为浪漫和求爱,而不是为了金钱和性。性关系的参与双方被看作是深深地陷入到彼此的爱情之中,并渴望发展成一个长期的关系。女性总是感到她被这些男人真正的需要和爱恋,男人们则宣称他们的爱情是如此炽热。

当然,也有学者强烈反对浪漫旅游的概念(de Albuquerque,1998),认为绝大多数女性游客想得到偶遇的性爱而不是什么浪漫,那些爱上当地男人的游客毕竟是少数,大多数的关系还是卖淫。同时,还有人指出,女性游客通过将他们的关系树立成浪漫而不是性,其实是在迷惑她们自己。与男性性旅游者如出一辙,这些女性是在利用自己的经济权利去接近和剥削第三世界的同伴。

2001年,艾德乌德·贺尔里奇(Edward Herold)等选择位于多米尼加共和国北海岸的一个沙滩度假地,通过访谈等方法,详细地调查了沙滩男孩和他们的女伴——来自于加拿大、澳大利亚以及意大利的白人女性游客,并对比分析了当地从事性服务的姑娘,希望探究 Mg−Fh 和 Fg−Mh 究竟存在哪些不同,以及如何定义性旅游。询问的问题是依据沙滩男孩和女性性工作者的某些特征来设计的,它包括动机、性感受、诱惑、获得的报酬、与伙伴的长期关系等。最后,研究者利用扎根理论分析访谈获得的资料。研究发现主要有以下几方面(Herold,2001):

第一,总体特征。

沙滩男孩一般很年轻且体形很好。他们多从事导游、饭店服务员、酒吧男招待等容易与游客接触的工作,这为他们提供了一个接近女性游客的合法的理由,且很容易与后者进行社会接触。牙买加所有这些沙滩男孩都是黑人,并认为肤色不同对游客来说格外具有吸引力,给对方以异国情调的体验。相比之下,该沙滩度假地的女性性工作者没有什么其他职业，她们完全依靠这种工作生活。她们在语言方面也不像那些沙滩男孩那样多才多能，几乎一半的人只能听懂少量英语和很少的法语。由于多米尼加流行双重的性标准，比起那些沙滩男孩来说，这些女性性工作者受到当地人更加强烈的污蔑。多数沙滩男孩是当地人，但几乎所有的女性性工作者来自于多米尼加共和国其他地方。同时，沙滩男孩对于让其家人知道他所从事的工作并不尴尬，但大多数女性性工作者却试图向自己的家人隐瞒那些事。因为人们的流言，这些女性性工作者更喜欢不在公共场合被人看见与她的顾客在一起，沙滩男孩却乐于在任何场合里被人看到自己与女性游客呆在一起。另外，几乎所有的女性性工作者同时也为当地人提供服务，他们支付的钱要比男性游客少。而沙滩男孩只接受女性游客的钱。他们中的大多数人也同时与当地妇女保持性关系，其中一些人还属于合法关系。

第二，从业动机。

对某些沙滩男孩、特别是年轻的来说，满足旅游者的性征服是一个主要动机。但更多的沙滩男孩认为自己与女性游客接触的主要动机是经济。这可能包括那些物质目的，如得到免费的午餐和娱乐活动，驾驶租来的时髦的小汽车、购买新衣服或者珠宝等。再好一点，他们可能得到一笔钱去买一架摩托车或做一个小生意。交往时间更长的，则可能是去北美或欧洲旅行一趟，或者通过婚姻得以在这些地区居住或生活。

根据女性游客与沙滩男孩交往的动机，她们可以分为几种类型。

(1)大多数第一次到访的女性游客并没有预先期望自己会与当地男人有什么关系。后来变得有关系的，大多数人也认为主要是出于浪漫而不是性欲。这一群体可称为"第一次的浪漫旅游者"。

(2)她们中的少数人怀有期望、并集中于性欲求，这类女性游客可称为"第一次的性旅游者"。一般地，这些妇女已经从其他到过多米尼加的女性性旅游者那里听说了这类体验，这促使她们前往该地度假。

(3)那些去过多米尼加、并与当地沙滩男孩有过一种浪漫关系的女性游客中，很多人会重游多米尼加，原因是她们想继续保持这种关系。这组人群可称为"浪漫的重游者"。

(4)还有少数重游者的目的是希望最大化她们的性快乐。这一群体中的许多人希望与那个她们想与之更多时间在一起的伴侣有性关系。这一群体称为"忠实的性旅游者"。另一些人则希望与几个伙伴有临时的性关系，可称为"冒险的性旅游者"。

无论旅游者是否已经预期，种族划分都在他们与当地男人交往过程中起到重要作用。比起那些从安大略湖来的英国游客来，许多从魁北克来的法国男性和女性旅游者都说他们在来之前对种族区隔已有预期想法。同时，女性游客对种族区隔的预期要胜于男性游客。一位女性游客说，"我发现与当地人发生性关系是一件吸引人的事，因为我想在一次度假里发生一些特别的事。"这些有着性动机的妇女比那些男人更注重多米尼加男人的性技巧。

与多米尼加的女性游客相反，大多数与当地妇女发生性关系的男性游客有着临时的性伙伴，典型的是持续一小时或最多一晚上。不像那些女性游客，多数男性并不参加另外某些旅游活动，如与他的性伙伴观光游览。尽管有一些男人与性伙伴发展了长期的情爱关系，但大多数人对此不感兴趣。女性性工作者的动机就是挣钱。不像那些沙滩男孩，他们不期望能够嫁给某一个游客或移居获得一个较高的生活层次。

应该说明一点，Edward Herold 等研究发现，被访的女性游客和沙滩男孩都认为，大多数女性游客不会与一个沙滩男孩因为性关系而变得更加亲密。

第三，保持长期关系。

所有的沙滩男孩有一个或更多个朋友，他们承认被女性游客情人资助已经移居国外。每年都有许多前沙滩男孩回访多米尼加。他们的成功和富裕给沙滩男孩树立了希望移民以改变贫困的榜样。许多沙滩男孩希望有一个游客会与他们结婚，这样他们就可以移民到加拿大或欧洲国家。有时，这种浪漫关系会维持到游客离开这个岛之后，那些妇女会写信（包括寄钱）给他们。有些妇女还会提供机票让沙滩男孩到自己居住的城市（如多伦多或蒙特利尔）游玩。相反地，很少有男性游客愿意与当地女性性服务者保持除短期性关系之外的其他关系。他们中也很少有人能够为这些土著姑娘提供什么除金钱之外的帮助。对他们而言，为得到的服务支付金钱就足够了，仅此而已。

第四，种族问题与剥削。

沙滩男孩和女性游客都认为，在考虑女性游客与沙滩男孩的性关系时，种族划分是一个重要变量。研究发现，来自于加拿大法语地区的女性游客比其他地区的女性更倾向于与沙滩男孩发生性关系。加拿大有关性方面的研究也提出更多这种证据（Barrett，King 等 1997）。可以看出，加拿大法语地区对临时性关系，婚姻之外的性关系，以及妓女等现象有更大的允许程度。即，比起其他种族群体来，来自于加拿大法语地区的妇女比其他妇女更乐于与沙滩男孩发生性关系。同时，调查也表明，这些女性游客里很少有来自美国的白人妇女，因为美国妇女对种族问题显得更为谨慎和敏感，她们一般较排斥与黑人发生性关系。

曾有学者提出（Connell Davidson，1998），性旅游活动中，西方女性游客与男性游客一样都对当地人进行了某种剥削。而 Edward Herold 认为，在多米尼加，女性游客不是很具有剥削意味的。实际上，她们是在双方意愿之下建立浪漫关系。同样,沙滩男孩也没感觉到他们被剥削,相反地,他们相信,他们中的大多数人控制着这种关系。尽管女性游客有更大的经济权力,但沙滩男孩运用策略操纵这些女性游客并从中得到好处,如获得经济报酬。

基于以上分析,Edward Herold 等得出自己的结论。他们认为,所谓"浪漫旅游"或"性旅游"这两种说法其实都简化了女性游客与沙滩男孩之间的关系。女性游客与当地男人发生性关系的动机是非常复杂的。在有些情况下,她们可能是出于浪漫,有些情况下是由于性,再有些情况下,爱和性可能都被同样强调了。另外,还存在一些女性游客,她们与沙滩男孩交往的焦点是友谊,而不是什么爱或性。因此,或许还有一个新概念,即"友谊旅游"。

更重要的是,Edward Herold 等坚持,从浪漫旅游的动机到性旅游的动机是一个连续体,而不是截然不同的类型,它可以被应用到女性游客和男性游客中,不能将所有的男人都归置到某一类型中,也不能将所有的女人都归置到另一类型中。多数女性游客是属于浪漫旅游的,多数男性游客是属于性旅游的。也就是说,在性态度和性行为上,男人更喜欢偶然的性行为和更多的性伙伴,女人更希望在情人关系下发生性行为。

(三)性别化的目的地

当新文化地理学和女性主义地理学开始向休闲与旅游研究渗透时,人们越来越倾向于把空间和地方作为一种社会文化建构过程来考察,而不是过去的那种单纯的自然地理区位之观点。景观被认为是一种被构建的社会空间,性别则是剖析构建过程时不能忽视的视角之一。有学者因此提出"性别化的空间"(gendered space)之概念(Anderson,1996;Duncan,1996)。旅游目的地显然是一个被构建的空间。探究构建主体、构建方式、构建过程以及构建的结果,围绕性别与权力进行探讨显得十分必要。许多研究旅游动机的人都没有注意到旅游广告是理想的研究对象,我们完全可以从旅游广告传递的信息去反推旅游者的动机和消费偏好。旅游业承认自己出售的是享乐主义,而性是人们旅行的最古老的动机之一,性甚至构成旅游体验的一部分,不少游客期望旅行中能有那么几次令他们回味无穷的艳遇。研究证明,旅游广告和营销文本的确是在对目的地实施"性别化的再现",即,这些貌似委婉动人、充满煽动性的旅游广告一直都在不遗余力地面向旅游者塑造或者男性味十足、或者女性味十足的目的地形象,以期望迎合或挑逗起游客的性欲望进而出游。具体而言,性别化的目的地主要是指目的地形象总是被旅游广告设计为两类——女性化的和男性化的。经过导游手册的反复表征,旅游者被模式化地界定为白种人的、西方的、异性恋的男人,他们是主动的、拥有权力的人;而目的地则被界定为有色人种的、异国情调的、性感的女人,她们是被动的、可获得的、被体验的对象。

非洲、加勒比地区、太平洋地区以及东南亚等目前是国际旅游者热捧的旅游目的地。它们或者属于所谓的第三世界国家，或者曾经沦为殖民地。纵览关于这些国家和地区的旅游广告，会发现它们都无一例外地被贴上女性味十足的、充满性诱惑等之类的标签。例如，最近，诸如泰国航空公司，新加坡航空公司和中华太平洋公司等东南亚部分航空公司都不约而同地将亚洲妇女描述成为"顺从的"、"纯洁的"、"温柔的"。其中，新加坡航空公司的广告词更为直接和露骨——"新加坡姑娘：您的一次非凡旅行"。显然，这些色情意味十足的广告词和地方神话将极大满足男性游客的幻想。刻板的性别主义只能进一步强化现有的社会分层系统。在这些发展中国家，旅游者是白色人种，服务人员是有色或黑色人种，服务的本质或许就被解释为有奴卑意味。

相反地，另一部分目的地却被塑造成充满男人味的形象。例如，加拿大在游客心目中是"适于探险的"、"野性的"、"体验大自然力量"等之目的地形象（masculinity and patriarchy）。又如，苏格兰中部的斯特灵郡（位于苏格兰，该郡首府也称为斯特灵市）以历史文化遗产著称，每年吸引着大量的西方游客。它的旅游广告都围绕同一主题设计：这是充满男性气质的地方。

无论是女性化还是男性化，目的地的性别化都反映了一个重要事实，即旅游营销文本和行动始终由男性霸权意识所掌控。所有的符号、地方神话以及幻想等，都是面向男性并极力满足男性的凝视需求。分析造成目的地形象如此性别化的原因，形象构建机构（即旅游广告公司等从事市场营销工作的群体）两个引人注目的特征就不得不提及了。第一，世界范围内目前引领广告业发展态势的大型广告公司都位于西方大都市的中心地区。更确切地说，全球目前十个最顶级的广告公司中有七家都集中在美国。他们所宣扬的美国意识极大影响着或左右着世界旅游营销文本的话语特征。现代社会里性别化、色情化的旅游景观其实是西方空间观的体现。第二，长久以来，针对广告制作和市场营销行为与过程的学术研究工作竟然一直很少受到学者重视。

三、主人社会的文化变迁

大量的人群从一个地方向另一个地方进行空间移动，预想着"发现新东西"，这些行为对主人社会的社会文化各个方面都会产生深远的影响。一些人甚至鼓吹第三世界国家可以凭借旅游业，跨越正常的工业经济增长阶段而直接从农业社会状态发展到以服务业为主体的状态。出于对旅游业这些令人兴奋的正面形象的信任，很多发展中国家在没有进行足够的可行性分析的情况下就开始发展起旅游业，他们甚至也没有仔细考虑机会成本。同时，这些国家也没有做好规划使得旅游业能够综合到全国发展体系里。

（一）文化的商业化

由于追求独一无二性，旅游者常常寻求那些传统的"他者"。于是，有些地方就将某些传统包装后（或使之商业化）向旅游者营销，那些传统就成为"他者"和旅游吸引物。这一过程是与社会性别、阶级以及种族等问题纠结在一起的。例如，在巴拿马的库纳族（Kuna）自治地区，妇女从事一种传统的织布手工艺品"摩拉布"（mola artwork）生产，然后，除少量"摩拉布"工艺品由妇女在当地市场上直接兜售给旅游者外，其他大量的"摩拉布"都主要由男人们负责在城市里批发。同时，无论男人还是女人，他们始终都保持着适于旅游者凝视和市场营销的种族形象，以保证生意能够尽量长久地进行下去。对比 Kuna 地区过去的性别关系就会发现，发展旅游业以后，女性经常外出到市场做小生意而不总是呆在家里，给家里带来了更多的收入，自身也获得了某些经济上的独立，甚至个别家庭还出现"女主外、男主内"的家庭分工，令传统的地方文化有了微妙的变化。

当然，Kuna 妇女因为旅游开发所获得的权力还是少得可怜的，她们仍然而且必须保持着"他者的充满异国情调的女性形象"。否则，不仅她们的丈夫不允许，社会不允许，就是她们自己也是不允许的，更不用说旅游者不允许了。原有的性别角色、原有的地方文化是 mola 贸易存在和发展的基础，也是 Kuna 旅游业的"生命线"，无法遏制它们不发生某些变化，但不能任其变化到失去旅游者凝视价值的程度。

无独有偶。在中国，政府经常以身着传统民族服饰的撒尼族妇女异国情调的旅游形象来进行民族旅游营销。一些撒尼妇女也从事民族手工艺品的生产，并且在城镇以及附近城市里兜售这些手工艺品；撒尼男子则受雇于旅游服务业以支持妇女在家从事手工艺品的生产。另外，巴厘岛的舞蹈、宾夕法尼亚州阿米什人纯手工缝制的拼贴被褥（Amish quilts）、南太平洋萨摩亚群岛（Samoa）的塔帕纤维布（tapa，一种用树皮制成的布）等等也与"摩拉布"贸易相似。旅游业被认为可能是帮助欠发达地区走向现代化的新途径。由于男性和女性在出售传统文化方面扮演着不同的角色，使得彼此的关系有了某些改变，为当地沉闷的性别歧视带来少许清新空气。然而，旅游是一把双刃剑，对于它最终能把主人社会带到何处，人们并不敢盲目乐观。

（二）价值观念的改变

人们认为，主/客关系导致价值观念的相互转化，即东道主接纳旅游者的价值观，互惠地，旅游者也认同东道主的文化。二者交换的程度取决于主人与客人之间相互作用的本质如何。这又依赖于游客类型，旅游活动的方式，东道主与游客接触的程度，以及主人社会根本的意识形态和它的旅游业的结构特征。例如墨西哥的瓦亚塔港（Puerto Vallarta），自从旅游业在当地兴起后，妇女们得到很多机会去接触外来游客,包括女性游客。随着两个处于不同社会文化与经济背景下的妇女群体的不断交流和沟通,特别是当地妇女接触到那些有着自立和自我依赖之特征的女性游客时,她们出现了自我觉醒意识,开始对自己、以及自己与丈夫的关系等问题进行思考,对妇女的价值和潜在地位也有了新的认识。而在希腊,妇女通过合作企业机构涉入旅游活动中,颠覆了诸如丑陋的干瘪老太婆、身穿黑衣住在贫困的乡村农舍里等希腊妇女固有的形象,而且也由此形成主人和客人之间的新型关系。

价值观可以体现在日常生活的许多方面。消费理念及行为就是其中一个重要领域。纵观全世界,酒是男女性别差异的一个非常显著的指标。通过空间和其他社会制裁措施对女性饮酒进行限制在许多文化中都有表现,且已存在了几千年的历史。同时,男人和女人饮酒方式的变化被证明是文化变迁或现代化过程的一个指示剂。例如,有研究表明,对比那些移民到美国的墨西哥女性以及她们的后代,发现她们饮酒的数量和频率一代代地见长,反映出她们的后代越来越融入到美国社会中。酒消费是旅游业的一个显著特征,当代旅游的许多方式都与酒消费联系在一起,有时还是大量的。诸多案例表明,旅游的确影响着男人和女人的酒消费行为。下面,将介绍一个关于希腊的研究案例。

希腊的性别关系可以通过饮酒方式生动地反映出来(Darner,1988;Gefou-Madianou,1992;Papataxiarchis,1991)。如同地中海地区的某些国家一样,在希腊,人们也区隔出男女不同的饮酒空间,若女性在那里饮酒,将遭致人们的蔑视(Cowan 1991;Papataxiarchis 1991)。以制造彩色毛毯而闻名的阿克华(Arachova)是位于希腊帕纳索斯山脉的一个小镇。啤酒、葡萄酒和蒸馏型饮料在希腊有着悠久历史,可以追溯到青铜时代甚至更早一些,葡萄酒融入到该国生活的各个方面,包括一些特别事件中。阿克华社区也有葡萄酒消费的传统,但其饮用方式有所改变。这些变化与旅游业、特别是国内旅游发展有着清晰的联系。我们来看Arachova 酒消费变化的三个阶段。

第一阶段(20 世纪 60 年代之前),当地人的饮酒行为没有受到旅游者的严重影响。男人饮用当地自产的葡萄酒和齐普罗酒(tsipouro,希腊产的一种酒精含量高的酒),妇女们则能在家庭或节日庆典里适度地喝些葡萄酒。至于除葡萄酒之外的其他酒精型饮料,最基本的差异是女性会饮更甜的,男性会饮更干烈、更苦涩的(Cowan,1990)。或许,饮酒方面性别差异间最重要的特征是:相比起男性偶尔表现出来的对酒的迷恋和陶醉而言,女性很少允许自己喝酒。

第二阶段(1960 年至 1980 年),外来游客的饮酒行为影响了当地男性对啤酒消费的态度。

二战后,准确地说是 20 世纪 60 年代,由于雅典(Athens)通往特尔斐(Delphi)的公路(途中必经阿克华)的建成,使得阿克华的国外游客数量呈现稳步增长。1986年的官方统计数据表明,一百万到访特尔斐的游客中有超过一半的人是经由阿克华的。这些外国游客多是来自于英国、东欧和北美的高社会阶层的、受过良好教育的人。而在夏季,特尔斐的游客多是从上述国家来的青年游客。这些外国人的饮酒行为影响了当地男人的饮酒方式。当地男人开始越来越喜欢在酒馆和咖啡厅里喝啤酒,而啤酒过去主要是卖给外国游客的,啤酒甚至变成阿克华的男人们正餐的一种常见的陪伴物,尤其对那些从事野外工作的男人(如建筑工人),啤酒被推崇为夏季炎热月份里较为合适的独特饮料。阿克华的酒消费特征能够反映出希腊其他地方的情形。在1961至1990年期间,希腊人均消费啤酒量已从每人5.3升上升到39.8升;人均消费葡萄酒量从41.9升下降到32.6升。

由于人们在度假时常常作出他们在家里从来都不作的行为(Graburn 1989),因此使得主人社会的人对到访游客的家乡文化之特质存在一种歪曲认识,包括游客在饮酒方面的夸张行为,以及男人与女人之间的相互作用。

与此同时,国际旅游并没有改变该社区深刻的性别区隔,也没有给当地妇女喝酒带来多少社会接受机会。当地一位30多岁的妇女认为等她长大后,啤酒在某种程度上被认为是非女性的;当被问及如果她看到某一超过50岁的女人喝啤酒会怎样时,她笑道:"我不能想象这种事情,绝对不能!"

第三阶段(1980年以后),随着国内旅游的发展、酒吧数量的增加,以及迪斯科舞厅面向当地滑雪的居民开放,当地开始逐渐放宽了过去对妇女饮酒的限制,使得年轻女性获得更多的接近酒消费的机会而不会受到他人的蔑视。然而,当地青年女性在公共场合饮酒时仍然十分小心地避免被旁人看见。显然,Arachova青年女性表面化的自由背后还是被非正式的、强有力的社会力量所控制。

概言之,旅游业的大力发展使阿克华两性的酒消费模式发生着深刻变化,也使得该地区原有的性别等级发生着切实转变。例如,1980年代阿克华选举出第一个女市长。而且,在当地妇女俱乐部里,女性主义议题成为一个有规律的讨论意向。当然,传统的性别领域的意识形态仍然强大地影响着当地社会文化生活,包括区分与性别相适应的行为模式。另外,该案例研究还有一个重要结论,即有时国内旅游比国际旅游能引起更大的社会变迁。或许,这个结论对当代中国有一定借鉴意义。

(三)家庭结构的改变

旅游对东道主的家庭结构是有一定影响的,其影响程度取决于旅游开发类型和传统的家庭结构类型。而家庭结构改变的实质是家庭成员的权力变化,也反映出家庭单元所发生的"现代化"过程。

例如,在希腊的克里特岛,由于大众旅游,乡村家庭结构在规模上发生了变化(如家庭成员数量缩小),妇女获得了更多的独立性。又如希腊的农业旅游。希腊的农业旅游摸索出自己的一条发展思路,简单地说,就是建立希腊妇女合作社(women's cooperatives)。希腊的妇女合作社提供住宿和早餐,有传统风格的标准间,以及家庭制作的传统早餐、点心和手工艺品等。同时,妇女合作社还可以接待研讨会和会议旅游,为游客提供传统的农业和生态活动。显然,这只是表面现象。深入分析发现,希腊的妇女合作社之所以成功,重要的策略有两点。第一,以家庭为单元;第二,女人承担核心工作。通常,在希腊的家庭农场里,乡村妇女属于不拿薪水的工人。而在妇女合作社,由于完全是女性唱主角,她们固有的特征诸如好客习俗、富有爱心和诚心等都十分有助于游客信任她、接受她。可以说,是女人负责向游客提供体验乡村的真实产品,妇女也因此能够给家庭带来更多的收入,为自己创造一个经济独立的手段,增强了她们的自信心和在社区里的社会地位。不仅如此,妇女合作社的成功运作也使人们认识到妇女在乡村生活的经济和社会方面的重要作用(Iakovidou,1992)。劳动力的性别化的强化并不总是被解释为悲观的意义。女性通过妇女合作社的发展获得挣钱的机会。这些工作使得女性得到更多的独立性,一改传统的家务劳动而进入公共领域。

当然,旅游业的发展,不仅使女性地位有变化,也造成男子在其家庭中地位的改变。例如,在墨西哥,有研究发现,在那些容易获得旅游就业机会的地区,妇女成为一家之主的家庭越来越多。妇女获得了经济自主,因而也就有能力控制自己的家庭环境。而关于冈比亚的案例研究表明,随着旅游业的发展,由于在游客和他们家庭之间扮演了"文化掮客"的角色,传统家庭结构里的青年男子获得了更高的家庭地位和经济自主性。到访村落家庭,提高了旅游者在冈比亚度假的真实性体验,与此同时,也为青年男子和他们的家庭带来了经济利益。相似地,在肯尼亚,青年男子获得旅游服务机构的正式或非正式的就业机会后,经济独立性明显增强,促使家里年长的男子主动将某些管理、掌控家庭行使的权力转让给他们,由此影响了整个社区的政治结构和社会地位系统(Harrison,1992)。

(四)理论解释

旅游业的确可以一定程度地改变传统的性别关系,但是,旅游业不可能使两性关系发生根本性的颠覆。通过以下理论的回顾,或许可以加深我们对这一结论的理解。

首先,在社会学传统框架下,公私领域的分野和男女角色的分离形成了传统社会学家关于社会、劳动分工以及家庭的意识形态,规定了社会学研究中男性及男性活动的相关领域如国家、市场等一向被视为是公共领域而赋予重要性,女性及女性相关领域如家庭、情感等被视为私人领域而遭轻视。帕森斯结构功能学说的主张——"核心家庭中男人的工具性角色和女人的表意性角色分工能最大限度地满足工业社会的需求",也深刻影响了社会学对家庭和劳动力市场的解读。

在经济学领域,以新古典经济学为代表的"现代经济学"一直是在运用数学和实证主义的分析方法以追求所谓价值无涉、情境独立的客观性。同时,它坚持公共领域/私人领域两分法。马克思主义学者从经济理论出发,认为由男性所从事的生产性劳动(productive labor)可以带来交换价值和剩余价值,由女性所从事的再生产活动则属于非生产性劳动(unproductive labor),不能产生交换价值和剩余价值,因此女性的劳动在价值上比男性所从事的生产性劳动低。恩格斯在《家庭、私有制和国家的起源》一书中,认为私有制和阶级是性别压迫的根源,家庭是约束、压迫妇女的机制。女性似乎是工业社会中的"劳动后备军",在经济扩张时被推入劳动市场,不景气时又被排除在外。她们所从事的多半是无技术的廉价劳动,正如女性在家庭中的劳动一样,没有经济报酬或者报酬极其低微。劳动的性别分工已经成为一种制度性的东西,造成了男女在职业上的分隔。这种分隔既产生于传统的性别意识形态,又恰好满足了资本主义体系对劳动力的不同需求。

由贝克尔和舒尔茨等人创立并发展起来的"新家庭经济学"认为,家庭中利他主义的男性居于主导地位,其他自利的成员(包括妇女、儿童和老人)则依附于男性,服从男性的效用函数,也就是服从家庭整体的效用函数。同时,新家庭经济学将国际贸易中的比较优势理论应用于家庭经济分析,认为妇女在家庭工作的生产率方面具有先天优势,妇女从事家庭劳动的机会成本很低,因此女性和男性在家庭和市场上的分工是效率最高的一种社会分工方式。最近20年来,还有一部分经济学家将博弈论应用于家庭的经济分析中,把男女双方置于平等的博弈位置上,用合作和非合作模型的方法分析了家庭中的合作行为,认为男女双方的合作是长期重复博弈的结果。

20世纪末,力图改变作为一个整体的女性"在传统经济学体系中成为边缘、他者甚至是无形的"这一局面,女性主义经济学终于逐渐形成了包括概念、方法以及研究对象等在内的一整套理论体系与框架,并着重对家庭、劳动力市场、教育等现实问题重新进行阐释和政策建议。对上述三类家庭经济理论,女性主义作出自己的评论:

(1)公共领域/私人领域的两分法使得主流经济学用整体观和简化论对家庭作了"质点化"处理。马克思的家庭理论是以阶级分析代替了性别分析,忽略了家庭内存在的剥削,而新古典经济学的"黑箱"家庭观缺乏性别角度的分析,缺乏对家庭内部物质资源和时间在不同性别家庭成员间的不平等分配、家庭成员间的博弈与合作等问题与矛盾的解读。这导致其从基本假设、研究主题到研究方法都体现了一种男性中心主义的思想。

（2）贝克尔的新家庭经济学揭示了家庭关系的父权制基础、妇女的依附地位和家庭中的利他主义行为。但贝克尔关于男性主导地位的假设，只有在男性控制了足够多家庭收入的条件下才能成立，现实中这样的情况则非常少见。同时，贝克尔认为家庭决策只取决于家庭收入，这其实是忽略了外部因素对家庭内部决策的影响。另外，性别是一种社会建构，贝克尔用比较优势理论解释家庭内部分工，只是将市场中的分工方式机械地移植到了家庭中。因此可以说，贝克尔的家庭分析仍然带有浓烈男性中心主义思维，忽略了家务劳动和再生产行为等对市场领域和公共领域的支持性行为所应该具有的价值。

（3）博弈论坚持方法论的个人主义，用男女双方对称的地位取代了比较优势假说，对家庭消费支出、劳动力供给、婚姻不平等等现象都能作出较好的解释。但是，博弈论方法最大的缺陷是忽略了性别分析。同时，博弈模型的假设前提尤为严格，如参与者只能有两方，孩子作为家庭的重要一员被忽略了；过于强调交易结果忽视了对交易协商过程的分析；过分注重定量研究中的数学模型，它无法容纳许多定性的数据分析，这就缩小了其解释范围。

关于家庭理论，女性主义经济学家提出了新的分析方法和见解，比较有代表性的是 A.K.森（Amartya K. Sen）和 B. 阿加瓦尔（Bina Agarwal）提出的"协作性冲突分析法"（cooperative conflicts approach）。这种方法吸收了博弈论中合作交易的某些思想，如合作会使交易双方获益，对合作收益的分配取决于交易各方的"威胁"或"退出"。其创新之处在于，更多地采用了定性分析而非数学模型，细致地剖析了以往家庭理论忽略了的影响家庭交易结局的因素，如儿童、外部共同体、社会性别的历史发展过程和意识形态等。同时，女性主义还驳斥了传统社会学中将"工作"仅仅局限于劳动力市场上以男性为主所从事的有酬劳动的狭隘定义，指出这是以中产阶级的核心家庭模式为标准。她们认为，女性在家庭内所从事的繁重的家务劳动不应该被排除在"工作"范围之外。女性主义还质疑那种将生育孩子、行使母职简单地视为女性的"天性"或"本能"的说法，认为母性并不是出于女性的所谓生物本能，而是社会建构的角色要求。

那些正从农业社会转向制造业甚或服务业的发展中国家和地区，服务业常常被人们从积极的角度来认识，不平等现象很少得到关注和表达，特别是考虑到妇女时。最近20年来，我们已经变得越来越关注旅游那貌似单纯的鼓励人心背后的实质。从以上理论分析可以看出，这些地方究竟市场化、现代化到何种程度，究竟妇女地位能改善到何种程度，主客之间从未停止过谈判和协商，可能最终还是旅游者具有更大的决定权。从这一意义看，人们谴责当今世界的所谓国际旅游是有一定道理的，毕竟旅游业已多次显示出它不道德、不伦理的事实。

进一步阅读

王逢振著(2001). 性别政治. 天津:天津社会科学院出版社.

王政,杜芳琴主编(1998). 社会性别研究选译. 北京:生活·读书·新知三联书店.

Eric Cohen 著. 巫宁,马聪玲,陈立平主译(2007). 旅游社会学纵论. 天津:南开大学出版社.

Pamela Abbott,Claire Wallace 著. 俞智敏等译(1996). 女性主义观点的社会学. 台北:巨流图书公司.

Vivan Kinnaird & Derek Hall(1995). Tourism:A Gender Analysis. John and Wiley & Sons Ltd. England.

思考题

1. 请给出一个性别化旅游者的社会学定义。
2. 中国是否存在旅游目的地性别化之现象?其内在原因是什么?

参考文献

安东尼·吉登斯著(2003). 赵旭东,齐心,王兵等译. 社会学(第4版)北京:北京大学出版社.

白志红(2003). 对二元论的挑战——跨文化妇女地位研究. 云南社会科学,(5):74~78.

C. 赖特·米尔斯著. 陈强,张永强译(2005). 上海:生活·读书·新知三联书店.

丁娟(2006). 社会参与:女性发展的一个全球性薄弱环节. 浙江学刊,(4):199~204.

丁雨莲,陆林(2006). 女性旅游研究进展. 人文地理,2:55~59.

范向丽,郑向敏(2007). 女性旅游者研究综述. 旅游学刊,22(3):76~83.

菲利普·科特勒,洪瑞云,梁绍明等著. 郭国庆,成栋,王晓东等(译)(1997). 市场营销管理. 北京:中国人民大学出版社.

葛尔·罗宾著. 李银河译(2003). 酷儿理论(李银河文集). 北京:文化艺术出版社.

宫斐. 女性旅游购物研究述评(2007). 桂林旅游高等专科学校学报,18(1):120~124.

何平,吴风(2005). "超级女声"与性别政治——西方马克思主义女性主义视角.南开学报(哲学社会科学版),5:47~53.

侯越(2005).日本海外旅游的发展趋势与来京旅游的构成特征研究.北京第二外国语学院学报,5:97~102.

胡传荣(2005).权力•安全•女性主义.国际观察,2:30~38.

胡玉坤(2007).政治、身份认同与知识生产——嵌入权力之中的乡村田野研究.清华大学学报(哲学社会科学版),22(3):80~92.

霍尔著.陈维正译(1985).弗洛伊德心理学入门.北京:商务印书馆.

乔纳森•H•特纳著.邱泽奇,张茂元等译(2006).社会学理论的结构(第7版).北京:华夏出版社.

贾根良,刘辉锋(2002).女性主义经济学述评.国外社会科学,5:43~48.

雷颐(2004)."女性主义"、"第三世界女性"与"后殖民主义".史学理论研究,3:105~120,160.

李莉,黄振辉(2005).社会性别与政治参与研究——女性主义政治学研究方法反思.华南师范大学学报(社会科学版),6:28~32,158.

李霞(2001).国外女性人类学的发展过程.民族研究,5:96~110.

李银河(2002).酷儿理论面面观.国外社会科学,2:23~29.

厉新建,可妍(2006).国外旅游就业研究综述.北京第二外国语学院学报,1:32~37.

毛晓光(2001).20世纪符号互动论的新视野探析.国外社会科学,3:13~18.

潘绥铭,黄盈盈(2007)."主体建构":性社会学研究视角的革命及本土发展空间.社会学研究,3:174~193,245.

琼•W.斯科特(1997).性别:历史分析中一个有效范畴.载李银河主编.妇女:最漫长的革命,当代西方女权主义理论精选.上海:生活•读书•新知三联书店.

申丹(2004).叙事形式与性别政治——女性主义叙事学评析.北京大学学报(哲学社会科学版),41(1):136~146.

王宇(2007).20世纪文学日常生活话语中的性别政治.学术月刊,39(1):111~117.

吴小英(2002)."他者"的经验和价值——西方女性主义社会学的尝试.中国社会科学,6:119~127.

吴丹红(2006).角色、情境与社会容忍.中外法学,2:147~169.

谢晖,保继刚(2006).旅游行为中的性别差异研究.旅游学刊,21(1):44~49.

徐雅芬,董建辉(2004). 女性主义与权力——政治人类学视野下的西方女性主义研究述评. 国外社会科学,4:26~31.

颜烨(2001). 20 世纪 90 年代社会学视野下我国社会政策和社会问题研究中的社会性别分析述评. 当代中国史研究,8(2):6~23.

杨凤(2006). 日常生活中的性别政治. 学术论坛,(12):15~18.

杨晓宁(2003). 对女性主义社会性别概念的哲学透视. 学术交流,10:120~125.

赵凯(2005). 当经济学遭遇性别——女性主义经济学的纲领与范畴. 思想战线,31(4):125~128.

张丹宇(2005). 日本海外旅游市场动向的分析研究. 云南师范大学学报,3:57~61.

朱莉琪,方富熹(1998). 儿童性别角色发展的理论研究. 心理学动态,6(4):31~35.

Anderson, K. J. (1996). Engendering Race Research. In Bodyspace: Destabilizing Geographies of Gender and Sexuality, N. Duncan, ed. London: Routledge.

Bacon, W. (1987). Sex in Manila for profits in Australia. *Times on Sunday*, 19:21,24.

Barrett, M. , A. King, J. Levy, and E. Maticka-Tyndale 1997 Sexuality in Canada. In The International Encyclopedia of Sexuality, R. Francoeur, ed. :221~343. New York: Continuum.

Brenda G. P. (1995). Sports Tourism and Niche Markets. *Journal of Vacation Marketing*, 5(1):31~50.

Carr, N. (1999). A study of gender differences: young tourist behavior in a UK coastal resort. *Tourism Management*, (20):223~228

Carr, N. (2001). An exploratory study of gendered differences in young tourists perception of danger within London. *Tourism Management*, (22):565~570

Corben, R. (1990). Thailand takes another step to curb ADIS. *Asia Travel Trade*, 22:7~9

Cynthia, E. (1995). Crafting selves—The lives of two Mayan women. *Annals of Tourism Research*, 22(2):314~327.

Edensor, T. , Kothari, U. (1995). The Masculinisation of Stirling's heritage. Kinnaird, V. Hall, D. (ed.)(1995), Tourism: A Gender Analysis.

John and Wiley &. Sons Ltd, Baffins Lan. England.

Ford, N. , Koetsawang, S. (1991). The Socio—cultural Context of the Transmission of HIV in Thailand, *Social Science of Medicine*, 33(4):4~5, 14.

Frew, E. A. , Shaw, R. N. (1999). The relationship between personality, gender, and tourism behavior. *Tourism Management* (200:193~202.

Gay, J. (1985). The Patriotic Prostitute. *The Progressive*, 49(3):34~6

Jordan F. (1997). An occupational hazard? Sex segregation in tourism employment. Tourism management, 18(8):525~534.

Hail, J. (1992). Thailand: a new approach. *Asia Travel Trade*, 23:24~31.

Hall, C. M. , (1995). Gender and economic interests in tourism prostitution: the nature, development and implications of sex tourism in South—east Asia. Kinnaird, V. Hall, D. (ed.)(1995), Tourism: A Gender Analysis. John and Wiley &. Sons Ltd, Baffins Lan. England.

Hall, D. R. (ed.)(1991), Tourism and economic development in Eastern Europe and the Soviet Union, Belhaven, London

Harrison, D. (ed.)(1992), Tourism and the less developed countries. Belhaven, London.

Herold, E. , Garcia, R. , DeMoya, T. (2001). Female Tourists and Breach Boys: Romance or Sex Tourism? *Annals of Tourism Research*, 28(4): 978~997.

Kim, D. , Lehto, X. Y(2007). Gender differences in online travel information search: Implications for marketing communications on the internet. *Tourism Management*, 28:423~433.

Kinnaird, V. Hall, D. (ed.)(1995), Tourism: A Gender Analysis. John and Wiley &. Sons Ltd, Baffins Lan. England.

Leivadi, S. Yiannakis, A. (2002). The Sociology of Tourism: Theoretical and Empicial Investigations. Edited by Yorghos Apostolopoulos, London and New York.

Mitchell, C. (1997). Perceived risk and risk reduction in holiday purchases: a cross—cultural and gender analysis. *Journal of Euro—Marketing*, 6(3):47~79.

Miles, R. (2002). Employment and Unemployment in Jordan: The Importance of the Gender System. *World Development*, 30(3):413~427.

Pierre, L. (1992). Van den Berghe Tourism and the ethnic division of labor. *Annals of Tourism Research*, 19(2):234~249.

Poria, Y. (2006). Assessing gay men and lesbian women's hotel experiences. *Journal of Travel Research*, 44(3):327~334.

Pritchard, A. (2002). Sexuality and holiday choices: conversations with gay and lesbian tourists. *Leisure Studies*, 19(4):267~282.

Pritchard, A. (2002). In search of lesbian space? *Leisure Studies*, 21(2):105~123.

Pritchard, A. Nigel, J. M. (2000). Privileging the Male Gaze: Gendered Tourism Landscapes. *Annals of Tourism Research*, Vol. 27(4):884~905.

Pruitt, D. (1993). "Foreign Mind": Tourism, Identity and Development in Jamaica. Ph. D. dissertation. University of California at Berkeley.

Ryan, C. (2000). Sex Tourism. In Special Interest Tourism, N. Douglas and R. Derrett, (eds.):384~406. Brisbane: Wiley.

Rogers, J. R. (1989). Clear links: tourism and child prostitution, Contours, 4(2):20~2.

Roland, S. M. (1995). Gender and Alcohol Use in a Greek Tourist Town. *Annals of Tourism Research*, 22(2):300~313.

Scott, J. (1995). Sexual and national boundaries in tourism. *Annals of Tourism Research*, 22(2):385~403.

Sentfleben, W. (1986). Tourism, hot spring resorts and sexual entertainment, Observations from northern Taiwan—a study in social geography. *Philippine Geographical Journal*, 30:21~41.

Swain, M. B. (1995). Gender in tourism. Annals of tourism research, 22(2):247~266.

Sylvester C. (1994). Feminist Theory and International Relations in a Postmodern Era. New York, Cambridge University Press.

Visser, G. (2003). Gay men, leisure space and South African cities: the case of Cape Town. *Geoforum*, (34):123~137.

Wihtol, R. (1982). Hospitality girls in the Manila Tourist Belt. *Philippine Journal of Industrial Relations*, 4(1~2):18~42.

第十章 旅游的社会文化影响

第一节 旅游与目的地社会变迁

一、社会学关于社会变迁的主要理论

社会变迁是社会学研究领域内一个经久不衰的话题。自社会学创立伊始,就以其独特的魅力吸引着社会学家的视野,并在社会发展和特殊的转型时期,发挥着重要的理论解释和指导作用。在社会学理论发展的不同时期,由于主流理论逻辑发展的演变和社会现实的变化,社会学变迁理论可以分为古典、现代和当代三个时期。

(一)古典时期的古典变迁理论:机制、过程与走向

古典时期的社会变迁理论,产生于19世纪中期。作为对工业革命以来社会结构的剧烈变化的反映和解释,其研究的主题包括以下三个方面:传统社会如何过渡到近代的工业社会;工业社会与传统社会具有怎样的差异;工业社会的未来走向是什么。其中具有代表性的理论家有孔德(Auguste Comte)、斯宾塞(Herbert Spencer)、马克思(Karl Marx)、韦伯(Max Weber)、迪尔凯姆(Emile Durkheim)、滕尼斯(Ferdinand Tönnies)等。

1. 传统社会如何过渡到近代的工业社会

法国社会学家奥古斯特·孔德(Auguste Comte)是社会学的创立者,主张建立一门研究社会变迁的社会动力学。他依从人类知识类型的角度展开,认为人类思维历经了神学、形而上学、实证三个阶段的结论。与此相对应,人类社会的发展或人类社会、政治组织形式的演变,也随之经历了神权政体、王权政体和共和政体三个阶段。英国哲学家赫伯特·斯宾塞(Herbert Spencer),沿着孔德社会动力学思路,借助于生物比较,从社会进化论的角度,认为从自然领域到人类社会,均受进化规律的支配;普遍进化的法则不仅适用于自然界,也适用于社会领域。

马克思(Karl Marx)的变迁理论使社会学在变迁研究方面获得了实质性的进展,以后的社会学变迁理论都是在其对立面或侧面的不同展开。马克思认为,社会形态的形成和变更源于生产力与生产关系的矛盾运动。由于生产力不同,人类社会的组织方式也随之调整。随着新阶级代表的新生产力受到原有生产关系的阻碍,新阶级就通过革命取得统治地位,进而建立适合于新生产力的社会组织形式。

马克思之后的德国社会学家韦伯(Marx Weber)突出了社会文化中的宗教因素,认为新教伦理通过救赎观使工人和企业家在复杂的经济行为中获得了共同的伦理基础和精神动力,进而塑造了资本主义精神文化,从而引发了个人的传统社会行为向资本主义行为的过渡,产生了资本主义的经济与社会结构。维尔纳·桑巴特(Werner Sombart)在其所著的《奢侈与资本主义》书中认为,欧洲社会上层普遍奢侈的生活方式,对社会产生了巨大的经济需求,最终导致农业生产方式向工业生产方式、城市低效率的手工作坊向机器大工业的生产方式的转变,资本主义的生产方式产生并在社会中逐渐占主导地位。

2. 传统社会与工业社会的差异

埃米尔·迪尔凯姆(Emile Durkheim,曾译为涂尔干)从社会分工的角度,论述了传统社会与现代社会的差异。迪尔凯姆认为传统的社会是"机械团结"的社会,社会分工简单,人与人具有很大的同质性,个人没有个性差异,社会的整合以共同的价值观为基础;但是随着社会的自然发展,地理上的人口密度增加,竞争压力也就随之增加,于是缓解压力、更有效率的社会分工开始出现,并导致人们的职业分化,社会群体也不断分化,于是社会就变得"有机团结"。在这种社会中,人与人之间具有高度的异质性,个人具有个性差异,但是在分工体系中相互依赖。德国社会学学会的创始人的斐迪南·滕尼斯(Ferdinand Tönnies),进一步区分了"社区"与"社会"的差异。他认为,社区是指传统社会,区域狭小,结构简单,人们具有很高的同质性,交往密切,人际关系以情感伦理为主;而社会则是指现代社会,规模宏大,人们具有很高的异质性、结构复杂,人际关系以法治伦理为主。

3. 工业社会的未来走向

对于工业社会未来形态的走向,不同的理论流派有不同观点。孔德认为工业社会的问题众多,社会的秩序不断受到变迁中各种问题的威胁,主张建立一个人道教的社会,使社会有序、稳定地向前发展。马克思认为资本主义经济的发展最终会导致市场规模的不断扩大,并向全球化的方向延伸,改变资本主义不平等的希望只能是社会主义制度的确立。在韦伯看来,以工具理性为代表的合理性就是西方现代性的本性,对其进行表现的科层性终究也会不断扩张,人类最终会陷入工具理性对于价值理性的奴役之中。滕尼斯则认为社会发展趋势是由小共同体到大共同体,从共同体到社会,从乡村到城市,从大城市到世界城市,其实质就是现代化。

(二)现代时期的古典变迁理论:继承与转向

两次世界大战不仅摧毁了强大的欧洲经济,也动摇了欧洲学术思想的中心地位,社会学中心也开始转移到美国。美国社会学不但综合了古典的社会变迁理论,也使社会理论发生了转向。

1. 帕森斯的社会变迁理论

塔尔科特·帕森斯(Talcott Parsons)在综合古典社会学理论的基础上发展出结构功能主义的变迁理论。帕森斯认为,任何社会系统都是由适应、目标达成、整合、模式维持这四个部分组成的。社会的变迁首先从具有适应功能的经济系统开始,集中表现在源于新工艺、新技术应用带来的经济效率的提高;然后,在具有目标达成功能的组织系统里出现目标分化,表现为各个制度化结构的分别确立,以及具有不同目标的各种组织的大量出现;接着,具有整合功能的政治系统,为使社会系统免于分裂,通过制度革新容纳新的群体和分化目标,促使政治民主化不断扩大;最后,具有模式维持功能的文化系统,为高度分化的社会提供统一的基础和抽象的模式,提高社会的共有价值以取代各个子系统的特殊规范,进行价值概化,如现代社会统一法律对于各种家法、村规、乡约的代替。

帕森斯之后的社会学理论受到罗伯特·默顿(Robert King Merton)中层理论的影响,开始从古典阶段的宏大叙事向中层转向,以组织、团体等中层变量作为分析对象。之后社会学互动论进一步开始向微观转移,对日常生活现象的关注增加,并以社会角色为核心创新了很多理论,如欧文·戈夫曼(Erving Goffman)将人们的日常活动当做戏剧表演(performance)的拟剧理论,以及关注符号表达在互动中的作用的赫伯特·米德(George Herbert Mead)的符号互动理论。

(三)当代的社会变迁理论

当代社会学理论中,微观探讨与宏观复兴并存发展。微观方面的理论开始深入到人们的意识层面,对于社会学的变迁理论影响不大。宏观方面的理论则在古典变迁理论的基础上向地理空间拓展,产生了依附理论、世界体系理论。

依附理论主要产生于南美国家。这些国家的学者认为,发达资本主义通过建立不平等的世界技术分工体系和经济贸易体系形成了一种剥削机制,导致发展中国家的资源、利润流向发达国家,最终使发展中国家在经济上依附于发达国家。美国社会学家伊曼纽尔·沃勒斯坦(Immanuel Wallerstein)在世界体系理论中进一步发展了这种观点,认为当代的世界体系具有核心(core)、边缘(peripheral)与半边缘(semi-peripheral)的结构性位置:核心地位的国家凭借着在世界体系中的政治与经济优势,从边缘与半边缘国家中攫取利益;半边缘国家则在边缘国家的利益流向核心国家的过程中,对边缘国家也实施利益的剥削。处在世界体系中的国家不可避免要受到世界体系结构的影响,而一个国家在体系结构中的位置的变化,不但依赖于国内的改革,还取决于国际体系的时代机遇。

二、旅游与目的地社会变迁

社会变迁理论不仅是社会学家对过去社会发展的总结,也是对当时社会发展趋势的一种主张与思考。这种主张或思考对于后来西方社会的发展产生过积极影响,对于研究旅游与目的地社会变化之间的关系无疑具有重要的启示与意义。综合上述社会变迁理论,推动社会变迁的诱导因素可以是:(1)知识、科学和理性(孔德);(2)社会分化与开放程度(斯宾塞);(3)社区融入更大的社会(滕尼斯);(4)生产力的发展或生产方式的变化(马克思);(5)新的价值观念(韦伯);(6)社会分工或职业分化(迪尔凯姆);(7)组织分化与政治进程(帕森斯);(8)新的利益团体的出现(达伦多夫,Ralf Dahrendorf);(9)资本主义奢侈的生活方式(桑巴特);(10)民主政治(黑格尔,Georg Wilhelm Friedrich Hegel);等等。旅游既是上述因素及其推动的社会变迁进程的产物,反过来又对这些因素本身产生着影响。正如罗贝尔·朗卡尔(Robert Lanquar)所说,旅游作为一股推动或诱导目的地社会变迁的重要力量或因素,所带来的变革,"不仅影响到(目的地社会的)生活条件和生活方式,甚至影响到那些参与变革者的精神世界。……这种结构性改变可以通过时间加以辨认,而且它还以并非仅仅是暂时或转瞬即逝的方式影响这个社会的历史进程"(朗卡尔,1997:43)。

虽然旅游影响是迄今为止旅游社会学研究得最多、最充分的领域。然而要从以上提及的内容出发,去描述这些效应并弄清导致它们产生的种种原因是很困难的。这是因为,其一,到目前为止还缺乏一种适当的方法论;其二,正如朗卡尔(Lanquar,1997)所指出的,从地理和时间的角度看,人们是在比社会变迁更有限的地理空间和社会文化环境内观察到这种变化的,具有局限性;其三,旅游本身也是城市化、工业化和向服务经济过渡的进程的结果,很难把旅游的影响与这些进程及由此带来的社会变革割裂开来,因为旅游的效应遍及社会体系的整个复杂结构,归根结底是不可能将它们孤立起来的。总之,旅游为目的地的社会变革提供了一系列可能,但究竟何种可能起作用,或何种可能的作用更大,在很大程度上取决于旅游者与旅游目的地的关系与类型及其互动的方式。因此,对旅游影响的研究有必要融入"促进社会文化变迁的众多因素中作情景化(contextualized)的审视"(Cohen,1979)。

(一)旅游与全球化

全球化包括广大地域内的大量社会组织、社会关系等现象在形式上和功能上的日益近似和统一。"通过旅游,各个不同的民族社会都进入了国际化的进程,它们逐渐同国际范围内组织起来的经济、社会、文化体制衔接起来,同时,各国本身的参照体制却在解体"(朗卡尔,1997)。例如交通,它不仅具有运载旅游者从一地到另外一地实现位移的功能,而且其组织、销售与生产(服务)形式越来越接近。旅游者可以利用在常住地培育起来的生活常识——付钱买票、接受服务这一普遍化的做法来熟练地应付不同国家或不同地区的同样的活动。其他各类社会组织和社会关系如金融服务、餐饮、住宿的形式和功能也越来越近似和统一,成为全球化的一个重要表现。这种近似于全球统一的旅游生产与服务现象——所谓"国际标准"使旅游者得以安全、放心地进行旅游。

为了融入全球国际旅游业,越来越多的发展中国家和地区广泛采用了标准化的工业生产技术与模式为旅游者提供规范化、标准化的产品和服务。这使旅游生产模式也具有"麦当劳化(McDonaldization;Ritzer,1996)"倾向,即 Ritzer 和 Liska(2007)所称的"麦旅游(Mc-tourism)"。旅游者被分类、组群、然后打包,集中运送到目的地,不仅旅行时间与费用可以预先计算和安排好,甚至连停留地点、消费内容都如工业产品一样可以在同一条游览线上连续不断地生产。目的在于让游客快看快走,在单位时间内游览更多的景点,通过最大限度的人流,以获取效率。

旅游的"麦当劳化"在促进旅游消费的同时也造成了旅游目的地的无差异化以及全球旅游竞争的加剧。标准化的生产和开发方式将各地独特的景观资源普遍复制成为与别的目的地几乎是同质的空间,无数的目的地都在为满足相同的需要而提供标准产品,这意味着在很大程度上旅游目的地总是可以相互替代的。为了吸引更多的游客前来观光旅游,这些地区又不得不加强其地方性特征,突出"形象"或"品质",以避免失去特色从而失去游客。这使得发展中国家或地区旅游业的发展面临着更大的挑战:一方面需要塑造独特的品质和形象以吸引旅游者和投资者;另一方面必须坚持标准化的工业生产模式,保持与全球资本和旅游市场的联系。

(二)旅游对生存方式的影响

世界各地旅游发展经验证实,旅游有助于促进产业结构调整。旅游不仅可激励当地相关服务行业的发展,而且可以间接地为当地人创造新的生产和贸易机会。在许多国家和地区,发展旅游是振兴正在衰退的传统工业城市或传统产业的重要途径。旅游消费对于本地经济系统是一种额外的需求,可能导致新产品的生产,对新技术的学习,服务业投资的增加以及对境外商品的进口,并可以充分利用和发挥本地区的生产潜力。Hoffman(2000)的研究发现,西班牙的旅游发展不但抵消了山区农业的极度衰退,还导致了农业的现代化;在西班牙的一些沿海地区，旅游对正处于衰退之中的渔业工人来说，构成了一种切实有效的转产机会。Hoffman认为这种从渔业和农业生产方式向旅游业的过渡，将促进农业社会传统生活方式的变更，改变当地居民的职业习惯以及日常作息时间，并可能对其家庭生活造成重大影响。Leathermana和Goodman(2005)也指出，随着旅游地居民不断加入到比传统农业更能提供发展机会的服务行业，本地生产系统将走向衰落，传统生产方式在社会和社区生活结构中重要性和凝聚力会逐渐丧失，社区和家庭关系也可能发生改变，如尤卡坦(Yucatan)的居民在食品消费方面逐渐显现出"可口可乐化(coca-colonization)"倾向。

(三)旅游与社会分化

旅游对社会最普遍的影响之一是劳动分工，特别是两性之间的分工。旅游业的发展可以为当地居民创造新的就业机会，吸纳大量的低技术劳动力，尤其是年轻妇女。她们或者在旅游服务部门如饭店或餐馆工作，或者销售当地工艺品和纪念品，或者成为以旅游者为主顾的妓女。Jordan(1997)认为，这种就业和挣钱机会可获得性的增加不仅可能对家庭劳动分工造成影响，而且也会提高女性在家庭中的地位，对家长对孩子特别是对女性的控制权造成影响，当然有时也会带来家庭冲突。

旅游还将对社会分层和社会结构产生影响。在一些边缘地区和民族村落，旅游的发展将改变传统的以家庭出身或社会地位为社会分层的标准，提高金钱作为社会分层器的价值和地位。这将导致既有的社会分层系统或社会结构产生变化。由于新的利用方式和贸易机会——旅游的出现，地方资源如林地、湿地、湖泊的经济价值将被重新评估。一些过去荒芜的或未被开发的土地价值可能突然飙升，这使得拥有这些土地资产的个体，或者地方精英的经济地位产生突然变动，甚至可能导致新的社会阶层的出现，从而扩大或改变当地社会分层系统的范围。另外，旅游对就业机会的创造也将引起旅游接待地区的社会结构变动。这种社会结构的变化既可能体现在人口结构方面，如性别结构、年龄结构等，也可能体现在职业结构方面，同时还将引起教育结构、收入结构以及声誉和权力的结构方面的诸多变化。

虽然旅游创造了就业机会和社会结构变动，但旅游并不是促进社会流动(指层级流动)的特别有效的机制。旅游是一种创造就业的活动，这是世界上诸多国家普遍重视旅游发展的主要理由。不仅在发展中国家如此，而且在发达国家，在传统的经济活动正在衰退的边缘地区同样如此。然而，旅游业特殊的就业结构并不总是对接待地区有利。Wilson(2008)指出，在旅游就业金字塔底层的是大量的不熟练或半熟练工，只有少数管理阶层位于塔尖，而且，这些少数管理阶层往往来自发达地区，"首先，在旅游设施的设计和建造方面，能找到经常性职业的本国人大多是非技术劳动者,即低工资人员(普通工、泥瓦匠),相反,技术人员(建筑师、房地产商、企业家、室内装饰师)却不是本国人;其次,在旅游这个特殊的产业中,职业管理人员(经理、领班、厨师长等)往往来自国外,而非技术或低技术人员(服务员、女佣、花工、保安人员)则是从当地劳动力中招聘的"(Wilson,2008)。因而许多学者认为,这种与旅游相伴的劳动分工与利益不平等分配将巩固目的地原有的社会分层与社会不平等(Bryden,1973;Britton,1982;Oppermann & Chon,1997)。

(四)旅游与价值观念的变化

旅游目的地的居民与外来游客的暂时性接触将导致目的地居民的价值观产生一系列的变化。其中最主要的变化包括两个方面:(1)旅游目的地居民的功利主义倾向增强;(2)有助于打破传统社会的闭塞状态。例如刘赵平(1998)对河北省涞水县国家重点风景区野三坡的调查发现,野三坡曾经是一个民风淳朴、不重视金钱甚至以收游客的钱为耻的地方,随着当地旅游的逐渐升温,村民们的经济意识开始增强,唯利是图现象时有发生,现代社会的功利主义和西方价值观开始渗透进这一地区;但同时目的地居民多元主义意识也有所增强,开始学会理解和尊重他人的想法,社会的开放性和文明程度有所提高。

(五)旅游与社会关系的变化

旅游是一种商业化的好客产业(commercialized hospitality)(Lynch and MacWhannell,2000)。对于那些保持着质朴传统的社会,旅游对社会组织基础的影响主要表现在扩大了当地的经济领域。那些原本不受经济规则约束的生活领域,现在也变得商业化或"商品化(commodification)"了。而且,在日益产业化的旅游发展中,Kneafsey(2001)指出,无论是在与旅游者打交道时,还是在与他们自己人交往时,经济上的考虑在当地居民态度与关系中都占据了显著位置,淳朴、友好的主客社会关系大量地被经济交换关系所取代,并被表面的友好所掩盖。

(六)旅游与民主化进程

旅游会对社会机构的运转产生影响。波兰社会学家Apostolopoulos(1996)认为,旅游是政权民主化的一个因素:通过创造新的权力中心,新的政治任务和与传统领导方式相竞争的新的领导方式,旅游将导致新的利益集团的出现,并且导致当地权力结构分散化。Andersen(2003)将西班牙的几座工业化城市与另一些旅游城市进行比较后指出,在旅游城市中,中产阶级的人数更多,而且,旅游城市在政治上也更加保守。Cheong和Miller(2000)的研究也发现,在地中海各个旅游地区,都出现了一些新的阶级,他们往往依靠旅游引致的地产投机而发财致富;尤其在加那利群岛,这些由新的旅游实业家组成的阶级的出现甚至向当地政要的权力提出了挑战。

（七）旅游与社会失范

旅游发展会促使良好的社会环境的形成，但也可能引发种种社会问题。旅游地区可能成为吸引其他地区失业者的地方，"这些失业者接受更低的工资，同当地人展开了十分激烈的竞争，他们还可能在旅游区附近搭起违法犯罪或卖淫行为盛行的贫民窟来"（Cohen，1993）。但 Ryan（2001）认为，虽然这种失范（anomie，或反常态）行为如偷窃、乞讨、嫖妓与欺诈常常被归结为旅游发展的副产品，但关于旅游在上述现象中的作用常常被夸大，特别是在关于妓女的研究中，还需要更多的证据，才能深入了解旅游与这些活动之间真正的关联性。

（八）旅游与现代化

世界上有两类人形成了反差极大的对立面：即有钱去旅游的人——旅游者，和只能接待旅游者的人——被旅游者。因此，朗卡尔（1997）认为，与其说旅游是一种简单的物品和服务消费，不如说是一种特权和社会区分的工具。按照凡勃伦（Thorstein B Veblen）的观点，旅游或度假，作为人们富有的证明，扮演了炫耀度假者的社会地位和声望的关键的角色。旅游的社会意义正在于此。旅游作为一种"现代"消费模式，一方面对目的地社会构成一种积极的挑战与刺激，它导致当地精英阶层或民众的消费模仿，并促使当地社会最活跃的分子为追求物质丰裕的西方生活方式而改变现有经济秩序和体制，使旅游成为推动地方经济现代化的强有力的因素之一和使本地居民的社会愿望获得合法性的手段；但另一方面，旅游也可能起到涣散人心的作用。Ryan（2001）写道，"闲逸、与工作似乎毫无关系的任意支出、时髦的设备和装束、豪华奢侈的大旅馆……这一切都令第三世界的穷人心驰神往，让他们无心勤奋工作和在田间辛劳"，致使"民族文化常常被贬低和扭曲"，最后便产生了接待国居民对外国游客的明显的自卑感，接受一种"仆从化"的过程。

（九）旅游与地缘政治

1980 年 9 月马尼拉世界旅游大会指出："旅游可以成为世界和平的重要力量，并为国际间的了解和相互依靠提供精神与知识上的基础"（WTO，1980）。但是随着旅游业的发展，当地方越来越成为广阔的区域乃至国际系统的一部分，社区的发展和福利将越来越依赖于外部因素，诸如时尚的变换，全球经济的繁荣或衰退，而这些都是当地社区所不能控制的。Britton（1982）和 English（2000）指出，伴随着这种地方自治权的逐渐失去，将产生旅游发展中的一种依赖关系，尤其是发展中国家对发达国家的依赖、旅游接待地/国对客源输出地/国的依赖。当现代旅游业发展成为一个包括诸如航空公司、饭店、旅行社、景区、旅游交通等在内的巨大的综合体时，就可能出现中心（旅游客源产生地的主要旅游公司、产业机构)对边缘(不发达的旅游接待地)的控制。旅游也就成为了一种新的"帝国主义形式(Tourism as a form of imperialism;Turner and Ash,1975)",或者成为受大都市支配与控制的"新殖民主义(Tourism as Neocolonialism;Nash,1975)"的方式,它将在第三世界形成结构性的欠发达。但是,与工业社会意识形态密不可分的国际旅游技术和商业机构,是否真的是"罪魁祸首"呢?一切都取决于各国如何使旅游适应于当地社会、经济与文化发展状况所做出的努力和选择。

第二节 旅游与目的地文化变迁

一、旅游发展与目的地文化变迁的基本理论

文化变迁(culture change)通常被定义为由于文化自身的发展或异质文化间的接触和交流造成的文化内容的增加或减少所引起的结构性的变化(司马云杰,2001)。综观国内外关于旅游对目的地文化变迁影响近四十余年的研究进展,已经形成了多种理论、观点,积累了数量颇丰的研究成果。其中,文化涵化、社会交换、符号互动主义以及文化再生产等理论流派的观点,是研究旅游对接待地文化影响的重要的理论基础。

(一)文化涵化理论

文化涵化(acculturation)属于文化变迁中的一种情况,也是文化变迁中的一个主要内容。我国文化社会学家司马云杰(2001)认为,当具有不同文化的群体因相互接触而导致彼此在原有的文化模式上发生意识行为和表现行为的演变时,文化涵化就出现了;如果文化改变只是体现在表现行为(phenotypic behavior)上而没有表现在意识行为(genotypic behavior),就称之为文化漂移(cultural drift)。文化涵化是由于不同文化之间的相互交往而产生的,因此在文化涵化的过程中至少存在着两个或更多群体,其文化间的相互接触通常也应当是直接的。

由于不同的文化交流与接触的形式多种多样,文化涵化的形式也多种多样。其中,"借用(borrowing)"是一种重要的形式和因素。这种借用通常是双向的,每一方都会通过借用另一方的文化因素使自己的文化产生某些变化。根据这样的原则,文化涵化的发生自然存在着两方面的因素:一是外来因素(external)的介入,即由于在某种外部力量(如经济、政治、旅游等)的影响和作用下,原生性的文化产生某种变化;二是内部因素(internal),主要表现在某一个社会文化体系中,由于群体或族群的内部的需要所推动和产生的文化特质的改变。但无论如何,文

化涵化必须满足两种文化的交流与接触这一基本条件。

文化涵化起初属于人类学的专属概念,现在这一概念已被广泛应用于社会学、心理学以及消费者行为等方面的研究(Lee & Tse,1994)。从广义的角度来看,只要存在着文化互动,就必然会出现文化涵化。也就是说,文化变化是一个常态,是必然的、绝对的。因此,童恩正(1989)指出,任何社会、民族(或族群)都要面对来自不同方面的压力:一方面,要试图维持来自本社会的传统的内部力量,以维持传统社会的稳定性,保持社会功能最低限度的变化;另一方面,要面对促使其社会文化发生变化的外部因素以及社会结构、功能进行调整,以使该群体适应和符合来自不断变化的社会因素的影响和作用。

文化涵化理论是旅游对接待地文化影响研究中使用最早和最广泛的基础理论。国内外众多学者以此为基础从宏观层次对旅游开发后的社会文化后果进行了深入研究,取得了丰硕的理论成果,继而引发了学者们对有关"示范效应"、"商品化"、"本真性"以及其他概念的探讨。

(二)社会交换理论

社会交换(social exchange)理论形成于20世纪60年代的美国,它建立在古典政治经济学、人类学、行为心理学以及部分社会学传统思想的基础之上。按照Simpson(1972)的观点,社会交换理论认为人类的一切行为互动都是为了追求最大利益的满足,因而所有的人类关系,包括尊重、社会赞许、服务、友爱、服从、威望和情感等,都可以用付出与回报均衡的模型来描述。在与他人互动的过程中,人们仔细衡量交换的代价和后果,进而选择最有利、最具吸引力的事物,从而将人与人之间的互动行为看成是一种计算得失的理性行为。

20世纪80年代中期,Murphy(1985)、Pizam(1985)、Sheldon和Var(1984)等人开始将社会交换(social exchange)理论用于目的地居民对旅游发展态度的研究。Ap(1992)结合这一理论详细阐述了居民从涉及旅游交换之初、持续交换以及最后脱离交换的整个过程,并指出,如果收益达到居民可以接受的满意水平,那么居民就表现出对旅游的积极态度或评价;如果收益达不到居民可以接受的满意水平,那么居民就表现出对旅游的消极评价或态度。Compton(1976)也研究了目的地居民对他们控制旅游的力量的知觉和他们与旅游业之间的关联。他们的研究认为,对旅游影响的感知受目的地居民(认知者)对他们所作交换的看法的影响,因而目的地居民支持旅游业发展可以被看作是表示有参与旅游交换的意愿(张文,2006)。刘赵平(1998)通过对河北野山坡的调查总结道,与文化涵化等理论相比,社会交换理论不但可以解释各种与旅游的社会文化相关的现象,还可以从整体上把握这些现象的发展和变化规律,并可能在旅游规划与旅游业可持续发展等问题中发挥较大作用。也有学者认为,社会交换理论也有其局限性,特别是其功利主义思想的基本假设值得商榷。并且,王晓辉(2005)指出,它只对旅游的文化交流动机的解释具有一定的适用性,并不适合旅游文化交流的全过程。

(三)符号互动主义

符号互动主义(symbolic interactionism)既是一种社会理论,也是一种研究社会科学的方法论,它建立在结构主义和米德(G H Mead,1936)的社会行为主义等理论基础之上,由美国芝加哥大学的学者Blumer(1937)率先提出。符号互动主义者认为"主我(I)"与"客我(me)"的互动是"自我(self)"的本质,"自我"与"他人(others)"的互动是社会的本质,所有的这些本质又通过作为符号性的行动外化于世。因此,Blumer(1937)认为,人的互动是以使用符号、通过理解或确定彼此互动的意义作为媒介的;人们不对别人的行动直接做出反应,而是根据他们赋予这些行动的意义做出反应。符号互动主义强调在人类互动过程中人类意识的重要作用,而用于人类互动的"符号"的意义却是隐含的,依靠互动主体对它的理解。

Brown(1988)、Colton(1987)以及Dann(1989)等学者指出,与其他理论相比,符号互动主义关于社会主体个性分析方法非常适用于旅游活动中各种关系的研究,并且有助于理解旅游中的文化互动过程,因而引起了旅游学者更多的关注。旅游者在旅游活动过程中,围绕实现自己的各项旅游需求,与旅游目的地居民、旅游业从业人员之间进行着各种各样的接触,由此产生了不同文化的交流与互动。这种文化的交流与互动就是人们对文化信息,如手工艺品、语言、传统、饮食、艺术、音乐、舞蹈、雕塑、历史遗迹、建筑、宗教、服饰等文化符号的定义、理解过程。不同文化背景的人对同一符号的解释和使用往往有差异,交流双方对这些符号分别从自身文化的角度进行解释。因而,Colton(1987)认为,符号互动中双方的反应必然要视参加符号互动的人对符号意义的共同理解而定;如果符号意义能够被参加互动的人共同理解,那么互动就变得有规则或进行得比较容易,形成文化认同;反之,互动就会变得相当艰难或难以维持下去,甚至产生文化休克、文化冲突现象。因此,对符号的不同理解将直接影响旅游者与目的地居民、旅游业从业人员的文化交流。而符号互动的过程,按照Cho和Kerstetter(2004)的看法,实际上就是文化交流的个体之间对符号的不同文化解释的交流、影响的互动过程。

(四)文化再生产理论

文化再生产(reproduction of culture)是法国社会学家皮埃尔·布迪厄(Pierre Bourdieu)在20世纪70年代初提出的一个概念。他用此概念说明社会文化的动态过程:一方面,文化通过不断的"再生产"维持自身平衡,使社会得以延续;另一方面,被再生产的不是一成不变的文化体系,而是在既定时空之内各种力量相互作用的结果。按照Bourdieu(1990)的观点,文化再生产与社会再生产一样,都是为了维持一种体制的持久存在,其结果体现了占支配地位的利益集团的意愿,正是他们使社会权威得以中性化、合法化。但是,文化再生产同时也包含着对原有体制的背离和反抗,它表明的不是从现在到未来的没有矛盾的直线发展,而是一个既有冲突也有矛盾的个人和制度的关系网络。也就是说,文化再生产的过程也为系统的进化提供了可能,因而得以推动社会、文化的进步。

文化再生产理论为研究旅游与目的地文化变迁的关系提供了一个富有启发意义的分析框架。宗晓莲(2001)认为,文化再生产理论指出,在看待目的地文化变迁问题时应当持辩证的观点,即文化是动态的、不断发展变化的,是一个处于不断再生产中的过程。那种将旅游目的地的文化视为一种静态的文化,认为旅游目的地文化具有惯性和惰性的观点是不可取的。因此,不是所有的旅游目的地在受到旅游者带来的外来文化的影响和冲击的过程中就一定完全处于被动的、被冲击的地位,目的地的文化变迁也是当地居民主动调整以适应变化的结果。另一方面,文化再生产理论也为研究目的地文化变迁提供了有效的方法论指导,即在研究文化变迁时,离不开对结构(文化)与行为(个人)之间关系的探讨,所以Kalanj(2002)认为这正是Bourdieu文化再生产理论的最精彩之处。

二、旅游发展导致目的地文化变迁的机制与过程

(一)文化"借用"

文化变迁可以完全不受旅游的影响,影响它的因素可以是生态环境的改变、两种不同文化的接触或社会进化过程。保继刚和楚义芳(1999)认为,旅游可以对上述影响文化变迁的三个方面产生影响,其中对第二方面,即两种不同的文化接触后引起的文化变迁——文化涵化的影响可能会更大。

文化涵化理论认为,当两种文化相碰撞时,两者都会通过"借用(borrowing)"的方式使得双方分享并相互吸收彼此的价值观和态度。然而,这种借用并不是对等的。Williams(1998)认为,当一个弱势文化群体与一个强势文化群体相遇时,这种借用的过程在多数情况下是单向的,即强势群体的价值观和态度将更多地渗透入弱势群体。如果客源国的经济和文化都"强于"目的地国,那么旅游对目的地国产生的社会文化影响则可能大于客源国。而且,Williams进一步指出,在两种文化彼此借用的过程中,旅游的影响在很大程度上是同所接触民众的价值和文化社会类型即文化的相似性或者差异性密切相关的。两种文化之间的类型差异性越大,旅游对目的地社会文化影响也就越大,如西方发达国家游客的行为模式对于一个农业社会和对于另一个工业社会所产生的影响是全然不同的。如果当地居民与旅游者之间不仅在文化上而且在地理区位上都具有较为明显的差异性,那么这种影响的程度就会更深,如图10-1所示。

282 旅游社会学

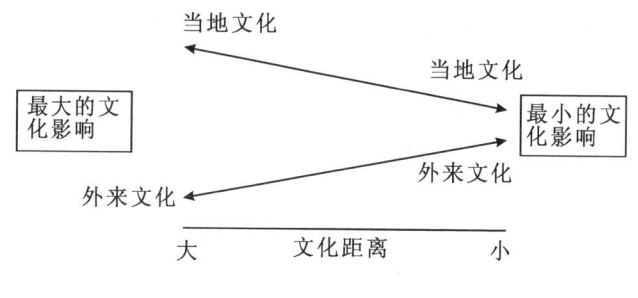

图 10-1 文化距离与旅游影响

资料来源:(Page,2003:102)

因此,对那些过去较少与西方社会接触的不发达国家或地区而言,旅游产生的文化传入所造成的影响可能更为广泛、更为深远。如 Leathermana 和 Goodman(2005)对墨西哥尤卡坦半岛的研究发现,旅游发展导致了尤卡坦玛雅人食品结构经历了非本地化的过程,呈现出明显的西方化倾向。他们穿国外流行的服饰,吃进口的食物,喝进口的饮料。可口可乐和百事可乐的自动贩卖机随处可见,出现了所谓的"可乐殖民(coca-colonization)"。当旅游者与当地居民之间具有较强的文化相似性时,如西欧人、美国人与加拿大人之间相互到访,那么旅游的社会文化影响就比较有限了。Page(2002)的研究则展示了另一种特例。他发现,在一些旅游所导致的影响在直觉上被认为比较大的地方,如印尼的巴厘岛(Bali),由于大部分游客来自世界各地,具有多种社会文化背景,他们对目的地产生的文化影响反而小于人们预期的水平。

旅游的影响还根据目的地各类民众接受影响程度的不同,同时也根据旅游活动在目的地环境中发展程度的不同而变化。Smith 和 Brent(2001)对旅游者与东道地区之间的关系的类型以及每一种类型的旅游者对接待地区的行为准则(文化)的适应情况进行了分析,如表 10-1 所示。

表 10-1 各种类型的旅游者对地方准则的适应情况

旅游者的类型	旅游者的人数	旅游者对地方准则的适应情况	当地居民对旅游者行为的适应情况
探险者	极为有限	完全接受	好奇,热忱
精英分子	很少见	完全适应	热情
不因循守旧者	不普遍,但能见到	很适应	愉快,从旅游活动中受益
非同寻常者	偶尔可见	有时适应	欢迎,旅游者和投资者受到鼓励
新出现的群体	形成批量	寻求西方模式	冷漠,商品化现象明显
大众	持续的批量	期待西方模式	抱怨,对旅游发展产生疑虑
包机旅游者	大量到达	要求西方模式	厌烦,公开表达不满甚至对抗

资料来源:转引自 Smith,Valene L. and Brent,Maryann. 2001,第 125 页。有改动。

根据 Smith 和 Brent 的观点,旅游对目的地社会文化的影响不仅取决于旅游者的数量与规模,也取决于旅游者与当地居民接触的方式和接触时间的长短。少量的游客尤其是自助旅游者对当地产生的影响较小;而当旅游人数越多,规模越大,每个旅游者对当地民众的适应程度也就越差,它对当地文化的影响就越深刻;当旅游人数变得更多时,冲突很可能会随之出现。除上述因素外,Page(2003)还总结了其他一些制约旅游社会文化影响的特点和程度的因素:

其一,当地居民和旅游者接触的形式。这存在三种可能情况:旅游者从当地居民(商店、饭店)那里购买商品和服务;旅游者和当地居民对各项设施(海滩、商店、酒吧)的共享;以交流思想和信息为目的的有意识交往。在这三种情况中,旅游对目的地的影响依次增大。

其二,旅游对当地社区的重要程度。目的地经济依赖于单一产业会导致很多社会和经济问题,一种混合型经济与一种极度依赖旅游业的经济类型相比,旅游对前者的影响明显要小于后者。

其三,旅游发展速度与当地社区的容忍程度。短期内涌入一个小型社区的大量旅游者往往会对当地产生极大的影响,而较大型的社区所受的影响则相对较小;一个自发的缓慢演进到成熟阶段的旅游目的地所经历的变革也比新兴旅游目的地少。

(二)示范效应与社会学习

示范效应(Demonstration Effect)这一概念源自于经济学(Fisher,2004)。作为经济学中的一个概念,这一思想可以进一步回溯到亚当·斯密(Adam Smith)与大卫·休谟(David Hume)。在他们所处的时代——18 世纪,英国正从封建社会向资本主义社会转变,伴随着新兴中产阶级的产生,消费模式方面产生了一个根本性的变化,即从社会地位决定生活方式(从而决定消费方式)转变为生活方式决定社会地位。这些新兴资产阶级广泛地通过模仿那些优越的上流阶层的消费模式以提高他们的社会地位(Xenos,1989)。这就导致了斯密所形容的"羡慕(envy)"以及休谟所称的"尊重(respect)"消费方式的产生。一旦社会地位可以"获得"而不是仅仅通过继承,人们就会用日益增强的倾向来展示自己的财富和权力。此时,商品就成为社会地位的指示器,而获得这些商品的唯一障碍仅仅取决于个人所拥有的财富。Dusenberry(1952)继承了斯密和休谟的这一思想,创造出了"示范效应"这一短语,并指出,示范效应"作为一种模仿未知的或难以理解的消费模式或生产方式的行为,常常被用于指消费或生产模式被不恰当地移植于与其不同的经济背景中"(转引自:Herrick & Kindleberger,1983)。

旅游研究者对示范效应的研究超出了经济学的范畴,作为一个具有较强解释力的概念,"示范效应"很早就被引介到旅游社会文化影响研究中。De Kadt

(1979)将旅游示范效应定义为"仅仅通过观察旅游者而引起当地社区态度、价值观或行为的改变",并且认为"这一效应更容易也更常见地是当地居民对旅游者的消费行为的模仿"。这得到了 Mathieson & Wall(1982)的回应。他们认为,示范效应可以被定义为东道地区居民模仿旅游者的行为和消费模式。在大多数情况下,这种示范效应是有害的。因为旅游者所表现出来的富裕程度和行为自由度,对于当地居民而言是一个遥不可及的目标,并且可能导致在那些渴望变革(特别是那些受过教育的年轻人)和希望保留传统生活方式的当地居民之间产生代沟和阶层差别。Turner 和 Ash(1975)也认为这种有害的可能性是存在的。他们以多米尼加旅游业的发展致使当地居民现在消费的是进口的酒精饮料而不是原来本地生产的产品类型为例证明,示范效应除了会引起的文化变迁外,还会削弱旅游发展所带来的经济利益。当然示范效应同时也会带来正面的影响,如具有提高当地居民素质的积极作用。保继刚和楚义芳(1999)的研究指出,旅游目的地居民通过模仿和学习,在行为举止、卫生习惯、经商意识等方面都可以得到改善和提高。然而示范效应的积极影响往往被研究者们所忽视,而把几乎所有与旅游者活动相关的负面影响都归结为示范效应的副产品。一些研究者甚至认为,东道社会的文化由于太脆弱,易于模仿旅游者行为,因而应加以保护,杜绝与旅游者的接触。

虽然示范效应通常被认为是东道地区的居民对旅游者行为的模仿,但值得注意的是,旅游者也可能会模仿东道地区居民的行为模式。Fisher(2004)指出,无论在何种情形中,示范效应的产生都基于三个基本的前提或假设:首先,旅游者和东道居民的行为最初就不同;其次,行为模式能够从一个群体传递给另一个群体;第三,模仿者赞同被模仿者的行为。当然,单个旅游者的行为不会导致模仿行为的产生,但这属于更广泛的主客关系研究领域,与示范效应无关。

Fisher(2004)还详细分析了旅游者和东道居民作为个人的模仿行为和社会学习(social learning)过程,如图 10-2。Fisher 将这一过程分解为 5 个步骤:观察、分析、比较、评价以及决策。他指出,当地居民模仿旅游者或旅游者模仿当地居民的过程中,在每一个步骤上都可能存在错误的理解或存在对示范行为认识上的偏差,从而产生四种形式的示范效应:无意识的不准确模仿、有意识的不准确模仿、准确模仿和社会学习或社会调适。

图 10-2 中的两环称为"文化圈(Cultural Circle)",它展示了个体行为与文化结构和个人经历之间的联系。个体的行为既取决于前一代人传下来的行为模式(文化行为),也取决于个体过去的经历(学习行为)以及从其他人那里观察到的行为(模仿)。对个人来说,每一种行为的权重取决于个人态度以及他们所生活的社会结构和所处的亚文化群体的影响,即 Douglas(1982)所称的"文化偏好

(Cultural Bias)"。因此,文化之间的影响既可以是直接的(如通过观察和教导)也可以是间接的通过文化联系或信息传递的个人决策行为。Fisher 将示范效应发生的 5 个步骤与过程描绘如下:

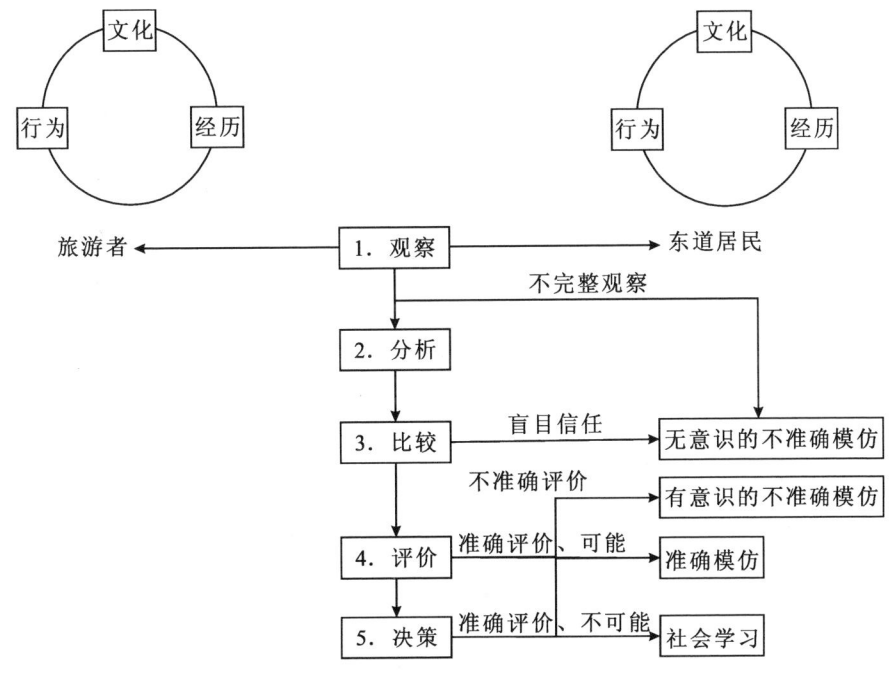

图 10-2　旅游示范效应产生的机制与过程图解

资料来源:Fisher,2004,有改动。

第一步,观察。指观察者观看示范者的行为,这是产生示范效应所必需的第一步。这种观察往往并不完整,或者是由于观察者没有看到行为产生的背景或仅仅看到部分行为。如果观察是不准确的,那么模仿也会是不准确的,其结果是产生无意识的不准确模仿行为或仅仅作为刺激社会学习的因素。

第二步,分析。一旦观察到某种行为,观察者将对其进行某种形式的分析。分析取决于两个变量:被观察到的行为是否能被观察者理解,或所观察到的现象是否与其生活有关。一个极端情况是完全理解,而另一个极端是完全不理解。前者将导致观察者进入下一个阶段:比较。后者可能导致观察者决定不去模仿,但也有可能由于示范者的优越性而使观察者在毫不理解的情况下因盲目信任而产生模仿行为。如果这一情况产生,那么就会产生无意识的不准确模仿。当然,也可能存在因分析的误解而产生的不准确模仿或社会学习行为。

第三步,比较。如果存在一定程度的理解,观察者就会将这种行为与其所处的情形相比较。比较的结果将产生四种可能性：模仿，而不只是观看；不模仿，因为没什么好处；模仿，但有改动；不想模仿，虽然有好处。如果观察者认为他已经有同样的行为或者那样做没什么好处，就会决定不去模仿，则评价不会发生。如果属于后两种情况，则会进入评价阶段。

第四步，评价。在这一阶段，观察者将决定模仿示范者的行为是否可能。积极的评价将导致模仿行为产生，负面评价是一系列因素影响的结果。最明显的评价是，是否有条件去模仿。包括经济和社会因素。一种可能是观察者有能力也有意愿模仿，但社会后果是负面的。在这种情形下，很可能不去模仿。但也可能导致社会学习或有意识的不准确模仿。如果有意愿而没有条件(负面评价)，观察者将改变示范行为使其适应于其经济和社会容纳能力，或试图通过不同方式和过程获得同样的结果。例如，喝瓶装水被认为是种文明的标志，但观察者的经济状况限制了模仿行为，他们可能会找来这样一个瓶子，在里面灌上自来水，让自己表面上看起来很有教养。当旅游者的行为被准确地观察到而且产生模仿愿望，但不知应该如何才能习得时，社会学习就出现了。如海滨度假地的当地人可能看到旅游者用他们买不起的水下呼吸器潜水，如果他此时刚好获得一份潜水公司的工作，并且可以免费学习时，社会学习就产生了。不准确的负面评价一般不会导致模仿行为，除非群体中有其他人如此做了，而一旦意识到错误，这种模仿行为将会中断。

第五步，决策。这是上述一系列步骤和限制性因素共同作用的结果。如果观察是准确的、评价也是正面的，则将作出模仿的决定。一旦模仿行为产生，就会持续下去，而且在心理上更易于接受模仿示范者其他方面的行为。当然，如果模仿行为产生了负面的社会后果，也有可能会被中断。

最后，Fisher 指出，由于观察不完整或评价不准确，会产生无意识的不准确模仿行为。这两种情形下的模仿行为会与旅游者行为有所不同。准确模仿和有意识的不准确模仿产生于评价阶段。示范者的行为可能被准确地观察、分析和比较，然而由于某些因素的影响，观察者会主动地选择改变或不改变这种具体的行为。最后，如果评价是认为不可能准确地模仿，但通过某些改变可能达到相似的目标时，也可能产生社会调适或社会学习行为。在后两种情形下，模仿者行为与示范者行为会不同。

尽管许多研究者认为示范效应是旅游对接待地社会文化发生影响的主要途径，但 English(1986)指出，至今还没有人能从统计上证明示范效应的显著性。即使在经济学文献中，关于示范效应的实证研究也是极为罕见的。因为"示范效应是个含糊的、不充分的概念。它并没有解释谁在示范，示范什么，为谁示范，为什么示范，以及示范效应产生的程度和速度等问题"(Bryden,1973)。因此，对旅游示范效应的分析必须考虑当地居民是否正在模仿旅游者的消费和行为模式（准确或不准确地），或者是当地居民是否正在观察不同的行为模式并且正在调适这些行为模式以适应当地的条件和文化。此外，还需要考虑在示范效应发生之前当地旅游是否已经发展到了一定的水平；它是否要求一定要有特定类型的旅游者或当地应达到特定的发展水平；是否具有不同发展水平的东道社区居民都会进行模仿或刚开始仅仅局限于某些群体，而它又是如何慢慢渗透到其他群体的等等。此外，对消费模式和行为模式进行区分也是必要的。例如，McElroy (1986)等的研究显示，旅游者对牙买加居民的啤酒消费行为同时产生了三种不同影响：一些当地居民改变了所消费的啤酒品牌，其他一些人则用啤酒取代了具有当地文化特性的棕榈酒，而另外一些原本禁酒的群体成员却转而决定喝啤酒。其中，第一种称为品牌忠诚度的改变，第二种是用一种商品代替另一种商品，而第三种却属于道德信念的改变！

示范效应不仅与旅游者有关，还与东道社区的文化有关。与文化借用过程相似的是，当示范效应发生在两个非常不同的社会时，可能会很显著。但如果文化距离过大，对另一种文化的不理解会阻止示范效应的发生。Mowforth 和 Munt (1998)还指出，示范效应的后果并非总是负面的：首先，旅游者的行为并非被盲目地加以模仿；其次，所有的文化都处于持续不断的变化中；最后，即使示范效应可能激发东道地区居民向强势主流文化转变的愿望，但这究竟是盲目模仿还是文化调适则值得商榷。而且，在 Fisher 看来，示范效应实际上意味着对其他文化中的新工具的借用。例如啤酒比棕榈酒好喝就反映了东道地区更加具有开放性，因为它允许了文化的技术进步。无论如何，文化调适总是多维的，旅游仅仅是导致变化的一个因素或一种催化剂，不能被看作是导致文化变迁的唯一动因。

三、文化商品化与舞台真实性

商品化（Commodification）是长期以来对旅游给文化和艺术造成影响的一种批评和争论（Jarvenpa,1994）。这些争论和批评主要是围绕"商品化"和"真实性"来展开的。文化商品化，简单地说就是为钱而提供文化产品和体验。由于很多旅游者不具备相关知识或经历，他们对旅游地原始的手工艺、仪式或典礼等没有什么兴趣，为了能够培养观众的兴趣和想象力，迎合游客的品位和需求，一些手工艺、仪式和典礼等文化艺术会被故意渲染或简缩，以现代商业形式包装起来，将其舞台化、程序化，成为旅游者可消费的商品，这就造成了旅游地的"文化商品化"。

对文化商品化持批评态度的观点认为，旅游商品化将导致文化活动向商业产品或商业景观的转变，使这些商业化的产品失去文化活动本身全部的意义和灵气(Urry,1990)。例如,在博茨瓦纳卡拉哈里(Kalahari)沙漠,当旅游者到达时,本地居民就脱下他们的西式T恤开始跳舞;我国少数民族民俗风情舞蹈"竹竿舞"从海南的黎族跳到云南的傣族,从贵州的苗族跳到广西的侗族……这样的例子数不胜数。这种被Cohen(1988)称之为"以不恰当的理由被安排在不恰当的时间"的、形式雷同的歌舞表演使民族文化失去了原有的文化内涵,有时甚至会破坏旅游地的文化特征和文化活动。著名文化人类学家Greenwood(1972:81)曾尖锐地指出:"旅游业只不过把一个民族地文化现实包装连同其他资源一起拿去出售,但我们知道,在任何地区,如果没有文化,当地人就无法生存,所以旅游业正对人类施加一种前所未有的影响"。他还指出,民族文化商品化后,不仅使当地民族对本土文化失去兴趣与信念,而且还会使文化本身丧失原有的内涵,文化的真实性将被弱化。而Cohen(1988)等学者则认为"商品化"和"真实性"并非必然是矛盾和冲突的,商品化本身并不必然导致民俗与艺术的变化;相反,在某些情况下,商品化也可能保护传统、激发保护意识并赋予文化价值。所谓"真实性"取决于人们的感受,它并不等于原始,而是可以转变的,同时也是可以被创造的。而持第三种观点的学者,如Van Den Berghe(1984)等则认为,旅游者(Tourist)与被旅游者(Touree)之间的互动还可能导致产生新的对双方参与者来说既具有意义也具有真实性的文化轮廓。如Medina(2003)对Belize Succotz村玛雅人旅游发展状况的研究表明,旅游发展既没有催生新的文化,也没有产生与真实的或传统的文化不同的、被商品化了的文化,而是为旅游者和当地人,特别是年轻人、手工艺人和导游提供了一条建设性的途径,去理解持续了好几个世纪的玛雅文化传统。旅游在某种程度上重新赋予了传统的玛雅文化以新的价值,并激励当地人重新评价和认同他们的社区。因此,Medina指出,文化商品化事实上包含着用新的方式去接近最古老的文化传统。

MacCannell(1976)提出了有名的"表演的真实性或舞台真实性(Staged Authenticity)"概念。他认为,现代文化一个核心的方面是对真实体验的追求,人们总认为生活在别处(过去的时代或日常空间之外)会比当前的生活状态更好。基于对这样的信念,旅游者的动机从根本上说是寻求文化差异,他们对不发达的传统社会文化更加充满了好奇。旅游者将这种差异作为一种未被当代资本主义所污染的象征,认为他们在人际关系以及人与自然之间的关系更自然、更真实。为了能让旅游者透过场景体验到足够的当地文化,同时又能够保护当地独有的真正文化,一些东道社区的"被旅游者(Tourees)——当地居民"在旅游者到来时,会保护性地将他们的文化分割为后台(Backstage)地区,在那里,他们继续保持着传统意义上的生活方式,与旅游者隔离开来;而在前台(Frontstage)地区,他们表演着一些有限的文化活动(如部落舞蹈等)供旅游者消费。在旅游者的凝视中(Tourist Gaze;Urry,1990),他们观看的是一项具有重要文化意义的活动,但与那些非表演性的传统相比,这只是当地社区刻意安排表演的娱乐项目。因此MacCannell认为,这种"舞台真实"在一定程度上是必要的。当地居民可以提供当地文化的真实表现,同时还可以保证不让旅游者穿过表演的隔离墙去破坏这些珍贵的传统文化。

Cooper(1999)等学者将东道地区的表演舞台分为三个不同的部分,如图10-3所示。图中:

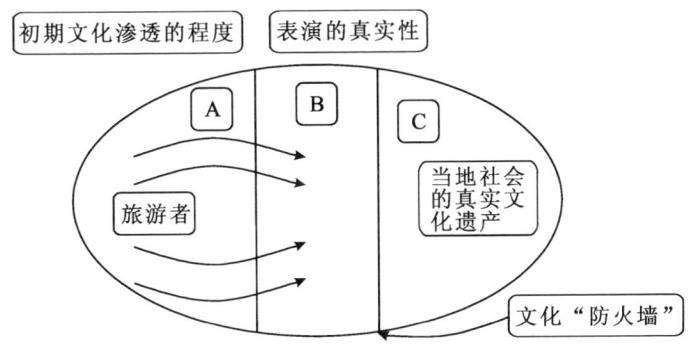

图10-3 表演的真实性与文化渗透的层次

资料来源:Cooper et al.,1999:197.

A 代表初期旅游者渗透当地文化的程度;

B 指的是前台(Frontstage)地区,代表了新的文化渗透程度,这些文化被旅游者认为是真实的,但事实上却是表演的真实性;

C 是后台(Backstage)地区,是当地社会真实的文化遗产,用"防火墙"将旅游者隔离在外,以保持文化遗产的完整性。

Cooper 等学者进一步指出,"舞台真实性根本就不真实"!尽管这种方法在短期内是有效的,但在竞争的市场上,当有些目的地为了向旅游者提供更多更好的文化体验而后撤"防火墙"时,当地文化会受到更严重的侵蚀;即使这个"防火墙"不拆除,同样也会存在一定的危险性,因为总有一些旅游者想方设法要穿过"防火墙",最终使得当地难以保持文化的完整性。还有一种危险是渐进式的文化影响,文化表演的特殊真实性会模糊当地文化遗产与表演的界限,进而会扭曲保持在"防火墙"后面的当地文化遗产。其他一些持批评观点的学者如Greenwood(1972)也认为,商品化实际上改变了文化产品和文化实践的意义,以至于最终对其生产者而言将变得毫无意义。

另一些学者认为,所谓的文化真实性只是一个相对的概念,在发展的历程中,文化永远是动态的,并且在适应和包容当时社会的需要中不断变化。既然变迁是不可避免的,那么就没有必要追求一种僵化的真实。如 Adams(1999)认为,虽然为旅游者而创造的文化产品也可能融入成为当地文化的表现,换句话说,即使旅游者将这种商品化作为当地文化真实的方面,但文化与真实性本身就是通过旅游者和被旅游者之间的互动共同建构起来的,被旅游者文化内容和真实性的进化都来自于东道主与游客的互动,被旅游者只不过是旅游者的愿望镜像,反之亦然。因此,真实既有"客观性真实"(Objective authenticity),也有"建构性真实"(Constructive authenticity),还有"存在性真实"(Existential authenticity)(Wang,1999);既有认知意义上的,也有存在意义上的,而大众游客追求的往往是一种存在意义上的真实,即"真实的体验"。舞台化并不需要以真实性为前提,也并不必然意味着将文化浅表化,只要所表演的是属于地方传统文化的元素即可。因为真实性是"可调和、可谈判的","一个文化产品,或其文化特质,在一个地方通常被认为是设计出来的或非真实的,可能在另一个时间或空间被认为是真实的"(Cohen,1988),真实性的感知水平部分被媒介所控制,部分为旅游者自己所控制。

四、创造出来的传统

无论文化商品化是否会导致体验的不真实,这一争论却隐含地指出了与市场相对孤立的传统以及为满足市场而精心策划的传统之间的显著区别。MacCannell(1976)在其重要著作《旅游者(The Tourist)》中区分了真实的旅游吸引物和伪造的或创造出的吸引物。他认为:前者与其存在的地理、历史以及文化环境有着天然的联系,而后者是那些后来意识到旅游的商业意义的公司资本主义的产物。这种产物——被创造出来的文化产品必须具备两种功能之一:要么通过尊崇"原始"和增加现代文明的权重复制或模仿原初的形式;要么开拓一个新方向,建立新的基础,或通过对新的文化元素的组合推动现代性的进步。Fitzgerald(1998)举例说,遗产节日旅游就掺杂了传统和现代这两方面的功能,首先它将敬意赋予"原始",然后模仿原始,最后对模仿加以调整以适应现代社会的需要。其他旅游产品比如节日、舞蹈、服饰等等被认为真实或不真实,也取决于它们是否被当地居民按照传统方式被制造或被制定。从这个意义而言,Zerubavel(1995)指出,传统并非原始,也不是感觉为真实的,而是取决于复制或创造的形式和行为。传统嵌于文化实践中,它们"被发明,被制造,各种元素被重新组装,而原来的形式将被逐渐遗忘或被浪漫化"(Crick,1989)。例如 Fine 和 Speer(1997)所指出的集体仪式性文化产品,在那里许多陌生人聚集在一起分享一种亲近或团结的感觉,实际上是通过怀旧式的集体记忆选择性地重新建构或创造过去以满足现在的需要。

即便"在迪斯尼这样一些地方,旅游者为他们所观看的付费,而所观看到的却是蒙娜丽莎式的赝品,人们仍然趋之若鹜"(Eco,1986:55)。在《在超现实中旅行(Travel in Hyperreality)》一文中,Eco(1986)将迪斯尼以及拉斯维加斯剔出了"绝对的赝品"的范畴,将其视为一个被商业和工业创造出来的"真实"的地方,是"对传统的反叛",因而是真实的,独一无二的。"拉斯维加斯与巴黎、罗马的区别在于它不是被创造出来的传统(tradition of invented),而是在创造传统(tradition of invention)"(Eco,1986:78)。这种观点明确否认在远离旅游的地方有更真实的文化存在,也拒绝接受真实的文化是由长时间内不为金钱而表演的纯粹(Pure)传统观点。从这个意义上来说,Crick(1989)指出,所有的文化都是表演性的,目的地文化同时将经历着创造和再创造的过程。

Saarinen(2006)虽然没有论及"真实性"问题,但他从可持续发展的角度区分了"传统"的三种类型:(1)基于资源的传统(resource-based tradition),这种传统更多地体现在物质层面,如传统所依赖的自然条件;(2)基于活动的传统(activity-based tradition),如舞蹈、仪式、庆典等,旅游的发展将导致活动型传统的消亡、变形、失真或再创造;(3)基于社区的传统(community-based tradition),这涉及传统的制度层面。Saarinen认为,与广告、杂志或电视、电影等媒介对社区居民的生活方式与消费模式影响相比,旅游者对社区关系的渗透程度是比较低的,因而,旅游所涉及的传统内容相当有限,基本上都是如工艺品和舞蹈、民俗等非物质型传统文化,很难涉及到制度层面。但是,Page(2002)指出如果目的地利用文化遗产作为促销手段去吸引更多的游客,尽管这可以被认为是社区加强自我价值、社区主张和经济利益的一种积极的做法,也许会在旅游者和当地人之间起到感性投入的作用,但也将暴露旅游地社会的深层结构,使目的地面临着进一步受到渗透的危险。

第三节　旅游、迁移与身份认同

旅游,作为一种暂时性的移民方式,正如其他形式的移动一样,影响着全球人口分布的变化。旅游导致的人口迁移主要表现为三种形式:一是本地居民的居住外迁(搬到外围居住),即东道地区为了旅游开发或资源保护而迫使当地居民迁离自己原来的居住地;二是旅游发展导致的外来经商人口、外来劳动力的迁入或本地外出务工人员的回流,如旅游在沿海地区的扩展引起人口从内陆农村向沿海地区的大量迁移,以满足地方旅游发展对廉价劳动力的需求;三是由于旅居在东道地区的游客出于对东道地区的自然风光或环境氛围的满意而向东道地区移民或购买第二居所。在这种情况下,旅游可以被视为一种移民促进因素,影响着移民决策。

一、旅游发展与开发迁移

为了旅游开发而使当地居民迁离自己住所(自愿或非自愿)的情况在全球范围内都时有发生,这种现象称为开发迁移(developing migration)。Page(2004)曾列举了许多这方面的案例:在20世纪60年代,肯尼亚政府认为畜牧业是导致环境破坏的主要原因,因而将马赛部落从一定区域的土地上迁移到其他一些地区,政府则在原地为发展旅游修建了保护区;但结果表明,当地野生动植物的数量并没有增加。1989年,在马来西亚的库尔,29个紧邻码头的商店业主被迫搬迁,他们的商店以及住宅被拆毁。因为旅游发展委员会认为,这些建筑物有碍观瞻。后来,作为旅游发展美化工程的一部分,一个新的旅游商店和餐馆在原址上拔地而起。1996年6月,危地马拉的300家住户被逐出了他们的住所,其理由是这些土地属于国家,后来被用于一个西班牙商人提出的建造综合色情旅游服务设施的规划;同样在1996年,大约300名夏威夷土著人被夏威夷政府逐出檀香山的马库阿海滩,目的是要在这片腾出的空地上修建一座新的海滩公园等等。在开发迁移中,当地人的土地或居所往往由于需要修建饭店、旅游基础设施、高尔夫球场以及保护区等多种原因而被占用。这些当地居民按迁移地域又可分两类:就地移民和易地移民。前者在本乡本土安置,后者则离开本乡本土,到其他地方定居,包括建立跨国社区。

Gullette(2007)指出,开发迁移既是当地政府对于发展和现代化的需求,也是全球跨国公司的战略需要,它反映了当前全球旅游发展中普遍存在的,政府、开发商和当地的权力掮客以某种形式要求土地权的现象。Mowforth和Munt(1998)认为,开发迁移往往是有计划的政治决策的直接后果,它反映了旅游开发中政府、资本与当地社区之间的力量对比关系。在通常情况下,被迁移的群体的政治力量太弱小,在这场较量中,失利的一方总是当地居民。当然,由于不断增加的人口压力和可利用的土地数量日益稀缺,为保证持续的经济增长,这种导致居民迁移的开发项目也常常被许多市民所支持,因为他们期盼着这种迁移能对当地的大多数人和国家经济产生长期的正面效应,并带来其他方面的影响如政治威望。因此,这种通过计划好的开发置换居民的方式正在全球蔓延。

Wang和Wall(2007)对海南省Tang Fang村民旅游开发搬迁的整个过程进行了跟踪研究。他们的研究表明,在原住民居住地和生产性土地上建设长期的大规模的项目,所造成的最严重的问题可能是这些失去了住所与生计的原住民在几乎没有任何可能可以返回家园的情况下依靠什么而生存。项目开发机构通常强调的是项目的成功性,而对移民安置问题以及为移民创造生产性基础问题的考虑往往是不充分的。其中,补偿不足是迁移中最大的问题,包括土地置换不足(质量和数量)、住房太小(不适合大家庭或农民生活方式)、货币赔偿太少等。当然,如果措施得当,也会有所改善,但其负面影响很难完全消除。以 Tang Fang 村为例,开发商为迁移者们提供的经济补偿相当于本地居民至少3年的收入。虽然这笔钱足够他们开办一家小型企业,但这些少数民族由于长时期的农业生产和生活方式,缺乏信心和技能来创办企业,他们只能将钱存入银行。如果没有额外的经济来源,也不能参与到旅游发展中去,同时开发机构也缺乏培训计划帮助他们从传统的耕种技能发展其他技能的话,仅仅有大笔的金钱作为补偿是不能提高他们的生活水平的,也不足以提供一大家子人长期的生活来源。而且,与这种大型项目相伴而来的通货膨胀与货币贬值很有可能使这些重新定居者的生活状况更加恶化。

搬迁者失去的不仅是牲畜等经济财产或社会文化特质,还包括承载其原来的生活方式和文化特质的生产性基础。Wang 和 Wall 的研究还显示,Tang Fang 村民从原来的住地迁移出去后,他们不得不忍受人口密集与较小的开放空间带给他们的不愉快感觉,因为他们已经习惯于门前有一片开阔的绿地,而迁移后每户人家门前都只有不到30平方米的用篱笆围起来的空间。这使新的村庄变成了"卧室社区(Bedroom Community)";运动、娱乐、聚会、聊天、喝茶、绣花等公共活动空间被忽视,除了学校操场和屋顶外,小孩子们几乎找不到地方到处跑动和做游戏。村民们估计,迁移后每户人家分配到的土地面积仅是以前的20%~40%,由于可耕地面积减少,他们的生活基础被大大削弱。开发机构虽然也考虑到了这一点,并为其提供就业和技能培训作为补偿,但是由于这些居民长期习惯于自由的农耕生活,他们对于如请病假,工作效率、工作时间都有严格规定的管理制度和雇员生活并不适应,起初也很难接受这样的角色转换。另一方面是对工作本身的不满意。因为开发商为村民所提供的大部分工作都属于既花费时间,又消耗体力,而且收入较低的手工劳动,如清洁工、园林工人等,高尔夫球童是这些迁移者中所获得的最高的职位。

开发迁移虽然可以有助于当地旅游业的发展和繁荣,但也不可避免地会破坏传统的文化和经济模式。人们的财产、经济资源甚至生活基础从原有的家庭和社区控制下分离,社会联系和对社会群体的经济依赖断裂,文化特征与价值观念被破坏,甚至有可能造成人们生活中的断层与混乱。

Silberling(2003)在对巴西阿尔坎塔拉基伦博人的人口迁移的研究中将人口迁移与现代性以及身份认同联系起来。他认为:强迫迁移并不只是让人口从一个地方不情愿地迁往另一个地方,而是关系到使用权和选择权的一种过程,其中包括当地社群和国家如何参与这种过程和这种参与所产生的结果。因此,从这些居民的迁移过程和(个人和集体的)身份选择的方式中可以了解作为被迁移者身份与作为身份关系载体的土地的变化。Silberling 从哈贝马斯(Habermas)对现代性的本质的界定入手,区分了(作为人权和确认差异及弱势力量的基础的)现代性与(作为主导需求的工具的)现代化,认为"(涉及发展的)现代化并不是现代性的工具,而是对现代性的破坏",从而将开发和建设视为对现代性的破坏,并将维护土地权利视为争取现代性的呼吁。

Silberling 认为,从社会的角度看土地很有意思,因为它除了是地图上的一个位置(从物理层面上讲)之外,还是一个从事生产的地点;它是一个人在集体中相对于他人、相对于与他人的市场关系中所处的空间位置。更重要的是,土地可以被视为一种关系而不是物品,它是社会的产物,是凝聚亲情和情感的地方,还有它所维系的文化和宗教意义。所以,一个地方对不同的群体和个人来说可以具有多重意义。如果基伦博的人体位置和空间位置改变了,那么作为一个社区和集体的基伦博人彼此之间的关系也会变化,需要重新确定他们彼此之间的以及与新地方(空间观念、与土地相关的历史观念、情感关系)关系的意义上的新身份,因此,迁移会改变人们对土地的情感纽带和空间关系。当然,这些基伦博人在反对迁移和争取权利的斗争中也强化了将自己视为基伦博人的身份认同,群体间的团结与传统感也得到了加强。

Rapport 和 Dawson(1998)进一步分析了旅游开发迁移导致的"家园"或社区从属感的变化。他们认为,如果将身份视为产生于某个固定地域的不变概念的话,那么开发迁移将对移民的社区从属感——作为自然和正常状态的"根植性"提出挑战。因为"家园"是包括了实践、回忆和传说的整体,是一个永远与特定的"所在地"相关的观念,在一个"移动的世界中",这些重新定居者必须思考如何在非固定的土地上、在非固定的社会关系中重建他们的"家园",并主动规划建构与迁移后的土地空间相联系的稳固的从属感。

二、旅游发展与季节性迁移

众所周知,旅游发展可以为东道地区创造新的就业机会,进而在两个方面影响着移民的方式。在一些边缘地区(如岛屿或山区),旅游发展可以帮助社区留住将要迁移的成员,尤其是那些失业或待业的年轻人,但它也会吸引那些寻找工作和发展机会的外地人。虽然这些外地人大部分来自于另外一些经济部门特别是农业部门,由于人口聚集的影响,在旅游业比较发达的城市或海滨度假地,旅游发展也会促进这些地区的城市化。

由于缺乏就业机会,不发达地区或内陆地区的居民离开他们的居住地,来到经济发达的地区或海滨城市寻找就业机会是全世界都存在的普遍现象。例如,Seckelmann(2002)发现,土耳其存在一类季节性移民(seasoning migration),这些移民大多数来自内陆农村;在夏季,这些找工作的人来到海滨度假地,而在其他时间则回到他们的家乡或去到其他更大的城市。Jordan(2000)也发现,在克罗地亚,大约90%的海滨季节性工作人员来自前南斯拉夫内陆地区。而且在这些内陆地区,由于迁出的居民主要是年轻人,这些迁出地区普遍面临着人口年龄老化、出生率降低等问题。Hodge 和 Monk(2004)认为,这种季节性劳动力迁移的结果是,由于大多数的资本和人力资源向发达地区和海滨地区集中,加剧了内陆地区的经济恶化,使这些地区不得不调整经济发展战略以挽救衰退的农业产业,包括产业多元化或通过发展乡村旅游增加收入来源。当然,对于那些发展成功的乡村和内陆地区,旅游业的发展也有助于社区留住那些将要迁移的成员。例如张晓鸣(2006)对我国世界文化遗产地安徽省西递、宏村的研究表明,由于旅游业的发展,西递与宏村的劳动力经历了"移出—回流"的迂回过程:20世纪80年代末是西递村劳动力外出的一个高峰期,当时尚未发展旅游,外出务工者比例在西递镇所辖的7个行政村中居于首位;到2004年,西递村外出务工的劳动力数量退居全镇倒数第一,低于全镇水平近11个百分点;这些返乡者回到西递之后不再从事农业生产,而是加入了旅游经商的洪流;与西递相邻的宏村的旅游发展,不但吸纳了本地劳动力,给他们带来了还算满意的经济收入,对周边一些村的就业帮助也很大,现在的宏村人不但不需要考虑外出打工,还面临着用工难的问题。

至于那些季节性外出务工人员——季节性移民在旅游地的处境,Mc-Naughton(2006)将其看作是一种"喧宾夺主(The"Host"as Uninvited"Guest")"的现象。McNaughton通过对印度Pakaram海滨度假地的外来经商人员的研究发现:自1992年开始,每逢旅游旺季,一些来自Kashmir和Karnataka的外地人以及藏族手工艺品商人就来到Pakaram。他们于每年10、11月到来,租下当地人的房屋作为商店(同时也作为他们的住房),然后在次年的4、5月份离开。因为每年的5~9月是当地的季风季节,此时,旅游者离去,大多数的商人去往别的旅游目的地,少数已经挣够了钱的人则回到自己的家乡,稍事休整或为下一年做准备,Pakaram则变成了小型的家庭式的椰子种植园。在Pakaram,这些手工艺品商人扮演着东道地区居民的角色,取悦于那些在他们的商店里闲逛的旅游者或为其提供食物。这些游客通常将他们当作本地人——在游客眼中,这些商人与东道社区居民并无区别。然而,真正的当地居民既不将这些商人视为"客人"也不把他们当作本社区的成员,相反,这些商人常常被认为是不请自来的、令人讨厌的掠夺者。他们来到当地人修建的度假地试图寻找发财和成功的机会;他们以次充好向游客索要高价;他们非常有钱,因为他们把自己的商店装饰得很漂亮。当地居民甚至担心这些商人会欺骗旅游者从而给当地旅游发展带来负面影响,因而把他们看作不受欢迎的闯入者。他们被当地居民排斥并被边缘化,甚至还遭遇了各种形式的暴力和威胁。

McNaughton 进一步研究指出,Pakaram 的旅游发展,推动了当地居民与其房客、外来商人与游客之间的互动,激化和改变了当地居民以前的社会角色和社会结构,同时创造出了新的冲突和不平等的形式;许多当地的 Ezhava 家庭开始发展成为新的地主、地产拥有者或雇主,由此避免了处于社会底层的"污名(stigma)",并获得了向上流动和避免被边缘化的机会;而那些外来手工艺品商人的社会地位却非常复杂和模糊,他们作为外来"闯入者",其身份很难被当地认同,并继续遭受当地居民的排斥和边缘化。

除了这些季节性"主人"外,在一些度假地还存在另一类型的季节性的移民,即那些作为"客人"的购买了第二居所的度假者。Harrison(2005)在其研究中指出,出于对乡村景观的喜爱和对乡村生活方式的怀旧情结,每年都有成千上万来自美国各地的游客来到佛蒙特州(Vermont)。这些旅游者将佛蒙特州视为具有典型的乡村传统和农业社会特征的代表,纷纷买下那些荒废的农场农舍或度假屋以供夏日度假之用;开发商们也到处宣扬佛蒙特州人典型的乡村文化。然而,由于这些夏日度假屋的购买者对于乡村文化的认同并不完全一致,他们的休闲行为与乡村生活方式也格格不入。当地居民担心,这种由乡村景观向度假景观的转变将破坏他们培育起来的基于传统生产方式和阶层形象的乡村文化的复制和传递。

三、旅游与异地移民

Lee (1966)认为,传统的移民理论主要用"推—拉(Push and Pull)"因素或社会资本(Social Capital)概念来解释移民在地理位置上的迁移范围与方向以及流量。推—拉因素通常与迁移地区间的经济发展水平、商业氛围、进入障碍以及移民自身所处的生命周期有关。而关于移民的社会资本理论则认为,移民行为取决于这些移民期望从其移居地社会网络中获取的、可转换成为资本和社会产品的资源数量及其长期的社会关系(Putnam,1993)。但 Fesenmaier 和 Mazanec (1996)的研究表明,移居地的经济和社会特征也许反映的是迁移者对移居地的感知和期望而非移居地本身的状况,在迁移之前进行的旅行才是真正促使迁移动机形成的最基本的因素。例如,犹太人在旅游中通常希望对目的地国的经济状况、困难以及成就方面有更好的了解。在这种情况下,到一个地方去旅游并不仅仅是参观某地的旅游吸引物,而是作为一种关键的、决定是否迁移的第一步。例如,据 Oigenblick 和 Kirschenbaum(2002)的调查,自 1997 年以来,每年由前苏联地区到以色列旅游的人数达 12 万人次,其中 15%的游客在旅游之后提出了移民申请,而且这一比例近年来呈现出上升趋势。这些迁移者通过旅游增进了与以色列的民族认同感,因而更易于与移居地建立起感情上的联系。这就使得旅游成为加强以色列与前苏联地区犹太人的联系的最好的纽带,一种促进异地迁移的因素,并在某种程度上对迁移网络的形式和迁移过程产生影响。

第四节　旅游与社会排斥

一、社会排斥

社会排斥(social exclusion)研究始于 20 世纪初至 50、60 年代西方国家对贫困以及剥夺的探讨。"社会排斥"一词由法国学者勒内·勒努瓦(Rene Lenoir)于 1974 年最先提出。他在界定法国的受排斥人群时,认为以下群体是受排斥的:精神或身体有残障者、自杀者、老年患者、受虐儿童、药物滥用者、过失者、单亲母亲、多问题家庭、边缘群体、叛逆者以及其他一些不适应社会环境的人。80 年代以来,伴随着贫困现象在欧洲的回升,社会排斥问题也引起了各方的强烈关注。1988 年,第二届欧洲贫困会议正式提出了"社会排斥"问题,一年后这一概念出现在欧盟(EU)的社会宪章中;1990 年,欧洲委员会决心与"社会排斥做斗争";1997 年,英国成立了社会排斥部(SEU,Social Exclusion Unit),其职责是协助政府联合各方制定有助于减少社会排斥的政策。

社会排斥是一个经常被使用的、模糊的、多角度的和边缘宽广的概念,具有经济、政治、社会和文化等多方面的含义,至今仍然缺乏为人们所公认的确切定义(Silver,1994)。Giddens(1999)认为,社会排斥指的是个体有可能中断全面参与社会的方式。Room(1995)认为,社会排斥是一个"从构成社会的组织和社区及其所体现的权利和义务关系中被分离"的动态过程,在空间尺度上有个人、家庭和社区三个层面。英国政府的社会排斥部(SEU,2006)给社会排斥所下的定义是:社会排斥……指的是某些人或地区遇到诸如失业、缺乏技能、收入低下、住房困难、居住环境犯罪率较高、丧失健康以及家庭破裂等等交织在一起的综合问题时所发生的现象。Burchardt(2000)等学者指出,社会排斥是一个多元的概念,它不但指在经济资源上的长期匮乏,还指在社会关系上、心理上、文化上和政治参与上的长期被隔绝。这种匮乏和隔绝不仅导致贫困人口日常生活质量下降,更重要的是被排斥者不能享受到公民权所赋予的公民政治及社会权利,而这种权利不可能依靠提供经济援助和保障救济来赋予。因此,社会排斥是"个人生活居住在一个社会中,没有以这个社会的公民身份参与正常活动的状态"(Burchardt,2000)。

虽然对社会排斥概念的理解各不相同,并且在不同的国家,社会排斥的表现也不同,但从广义的角度来说,社会排斥常常被理解为包括贫困、不公平和被剥夺、缺乏社会保护与服务、不能行使政治和社会权利,社会成员在消费、生产、政治、社会互动中的参与不足或不参与都可能被认为是社会排斥的存在。因此,Burchardt(2000)认为作为一个整体的社会排斥概念主要包含以下五个方面的要素:

其一,社会排斥指相对贫困者缺乏正常的活动和参与,处于被社会排斥的地位;

其二,社会排斥是多方面因素作用的结果,这些因素导致了个体不能获得理应获得的机会,而且常常同时与经济社会环境的负面问题(如贫穷、不平等、剥夺)联系在一起;

其三,社会排斥聚焦于关系问题,包括不充分的社会参与、缺乏社会整合和权力;

其四,社会排斥被认为是由劣势地位导致某些排斥,这些排斥又导致更多的劣势和更大的社会排斥,并最终形成持久的多重(剥夺)劣势的一个动态过程,它导致社会纽带的断裂;

其五,社会排斥是一个比较宽泛的概念,不仅包括低物质生活水平,而且包括不能有效地参与经济、社会、政治与文化生活,在某些方面被主流社会疏远和远离,处于社会的边缘,成为边缘群体。

目前,社会排斥的概念被扩大到了几乎每一个不利的方面:少数民族、救济、失业与不公平、儿童福利、移民、健康、贫困、犯罪、缺乏住所、教育权、公民权。由于社会排斥把贫困群体从主流社会中隔离开来,使他们陷入到孤立的境地,并逐渐被边缘化,因此,反社会排斥的重点就应该是增加这些边缘群体的社会融合程度,避免他们被抛出主流社会之外。

二、旅游与社会排斥

将旅游与社会排斥联系到一起并出现在讨论的视野之内是在20世纪90年代中期以后。2005年,Agarwal(2005)和Mordue(2005)分别从被旅游者(Toureer)和旅游者(Tourist)的角度明确探讨了旅游中的社会排斥问题。所不同的是,Agarwal关注目的地居民的被排斥现象,而Mordue则是从参与旅游的角度探讨了边缘群体的旅游排斥问题。

旅游是一项极不稳定的产业,长期发展旅游造成的结果可能导致目的地对旅游业的过分依赖,以及由于区域经济结构的变化而严重破坏地区经济的稳定性。Agarwal(2005)等对英国海滨度假地区的研究发现,虽然旅游海滨度假地的建设的确给目的地带来了短期的经济繁荣,但这些度假地在进入成熟期以后,由于标准包价度假旅游需求的大幅度下降,旅游收入减少,区域经济受到严重影响,许多目的地正在承受着经济、环境、社会的压力,而且显示出了社会排斥的特征。

Agarwal的调查指出,在20个经济状况最差的英国城市中,有8个位于海滨地区。许多以前主要的海滨度假地区现在都成为了英国前100个最贫困的地区。而且几乎在所有海滨地区都存在社会排斥现象。在32个海滨城市中,有18个城市的收入水平处于极度贫困或低于一般贫困水平,这些城市在英国各个地区都有分布。在海滨度假地内部,6/7的度假区被剥夺水平较高,剩余1/7被剥夺程度较低的地区一般处于零售中心、地方金融中心或医疗以及社会保险机构。尽管饭店里、海滨大道上熙熙攘攘、人流如织,但是很多度假地的商店、酒吧和夜总会却一直关门闭户。

小型和中等规模的度假地社会经济问题则更加严重。英国西北部的blackpool度假地,87%的就业集中在服务部门。由于主要的产业结构是服务业,经济增长率往往低于全国平均水平,并且工资也低于全国平均水平。大量旅游者的涌入与当地居民争夺有限的生活空间,致使交通、商店、公共娱乐场所变得拥挤不堪,给当地居民的工作和生活带来诸多不便,导致了目的地居民生活质量下降。此外,人口老化和外来寻求就业机会的年轻人的迁入,也给当地的经济与福利造成了严重的负担。除了失业、低收入、环境质量差外,还出现了一些更广泛的问题如教育贫困、住房问题以及犯罪率上升。

Agarwal还发现,这些衰退度假地区的就业水平普遍低于其他地区,如blackpool的失业率就高于全国平均水平。Jolliffe(2003)也认为,由于旅游的季节性以及特殊的就业结构,大多数就业集中于部分工时工作、短期聘雇工、外包工、定期契约工以及派遣劳动等。这种就业模式下的从业人员,其工作一般是不稳定的、暂时性的,因为所需的技术性比较低,其薪资水平也比较低。更为重要的是这种短期或者兼职等工作形式,常常造成从业人员的流动性与分散性,使从业人员很难组织成一个强大的利益维护组织,在遭受雇主不公平待遇时,无法找到一些正式的渠道表达他们的权利。这些就业人员一旦失业或者长时期内没有找到工作,没有了薪资来源,其生活就会陷入贫困状态,在经济、生活权利上被排斥和被边缘化。大量外资企业进入,虽然可以吸纳部分劳动力,但新的职业结构中,大量增加的是低薪资的工作,这部分就业人群也就成为城市新贫困群体的重要组成部分。

不仅是海滨城市,许多内陆乡村度假地也面临着经济与社会的双重压力。但乡村地区的旅游社会排斥现象与内陆城市地区有所不同。国际货币基金组织(IMD,2000)的调查发现,被排斥人群的住房问题在乡村地区表现为住房短缺而不是质量不佳,而在城市中则集中分布于贫民窟;乡村地区的就业问题主要是季节性失业与低工资,而不是长期性失业;此外,乡村地区的社会排斥对象也远离那些极其富裕的人群。

这种现象在一些小国,如太平洋或加勒比海地区的岛屿或边缘地区经济中尤其严重。Mordue(2005)指出,"旅游的周期运动很可能在把很多人吸引到城市之后又使他们陷入失业的困境。失业者置身于热带的贫民窟里,他们感到失望,又没有能力来重新适应悲苦的生活方式","这些人和他们的家庭很快就会营养不良,出现心理和精神紊乱,产生报复的欲望并采取报复的行动"。

女性在旅游劳动力市场中也是受社会排斥的对象。Enloe(1993)认为,与男性相比,女性在求职过程中就业机会更加不均等、就业范围更加狭隘,即使同样的工作岗位中女性劳动收入也明显低于男性,而且在旅游就业等级制度中,男性拥有几乎是中、上层所有的工作,而在航空公司、铁路、连锁酒店、汽车租赁公司和旅行杂志担任管理阶层的女性,即便有,也是凤毛麟角,真正处于最底层的还是那些旅馆女服务员、餐馆女佣和洗衣女工。这些都是女性在劳动力市场中所遭受的社会排斥。

三、旅游发展与社会排斥的形成

影响社会排斥形成的因素是多方面的。从微观个体而言,有缺少工作机会、缺乏技能、缺乏政治和社会参与、身体健康因素以及学历低等因素,导致个体丧失社会关系网络而陷入边缘化的困境。从宏观方面而言,旅游发展导致的目的地社会排斥与当今全球性经济转型在一定程度上也有所关联。

首先是旅游生产方式从福特主义(Fordism)向后福特主义(Post-Fordism)转变的冲击(Young,1999)。福特主义在上世纪30至50年代,伴随着世界经济危机和世界大战的进程在美国开始形成。福特主义代表着一种以横向分割的科层化管理为基础,以生产机械化、自动化和标准化的流水线作业为技术支持系统的大规模生产和大规模消费之间相互促进为特征的密集型资本积累战略。福特主义的生产方式在20世纪60、70年代极大地提高了目的地的经济竞争水平,如优美的公园、整齐划一的区域、街道装饰、海滨步道等。然而进入20世纪90年代,伴随强调独立性与自我控制的新的消费行为的产生,特别是技术革新如

CRSs 等对严格的包价旅游、大众旅游以及标准度假方式的破坏性影响(Poon，1993)，旅游者的消费方式正向所谓的"后现代消费文化"转型——个人更独立、更特殊的消费偏好(Urry,1990)。与之相适应，旅游生产方式也日益具有弹性和分散化的特征。通过以低成本来生产多样化的产品对变幻莫测的市场需求做出及时的反应，保持资本积累的增殖能力——后福特主义就成为了旅游目的地保持竞争力的主要战略措施。但其长期结果，就是导致了那些依赖于大规模包价游客的标准化度假地的衰退和经济危机，其他传统的大众旅游目的地也极有可能步其后尘。因此，Young(1999)指出，社会排斥是福特主义向后福特主义转型期间由于竞争压力加强了贫富分化所产生的结果。

其次就是全球化与去工业化(De-industrialization)的影响(Kennett,1994；Byrne,1999)。全球化包括广大地域内的大量社会组织、社会关系等现象在形式上和功能上的日益近似和统一。去工业化，其最直观的含义即为全球化背景下，西方制造业的衰退以及与之相伴的服务业及其从业人员的增长，社会出现劳动力人口的转移的过程。自 20 世纪 60 年代始，由于早期对旅游业的片面认识，人们对旅游产生了一种"盲目信任"的倾向(Page,1998)，旅游被普遍看成是一种恢复和发展经济的手段，许多国家和地区相继制定了发展旅游的政策。随着旅游的发展和旅游市场的扩大，目的地传统的生产方式和生活方式日趋解体，传统农业种植业和制造业部门开始没落，以旅游业为主导的服务业部门随之兴起，地区产业组织形态开始显现出"去工业化"特点。去工业化导致经济结构向服务业倾斜，农业、制造业释放出大量的冗余人员，这些人员只能从事一些薪资较低、低技术含量以及不稳定的劳动服务工作。这些结构性变化导致了失业与贫穷成为长期显性现象，它导致原有的社会结构、社会意识发生断裂，从而加剧了社会冲突。此外，Davis(1992)和 Murray(1990)还认为，由于农业和制造业平均生产力较高，薪资分配较平均，而服务业内部薪资分配通常呈两极分化，变异较大，因此去工业化过程通过对就业形态的改变进而影响了从业者的薪资分配，扩大了社会不平等与持续性的阶层分化，并导致了新的贫困群体的产生，最终导致这些群体在经济上遭受社会排斥，进而影响其在社会、政治领域的权利表达，被彻底边缘化于主流社会。

除了由于全球性的资本主义生产方式转型以及全球化竞争加剧的外部背景等共同问题外，市场份额的下降、资金不足、环境质量差、负面的市场形象、缺乏对问题的认知以及不恰当的发展战略，也是造成目的地经济衰退并形成社会排斥的关键因素。Agarwal(2005)指出，大部分衰退目的地的复兴措施主要是采取 20 世纪 80 年代中期普遍采用的"产品转型"战略，如市场细分、再定位、提高环境质量、产品再组织以及专门化等等。但是，由于这种战略仅仅关注促销和通过旅游市场的发展来保证经济上的可持续性和利润,未能对目的地由于社会排斥问题而造成的负面形象有所改善,从短期来看可能具有一定竞争优势,但其本身并不具备提供目的地社会经济长期发展的基础和动力,因而仅仅是一种表面的改进。

第五节 旅游增权与目的地可持续发展

一、增权理论

增权理论(Empowerment Theory),又译为充权、赋权、激发权能理论,盛行于20世纪80年代以后。1976年,美国学者巴巴拉·所罗门(Barbara Solomon)出版了名为《Black Empowerment: Social Work in Oppressed Communities》的先驱著作,从种族的议题率先提出了"增强权能(Empowerment)"这个概念。此后,关注增权理论的研究者和实践者甚众(周林刚,2005)。现在,增权理论成为了社会学、教育学、政治学、社区心理学、社会工作研究等学科的新兴核心概念,又成为精神健康、公共卫生、人文服务、政治与经济发展、人文潜能运动等实践领域的热门话语。随着学科交叉性日益增强,增权理论又扩展运用到了旅游研究领域。

增权(Empowerment),是由权力(Power)、无权(Powerlessness)、去权(Disempowerment)以及增权(Empowering)等核心概念建构起来的,其中,权力或权能(Power)是增权理论的基础概念,因为"所有对增权的解释都必须以理解什么是权力为先决条件"(Rappaport,1987)。

(一)权力或权能

权力(Power)一词,最早可以追溯到古希腊哲学家那里。《布莱克维尔政治学百科全书》指出,权力是指"一个行为者或机构影响其他行为者或机构的态度和行为的能力"(米勒,2002)。在增权理论研究领域,最负有盛名的权力定义是R. May(1972)的界定。他在其名著《权力与无知(Power and innocence)》中将权力置于一个动态的关系视野中加以考察,并区分了4种不同的权力关系类型:(1)否定性权力,也就是权力的剥削性、操纵性及控制性使用,即"Power over";(2)权力的竞争性使用,即"Power against";(3)营养性(Nutrient)权力,即"Power for";(4)整合性(Integrative)权力,即"Power with"。May进一步将以上几种权力划分为"建设性"权力和"破坏性"权力两种理想类型。他认为否定性权力(Power over)是破坏性的;竞争性权力(power against)介于建设性与破坏性之间;而后两种权力即营养性权力(Power for)和整合性权力(Power with)都属于建设性的。同May的分析路径相似,Coll(1984)把权力分为压力性权力(Force)、影响性权力(Influence)、权威性权力(Authority)三种。而在社会工作中,Heslin(1999)总结道,学者们往往从能力视角出发,将权力界定为:(1)得到某种东西的能力或才能——个人权力;(2)影响其他人如何思考、感受、行动或信任的能力——社会权力;(3)在社会系统如家庭、组织、社区和社会中,影响资源分配的能力——政治权力。

尽管政治学、社会学、哲学、社会工作等学科领域的学者们在权力/权能的界定上见仁见智,但从其下定义的出发点来说,可以归结为两个视角(Hirayama,1984):一是能力的角度,认为权力是其拥有者获取某种资源的现有的或潜在的能力;二是关系的视角,将权力放置到行动者之间互动中加以分析。从权力的性质来看,Staples(1990)认为,它既是一种客观事实,又是一种主观感受,即权力感,并与积极的自我概念(如自尊、尊严感、幸福感等)密切相关。

(二)去权与无权

无权(Powerlessness)是和权能相对的。Heslin(1999)将"无权"定义为首先是权能的缺失,即个人或团体不能平等地享有权利;其次表现为无权感,即心理上的无力感、无助感、疏离感、失去自控感、缺乏"个人效能感(sense of self-efficacy)"。Parsons(1994)等学者指出,无权往往会导致弱势群体沦为烙印群体(Stigmatized Groups),使他们认为自己缺乏足够的力量和权力去改变他们自己的生活。这种自我贬值经常内化并整合进个人自我发展的过程之中,形成一种无权感,因而无权不仅是一种状态,而且是一个内化过程。Rappaport(1987)则从增权的反面来进行诠释。他认为,无权(包括外显的和想象的)就是指能力的丧失或是资源的缺失,如习得的无助、异化、失去对自己生活的控制感;去权(Disempowerment)则是指社会中的某些社群权力被剥夺;无权作为一种状态,是去权的结果,去权乃无权之原因;而去权往往发生在文化、制度、社区、组织等几个层面,"人们之所以无权就在于社会结构和资源缺乏,是它们使得(人们)现有能力不能得到发挥"(Rappaport,1987)。对于弱势群体而言,社会强势群体、社会政策、主流社会文化等都有可能导致他们去权,使其陷入无权的状态。因此,要扭转这种无权的态势,使弱势群体变得有足够强大的力量,以参与、分享、控制会对他们的生活造成影响的生活事件,激发弱势群体的权能就显得十分重要。

(三)增权

"增权(Empowerment or Empowering)"是整个增权理论体系及其工作实践中最为核心的概念,它是指通过外部的干预和帮助而增强个人的能力和对权利的认识,减少或消除无权感的过程,其最终目的是使个人能够采取行动来解决自身问题和改善现状(Rappaport,1987)。增权具有十分丰富的内涵:(1)作为一种概念或理论,它致力于分析权力、无权和去权等议题以及它们怎样有利于解决个人、家庭及社区问题(Perkins,1995);(2)作为一种工作实践或理念,它旨在增加处于弱势地位的个体或群体的权能(Heslin,1999);(3)作为一个过程或一种机制,是个体、组织和社区对其生活和事务的控制(Rappapor,1987);(4)增权还是一种精神状态、一种对权力的再分配以及个体努力要达到的目标(Swift & Levin,1987);(5)增权还指向获取权力的社会行动及其导致的社会改变的结果(Zimmerman,1992)。

Rappaport(1987)和Zimmerman(1992)认为,增权是通过个体、组织和社区三个层面实现的:个体层面上的增权聚焦于发展个人权力感和自我效能感的方式发展,其过程包括参与社区组织;组织层面的增权强调使个人可以有更多的影响他人能力的技术的发展,其过程包括集体决策和共享领导权;社区层面上的增权强调社会行动和社会改变的目标,其过程包括接近、使用政府和其他社区资源(如媒体)的合作行为。与之相对应的分别是个人充权(personal empowerment)、行政性充权(empowerment through administration)和政策性充权(empowering through policy)三种形式(周林刚,2005)。

关于增权的要素,世界银行(World Bank,2002)指出,有四种要素可以经常分享,包括信息、参与、责任性和组织容量:第一,增加信息。信息是一种力量,来自政府—公民和公民—政府的双向信息,对公民及管理来说是重要的。信息最重要的领域,包括政府和私营部门、金融服务和市场、还有涉及基本服务的那些规章和权力。第二,社区参与。以参与方式进行增权,使弱势群体作为合作方与有关部门一起把握决策和运用资源。第三,责任性。政府官员、公务员、私营业主、雇主和政治家必须担负责任,对影响公民福利的政策和行为负责。负责机制有三种主要类型:政党及其代表的政治责任,通过选举来提高;政府部门的行政责任,通过横向纵向、机构之间的内部机制来确保;向公民负责的机构掌管社会和公共责任,来加强行政的责任能力。第四,组织容量。指的是提高个人与他人一起工作的能力,将弱势群体组织起来,动员一切资源解决共同的利益问题。当这些以成员为基础的群体实现高水平的联盟,他们就能在政策对话和讨论其福利时,有更高的声音来发表意见。

二、旅游增权与目的地可持续发展

增权作为一种参与、控制、分配和使用自然资源的力量和过程,与目的地可持续发展之间存在着密切的联系(Sofield,2003)。在旅游业发展中,增权的介入层面通常聚焦于社区,也即通过强调当地社区在旅游开发方面的控制权、利益分享权和推动旅游发展方面的重要性,以提高居民生活水平、保护当地文化和维护生态环境质量,实现目的地旅游发展的可持续性。Scheyvens(1999)将旅游增权划分为四个方面,分别是心理(或精神)增权、社会增权、政治增权与经济增权,见表 10-2。

表 10-2 旅游增权的四个纬度

维度	增权	去权
经济增权	旅游为当地社区带来持续的经济收益。发展旅游所赚来的钱被社区中许多家庭共同分享,并导致生活水平的明显提高(建造给水系统、房屋更耐久)	旅游仅仅导致了少量的、间歇性的收益。大部分利益流向地方精英、外来开发商、政府机构。只有少数个人或家庭从旅游中获得直接经济收益,由于缺少资本或适当的技能,其他人很难找到一条途径来分享利益
心理增权	旅游发展提高了许多社区居民的自豪感,因为他们的文化、自然资源和传统知识的独特性和价值得到外部肯定。当地居民日益增强的信心促使他们进一步接受教育和培训机会。就业和挣钱机会可获得性的增加导致处于传统社会底层的群体,如妇女和年轻人的社会地位提高	许多人不仅没有分享到旅游的利益,而且还面临着由于使用保护区资源的机会减少而产生生活困难。他们因此而感到沮丧、无所适从、对旅游发展毫无兴趣或悲观失望
社会增权	旅游提高或维持着当地社区的平衡。当个人和家庭为建设成功的旅游企业而共同工作时,社区的整合度被提高。部分旅游收益被安排用于推动社区发展,如修建学校或改进道路交通	社会混乱和堕落。许多社区居民吸纳了外来价值观念,失去了对传统文化的尊重。弱势群体特别是妇女承受了旅游发展带来的负面影响,不能公平地分享收益。个人、家庭、民族或社会经济群体不仅不合作,还为了经济利益而相互竞争,憎恨、妒忌很常见
政治增权	社区的政治结构在相当程度上代表了所有社区群体的需要与利益,并提供了一个平台供人们就旅游发展相关的问题以及处理方法进行交流。为发展旅游而建立起来的机构处理和解决不同社区群体(包括特殊利益集团如妇女、年轻人和其他社会弱势群体)的各种问题,并为这些群体提供被选举作为代表参与决策的机会	社区拥有一个专横的或以自我利益为中心的领导集体。为发展旅游而建立起来的机构将社区作为被动的受益者对待,不让他们参与决策,社区的大多数成员感到他们只有很少或根本没有机会和权利发表关于是否发展旅游或应该怎样发展旅游的看法

资料来源:摘译自 Scheyvens,1999。

Scheyvens(1999)进一步对增权的四个方面进行了详细的阐释:

关于经济增权。Scheyvens(1999)指出,在衡量一个社区是否获得经济增权时,需要考虑旅游开发是否为当地居民提供了正规的或非正规就业和商业机会,以及社区所获得的经济收益是间歇性的还是长期可靠的;经济上的增权和去权也同样指当地社区从后来那些用于发展旅游的地区可获得的生产性资源的数量。例如,保护区的建立常常导致用于狩猎和耕种的土地面积减少,对野生动植物的保护,如大象等,也可能导致这些动物破坏庄稼地、伤害牲畜和人。Lindberg(1996)等人对巴西的生态旅游研究发现,那些家庭养殖业被保护区的野生动物直接破坏的家庭从生态旅游发展中所获得的补偿不到其损失的三分之一。此外,由于社区并非一个持有共同目的的、同质的、平等的群体,因而在经济收益的分配方面可能会出现不公平的问题;社区中的权力经纪人(broker)将极大地影响由谁来分享旅游发展的好处;一些地方精英,常常操纵和主导着社区旅游的发展方向,并可能会垄断旅游发展的经济利益。因此,旅游增权在一定程度上也意味着旅游利益的公平分配,因为仅仅当这种发展有助于当地居民自己的发展时,才会得到他们的继续支持。

关于心理增权。在Scheyvens(1999)看来,一个对未来充满乐观的社区相信它的居民的能力。这种社区相对来说经济独立性更强,并且为自己所拥有的传统和文化而骄傲,这就是心理增权。特别是对于许多小型的、未工业化的社区而言,保护传统对于维护群体的自尊感和幸福感极其重要。生态旅游具有对文化规范的敏感性,并尊重当地传统,因而有助于当地居民的心理增权,但以当地民俗为主要旅游资源的生态旅游通过干扰或介入于群体及其与土地之间的特殊关系,也可能带来破坏。例如Mansperger(1995)的研究发现,哥伦比亚亚马逊流域Peruvian的Yague印第安人被开发商强迫迁移到一个更接近旅游者的地区,他们由此在经济上变得越来越依赖于文化表演收益,这意味着他们没有足够的时间来种植庄稼、打猎和捕鱼,也没有土地可用于从事原先刀耕火种式(Slash-and-burn)的农业生活。他们现在被各种各样的健康问题困扰,冷漠与沮丧司空见惯。这些感觉,伴随着幻灭和混乱的情绪,正是心理去权的表现。为了避免这种负面的影响,在澳大利亚,一些原住民社区主动选择了不直接与旅游者接触,相反宁愿通过制造和销售手工艺品或分享特殊保护地区的门票收入来获取经济收益(Scheyvens,1999)。

关于社会增权。Scheyvens(1999)认为,社会增权指的是一种状态,在这种状态中,一个社区的紧密感和整体感被其所从事的旅游活动确认和加强;一些原本处于弱势地位的群体,包括年轻人、信徒和妇女的力量变得强大起来,这也是社区增权的迹象。社会增权的结果在很大程度上是明显可见的,如安排旅游收益用于建设一些有助于社会发展的项目、水供应系统或卫生健康系统。

如果旅游活动导致了犯罪、乞讨、拥挤、土地置换、色情活动和失去文化真实性,也可能产生社会去权,虽然旅游发展在本质上与这些问题无关。不平等的利益分配,因为其滋生的恶意或妒忌感,也可能导致社会去权。Scheyvens(1999)还举例说到,密克罗尼西亚Yap村的领袖们,把所有的门票收入都据为己有,这导致一些社区成员感到"钱使人们变得吝啬,因而破坏了社区精神";在所罗门群岛的 Lauvi Lagoon 村,一位当地的"大人物"在旅游开发中独断专横,惹来社区成员明显的憎恨。

关于政治增权。Scheyvens(1999)进一步阐释道,如果试图通过发展旅游给社区带来政治增权,那么这些社区居民的声音和主张应当指引着任何一个旅游项目的开发,从初始的可行性评估价段直至实施完成阶段;社区中不同的利益群体包括妇女和年轻人也都应该选派代表参与更广泛的决策。而且,对当地社区来说,要真正对旅游发展实施控制,需要将权力从国家层面放置到社区层面,如将当地各种普通群众组织、宗教团体、相关机构纳入到旅游发展决策过程中,并成立类似董事会或地方旅游组织之类的代表机构。

澳大利亚学者 Sofield(2003)在《增权与旅游可持续发展(empowerment for sustainable tourism development)》一书中进一步深化了旅游增权的概念。他指出,任何政策的制定都是技术与政治过程的结合,发展并非仅仅是技术性的,发展不可能超越政治。社会发展和经济发展与相应的政治发展不可分割,在任何关于旅游的现代化理论和发展理论的分析中都应当包含对政治和权力的研究。增权作为一种参与、控制、分配和使用资源的力量和过程,与目的地可持续发展之间存在着密切的联系,增权根植于旅游发展的政治学之中。Sofield 以南太平洋所罗门群岛以及斐济旅游开发为例论证道,以往的社区参与都是一种单向度的被动参与过程,社区居民在本质上是"无权"的,这正是其在实践中失败的原因。只有进行社区增权(community empowerment)才能真正凸显社区在旅游发展中的主体地位。因此,增权是目的地获得可持续发展的重要前提,增权的观念必须渗透到整个旅游系统中去。

Sofield(2003)将社区旅游发展的结果视为行动者之间权力关系交换的结果。他借鉴艾普(Ap,1992)的社会交换图谱来分析社区与开发商在权力交换中可能出现的三种结果,如图 10-3。第一种结果对应着图中第 1 种情形,开发商与社区都具有独立的同等强度的权力,双方都将这种互换视为有利的,并认可其所得收益,可以获得可持续的旅游发展。第二种结果对应着图中 2、3 两种情形,当开发商和社区任一方控制着资源并具有较强的权力时,必然产生对另一方不利的交换结果。在这种情形下,由于失利的一方对交换结果不满意而可能损害或中止双方的利益交换,旅游发展不可持续。第三种结果对应着图中第 4 种情形。交换双方都无权,此时双方都没有激励进行交换,旅游不可能得到发展。在此分析的基础上,Sofield 得出如下结论:第一,没有增权因素,社区层面的旅游发展很难实现可持续;第二,在传统社区旅游发展中,社区是一个被动的没有被包括在权力分享过程中的实体,传统的社区参与和赋权方式是一种无效的机制,无法获得旅游的可持续发展;第三,如果要获得旅游的可持续发展,必须将传统的赋权方式转变为合法性增权方式;第四,社区增权常常要求改变环境和制度以实现真正的权力分享,因此合法的增权必须能够保障社区和外部社会之间非均衡的权力关系能够得到适当的重新分配;第五,仅仅依靠社区自身的能力无法实现真正的增权,增权需要政府长期的支持和授权(sanction)。

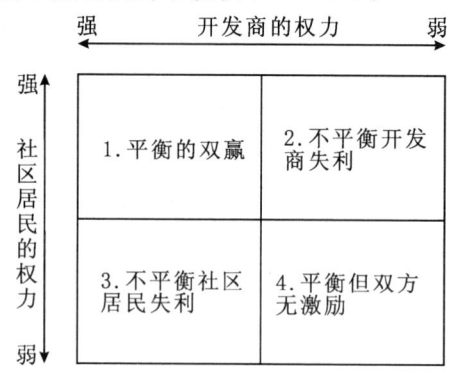

图 10-4　社区与开发商社会(权力)交换的结果

资料来源:Sofield,2003:245,略有改动。

增权既是一个过程,同时又是这种过程的结果。在 Clark(2006)等西方旅游研究者看来,旅游增权并不仅仅意味着权力分享,也不是通过权威对社区实施控制,增权的目的在于增加社区福利,为那些被边缘化了的社区产生社会资本,并建立起有助于利益相关者参与旅游发展决策的合法权力框架。其实质是通过增强当地社区在旅游开发方面的控制权、利益分享权和强调社区在推动旅游发展方面的重要性,使社区居民从被动参与转向主动行动,打破不平衡的权力关系,获取旅游发展中的决策权,保证当地居民的利益最大化并且能够部分地控制旅游在地方的发展,"让旅游为我所用而不是我为旅游所用"。

西方旅游增权研究者从人本主义出发,通过引入权力关系于旅游业可持续发展分析之中,将社区参与的内涵拓展到社区增权,为我们探索形成社区参与旅游发展的途径及其有效模式提供了一个全新的视角和理论突破点。研究者们立足于旅游发展的现实特征,把旅游发展看作是一个实实在在的政治决策过程,将政治学中的权力与可持续发展两个议题结合起来,理解和探究旅游发展的内在逻辑,不但增强了理论的解释力,也为更好地推进可持续发展,提高社区参与的有效性指出了新的途径。尽管旅游增权理论目前还处于初始时期,尚未进入实际应用阶段,但其强烈的人文关怀精神、对旅游发展过程中权力关系的深刻洞察和在实践中的潜在有效性对于发展中国家的旅游发展无疑具有重要的启示意义,必将在未来旅游发展研究和实践中得到广泛的应用。

第六节 旅游发展的社会、文化后果概览

旅游,毫无疑问已经成为改变我们这个世界的最重要的因素之一(Cohen and Knnedy,2000)。作为一种关于人的交往与体验活动,旅游不仅可能影响到旅游者自己,也可能对整个接待地区从文化艺术到个人和团体的基本行为方式、态度、观点和生活方式产生影响,涉及价值系统、个人行为、家庭关系、生活形态、安全、道德、传统、文化艺术等各个方面。这些影响既可能是正面的,也可能是负面的,并且在很大程度上是重叠交叉的,很难对两者进行区分,所以一般认为旅游的社会和文化影响是一种混合效应。库恩(Cohen,1991)将旅游的社会文化影响归纳为10个方面:社区融入、人际关系的性质、社会组织的基础、社会生活节奏、移民、分工、分层、权力分配、社会秩序以及风俗与艺术。法国学者朗卡尔(Lanqur,1997)认为除上述影响外,旅游还对目的地居民的生存和福利条件造成了影响。

旅游的社会文化影响问题自20世纪60年代以来,一直是旅游研究中的热点问题。其研究方法与理论不断完善、深入,研究成果的学术性、实践意义不断提高,揭示了目的地社会文化受到的广泛影响。即便如此,要对旅游而不是其他因素所引起的社会和文化变革的程度进行区分和精确测量仍然很困难,因为旅游对目的地所带来的影响具有无形性,旅游所带来的每一个好处都必然伴随着与之相反的负面影响,这些影响会因客源地与目的地社区物质生活水平的基础条件、社会物质文明程度、自然环境条件、文化传统习俗等的不同而异,其变化也是一个长时期的逐渐的运动过程。正如Pearce(1999:4)所说,"回顾早期的旅游影响研究对于确立今天的问题、观点和方法仍然十分有用。它有助于厘清和正确认识目的地旅游发展可能带来的好处、必须承受的代价和损失,有助于分析演化变异的内在动因并进行控制,对于促进目的地社会文化的可持续发展,具有重要的价值和意义"。因而我们在此汇总列出了学者们关于旅游的社会文化影响的主要观点与结论,以此作为未来旅游实践与研究的参考,见表10-3。

表 10-3 旅游的社会、文化后果概览

旅游发展的积极后果	旅游发展的消极后果
●带来文化交流,促进国际间的了解,并传达新思想、新观念	●引起社会风俗与规范的突然转变的及分裂性的变化
●促进科技进步	●导致目的地居民挫折感、文化仆从感、自卑感增加
●有助于加强国家之间友好关系的建立	●开发迁移引发社区感衰落
●打破思维的狭隘性和古老社会的闭塞状态,加大对外开放的力度	●扩大贫富差距,产生以旅游业为基础的新的社会阶层
●对当地居民素质提高有积极作用,行为举止、卫生习惯、经商意识可以得到改善和提高	●西方价值观泛滥,居民染上商业化带来的唯利是图,纯朴人际交往被异化和扭曲,家庭关系疏远,引发代际冲突
●有利于对外展示民族精神和民族风貌,有助于良好精神文明的形成	●旅游地居民生活环境恶化和生活质量下降;旅游地物价上涨、人口剧增、经济脆弱性明显加重、季节性失业、污染、拥挤以及设施使用上的冲突,导致社会成本增加
●有助于增进身心健康、改善社会环境	
●改善当地医疗条件和卫生条件	
●教育水平得到提高,当地基础设施和服务水平得到改善	●可能引发目的地道德水平降低,如带来色情、犯罪和赌博
●增加休闲娱乐设施与机会	
●社会结构变动明显:更加流动的年轻人,家庭规模变小,家庭控制权发生变化,血缘关系在人际关系中的地位降低,妇女地位提升,异族通婚比例提高	●当地居民原有生活节奏和气氛被破坏,引起居民与旅游者之间的敌意
	●引起疾病的传播,从各种轻微病症到艾滋病等疑难杂症
●提高目的地居民文化水平,当地人学习外语的积极性	●种族矛盾激化,尤其是存在明显种族差异的目的地对主要客源国及发达国家产生依赖,导致新殖民主义的产生
●宗教排他性减少	
●促进了地方文化再建构,强化当地文化的独特性	●从业人员、旅游服务、旅游设施的标准化、"麦当劳化"
●增加了文化史迹的展示机会	●目的地语言的纯洁性受到威胁,本民族语言显示出逐渐消失的趋势,节日、习俗、典礼、仪式失去神圣本质,亵渎了宗教性
●促进民族和地区的文化的发展与保护	
●传统艺术形式、工艺品生产的复兴	
●强化了接待地民族认同意识、保存文化个性	●受异质文化冲击造成传统文化的弱化以致同化
●提高防护能力(防火、防盗、防暴等)	●本民族文化异化、文化商品化和本土文化的扭曲:将社会、社会文化、历史文化当作商品出售推销,旅游纪念品失去艺术性与意义,建筑及艺术的失真,传统文化舞台化、商品化以致庸俗化,传统文化价值观退化以致遗失
●学习与陌生人打交道	
●旅游促进了城市化与去工业化	
●加强了民族中心主义(Ethnocentrism)倾向,更加认定自己所持的世界观的正确性	●饮食文化趋同失去特色,国际烹调标准和口味"可口可乐化"

资料来源:根据保继刚,楚义芳(1999);尹德涛等(2006);Cooper(1999);Page(1998)等有关资料整理。

进一步阅读

(美)史蒂文·瓦戈(Steven Vago). 王晓黎等译. 社会变迁(第5版). 北京:北京大学出版社. 2007年.

(美)克莱德.伍兹. 文化变迁. 施惟达等译. 昆明:云南教育出版社. 1989年.

马波. 现代旅游文化学. 青岛:青岛旅游出版社. 2001年.

章海荣. 旅游文化学. 上海:复旦大学出版社. 2004年.

司马云杰. 文化社会学. 北京:中国社会科学出版社. 2001年.

童恩正. 文化人类学. 上海:上海人民出版社. 1989年.

尹德涛等. 旅游社会学研究. 天津:南开大学出版社. 2006年.

Ap, J. (1992). Residents' Perceptions of Tourism Impacts. Annals of Tourism Research 19(2):665~690.

Bramwell, G. (2003). Maltese responses to tourism, Annals of Tourism Research, 30(3):581~605.

Chhabra, C. (2003). Staged authenticity and heritage tourism. Annals of Tourism Research, 30(3):702~719.

Colton, C. W. (1987). Leisure, recreation, tourism: a symbolic interactionism view. Annals of Tourism Research, 14(3):345~360.

Fisher (2004). The demonstration effect revisited. Annals of Tourism Research, 31(2):428~446.

Mordue, T. (2005). Tourism, performance and social exclusion in "Olde York". Annals of Tourism Research 32(1):179~198.

Sheldon, P. and Var, T. (1984). Resident Attitudes to Tourism in North Wales. Tourism Management 5(2):40~47.

Richardsa, J. W. (2006). Developing creativity in tourist experiences: A solution to the serial reproduction of culture? Tourism Management 27(5):1209~1223.

Hughes, A. (1995). The Cultural Constraints of Sustainable Tourism. Tourism Management 16(5):59~60.

思考题

1. 旅游对目的地社会结构带来了哪些方面的变革?
2. 讨论旅游是促进了文化交流还是导致了文化的衰落?

3. 解释为什么当地社区参与旅游开发与管理可以减少社会文化影响。
4. 有哪些重要的变量能用于衡量社会文化影响的程度、范围和方向?
5. 为什么旅游产生的社会文化影响在发展中国家更为明显?
6. 解释旅游增权的含义,并指出为什么这个概念可能与可持续发展概念相联系。
7. 运用相关的理论模型解释旅游目的地文化演变的过程。
8. 为什么将旅游描述为一种"新殖民主义"?
9. 旅游社会、文化影响研究中有哪些主要的理论观点?它们的差异体现在何处?
10. 什么是社会排斥?有哪些措施有助于解决因旅游目的地衰退而引发的社会排斥问题?

参考文献

Agarwal, S. and Brunt, P. (2005). Social exclusion and English seaside resorts. Tourism Management 27(4): 654～670.

Akama (1996). Western environmental values and nature-based tourism in Kenya. Tourism Management 17(8): 567～574.

Andersen T. (2003). New trends in urban policies in Europe: evidence from the Netherlands and Denmark, Cities 20(2): 77～86.

Andrews B. et al. (2004). Start at the end: empowerment evaluation product planning. Evaluation and Program Planning 27: 275～285.

Ap, J. (1992). Residents' Perceptions of Tourism Impacts. Annals of Tourism Research 19(2): 665～690.

Apostolopoulos, Y., Leivadi, S. and Yiannakis, A. (1996). The sociology of tourism: theoretical and empirical investigations. London: Routledge.

Blumer, H. (1937). Social psychology. In E. P. Schmidt (ed.), Man and Society. New York: Prentice-Hall: 144～198.

Bourdieu, P. (1990). Reproduction in education, society and culture (2nd ed.). translated by Passeron, Jean-Claude; Nice, Richard. Thousand Oaks, CA, US: Sage Publications, Inc.

Bramwell, G. (2003). Maltese responses to tourism, Annals of Tourism Research, 30(3): 581～605.

Britton, S. (1982). International tourism and multinational corporations in the Pacific: The case of Fiji. In The geography of multinationals, M. Taylor and N. J. Thrift, eds. London: Croom Helm.

Brown, G. P. (1988). Observations on the use of symbolic interactionism in leisure, recreation, and tourism. Annals of Tourism Research, 15(4): 550~552.

Bryden, J. M. (1973). Tourism and development: A case study of the commonwealth Carribbean. Cambridge: Cambridge University Press.

Burchardt, T. (2000). Social exclusion: concepts and evidence. In D. Gordon &. P. Townsend (eds.): Breadline Europe: the Measurement of Poverty, Policy Press, Bristol: 385~406.

Burchardt, T., LeGrand, J. and Piachaud, D. (2002). Degrees of Exclusion: Developing a Dynamic, Multidimensional Measure, in J. Hills, J. LeGrand and J. Piachaud (eds.) Understanding Social Exclusion, Oxford : Oxford University Press:30~43.

Caldas B., Jarmila O. and Sabelli, S. (2005). Transnational Identities and the Subversion of the Italian Language in Genevieve Makaping. Christiana de Dialectical Anthropology, 29(3~4):439~451.

Cave C. and Ryan, C. Panakera. (2003). Residents' perceptions, migrant groups and culture as an Attraction—the case of a proposed pacific island cultural centre In new Zealand. Tourism management 24: 371~385.

Cheong and M. Miller (2000). Power and tourism: a foucauldian observation, annals of tourism research, 27(2): 371~390.

Cheshirea H and Higgins V. (2004). From risky to responsible: expert knowledge and the governing of community-led rural development. Journal of Rural Studies 20: 289~302.

Chhabra, C. (2003). Staged authenticity and heritage tourism. Annals of Tourism Research, 30(3): 702~719.

Cho, M H and Kerstetter, D. L. (2004). The influence of sign value on travel-related information search. Leisure Sciences, 26(1):19~34.

Clark D. et al., (2006). Rural governance, community empowerment and the new institutionalism: A case study of the Isle of Wight. Journal of Rural Studies, doi:10.1016/j.jrurstud.2006.10.004.

Cohen Erik (2004). Contemporary Tourism: Diversity and Change, Amsterdam ; Boston : Elsevier.

Cohen, E. (1993). Open-Ended Prostitution as a Skilful Game of Luck.

Opportunity, Risk and Security among Tourist-Oriented Prostitutes in a Bangkok Soi, in Michael Hitchcock, Victor King and Michael Parnwell (eds) Tourism in South East Asia, London: Routledge: 155~178.

Colton, C. W. (1987). Leisure, recreation, tourism: a symbolic interactionism view. Annals of Tourism Research, 14(3):345~360

Compton, P. A. (1991). Hungary. In Hall, Derek R. (eds.) Tourism and economic development in Eastern Europe and the Soviet Union. New York: Wiley: 83~94.

Cooper, C., Shepherd, R.; Harlow and Essex. (1998). Tourism: principles and practice. Longman: 176~201.

Copeland, B. R. (2000). Tourism, Welfare and De-industrialization in a Small Open Economy. The economics of tourism. 2:271~285.

Crick (1991). Tourists, locals and anthropologists: Quizzical reflections on otherness tourist encounters and in tourism research. Tourism Research In Australian Cultural History, 10: 6~18.

Crompton, J. L. (1976). An assessment of the image of Mexico as a vacation destination and the influence of geographical location upon that image. Journal of Travel Research, 17:18~23.

Dann, G. M. S. (1989). The Tourist as a Child: Some Reflections. Cahiers du Tourisme.

Douglass A. (2004). The tradition of invention: Conceiving Las Vegas. Annals of Tourism Research, 31(1): 7~23.

English, D. B. K., Marcouiller, D. W. and Cordell, H. K. (2000). Tourism Dependence in Rural America: Estimates and Effects Society &. Natural Resources, 13: 185~202.

Fetterman D. M. &. A. Wandersman (2005). Empowerment Evaluation Principles in Practice, Reviewed by Robin Lin Miller. Evaluation and Program Planning 28: 317~319.

Fisher D. (2004). The Demonstration Effect Revisited, Annals of Tourism Research, 31(2):428~446.

Fisher (2004). The demonstration effect revisited. Annals of Tourism Research, 31(2): 428~446.

Forgacs, D. (2000). the Antonio Gramsci Reader: Selected Writings 1916—1935 (2nd edition). New York: New York U Press:447.

Fraser D. G. (2006). Bottom up and top down: Analysis of participatory processes for sustainability indicator identification as a pathway to community empowerment and sustainable environmental management. Journal of Environmental Management 78: 114~127.

Friedmann (1992). Empowerment: The politics of alternative development. Cambridge: Blackwell.

Giddens, A. (1998). The Third Way: The Renewal of Social Democracy. Cambridge: Polity Press.

Greenwood D. J. (1989). Culture by the pound: An anthropological perspective on tourism as cultural commoditization, In V. L. Smith (Ed.), Hosts and guests: The anthropology of tourism. Philadelphia: Pennsylvania Press.

Greenwood, D. J. (1972). Tourism as an agent of change: a Spanish Basque case. Ethnology, 11, 80~91.

Gullette, G. S. (2007). Development Economics, Developing Migration: Targeted Economic Development Initiatives as Drivers in International Migration. Human Organization, 66(4):366~379.

Gustafson (2002). Tourism and seasonal retirement migration. Annals of Tourism Research, 29(4):899~918.

Hall M. and R. W. Butler. (1995). In search of common ground: Reflection on sustainability, complexity and process in the tourism system. Sustainable Tourism, 3(2):99~105.

Harrison, D. (2005). Tourism, farm abandonment, and the "typical" Vermonter: 1880—1930. Journal of Historical Geography. 31: 478~495.

Herbert, A. (2001) Literary Places, Tourism and the Heritage Experience. Annals of Tourism Research. 28: 312~333.

Heslin, P. A. (1999). Boosting Empowerment by Developing Self-efficacy. Asia Pacific Journal of Human Resources 37(1):52~64.

Higgins D. (2006). More than an "industry": The forgotten power of tourism as a social force. Tourism Management 27(3): 1192~1208.

Hoffman L. M. (2000). Tourism and the revitalization of Harlem. Research in Urban Sociology 5: 207~223.

Hottola, C. (2004). Culture confusion-Intercultural Adaptation in Tourism. Annals of Tourism Research 31(2), 447~466.

Hughes, A. (1995). The Cultural Constraints of Sustainable Tourism.

Tourism Management 16(5):59~60.

Jamal, H. (2003). Retailing in a multicultural world: the interplay of retailing, ethnic identity and consumption. Journal of Retailing and Consumer Services 10: 1~11.

Jarvenpa, R. (1994). Commoditization Versus Cultural Integration-Tourism And Image Building In The Klondike. Arctic Anthropology31(1):26~46.

Jolliffe, L. and Farnsworth, R. (2003). Seasonality in tourism employment: Human resource challenges. International Journal of Contemporary Hospitality Management 15(6):312~316.

Jordan, P. (1997). An occupational hazard? Sex segregation in tourism employment, Tourism Management 18(8), 525~534.

Kalanj, R. (2002). Dimensions of modernisation and position of identity. Socijalna Ekologija 11(1~2): 97~113.

Kinnaird, J. (1996). Understanding tourism processes: a gender-aware framework. Tourism Management 17(2):95~102.

Kneafsey, B. (2001). Rural cultural economy: Tourism and Social Relations. Annals of Tourism Research, 28(3), 762~783.

Kuentzel W. F. (2005). Tourism and amenity migration A Longitudinal Analysis, Annals of Tourism Research 32(2): 419~438.

Leathermana L. and Goodman A. (2005). Coca-colonization of diets in the Yucatan, Social Science & Medicine 61: 833~846.

Lindberg, K., Enriquez, J. and Sproule, K. (1996). Ecotourism questioned: case studies from Belize. Annals of Tourism Research 23(3):43~562.

Lynch, P. A. and MacWhannell, D. (2000). Home and commercialized hospitality, in: C. Lashley & A. Morrison (Eds), In Search of Hospitality: Theoretical Perspectives and Debates, pp. 100~117 (Oxford: Butterworth-Heinemann).

Mair, P. (2005). Tourism, Globalisation, and Cultural Change: An Island Community Perspective. Annals of Tourism Research 32(2):514~515

Marcouiller, D. W. (2004)Natural amenities, tourism and income distribution. Annals of Tourism Research 31(4), 1031~1050.

Margaret, B. S. (1993) Women producers of ethnic arts. Annals of Tourism Research 20(1): 32~51.

Mathieson, A. and Wall, G. (1982). Tourism: Economic, physical and social impacts. London: Longman.

Mayo, E. and Jarvis, L. (1981). The psychology of leisure travel. Boston: CBI Publishing.

McElroy, J. L. and De A. K. (1986). The tourism demonstration effect in the Caribbean. Journal of Travel Research 25(2):31~34.

McEwan, D. B. (2006). (Re). politicizing empowerment: Lessons from the South African wine industry. Geoforum 37: 1021~1034.

McIntosh, J. and R. C. Prentice, (1999). Affirming authenticity: Consuming Cultural Heritage. Annals of Tourism Research 26(3): 589~612.

McNaughton, D. (2007). The "host" as uninvited "guest": Hospitality, Violence and Tourism. Tourism Management 28(4):70~82.

McTaggar, D. (1980). Tourism and tradition in Bali, World Development 8 (5~6):457~466.

Mead, G. H. (1934). Mind, Self, and Society. Chicago: University of Chicago Press.

Medina, K. (2003). Commoditizing culture: Tourism and Maya Identity. Annals of Tourism Research 30(2). 353~368.

Mordue, T. (2005). Tourism, performance and social exclusion in "Olde York". Annals of Tourism Research 32(1):179~198.

Moreno, (2001). Negotiating tradition: Tourism Retailers in Guatemala. Annals of Tourism Research 28(3): 658~685.

Oigenblick (2002). Tourism and immigration: Comparing Alternative Approaches. Annals of Tourism Research 29(4): 1086~1100.

Oppermann, M. and Chon, K. S. (1997). Tourism in developing countries. London: International Thomson Business Press.

Page, S. (2003). Tourism management: managing for change. Amsterdam; Boston, MA: Butterworth-Heinemann: 223~238.

Parsons, T. (1971). The System of Modern Societies. Englewood Cliff, NJ: Prentice Hall Press.

Pearce, D. and Butler, R. (1999). Tourism community analysis: asking he right questions. Contemporary Issues in Tourism Development, Routledge.

Perkins, M. and Zimmerman, A. (1995). Empowerment Theory, Research and Application. American Journal of Community Psychology 23: 569

~579.

Petrillo, A. (1999). Poverty, Social Exclusion, and Desaffiliation: Notes on the French Debate. Sociologia e Politiche Sociali 2(3): 221~236.

Philp J. (1999). Commodification of Buddhism in contemporary Burma. Annals of Tourism Research 26(1): 21~54.

Pizam, A. and Pokela, J. (1985). The Perceived Impacts of Casino Gambling on a Community. Annals of Tourism Research 12(1): 147~165.

Pizam, A. (1978). Tourist impacts: the social costs to the destination community as perceived by its residents. Journal of Travel Research 16(4): 8~12.

Popenoe, D. (1995). Sociology(10th ed.), New Jersey: Prentice Hall Inc

Prentice, D. and Andersen, V. (2003). Festival as creative destination. Annals of Tourism Research 30(1): 7~30.

Rappaport, J. (1987). Terms of empowerment /exemplars of prevention: Toward a theory for community psychology. American Journal of Community Psychology 15: 121~142.

Richardsa, J. W. (2006). Developing creativity in tourist experiences: A solution to the serial reproduction of culture? Tourism Management 27(5): 1209~1223.

Ritzer, G. (2004). The McDonaldization of Society (Rev. ed.). Thousand Oaks, CA: Pine Forge Press.

Ritzer, G., and Liska A. (1997). "McDisneyization" and "Post-Tourism": Complementary Perspectives on Contemporary Tourism. In Touring Cultures: Transformations of Travel and Theory, C. Rojek and J. Urry (eds.), Routledge: London: 96~109.

Room, G. (1995). Beyond the Threshold? The Measurement and Analysis of Social Exclusion. Bristol: Policy Press.

Ryan, and Crotts, J. (1997). Carving and tourism: A Maori perspective. Annals of Tourism Research 24(4): 898~918.

Ryan, C. (1991). Recreational tourism: A social science perspective. London: Routledge.

Ryan, C. (1998). Economic Impacts of Small Events: Estimates and Determinants: A New Zealand Example. Tourism Economics 4: 339~352.

Ryan, C. (2001). 'Sex Tourism: Paradigms of Confusion?' in Stephen

Clift and Simon Carter (eds.) Tourism and Sex. Culture, Commerce and Coercion, London: Pinter: 23~41.

Ryan, C. (2002). Tourism and cultural proximity: Examples from New Zealand. Annals of Tourism Research 29(4): 952~971.

Ryan, M. Aicken (2006). Indigenous Tourism: The Commodification and Management of Culture, Elsevier, Oxford, reviewed by Mark J. Okrant, Tourism Management 27: 1091~1092.

Saarinen, J. (2006). Traditions of sustainability in tourism studies. Annals of Tourism Research 33(4):1121~1140.

Scheyvens, P. (1999). Ecotourism and the empowerment of local communities. Tourism Management 20(1):245~249.

Schuler, A. L. and Dyer, P. (1999). Sensitivity to cultural difference in tourism research: Contingency in research design. Tourism Management 20(3): 59~70.

Selwyn, C. (1994). The anthropology of tourism: Reflections on the state of the art. In A. V. Seaton (Ed.), Tourism: The state of the art. England: Wiley.

Shaw, G. and Williams, A. (1998). Entrepreneurship, Small Business Culture and Tourism Development, in D. Ioannides and K. Debbage (eds.) The Economic Geography of the Tourist Industry: A Supply-Side Analysis. New York: Routledge: 235~255.

Sheldon, P. and Var, T. (1984). Resident Attitudes to Tourism in North Wales. Tourism Management 5(2): 4047.

Silberling, L. S. (2003). Displacement and quilombos in Alcantara, Brazil: modernity, identity, and place. International Social Science Journal 175(1):5.

Silver, H. (1994). Social exclusion and social solidarity: three paradigms. International Labour Review 133(6): 531~577.

Simpson, R. L. (1972). Theories of social exchange Morristown, General Learning Press.

Smith, V. L. and Brent, M. (2001). Hosts and guests revisited: tourism issues of the 21st century. New York : Cognizant Communication Corp.

Social Exclusion Taskforce. (2006). Reaching Out: An Action Plan on Social Exclusion. London: HM Government. http://www.cabinetoffice.gov.

uk/social—exclusion—task—force/publications/reaching—out/reaching—out. aspx 2006—10—18

Sofield T. H. B. (2003) Empowerment for Sustainable Tourism Development. New York: Pergamon.

Sofield, T. H. B. (2005). Empowerment for Sustainable Tourism Development, Reviewed by Reviewed by Sue Beeton. Annals of Tourism Research 32(3): 820~822.

Steiner, J. (2006). Understanding existential authenticity. Annals of Tourism Research 33(2): 299~318.

Taylor, J. P. (2001). Authenticity and Sincerity in Tourism. Annals of Tourism Research 28(1):7~26.

Tomljenovic, C and Faulkner, B. (2000). Tourism and older residents in a sunbelt resort, Annals of Tourism Research 27(1):93~114.

Tosun, J. (2005). Stages in the emergence of a participatory tourism development approach in the Developing World, Geoforum 36:333~352.

Turner, L. and Ash, J. (1975). The Golden Hordes: International Tourism and the Pleasure Periphery. London: Constable.

Urry, J. (1990). The tourist gaze. London: Sage Publications.

Van, Den Berghe P. L. and Keyes, C. F. (1984). Tourism and re-created ethnicity. Annals of Tourism Research 11(3): 343~352.

Wang, F. and Wall, G. (2006). Administrative arrangements and displacement compensation in top-down tourism planning—A case from Hainan Province, China. Annals of Tourism Research 33(3): 645~665.

Wang, Ning (1999). Rethinking authenticity in Tourism experience. Annals of tourism research 26(2): 349~370.

Weaver D. B., Lawton L. J, (2001). Resident Perceptions in the Urban-Rural Fringe, Annals of tourism Research 28(2):439~458.

Weaver, D. (1991). Alternatives to Mass Tourism in Dominica. Annals of Tourism Research 18(2):414~432.

Weaver (2005). The mcdonaldization thesis and cruise tourism. Annals of tourism research 32(2): 346~366.

Williams, S. (1998). Tourism geography. London: Routledge Kegan Paul.

Wilson, T. D. E. (2008). Economic and social impacts of tourism in

Mexico. Latin American Perspectives，35(3):37～52.

World Bank (2002). Empowerment in practice: from analysis to implementation. http://intresources.worldbank.org/INTEMPOWERMENT/Resources/41307—wps3510.pdf (2006-12-9).

World Tourism Orgnization. Tourism signs and symbols. http://www.pub.unwto.org:81/WebRoot/Store/Shops/Infoshop/Products/1204/1204-1.pdf (2006-11-27).

Zimmerman，M.；Israel，B.；Schultz，A. and Checkoway，B. (1992). Further explorations in empowerment theory: an empirical analysis of psychological empowerment. American Journal of Community Psychology 20(6): 707～727.

维尔纳·桑巴特著(2000). 奢侈与资本主义. 王燕平,侯小河译. 上海:上海人民出版社.

斐迪南·滕尼斯著(1999). 共同体与社会——纯粹社会学的基本概念. 林荣远译. 北京:商务印书馆.

埃米尔·涂尔干著(2000). 社会分工论. 渠东译. 北京:生活·读书·新知三联书店.

罗贝尔·朗卡尔著(1997),旅游与旅行社会学. 陈立春译. 北京:商务印书馆.

马克思·韦伯著(2006). 新教伦理与资本主义精神. 陈平译. 西安:陕西师范大学出版社.

伊曼纽尔·沃勒斯坦著(2003). 沃勒斯坦精粹. 黄光耀,洪霞译. 南京:南京大学出版社.

艾莉森·沃尔夫,鲁思·华莱士著(2008). 当代社会学理论:对古典理论的扩展(第六版). 刘少杰等译. 北京:人民大学出版社.

克莱德·伍兹著(1989). 文化变迁. 施惟达等译. 昆明:云南教育出版社.

戴维·米勒,韦农·波格丹诺著(2002). 布莱克维尔政治学百科全书(修订版). 邓正来译. 北京:中国政法大学出版社.

赫伯特·斯宾塞著(1996). 社会静力学. 张雄武译. 北京:商务印书馆.

保继刚,楚义芳编著(1999). 旅游地理学. 北京:高等教育出版社

刘赵平(1998). 社会交换理论在旅游社会文化影响研究中的应用. 旅游科学 4:30～33.

刘赵平(1998). 再论旅游对接待地的社会文化影响——野三坡旅游发展跟踪调查. 旅游学刊 13(1):50～54.

彭兆荣(2004). 旅游人类学. 北京:民族出版社.

申葆嘉(1996). 国外旅游研究进展. 旅游学刊 1～4.

司马云杰(2001). 文化社会学. 北京:中国社会科学出版社.

童恩正(1989). 文化人类学. 上海:上海人民出版社.

王妙,孙亚平(1999). 旅游对接待地的社会文化影响. 天津商学院学报 4:36～37

肖洪根(2006). 旅游社会学理论体系与国外旅游社会学研究动态. 摘引自:尹德涛等著(2006). 旅游社会学研究. 天津:南开大学出版社. 139～184.

尹德涛等著(2006). 旅游社会学研究. 天津:南开大学出版社.

于海(2003). 西方社会学文选(英文版). 上海:复旦大学出版社.

张进福(2004). 西方旅游社会学研究进展. 旅游学刊 19(5):82～91.

张文等(2006). 社会交换理论及在旅游研究中的运用. 摘引自:尹德涛等著(2006). 旅游社会学研究. 天津:南开大学出版社:185～198.

张骁鸣(2006). 旅游对乡村社区的社会经济影响研究——以世界文化遗产地西递为例. 广州:中山大学博士学位论文.

郑威(2006). 人类学文化变迁之文化涵化:以广西贺州客家族群的文化变迁为例. 广西社会科学 7:180～184.

周林刚(2005). 激发权能理论:一个文献的综述. 深圳大学学报(人文社会科学版) 11:45～50.

宗晓莲(2002). 布迪厄文化再生产理论对文化变迁研究的意义——以旅游开发背景下的民族文化变迁研究为例. 广西民族学院学报(哲学社会科学版) 2:22～25.

后　记

　　本书的出版首先要归功于南开大学出版社的孙淑兰女士,要不是她的韧性和坚持,这本书根本就不会问世。早在2005年,孙淑兰就开始约我写一本旅游社会学的书。由于课题和行政事务缠身,我一直没有答应。后来,在她的一再坚持下,我答应由我来策划,然后由博士生来写作。她说"行",这样我终于应承了下来。其间由于我实在分身无术,几乎要放弃本书的写作,她总是一再鼓励和坚持,打消我打退堂鼓的念头。本书从策划到完成,整整花去了三年时间。要不是她的坚忍不拔的敬业精神,我肯定会放弃本书的写作。所以,在此我首先要向孙淑兰女士表示由衷的感谢!

　　我也要感谢保继刚教授。本书的写作队伍,主要由博士生构成。除了刘录护是我所指导的博士生外,其他博士生都是保继刚教授指导的博士生(其中,刘丹萍已经毕业)。当我告诉保继刚教授,我将动用他的博士生从事《旅游社会学》的写作时,他表示了坚定的支持。

　　写这样一本书的确很不容易。一是文献获取困难(好在我们有海外联系渠道),二是国内外有关旅游社会学的教科书屈指可数,可供参考的教材太过缺乏。我们选择阅读大量原始文献,并对此进行综述。尽管面临困难,当初在策划本书内容的时候,我依然坚持采用国际通行的教科书的写法,即:对旅游社会学的研究文献进行汇总、综述、分析和评价,其目的是让读者了解旅游社会学的主要问题的来龙去脉与最新动态。同时,在写作上,力求做到所介绍、转述或引用的每个主要观点,都注明其出处。教科书的写作不但是汇总某一领域的研究成果,而且也显示了学术共同体对学者所作出的重要学术贡献的认可、接受、肯定和尊敬。简单地说,教科书的写作必须具有知识产权意识,而标明学术观点的出处,就是一种对做出学术贡献的学者以必要荣誉的做法。这种做法可以让读者清晰地了解学者们各自的贡献以及学术问题与学术观点的来龙去脉。尽管提出了这样的要求,但由于一些章节是在最后出版社急催之下而"冲刺"写作,在这方面做得并不够好,希望以后能有机会补救。

　　本书不仅仅是对研究文献的汇总和综述,而且也表达了作者在一些问题上的原创性观点(如:第六章、第七章)。有些章节的内容已经在学术刊物发表(如:

第五章,2007年初完成),还有一些章节(如:第七章的部分内容)已经以著作方式出版。

本书的思路和结构由我策划,并草拟了写作提纲;之后,我与刘丹萍进行了数次讨论,修改并完善写作提纲。然后,我联系和组织博士生队伍进行写作。最后,全书由我统稿。在写作其间,每位作者都非常投入。一些作者在写作期间还遇到了重大的困难,但最后都能克服困难,完成写作。在此,我要向所有作者表示由衷的感谢!

本书并没有穷尽旅游社会学领域的所有相关研究文献,顶多只能算是涉猎了其中一部分。之所以如此,还是因为投入时间有限的问题。尽管如此,作为国内首批旅游社会学教科书之一,我相信它还不至于会被认定为学术垃圾。如果它能起到抛砖引玉的作用,我就大喜过望了。

王　宁

2008年9月23日于广州中山大学